为己之学

2019江心岛
国学高端公益讲演录

U0729939

中山大学中国哲学研究所

清远岭南书院（江心岛书院）◎编著

图书在版编目（CIP）数据

为己之学——2019 江心岛国学高端公益讲演录 / 中山
大学中国哲学研究所，清远岭南书院（江心岛书院）编著.
— 成都：巴蜀书社，2023.4

　　ISBN 978-7-5531-1946-5

　　Ⅰ.①为…　Ⅱ.①中…②清…　Ⅲ.①国学－文集

Ⅳ.①Z126.27－53

　　中国国家版本馆 CIP 数据核字（2023）第 049226 号

为己之学
——2019 江心岛国学高端公益讲演录

中山大学中国哲学研究所　　　**编著**
清远岭南书院（江心岛书院）

责任编辑	陈亚玲
封面题字	周春健
出　　版	巴蜀书社
	四川省成都市锦江区三色路 266 号新华之星 A 座 36 楼
	邮编 610023　总编室电话：（028）86361843
网　　址	www.bsbook.com
发　　行	巴蜀书社
	发行科电话：（028）86361852
经　　销	新华书店
照　　排	四川胜翔数码印务设计有限公司
印　　刷	成都蜀通印务有限责任公司（028）64715762
版　　次	2023 年 4 月第 1 版
印　　次	2023 年 4 月第 1 次印刷
成品尺寸	148mm×210mm
印　　张	15
字　　数	400 千
书　　号	ISBN 978-7-5531-1946-5
定　　价	98.00 元

本书如有印装品质问题，请与工厂调换

序

冯达文

2013 年，广东省内不算太富裕的清远市，把北江之中一个小沙滩，围环起来建成一座美丽的江心岛。

从商业的眼光审视，这一片如诗如画的建筑物可以带来产业的丰厚增值。但是，有远识的清远市领导，却让几个有人文情怀的新闻工作者做成悦读岛，并扩展为一间书院。

我和我的同事，为清远市领导和江心岛书院诸君的心志所感召，也为岛上优雅恬静的氛围所吸引，于 2019 年陆续上岛分享了各自从事中国传统文化教学与研究的心得，其间不断获得清远许多好学者的支持和关爱，这使我们深受鼓舞。

我们大多数学人长期待在高校里，高校的规范教育不得不更看重知识技能的增长与角力。而书院的设置，却让大家有机会走出书斋，面向社会；书院的教学，更可以侧重于心灵从世间种种困扰中释放，得以做价值层面的提升。

孔夫子曾经说过："古之学者为己，今之学者为人。"为己之学，强调的是通过学习，成就我们每个人自己的道德品行，而不是装点门面，给外人看。因为书院的设置与教学侧重于"为己"，使人通过学习得以成为有情怀有担当的人，我和我的同事们无疑都乐于承担。2019 年，我们在书院里举办了二十场讲座。

非常感谢中共广东省委宣传部的全力支持，把清远江心岛上这个书院作"岭南书院"的范例加以培育，并专门拨款为书院购入《中华善本百部经典再造》202 函，1152 册，书院至今已有丰富的藏书。

我和我的同事们也在继续自己在书院的教学工作。2020－2021 年，我们陆续在书院开设"中国哲学与文化八讲""高端国学讲座十八讲""《论语》导读二十讲"等系列课程。以"为己之学"为题的这个集子，收入的是 2019 年二十讲的讲演整理稿，2020 年后的讲演稿也在努力编写中。

各位同事讲演的若干提法也许有差别，但是，守护中国优秀文化传统，培育中国人自己的精神品格，目标都是一致的。

"江心岛书院丛书"的出版，得到巴蜀书社一贯的大力支持，在此深表感谢！

目录 ▼

儒家情怀

道家精神

历史记忆

身心护养

儒家情怀

孔孟儒学：
以"世间情"来建构救心救世之道

冯达文

孔孟儒学立足于"世间情"建构价值体系，既不同于古希腊的理性主义，也有别于古中东、古印度的信仰主义。它立足于世间来寻找救心救世的力量，它是在理性与价值信仰之间既获得平衡又保持张力的一种独特传统。

孔孟儒家关切道德理想

从思想文化的角度来看，缔造中国国魂的，我想主要可以归结为四大思潮：一是儒家，一是道家，一是以法家为代表的比较务实的思潮，我们也称为经世致用的思潮，还有一家就是佛教。我们的国魂，或者中华民族的精神教养，中华民族的思想信仰，主要就是由儒家、道家、佛教、法家等共同缔造的。

在这几家当中，儒家跟法家是属于正面建构的，他们对于社会、人生，对治国都有正面建构的意义，或者是提供一种正面架构的理论。道家跟佛学是从批判反省的角度来切入问题的。一个是正面建构，一个是批判反省，这就构成了中华民族思想信仰上的一个张力。在建构当中，儒家是用道德理想来建构，而法家是从现实主义的角度来切入问题。一个是理想的，一个是务实的，这也构成了一个张力。可以说，中华民族的精神文化就是由这样两重张力共同筑构的。

儒家跟法家是正面建构，是入世的。道家跟佛学批判反省，是出世的。这样一重建构所缔造的中国传统的知识分子，或者说知识分子的基本原则，就是以出世的精神做入世的事业。所谓"出世的精神"，就是不要过分看重名誉，不要过分看重利益，要淡簿名利。但是，如果只讲淡泊名利，不讲入世担当，就会走向虚无主义。所以，要讲出世，也要讲入世。如果入世没有出世的精神作为支撑，就可能会迷失在功利、名利的角逐之中，而不能够解脱。因此中国传统知识分子，很强调要以出世的精神来做入世的事业，这是传统知识分子基本的人格精神，而这正是由正面建构和反省批判这种张力构成的。另外一种张力，儒教的道德理想和法家的务实精神的张力，它构成了中国古人处理事情的方式，叫作"极高明而道中庸"。"极高明"就是有远大的理想，在远大理想的光照下去做事。但是如果光有远大的理想，没有切实的功业，没有在日常的事务中具体的努力，也是不行的。所谓"道中庸"，就是回归日常，在具体事务上贯彻道德理想，这就叫"极高明而道中庸"。所以我们可以看到，儒家、道家、佛教和以法家为代表的经世致用思潮，共同组构成了中国传统的思想文化，或者说中国的国魂。我们通过学习，可以了解这些思潮是怎么样来组构我们的国魂的。

春秋战国的动荡激发孔孟救心救世之责任担当

儒家对建构中华民族的心理性格、中华民族的精神追求，具有奠基性的作用，所以，今天我跟大家分享的内容就是儒家以孔孟的智慧为主要内容。

刚才我们提到孔孟所创立的儒学的基本特点：以道德理想来从事社会人生的正面建构。那么，他们的道德理想是怎么出来的呢？为什么这个道德理想在建构社会中有如此重大的意义？

在讲孔孟儒学之前，让我先简单介绍孔子和孟子。孔子，子姓，孔氏，名丘，出生在春秋末期，其生卒年一般认为是公元前551年到公元前479年。他是山东曲阜人，父亲是一个没落的贵族武士，力气非常大，曾经在一次战斗中把很重的城门托起来，让士兵们从那里通过。但是孔子出生得比较晚，所以对他的父亲基本上没有什么印象，他是由母亲抚养长大的。孟子，生活在孔子死后的一百多年，是孔子的孙子（子思）的学生的学生。孟子自认为他是孔子的私淑弟子，继承了孔子的思想。后来，孔子成了圣人，孟子就成了亚圣。孟子名轲，生活在战国的中期，这是一个战乱纷仍的年代。他出生在现在山东的邹城，也是从小由母亲抚育长大的，所以对研究文化社会学的人来说，母亲的教育是最重要的。孔子做过短短的一段时期的鲁国的官，很快就被排挤，以后以授徒讲学为主。孟子的个人经历基本上是授徒讲学，向学生传授经典。他们的个人经历都显示，他们主要是教育家。

要弄清楚他们的道德理想是怎么建构起来的，要追溯到孔子、孟子所生活的年代。他们生活在春秋战国时期，春秋战国是中国古典社会大动荡的时期。社会的动荡，最初是由生产力的发展引起的，也就是铁器的发明和牛耕技术的出现。在周朝以前，古人所使用的工具是石头，那时是石器时代。虽然也有铜器的发明，但主要是用来做兵器和祭神用的器皿，很少用来做生产器具，因为铜器比较软，不适合做生产工具。但铁器不然，春秋时期发明了铁器，进而发明了牛耕技术，一下子把生产力提高了。生产力的提高意味着财富的增加，财富的增加带来的是人的地位的巨大变化和财产状况的巨大变更。有的人掌握了先进的生产工具，他就富裕起来；有的人没有掌握生产工具，他就破产、破落，这带来了地位的变化。由于财富增加，有的人吃不完、用不完，就把剩余的东西拿去做商品。商品的发达使人口的变动增加，人口的变动和财富地位的变化进一步带来了社会结构的变化。

在此之前，社会的结构是氏族制，氏族是一个基本的单位。国家也是以氏族为单位进行管理的，国家要征收赋税，征收劳力、兵马，都是以"族"为基本单位来进行的。但是随着社会结构变化，人口流动的增加，以"族"的方式来管理必然是不行的。所以春秋时期，管理的形式改成了郡县制，就是以一个州、一个县为基本单位来进行管理。这是社会结构变化带来的管理方式的变化。管理方式的变化，进一步又会带来人才选拔方式的变化。在氏族制社会中，人才的选拔是由氏族长老来决定的。郡县制由于打破了姓氏的界限，所以，管理的人才只能通过选举的方法来进行。选举看重的是人的能力，而不是人的"德"。由于不重视人的"德"，所以人的道德就慢慢地被排挤。特别是到了战国时期，这种情况表现得就更明显了。

在战国时期，伴随着财富增加的是人们欲望的扩张，人们欲望的扩张，好像打翻了一个潘多拉的盒子，各种各样贪婪的欲望都被放出来了。为了能够满足土地、人口、财富上的欲望，人与人之间，家庭与家庭之间，国家与国家之间，发生了激烈的争夺。面对这种争夺，人才当然就更加重要，对人的才能的重视就更加突出。因此我们看到，在战国时期，各种"连横合纵"的人，他们讲的都是权术，不重视道德。由于整个社会只重视财富，只重视人的才干，而人的才干的竞争又加剧了整个社会的竞争，所以整个战国时期，人心、人性都在坠落。这种坠落，比较一下春秋时期的社会风气跟战国时期的社会风气就会看得很清楚。

春秋时期，人们很讲究教养，很讲究才情。士大夫、君子之间的交往，都是通过赋诗的方式开始的。人们相互之间通过赋诗看到对方很有风度，很有才情，就会成为很好的朋友。国与国之间的交往，也常常是通过赋诗的方式来实现的。两个国家之间如果发生争端，甚至发生战争，只要你派一个使者来谈判，那个使节赋一首诗，显得很有风度，战争就会化解。士大夫们之间要表达自己的志向，往往也念一首情诗，可见当时是很讲究才情，很讲究风度，很讲究人的教养的。其实，这种风气在中国传统社会里一直都存在，只是春秋时期表现得非常突出。这是一种贵族性的精神教养，他们不看重功利的争夺。

但是到了战国时期，整个社会风气已经不同了。功利和财富的争夺占据了社会的主导地位。我们学历史的都知道，战国的末年，有个叫韩非子的思想家，他说当时社会人与人之间的关系是市场上的买卖关系。做国君的如果要给某人高官厚禄，不是看这个人是否忠心，而是看他有没有用。做大臣的很为国君卖命，也不是因为他很有道德，而是因为如果不卖命就得不到高官厚禄。这是一种市场买卖的关系，当时的社会风气就是这样。

从秦始皇和李斯，秦始皇和他仰仗的大将之间的关系也可以看到。当时人与人之间的关系，国君与大臣之间的关系就是这样，完全是一种互相猜忌、互相不信任的关系。这是战国时期的风气。

孔子和孟子显然已经感受到社会风气的不断坠落，感受到了人心在坠落，人性在坠落。怎样救心救世？这就成了他们思考的主要问题。

孔孟通过发掘人世间的情感开出救心、救世之道

非常有趣的是，孔子、孟子所面对的问题，也是同一个时期世界几个文明古国所共同面对的问题。所以有的历史学家说，公元前8世纪到1世纪这一时期，是世界文明的突变时期。这时，所有的文明都面对同样的问题：社会格局发生了巨大的变动，人心、人性发生了巨大的变动。古希腊、古罗马，还有古中东、古印度，这时都处在社会的巨大变动中。这个变动很可能就跟铁器的发明有关系。铁器的发明，一方面是生产工具的提升，同时也是武器的提升。用铁器做武器，在战争中是非常有利的。

这个时候，世界文明古国的圣贤都感觉到需要救心、救世。但是，表现出来的方式却大不相同。以古犹太人与古印度人为代表，

他们的圣贤们把救世、救心的希望寄托在神、佛的身上。古犹太创造了犹太教，在犹太教基础上又发展出了基督教，他们都相信有上帝，相信上帝是全知全能的，可以拯救世人。上帝为了拯救世人，为了为世人赎罪，派了他的儿子耶稣基督下来，耶稣基督以自己的"献身"来为人类赎罪。这是在古代中东那个地方形成的一个信念，他们把希望寄托在上帝身上。古印度是寄希望于佛陀，他们认为，我们之所以有这样种种的灾难，是由于我们带着肉身，我们有很多欲望。有欲望我们就发生争夺，有争夺我们就会种下很多的罪业。为了得救，我们需要去掉我们的欲望，甚至去掉我们的肉身。这样，我们在下一世或再下一世就会得救。所以，古中东的传统、古印度的传统，是诉诸于神、佛，希望他们为人类救世。另外一个传统是古希腊的传统。古中东、古印度用宗教信仰的方法来救世，而古希腊的传统是用认知理性的方法来救世。他们的圣贤们认为只要多讲理性，多接受一些知识的训练，就可以认同一些共同的道德信念，整个社会就会变成一个有道德的社会。这样，社会就会获得安宁。这是古代一些文明古国所走过的路。

与这些古代文明国家所走的道路相比，中国的孔子、孟子所开创的道路是非常不同的。孔子和孟子走的不是宗教信仰的道路，也不是知识理性的道路。他们回落到人世间，诉诸人世间的情感。他们认为，我们不需要找神、找佛，我们也不需要诉诸所谓知识的建构，我们人世间的情感就可以起到自救的作用。他们是回到世间的情感世界中来思考问题的。

为什么孔子和孟子会觉得世间情可以成为我们救世的起点和基础呢？有什么根据呢？他们的根据是，我们每个人都生活在一个家庭、或者是一个家族里面。在一个家族里面，自然就会有一种亲亲之情。我们每个人都知道亲爱自己的父母，亲爱自己的亲人，父母也会亲爱自己的子女。这种情感是天然就有的，凭着这种情感，我们每个人都可以走出自我，走向他人。

孔子说："父母在，不远游，游必有方。"父母健在的时候，不要去得太远，如果要去远的地方，要告诉父母我在哪里。

孔子又说："父母唯其疾之忧。"这句话有两种解释：一种解释说，父母最牵挂儿女有没有病痛；另外一种解释是，儿女最牵挂的是父母有没有病痛。所以我们外出，尽量要用手机打电话报一声平安。

这个"亲亲之情"其实是我们每个人都有的，我们都会关爱父母，关爱子女。这个关爱就表示我们已经走出了自我，走向了他人。

我们每个人不仅都会关爱自己的亲族，而且也会关爱社会他人。孟子就讲了一个例子来说明这一点，这成了后来的学者们经常讨论的一个问题。一个小孩，差点儿跌到井里去了，我们每个人第一个念头是：很危险！赶快去拉他一把。这时，我们并没有想到这样做会讨好他的父母，会获得左邻右舍的称赞。当我们按着后面的这些想法去救他时，就落入了功利的圈套，那是不纯粹的。我们最纯粹的念头就是，他是人，他是生命，我们要去救他，这是普遍人性，这人性是我们每个人都有的。从这里可以看到，我们每个人都有关爱他人、走出自己的一个考虑或者一个信念。

而且，在孔孟儒家看来，不仅是平常的人会有这种关爱他人的情感，即使是犯罪的人，原本也还是有良知的。明代有个官员，有一次抓到一个强盗，开始审讯他，审讯的大意似乎可以这样说：你把别人辛辛苦苦赚来的钱财偷走了，良心上过得去吗？这个强盗不承认人有良心，说："这个年头，谁还讲良心？"就跟这个官员争吵起来。当时天气很热，这个强盗问："可不可以脱衣服？"审判的官员说："可以，你脱吧。"最后，强盗只剩下一条裤衩没脱。这个官员就问："裤衩怎么不也脱下来呢？"强盗说："那样不太好吧。"这个"不太好"，其实就是他的良知。

你看，这个罪犯也是有羞耻感的，他还是考虑到了他人的存在，这就是人的良知。所以，一个犯罪的人本来也是有良知的，只不过这种良知被后来的功利淹没了。正是凭借这一点，孟子才说人在本性上是善的。他说："恻隐之心，人皆有之；羞恶之心，人皆有之；辞让之心，人皆有之；是非之心，人皆有之。"这四心是人皆有之的，这四心就是仁义礼智嘛。所以人在本性上是善的，在根底上是善的，这就是孟子的性善论。

孔孟通过发掘人世间的情感，找到了可以救心、救世，可以走出自我、关爱他人的一个基本的力量和因素。当孟子把人的这种亲亲的情感、关爱他人的情感赋予一种人性意义的时候，就意味着我们人走向道德、走向善良是必然的，因为人的内在本性就是这样的。人走向犯罪，走向堕落，反倒是偶然的，是外在因素的影响才导致的。所以，孔孟对人充满了信心。在孔孟看来，人要成为一个有道德的人其实并不难。只要把自己内在的善良本性发挥出来，推广出去，就一定会成为一个好人，成为一个有道德的人，一个高尚的人。所以孔子说："己欲立而立人，己欲达而达人。"自己要做成什么事，也希望别人做成同样的事。孔子说："己所不欲，勿施于人。"自己不想得到的，也不要把它强加给别人，这就是好人。成为圣贤并不是很困难的事情，只要把你内在的良知良能激发出来，推广出去，你就可以成为圣贤。然后孟子把孔子这两个说法引申，就是"老吾老以及人之老，幼吾幼以及人之幼"。

这是孔孟儒学一个基本的理论架构：从回到世间开发人的情感的角度，来讨论人如何救心，整个社会如何救世的问题。

孔孟讲的这些，我们也把它称为"内圣"，就是如何使自己成为圣人，成为圣贤。内圣的一面其实可以向外推，就有个"外王"的问题。内圣是个人精神的追求，外王就是公共社会的建构。公共社会如何建构，礼治如何建构？孔子、孟子强调要缘情制礼，从情感出发来制定各种制礼，或者说我们所有的行为要发乎情、止乎礼。止乎礼，这就构成公共的社会规范，从情感出发来建构公共体制。这是孔子、孟子的一个理想社会，认为理想社会应该从情感衍生出来建构起来。主管公共社会的君王们要做的，就是以不忍人之心来行不忍人之政，那就是"仁政"。

从比较文化看孔孟儒学

我们应该怎么样来评价孔孟这样的思想理路呢？要对孔孟的这个思想理路有一个比较合适的评价，我们还是要从比较文化的角度来加以讨论。

我刚才讲到，世界各个文明古国，在面对社会同样动乱的情况时，各自所走的道路是不一样的。古希腊所走的道路就是多学点儿知识，理性一点，他们认为这样就可以救世。这个路子，在西方的历史上一直有争论。有知识和有道德，其实根本是两回事，这条路子不一定能成功。

另外一个路子就是寄托于宗教信仰。寄托于宗教信仰的路子，能够成就人的超越追求。从成就人的道德的角度来讲，宗教信仰的功能是无可怀疑的。从这一点上说，它跟孔孟的思想有相同的价值。但是，宗教信仰有它的难处。这些难处，我们可以概括为这样几点：

第一是宗教信仰的族群性问题。一种宗教信仰总是跟一定的族群相联系的。信基督教的，不信犹太教；信犹太教的，一定不信伊斯兰教。不同宗教信仰之间的互相排斥非常厉害。我们看到犹太教、基督教、伊斯兰教，本来是同一个来源的，他们都认同几个共同的先知。但是至今为止，这三教之间的冲突仍然非常厉害。因为宗教信仰是跟一定的族群相联系的，虽然在信仰的本族内它可以让人们获得超越，但是它不能赢得普遍的意义。它的普遍性是一个问题。

第二是宗教信仰的存在性、实存性问题。所谓宗教信仰的存在性或实存性，是指每一个宗教都认为自己信仰的神是真实存在的，这就经常会碰到科学的挑战。由科学的挑战所带来的，就是信仰的恒久性问题。所以，宗教信仰的这个难题也是比较难解决的。

第三是宗教信仰的彼岸性问题。无论是基督教、犹太教、伊斯兰教，或者是佛教，都把自己信仰的神和最终归宿放到了跟现实生活完全分隔的一个彼岸去。因为人生来就带着肉身，就有欲望，会堕落。要抵达彼岸、要获得神的拯救，一定要去掉你的欲望。去掉你的欲望，也就是要去掉你的身体，甚至要虐待你的身体。古印度佛教以前的宗教——婆罗门教，就认为灵魂之所以不能解脱，是身体把它困住了。所以要想获得解脱，就要残害你的肉身等。这种宗教信仰的彼岸性所带来的问题，就是不够人性。它太强调神性了，对人性本身的关注不够，不能够回落到现实的日常生活中来。这也影响了宗教信仰的普遍性。

第四个是宗教信仰的偶然性问题。许多信徒都会说，我之所以信神，是因为我获得了神的灵召，所以我才成了信徒，但并不是每个人都有这个机会的。

相比较起来，我觉得儒学是非常独特的。它回到日常，回到世间来思考问题。在日常生活中，每个人都离不开亲族，这是无法改变的。我们每个个人都离不开亲族，我们在日常的真实生活中，都有亲亲之情，都会有一种真实情感自然流露出来。这种真实的情感是靠我们的感受来体认的。我用"感受"这个词，它的意义在哪里？"感受"需要我们用身体，因为有身体才能感受。这意味着在感受中是有"我"的，不能去掉"我"。从我的感受出发，同时感受到他人对我的意义，既承认有我，又走出自我。这和宗教是不一样的，宗教是不讲"我"的，是要去掉"我"的，它认为只有这样，我们才能够获得神的救赎。比较起来，在儒家这里，不需要过分虚无缥缈的神的伟力，也不需要过分复杂的理论建构，通过感受，我们很自然地就能够走出自我，走向他人，走出功利，走向道义，从而使我们的灵魂、使社会获得拯救。通过开启、激发我们的情感，或者说通过点化我们内在生命的光明面，来使我们获得拯救，这是孔孟建立原创儒学的一个基本特点。

现在世界的许多哲人，包括一些诺贝尔奖获得者都认为，下个世纪世界要获得拯救，必须要回归到两千多年前的孔子。我想，他们应该是从这个意义上来讲孔子的伟大的。特别是当神的存在性受到怀疑的时候，孔孟原创儒学所提出的回归到日常生活中来救心救世，应该说是一个有独特价值的思想体系。

孔孟儒学对国民性的影响

如上所说，孔孟儒学立足于"世间情"建构价值体系，既不同于古希腊的理性主义，也有别于古中东、古印度的信仰主义。但其实它既有理性的一面，又有信仰的一面。孔孟儒学是立足于世间来寻找救心救世的力量的，这就体现有理性。另一方面，在世间中被孔孟认取可做救心救世的力量的，不是知识、技艺，而是情感，这又仍然是价值的。就情感不必受制于理性的意义上说，这种价值亦可被视为仍属于信仰范畴。由此，孔孟创建的儒学传统，便显示为在理性与价值信仰之间既获得平衡又保持张力的一种独特传统。如果说儒学在很大程度上铸造了中国人的国民性，那么这种国民性也可以被认为是在理性与价值信仰之间保持平衡与张力的一种独特品性。在孔孟创建的这一传统中，由于价值信仰经过理性的洗礼，便不至于过分地走向狂热与迷失；而理性有着价值的守护，又不至于过分地被工具化与功利化。这便体现着理性与价值信仰的一种平衡。

儒学在历史上很少发生对其他思想信仰的极端排斥，中国在历史上亦很少爆发较大的宗教战争，这便体现了儒学及其所铸造的国民性的广泛受容性。就儒家学说而言，它恰恰是通过不断消融不同时期不同学派的理论，使自身朝着不同向度得以最大限度地展开；
而正好又是通过不断消融不同时期不同学派的理论，使自身得以朝
着不同向度最大限度展开，从而确保了儒家的恒久的生命力。

儒学之爱:"次序有差,程度无等"

吴重庆

对儒学的误解、污名化到底有多深?儒墨、儒佛、儒耶之辩,辩的是什么?为什么儒学的仁爱要讲次序问题?我今天要讲的是儒学之爱有没有差等。大家注意我用的是"儒学",而不是"儒家",这意味着我们是从儒学的原典来做分析。

儒学之爱有没有差等?这是一个非常有挑战性的问题,因为很多人觉得儒学是主张有差等之爱。儒学的形象在近代以来都不是很好,儒学被认为就是搞团团伙伙,亲疏远近,没有博爱的情怀。所以儒学变得站不起来,无法跟人家竞争。一讲到基督教就是博爱,好像它有普世价值,儒学不堪一击。

我今天就是要挑战这个问题,侧面也来回应一下对儒学的误解是怎么形成的。

一个美国教授对礼仪之道的理解

哈佛大学东亚系教授普鸣讲了一门课,叫"中国古代伦理与政治理论"。他许诺给学生，"只要好好跟我听完这一门课，一定会改变你们的人生，从此过上另一种生活。"

美国有个记者把普鸣在哈佛讲课的内容整理成了一本书（中译本名为《哈佛中国哲学课》），在英文世界非常畅销。这本书主要就是讲我们如何让自己过上好的生活，如何用中国哲学的智慧来重新打量这个世界。

我们的人生观和世界观原来都被加尔文教的预定论观念塑造了：作为上帝的一个选民，你这一生怎么过其实都已经设计好了。你唯一能做的就是如何荣耀上帝而已，所以没什么太多别的可能性存在。

每一个人都是一个真实的不可改变的独特的自我，每一个人的内心都有一个不变的真理，应该对它保持真诚。你把自己从真实而混乱的复杂性中分割出来，排除了你自己作为一个人成长的能力，就是说一切都是预定的。可是你在现实中面对的肯定是一个复杂的世界，你应该抛开所谓的真实自我，打破固定的生活状态，寻找发展自身的可能性。

普鸣在这个话题下讨论儒家的礼仪之道，其对儒家的礼仪之道怎么理解？

仁义礼智是需要我们去践行去遵循的，在很多人看来这好像对人构成一种约束。可是在普鸣看来，儒家的礼仪之道并不是对人的一种封闭和约束，而正是要打开每个人的一种途径，是人在发展自身过程中的一种变革性力量。这种礼仪实践是不断调整自我确立自我认识的过程，赋予我们各种各样的社会角色，让我们在不同的场域去扮演不同的角色。

当你扮演各种各样角色的时候，正好把你从日常生活中短暂抽离出来，不断打破那种固定的所谓真实自我的状态，是对人的多种可能性的拓展。他说在短暂的时刻，我们相当于生活在一个假想的世界。这个"假想"的意思是指，礼仪是为了打破自我与世界固有模式的一种假想，可以帮助人们建立起一个新的世界。

从这里面我们来体会《论语》里的一句话："不学礼，无以立。"

学礼是干嘛？礼仪是为了让我们在各种不同的时空际遇下恰当地扮演那个角色。经过充分体会各种各样的角色，你可能就成长起来。所以他说礼仪实践可以防止个体陷入坚硬单一的角色，也就是善待周围的人，以善回应他人。以善去回应他人的是什么？就是仁。

普鸣的这套解释在哈佛大学的课堂上很受欢迎，好像是给年轻人打开了一个新世界。同样，普鸣在东亚也很受追捧，韩国、日本的读者觉得这种对儒学的解释跟我们东亚人对儒学的理解不太一样，也跟我们中国人，特别是经历过"五四新文化运动"洗礼的中国人对儒学的理解完全不一样。今年正好是"五四运动"一百周年，此刻重新来看待儒学如何被误解非常有必要。

近代以来儒学一直被误解

在儒学被误解的历史上，比较有标志性的事件是"五四新文化运动"，其实对儒学的污名化在更早之前就已经开始了。

甲午战争（1894 年 7 月－1895 年 4 月）失败，大国打不过小国，老师打不过徒弟，这对中国人的冲击是非常严重的。原来依赖科举制度去选拔人才，经营我们的文官系统，结果在甲午战败过后十年，1905 年把科举制度废掉了，一般的老百姓和士大夫对儒学的态度肯定也会受到很大冲击。

谭嗣同的《仁学》也是在甲午战败后的 1895—1896 年间写的，里面有一段话非常有名："两千年之政，秦政（暴政）也，皆大盗也；两千年之学，荀学也，皆乡愿（伪善）也。惟大盗利用乡愿，惟乡愿工媚于大盗，二者交相资，而罔不托之于孔。"这两个结合在一起，全部都跟孔有关系，罪恶的根源要从孔子这里找，可见儒学被污名化有多么严重。

梁启超则于 1903 年写下《论私德》，说我们"个人对于本团体公共观念所发之德性"是很缺乏的，"私人而无所私有之德性，则群此百千万亿之私人，则必不能成公有之德性"，这已经在讲我们中国人的品性、品德都不行了。"是故欲铸国民，必以培养个人之私德为第一义；欲从事于铸国民者，必以自培养其个人之私德为第一义"，他的潜台词就是说儒学都是妨碍私德成长的，都是压制人的，所以要重新改造国民，叫《新民说》（1902 年）。梁启超列了一个表，说从春秋以来，每一个朝代的民德民气都在走下坡路，最后"混浊达于极点，诸恶俱备"。

到了 1916 年，陈独秀写了《吾人最后之觉悟》，"伦理的觉悟"一节中说："伦理思想，影响于政治，各国皆然，吾无尤甚。儒者三纲之说，为吾伦理政治之大原，共贯同条，莫可偏废。三纲之根本义，阶级制度是也。所谓名教，所谓礼教，皆以拥护此别尊卑、明贵贱之制度者也。近世西洋之道德政治，乃以自由、平等、独立之说为大原，与阶级制度极端相反。此东西文明之一大分水岭也。"
这就是说中国文明造就了一个等级的、尊卑的、贵贱的制度，这与
儒者的三纲之说有关系，儒家、孔子都是罪恶的根源。

　　1918年鲁迅先生写了《狂人日记》，"我翻开历史一查，这历史
没有年代"，就是说不需要分什么年代了，好像时间停滞了，"歪歪
斜斜的每页上都写着'仁义道德'几个字。我横竖睡不着，仔细看
了半夜，才从字缝里看出字来，满本都写着两个字是'吃人'"。压
抑人，还吃人，这一切都是儒学的等级、尊卑、贵贱造成的。

　　从近代以来这股非儒的思潮非常盛行，一浪高过一浪，当然背
后是指向王朝制度，因为王朝制度就是被儒学支撑着，所以要把文
化抽出来，这样制度才能被改变，人才会被改变。

　　20世纪80年代，也有一股文化热，对儒学有非常大的否定。
非儒这个脉络与近代以来的思潮是完全连在一起的。比如近代的非
儒是要把王朝制度终结掉，因为王朝制度的基础被认为就是儒学这
一套在支撑的。80年代的非儒其实是指向改革开放前30年，把那
时的制度也认定为准封建制度，这是80年代文化热的偏颇。

　　最偏颇最极端的就是电视政论片《河殇》，说在一种烂熟文明
的灿烂外表之下，我们供奉的什么皇帝圣人老人祖宗，使得我们整
个社会结构的内囊都烂掉了。这跟鲁迅说的吃人差不多了，都是无
以复加的一种指责。所以我们看看，近现代以来的儒学形象是什
么？维护封建等级专制制度，压抑人性，私德公德都谈不上。

　　为什么要铺陈这样一个背景？是要让我们来理解儒学被误解有
多么深。被误解之后，要重新去把这个观念扭转过来是非常不容易
的。我们今天有相当一批人脑子里对儒学的认识，基本上是受到近

代以来的这种一浪高过一浪的非儒思潮的影响，他们并不是真的用自己的体会面对经典，其对儒学的理解是预先被塑造出来的"前见"。

儒学与其他学派的辩论

为了理解儒学，我们也来看看儒学与其他学派的辩论。

首先是儒墨之辩。墨家主张什么？非乐。

不要搞礼乐这套制度，要兼爱，要节俭。为什么要强调节俭？因为礼乐盛行，在一些重要的礼仪上是很铺张的，包括孔子虽不是什么大官，但也说"食不厌精"，要很讲究的。孔子不是主张浪费奢侈，而是认为只有这样的铺排才能把你在不同情境下的礼仪要求体现出来，通过造成一种氛围才能体会到礼仪对一个人的塑造或者感召，这是儒家要强调的。

可是墨家说那是浪费，实际上就是反对儒学的这套礼仪，所以要节俭、节用。墨家还特别强调兼爱，这是很核心的一个问题，儒家跟墨家辩得那么热烈，墨家讲兼爱，儒家是反对兼爱的。

我们要来想一想，儒家到底是在什么意义上反对兼爱，兼爱是指什么？儒学讲爱人，仁者爱人，可是为什么要反对兼爱呢？兼爱对儒学的仁，对儒学主张的爱到底会造成什么样的一种冲击？

《庄子·天下篇》对墨家评论道："墨子泛爱兼利而非斗，其道不怒"，"以此教人，恐不爱人"，以泛爱去教导人，去塑造人，恐怕达不到爱人这种结果，"以此自行，固不爱己"，"其生也勤，其死也薄"，"恐其不可以为圣人之道"，"反天下之心，天下不堪"。

也就是说，圣人之道、天下之心并不认同非乐、节用、兼爱，如果按墨家的这套主张天下就乱了，局面很难维持。"墨子虽能独任，奈天下何，离于天下，其去王也远矣"，总之是说墨家的这套主张不可行。

《孟子·滕文公》里面也说到墨家，"杨氏为我，是无君也；墨氏兼爱，是无父也；无父无君，是禽兽也"。我们要讲君臣关系，如果这个人老是考虑自我，当然是眼中无君了。为什么说墨子兼爱是无父？我们对父应该怎么爱？为什么兼爱是无父呢？如果兼爱，那父在子的眼里位置怎么摆？可能摆不起来了，所以是无父也。无父无君是什么意思呢？是说在这样一种社会关系中找不到自己的位置。墨子兼爱的问题关键不是爱的问题，而是"兼"的问题。

兼爱有什么不对？儒家反对墨家兼爱，其实就是反对其施爱的同时性。在儒家看来，墨家所谓的兼爱就是施爱的同时性。就像博爱一样，如果我同时都能够施爱，那我的眼里心里就没有父的位置了，也没有君的位置了，无君无父就是这么来的。所以儒家对墨家兼爱的批评，其实主要是批评其无先后次序地施爱。如果是那样，兼爱就会成为泛爱。

那么儒家要讲仁者爱人，可是他又反对同时施爱，反对泛爱。那么儒家到底是基于什么立场？其所主张的爱到底是一种什么样的爱，是怎么样的一个实践过程？

我们再来看看儒佛之辩。韩愈《谏佛骨表》说："夫佛本夷狄之人，与中国言语不通，衣服殊制，口不言先王之法言，身不服先王之法服，不知君臣之义，父子之情。"像韩愈这种儒家大文人，在他眼里佛教对儒家的冲击与墨家类似，都是会造成无君无父。君臣父子这种关系有那么重要吗？对儒家来说当然非常重要。为什么那么重要？等一下会说到。

到了南宋，朱熹也讲到佛教的问题，"释氏说空，不是便不是，但空里面须有道理始得。若只说道我是个空，而不知有个实的道理，却做甚用？""禅学最害道，庄老于义理绝灭犹未尽，佛则人伦已坏"，"佛老之学不待深辩而明，只是废三纲五常，这一事已是极大罪名，其他更不消说"。所以三纲五常，君臣父子这种有梯等的人伦关系，对儒学是极端重要的。

极端重要性在哪里？他要讲爱，可是又反对兼爱，在他讲的那个施爱的过程中，这种构成父子、君臣尊卑关系的人伦是非常重要的。一定要顺着这样的人伦梯等去施爱，而不能去兼爱。

我们再来看看儒耶之辩，儒学与基督教的交锋。儒学主张等级之爱、差等之爱，基督教是讲博爱、平等之爱，这在现代人看来儒学当然就竞争不过人家了。

基督教说上帝对人有超越性的怜悯。因为耶稣代人受难，所以是恩赐的神爱，人对上帝之爱其实也是回应上帝对人之爱。人对同类的爱，也是回报上帝的一个间接途径。友敌皆上帝之子，这就是所谓博爱、平等之爱的来源。耶稣说爱你的敌人，基督教说这个爱有好多个层次，有非常超越性的层次。

明清基督教传入中国，像利玛窦这种有很大抱负的传教士，他关心的不是传教于人，而是传教于国，要把整个中国的文化改造过来，把中国儒学的主张改造过来，扭转过来，把平等之爱、博爱灌输到中国人的心里去。基督教刚进入中国的时候是有礼仪之争的，利玛窦为了传教，允许信徒去祭天祭孔祭祖，把儒学基督教化，把佛教驱逐出去，因其可能对基督教在中国的传播造成更明显的障碍。

利玛窦说，邦国有主，天地当然也需要主，这个主就是天地之主，也是邦国之主，就是上帝，这就是想把儒学基督教化。对传教士来说，是必须把儒学的等级之爱打掉的。这一点在20世纪80年代的文化热中得到印证，这场文化热，其实既是非儒的热潮，也是崇耶的热潮。

这是我对80年代的一个观察，就是说非儒跟追捧基督教这两者是相辅相成的，共同构成了80年代的文化脉络。当时基督教在青年人特别在城市知识分子、学生中的影响还是很明显的。

儒墨、儒佛、儒耶之辩的焦点，其实都关涉一个伦理秩序问题。墨家讲兼爱，基督教讲博爱，佛教讲空无。儒学总是与其论辩，这又加深了人们对儒学的片面认识，即儒学肯定是讲等级的。

可是大家想一想，如果儒学强调等级之爱，爱有差等，我们又该如何来理解《礼记·礼运篇》，即："大道之行也，天下为公，选贤与能，讲信修睦。故人不独亲其亲，不独子其子，使老有所终，壮有所用，幼有所长，矜、寡、孤、独、废疾者皆有所养，男有分，女有归。货恶其弃于地也，不必藏于己；力恶其不出于身也，不必为己。是故谋闭而不兴，盗窃乱贼而不作，故外户而不闭，是谓大同。"谁能说大同的主张不属于儒学？可是你如果硬要把儒学说成是主张差等之爱，如何与其对大同世界的想象打通？儒学的差等之爱到底是什么意思？

仁爱是次序有差程度无等

我认为儒学的仁爱是次序有差、程度无等，爱有先后而无多寡之别。

为什么要讲次序的问题？次序有那么重要吗？我们来看看次序为什么很重要。

《论语》里说："夫仁者，己欲立而立人，己欲达而达人。"利己、达己是需要通过立人、达人来实现。你说我不管别人，我就想把我自己立起来。你立不起来的，立己要通过立人。你要通过对别人的爱，才能把自己立起来。不过立人达人的最终目的并非是立己达己，而是为了磨炼自己，敏锐感受他人的能力，这就是仁。

仁是什么？仁就是你具有爱他人的能力。我觉得我们对仁的理解可以简单而直接。我们很喜欢吃瓜子，其实是吃瓜子仁。这个仁是什么东西？瓜子仁跟仁义礼智的仁有关系吗？完全有关系。那个仁就是指你有生长的能力，一粒种子最核心的部分就是仁。一粒种子落进土地里，仁破壳而出，慢慢发芽、生根、成长。我们人也是这样。

人的哪部分像种子最核心的那部分？就是我们的良知。我们的良知就像核桃仁、瓜子仁一样，它是会生长的，会发芽的。在社会中遇到适合的情境就会生长了。这个生长的过程和能力就是仁，但仁是需要去磨炼的。不是说我天生有这个能力了，平时就可以不管了，坐在这里就可以成就大仁大爱，儒学是不会这样主张的。

你一定要进入社会，要进入人际，要进入人跟人的交往互动中，你的这种能力才能保持、维系，甚至壮大。每个人在获得这种能力之后，必须往外去推广，为仁由己，推己及人，推己及物，一定要往外推，不推的话这个能力肯定会丧失掉。这也就是孔子讲的"泛爱众而亲仁"，孟子讲的"老吾老以及人之老，幼吾幼以及人之幼，天下可运于掌。古之人所以大过人者无他焉，善推其所为而已矣"。善推，一定要往外推，不推可能就死掉了。

什么死掉？我们骂一个人麻木不仁，麻木不仁是什么意思？麻木导致不仁。麻木是局部坏死，跟整体失去了关系，人的仁爱的能力就死掉了。

为仁由己，由己及人，推己及物，这就是《孟子·尽心上》篇说的"君子之于物也，爱之而弗仁。于民也，人知而弗亲。亲亲而仁民，仁民而爱物"。这里可以看到次序问题了，就是亲亲、仁民、爱物，这个过程就是由己及人，由内及外，由近及远，然后"万物皆备于我，上下与天地同流，仁者以天地万物为一体"。假如把仁视为一种能力，这种能力会让我们充分感受到天地万物是一体的。

杨儒宾先生著有《儒家身体观》一书，说我们每个人身上天生有一种能力，可以支持我们去感受与天地万物为一体的状态。这个能力是什么？我前面说的似乎是要靠我们的修养与伦理的实践才能慢慢达到仁者与天地万物为体的感受。杨儒宾先生则说，我们的身体事实上是形、气、神一元三项的构造，最重要的是有气在里面，所以人与外界的感通关系是先于认知关系的。由此我们才能去理解孟子说的"吾善养吾浩然之气"。

这浩然之气是什么东西？养气养心，践行有成。学者的气既是浩然之气，学者的心是上下与天地同流，万物皆备于我之心。他说有浩然之气，而无良心是不可能的，有上下与天地同流之心，而无浩然之气和充实而有光辉的身体，也是不可理解的。所以杨儒宾先生要强调的是身心一元工夫论，不是仅限于心性层面，还应该包括如何去养气。

北宋张载《西铭》里说"乾称父，坤称母"，如果我们与天地万物为一体，天就是我们的父亲，地就是我们的母亲，宇宙跟你也是一体的，所以他才强调"民吾同胞，物吾与也"，所有人跟我都是兄弟，万物跟我都是同类。儒学的仁爱不是只局限于个人、家庭、家族的小圈子，而是可以达到这样一种磅礴的状态，只是再磅礴的状态也必须由己开始，有先后次序地施展仁爱。所以仁爱既是修炼，也是实践，是一个自然生长、生发、展开的过程。

与加缪《西西弗的神话》所讲反复从山底往山顶推巨石、巨石又从山顶滚落的徒劳无功、荒谬透顶不同，儒学是让你由己及人推己及物由近及远推广仁爱，这是一个不断成就的无限过程。

杜维明先生说，《论语》中的"己"不是一个孤立绝缘的个体，而是一个在复杂的人际关系中所显现的中心点，永远也不能成为完全孤立的与外界毫无联系的发展形态。己一定是在过程中的，任何时刻都在过程中。所以孔子才要感叹"逝者如斯夫"，需要不断流动，永葆活态。

其实儒学里面有很多拿水做比喻的，孟子及宋明理学家对水都特别钟情。水为什么那么重要？它是一个活态，一直往前走，一直是连贯的，没办法把它割裂、隔绝，抽刀断水也不可能，水流这个象征含义太丰富了。《论语》里说，"若圣与仁，则吾岂敢，战战兢兢，如临深渊，如履薄冰"，就是这个意思，没有完成时，说完成就死了。

每个人对自己都不能有丝毫的懈怠,一旦停止就功亏一篑,如逆水行舟,不进则退。这个道德践履过程是一个无限的过程,是一个开放的、长期的、连续的过程。

费孝通先生对孟子的理解有偏差

有人说这可能吗?我怎么可能去爱那么多人?毕竟时间有限,能力有限。有人说你对亲人好,对熟人相对差点,对陌生人不好,这就表明你是主张爱有差等。其实这不能算作是儒学的主张,只是在我们实际社会生活层面的一种情形。假如儒学有此主张,怎么去理解那个大同世界?完全理解不了。我们不能用实际社会生活中的情况来理解儒学的主张,需要把它们分开。

陈少明教授就专门分析实际社会生活中的亲人、熟人、陌生人问题,说我们的能力是有限的,很难去照顾到所有人。他特别提到费孝通先生的差序格局,以自己为中心,和别人所形成的社会关系,像石头投到水中荡起的波纹一样一圈一圈推出去,越推越远,越推越薄。

费孝通先生讲到这里都没有错,但他挪用孟子的"善推而已"来解释社会生活中的所谓越推越远、越推越薄就错了。越推越薄就意味着爱在程度上有差等,当然我们实际社会生活中就是这样。可是孟子说的"善推而已"不是越推越薄,否则怎么推到大同世界去?

孟子说的善推是什么意思?就是"君子之于物,爱之而弗仁,于民也，仁之而弗亲，亲亲而仁民，仁民而爱物"。亲亲、仁民、爱物，他所谓善推大概是要说深知这个过程和层次。

那么孟子是不是不平等之爱的宣扬者？儒家并不是同时对亲、民、物这三类施行仁爱，而是必须由近及远，由亲而疏。但这并不表明儒家偏爱亲人，而是因为触动人心的最方便最直接的媒介是对身边亲人的爱，所以需要从爱亲人开始，这是人心成长的最坚实的基础。

《论语》说"能近取譬，可谓仁之方也已"，方就是途径，"能近取譬"就是由己及人然后亲亲，这是最重要的。为什么？那是最真实最自然的情感，一下子就被触发。身不由己就要投入，非常真实可靠，时时刻刻都在支撑着你施爱的这种过程。

孟子说"仁者无不爱也，急亲贤之为务"，急在这里是指先行而不是偏重。为什么要急亲贤？为什么要从亲亲开始？亲亲是你最坚实可靠的情感过程的起点，你一定会去做的，所以这是最重要的一个基础。

亲亲有那么重要吗？很重要！假如没有亲亲这样一个起点，可能支持仁爱的那种能力的成长与心里的体会都被抽空了，后面可能就走不了了，所以亲亲才需要相隐。这是能够支持你道德建立的一个最坚实的起点。假如让儿子去检举父亲，亲亲就被抽掉了。所以，"父为子隐，子为父隐，直在其中矣"。其实今天我们的法律条文里面也包含了类似亲亲相隐的内容。

陈立胜教授引用行为科学的研究成果支持儒家的仁爱思想。镜像神经元被认为是感同身受、设身处地之类道德行为的生理基础。也就是说，仁者对他者之关心是有生理基础的，不只是修炼的问题，生理基础是血脉相连，是一体相关。儿是爹娘心头肉，仁者以天地万物为心头肉，割舍不得，放心不下，此非难以理喻之事。从行为科学的角度来看差序格局，行动者的情感及行动投入之所以需要区分出缓急，是基于行动者感同身受的发生过程。与自己关系越近的就越是能够切身感受其苦痛，就越是愿意为他分担。差序格局中的行动者的行为特征，实质上是基于血缘纽带做连接的体恤与同情，是生理机制的作用，而并非心理上的一种偏向。

孟子说"急亲贤之为务"，是不是说对其他人可以不太在乎？不行。所以《礼记·礼运篇》说"不独亲其亲，不独子其子"，亲亲很重要，可是不能独亲其亲。

程颐诠释亲亲仁民爱物时说，"统而言之则皆仁，分而言之则有序"，其实都是仁，只不过中间有先后次序。儒学仁爱作用于不同对象的时候，并不存在偏爱的问题，这就是所谓的"皆仁"，而只是存在时间先后次序的问题，即"有序"。所以差等之差，其实是在于先后，而不在程度。

《孟子》里提到的墨家的夷子，主张"爱无差等，施由亲始"，我认为儒学的爱其实就非常符合夷子说的这八个字。夷子讲的跟墨子说的兼爱是一回事吗？还是不太一样，所以说墨家可能也不是铁板一块。

我认为，"爱无差等，施由亲始"，可以非常准确概括儒学的仁爱。费孝通先生的差序格局概念本来是受到孟子善推之说启发而发明的，但因为差序格局这一概念过于流行了，从而强化了时人对儒学是爱有差等的印象。

所以我要分析费先生把孟子"善推而已"如何挪用错了。费先生批评的是中国社会生活中的一种现象，这其实也一直是儒家所批评的小人的社会生活，小人就是越推越薄的。所以虽然儒学之说未完全贯彻到中国日常社会生活，但并不能因此说儒学的主张是爱有差等。

对传统的态度可以更从容

现在可以说出几点结论：

第一点，近代以来，儒家一直被认为宣扬爱有差等，事实上是将传统中国社会伦理生活层面等同于儒学精神层面，造成对儒学的误解。

第二点，儒学主张次序上爱有差等，而在程度上爱无差等。

第三点，儒学并非宣扬不平等之爱，仁爱具有普世价值，具有全球文化的竞争力。

我们今天很强调中国文化走出去，为什么要走出去？就是要去竞争，要参与文化观念或者说价值观念的全球流通。我觉得儒学的仁爱主张跟基督教的博爱观念相比，不仅普世性一点儿不差，而且可能更可行，因为仁爱更切近人之常情。

朱子编过《近思录》，"近思"就是切问而近思，或者如《论语》所说"能近取譬"，完全就是从你近处、从你身边、从你亲人、从己开始，所以更加坚实可靠，更加切近人之常情，更加具有全球文化的竞争力。你要问跟博爱相对的是什么？那就是仁爱，或者更加直接地说叫亲爱。跟博爱相比，亲爱更有竞争力，更可靠、更稳定、更持久。

　　"五四运动"100年之后，今天重新来认识我们的传统，来认识儒学，我做这样的阐释，并不是异想天开，并不是一定要说儒学就是好。只不过自近代以来，中国的国力国运衰弱，儒学不断被非议、被污名化。一个国家在往上走的时候，一定会带动人们去认识自己的传统文化。假如一个国家在往上走的时候，你还在非议传统文化，那传统文化就永世不得翻身了。

　　以前李泽厚先生说的"救亡与启蒙的双重变奏"，因为亡国灭种的时候，你哪有空去挖掘传统，所以那时候救亡会压倒启蒙。在中国崛起的今天，应该带给我们更多的机会，更从容的态度。我们对待传统，认识传统，不需要那么急迫，对传统要有同情、理解，直至充满敬意。

　　我今天讲的儒学之爱是不是有差等，只希望大家记住一句话：次序有差，程度无等。

从《论语》看孔子的一生

刘　伟

一个孤苦无依、家道中落的贵族后裔，通过自身的努力，终成中国历史上的圣人，孔子用他的一生书写了终极理想人格，并为后人留下传世经典《论语》。

今天我要分享的是《论语》所载的孔子的一生。

在生命历程快走完时，七十多岁的孔子回顾自己一生说："吾十有五而志于学，三十而立，四十而不惑，五十而知天命，六十而耳顺，七十而从心所欲，不逾矩。"

这一总结对后世影响很大，比如我们会用"而立之年"来指称三十岁，"不惑之年"指称四十岁，"知天命之年"指称五十岁，"耳顺之年"指称六十岁。它成为我们标记人生的一个重要说法，是孔子留给我们的遗产。

今天，我们回顾孔子的这些话，是希望从中看到孔子的一生，看到他的生命历程。下面让我们看看他是走过哪些人生坐标后逐步达到圣贤境界的。

从家道中落的贵族后裔长成历史上的圣人

孔子是宋国贵族的后裔，至孔子时代，已家道中落。孔子出生不久，他的父亲就去世了。据司马迁在《孔子世家》中记载，孔子年轻时，给当时鲁国最有势力的权臣季孙氏做过小吏，官职低微，我想应该是出于生活的需要。

35 岁之前，孔子都生活在鲁国，从一个小吏成长为一个真正的礼仪和礼学的专家。而在孔子 35 岁这一年，鲁国发生了一场宫廷政变，事后，孔子离开鲁国，去了齐国。

鲁国有三个最有权势的家族，孟孙氏、叔孙氏和季孙氏，被称为"三桓"，因为他们都是鲁桓公的后人。他们几乎把持了鲁国的朝政，使国君鲁昭公成了傀儡。鲁昭公不甘如此，试图通过武力把三桓消灭掉，但是失败了。失败了之后，鲁昭公被迫跑到齐国，一待就是七年，直到去世。也是因为这一次宫廷政变，孔子去了齐国。这大概是孔子第一次出国。

然而，孔子在齐国待的时间并不长，很快就返回了鲁国。在沉寂了很长一段时间后，孔子开始了他的仕宦生涯，从中都宰到大司寇摄行相事，达到了一生政治地位的巅峰。中都宰是地方长官；大司寇相当于今天的司法部部长和公安部部长，管理治安和司法的；相则相当于今天的总理，一人之下，万人之上。关于孔子的仕宦生涯，尤其是任大司寇摄行相事，《论语》里没有任何记载，这非常奇怪，我猜和编纂者刻意回避有关。

鲁国重用孔子，引起了邻居齐国的警惕。齐国人知道孔子是一个极具政治才能的人，要搞定鲁国得想别的办法。于是他们派使者，送来八十个"女乐"，即歌女，想腐蚀鲁国的领导干部。鲁定公和权臣季桓子欣然接受了歌女，从此君王不早朝，鲁国高层果然腐败了。

孔子一看鲁定公和支持他的季桓子都腐败了，就知道自己的政治生涯走到了尽头。55 岁左右的孔子，决定开始周游列国。只不过离开鲁国之时，他应该没想到再回鲁国已是 14 年后。

年届 70 岁时，垂垂老矣的孔子回到鲁国，开始修《五经》、教弟子，开创了儒学。宋代的朱子把孔子的贡献总结为"继往圣，开来学"，"继往圣"指继尧舜之道，"开来学"则指开创了儒学。

73 岁时，孔子去世了。从此，73 岁在中国人心里留下了深刻的阴影。在孔子之后，另一位圣人孟子活了 84 岁。在我小的时候，村里老人家有点迷信，都特别忌讳 73 和 84 这两个岁数，认为这是个坎儿。

可以说，作为一个孤苦无依、家道中落的贵族后裔，孔子通过自己的努力，终成中国历史上的圣人。这是特别值得我们关注、品味和学习的一生。

学而时习之，学什么？ 学诗，学礼

孔子对自己一生的评价首先是：我 15 岁的时候开始立志学习。"学"这个字非常重要，在《论语》里频繁出现，其中孔子说的第一个字就是"学"。

当我们翻开这部中国最重要的经典，见到的第一个字就是

"学",但经典本身却没告诉我们"学"什么。我相信,任何人翻开《论语》,试图去品味和体悟《论语》的时候,都会感到疑惑,同样很多先贤也表达过类似的疑惑。

宋代的陆九渊就说过:《论语》中有很多没头没脑的话,比如"学而时习之","学"啥"时习"啥呢?不过,我们可以通过《论语》其他记载获得一些提示。

孔子有个弟子叫陈亢,见到孔子的儿子孔鲤(字伯鱼)时,曾问他:"子亦有异闻乎?"翻译过来就是:你的父亲有没有给你开过小灶?想必陈亢跟我们一样,特别想知道孔子跟儿子教了些什么?孔鲤回答说没有。但是孔鲤接着说:不过,有这么两件事,可能我需要跟你说一下——

有一天,孔子一个人站在庭院里纳凉,孔鲤"趋而过庭"(古代晚辈如果见到长辈,不能踱着方步过去,一定要一溜小跑,哪怕走得慢也要装出来一路小跑的样子,这是一种礼节,表达礼貌和尊敬)。孔鲤一溜小跑,准备"逃"过去,结果被孔子叫住了。孔子问他说:"学《诗》乎?"这个《诗》不是一般的诗歌,是中国伟大的经典《诗经》。孔鲤挺实在,说没有。孔子跟他说:"不学《诗》,无以言。"

没错,如果不学《诗》,连恰当地、优雅地表达自己都做不到。春秋是贵族时代,在外交礼仪场合,说话不会像我们今天这样直白,而是赋诗言志。通过诗歌这样一种语言艺术来表达自己的心志和立场。

于是,孔鲤退而学《诗》。

过了两天,孔子还在庭院里纳凉,孔鲤再一次"趋而过庭",

孔子又把他叫住问：学礼乎？孔鲤说还没有。孔子又跟他说："不学礼，无以立。"

于是，鲤退而学礼。

听孔鲤说完之后，陈亢回去高兴地说：问一得三。一是学《诗》——不学诗无以言；二是学礼——不学礼无以立；三是君子远其子也。陈亢觉得孔子有意识地疏远自己的儿子，至少在教育问题上如此。

中国传统有一个根深蒂固的观念，一个人不能教自己的孩子，所以要"易子而教"。这是一个好传统，但现在已逐渐消失了。在传统社会里，哪怕你是饱学硕儒，你中过进士，甚至三甲及第，也要请一个私塾先生来教自己的孩子，不能亲自去教。

为什么要"易子而教"？孟子说，"易子而教"是因为"父子之间不责善"。这是什么意思呢？意思是说父亲和儿子之间不适合以客观标准互相要求对方。父亲教儿子肯定希望儿子变好，但是儿子极有可能会以同样的标准"考核"自己的父亲。这样特别容易伤害父子之间天然的情感，因为敬意会在指责和不满之中消失殆尽。

我们知道，任何父亲都希望自己在小孩面前保持高大伟岸的形象。可如果小孩发现你抽烟喝酒，你不让他抽烟喝酒，在道理上就很难说得通。所以，把教育小孩的任务交给老师，不要强迫每一位父母都成为孩子的教师。不是说父母成为教师不好，而是不现实。

我们今天特别需要反思的是，该怎么样做一个父亲，才是对孩子的成长有帮助的，才是真正健康的。孔子告诉我们，父亲和小孩之间应该保持适当的距离，因为距离产生敬意。

如孔子教诲孔鲤，一个小孩子开始要学的无非两点：学诗，即好好说话，说话要文雅一些；学礼，即好好做事，做事要有礼貌。从这个角度看，我们今天很有必要重回古典，重温圣贤的教诲。

我相信，孔子教导他的儿子和教导他的学生，以及教导任何一个可能的人，都是这种方式，学《诗》和礼。一个小孩子，当他步入成年的时候，他应该学会诗和礼，后世所谓"诗礼传家"大概与此有关。

同样《论语·阳货》篇里面，孔子跟弟子说，"小子何莫学夫《诗》？《诗》可以兴、可以观、可以群、可以怨。迩之事父，远之事君，多识于鸟兽草木之名。"诗可以培养心灵对美好事物应有的敏锐，唤起对美好事物应有的感悟。

我个人有一个体会，不知对不对。照相机的发明，严重影响了人们对美的体悟，手机更甚。以至于今天当我们去旅游的时候，最主要的目标是拍完照之后发个朋友圈。照相机、手机这些现代科技产品普及之后，必将取代人本有的一些官能，让人性之中本有的很多美好的东西都退化了。对美的感悟和对美好事物的体会，只是其中一个方面而已。

现在很少人读诗、读真正的文学作品了，似乎也不需要特别认识那些花草鸟兽，更不需要观察、体会、留心日常生活之中那些真正美好的、有启发的一些东西了。我们现在的生活肯定比以前好了，但整体精神状态好像没有同步变好，反而更差了。

《诗》可以兴，可以唤起心灵对美的那份敏锐。《诗》可以观，是指观民风，观整个社会的精神状态。《诗》可以群，在很多场合，诗酒唱和是古代文人雅士的标配，通过高雅的方式来互相交流，达到一种整体的心灵愉悦，这就是"群"。《诗》可以怨，当整个社会治理不好，社会失序的情况下，民众的心声会通过诗歌，大概类似民谣或通俗歌曲的方式表达出来。这些都是《诗》的功能。

关于"礼"，《论语·泰伯》里边有这么一段话，孔子说："恭而无礼则劳，慎而无礼则葸，勇而无礼则乱，直而无礼则绞。君子笃于亲，而民兴于仁，故旧不遗，则民不偷。"一个人如果过分谦恭，会有太多徒劳无益的举动；如果过度勇敢不加节制，极有可能会演变成犯上作乱，破坏既有的秩序；如果一人太过谨慎，就会变得畏缩不前，胆小怕事；如果一个人过于正直，就很容易苛刻，伤害别人。所以，礼就是恰如其分，拿捏好尺度，从容中道，不偏不倚，这是一个极高的要求。而学礼，就是让我们在任何场合都能做到从容不迫，不偏不倚。

总结一下，孔子说，"吾十有五志于学"，是说从十五岁开始，便笃定心志去学习，学什么呢？《诗》和礼。这可能不足以囊括孔子所说的学的全部内容，但我相信它一定是最重要的内容。

三十而立，立于礼

关于"三十而立"，后世多有误解，认为是成家立业，或成家立室。成家立业的意思是，要有一份稳定的工作，能够保证生活无忧。成家立室则是娶妻生子。所以直到今天，三十岁仍是一个心理红线，超过三十岁还不成家立业的话，可能就被视为"大龄"了。

但孔子说的"三十而立"的"立"，可不是成家立室的那个"立"。通读整部《论语》，大概会发现"立于礼"这一说法频繁出现，也包括我们上面说的，"不学礼，无以立"。

　　《论语》第一句话是"学而时习之，不亦说乎"，而最后一句话是"不知命，无以为君子；不知礼，无以立也；不知言，无以知人也。"在这句话里，孔子讲了知命、知礼和知言，强调了三者的重要性：如果你不"知命"的话，你就没法成为一个君子；如果你不"知礼"的话，在任何礼仪的场合，就不会有你的位置；如果你不懂得言的话，你就不能了解他人。看来"立于礼"很重要，以至于孔子要反复叮咛，告知我们。

　　有一次，孔子最得意的学生颜渊问什么是仁，孔子的回答是"克己复礼"。所谓"克己复礼"，就是战胜自己的欲望以及内心的偏狭，回复到礼，这个就是仁了。"一日克己复礼，天下归仁焉。"如果你哪一天能够做到"克己复礼"，天下人一定会认为你是个仁者。

　　颜子嫌回答太笼统，继续追问具体该怎么做？孔子的回答是："非礼勿视，非礼勿听，非礼勿言，非礼勿动。"即不合礼的你就别看，不合礼的你就别听，不合礼的你就别说，不合礼的你就别去做。视、听、言、动，无一不要合礼。颜子聪慧，说："回虽不敏，请事斯语矣。"虽然我不是很聪明，但一定按照所说去做。名师高徒之间的这则对话，充分体现出礼的重要性。

　　所以说，礼很重要。"三十而立"，就是"立于礼"。

　　为什么说"三十而立"一定是"立于礼"呢？有文献可征。通过读其他的经典，我们能够了解到，孔子大概三十岁左右的时候，已经是一个礼仪方面的专家了。他说自己"三十而立"，没有夸张，确实是这样。

　　据《左传》记载，在孔子生活的年代，鲁国"三桓"孟孙氏的首领，叫孟僖子，此人是个难得的贤人，在鲁国的地位也非常高，大概相当于正国级的干部。有一次鲁昭公出使楚国，从今天的山东一直去到湖北，长途跋涉。为了能够合乎礼仪地交流，按当时的惯例，每个国君会配备一个礼仪顾问，给国君提供礼仪咨询，孟僖子就作为鲁昭公的礼仪顾问出使楚国。不知道是因为孟僖子业务能力不够，还是鲁国跟楚国风俗差异实在太大，总之在外交场合出现了失礼之处，相当没面子。孟僖子非常懊恼，回来之后，就潜心学礼；不但自己要学礼，还要给自己的小孩请礼仪的教师，他请的这个人就是孔子。

孟僖子临终前托孤，说礼是人的躯干，不学礼则无以立（跟孔子说的一样），他若去世了，一定要把两个小孩——孟懿子和南宫敬叔——托付给孔子，跟着学礼，即史书所谓"使事之而学礼焉，以定其位"。这一年，孔子三十四岁。

这个故事说明，三十多岁的孔子在鲁国已是礼仪方面的权威。所以，孔子所说自己"三十而立"，一点也没夸张。

四十不惑，即不被愤怒、恐惧、贪欲等带偏

一般人觉得"四十不惑"，就是什么都知道，没有迷惑不解的事儿。这样理解显然不够准确。而之所以这么理解，可能是因为不了解传统语境中"惑"的意思。

在孔子时代，最重要的知识就是礼。如果已经"立于礼"的话，还有什么事情不知道的？"三十而立"的孔子，没事疑惑什么呢？

我们今天说"疑惑"是一个词，可在古代，"疑"和"惑"是两个字，意思完全不同。

什么是疑呢？举个例子：假如我参加考试，最难的英语考试，几乎所有单词我都不认识，底下有 A、B、C、D 四个选项，我完全不知道填哪个，因为缺乏必要的知识，所以没法做出正确的抉择，这个状态叫"疑"。我可以根据以往的经验瞎蒙 C，也可以抛硬币决定，叫作"卜以决疑"。但是，此时我的心智是正常的，我知道自己不知道。

"惑"，则完全不一样。我们日常语言中有"蛊惑人心"或者"惑乱人心"这样的说法，一般都是指正常人因为被迷惑而失去正常心智，这个状态就叫"惑"。

孔子有一个弟子叫子张。有一次，子张问孔子，什么是"崇德""辩惑"？孔子的回答是，"主忠信，徙义，崇德也"。徙是迁徙、走路的意思，引申为做事。如果你自己能够做到忠信，能按照义的方式去行事的话，这个就是崇德。那么，什么是"辩惑"？孔子说，"爱之欲其生，恶之欲其死。既欲其生，又欲其死，是惑也"。就好比一对恋人，热恋中恨不得把最好的都给予对方；可是一旦闹掰了，就在心里诅咒对方。孔子说，这就是"惑"，因为这不是心灵的正常状态。

孔子还有一个弟子叫樊迟，有一次跟孔子到求雨的舞雩台下溜达，借机问什么是"崇德""修慝""辩惑"。孔子怎么回答的呢？"一朝之忿，忘其身，以及其亲，非惑与？"因为有人插队，你把人打伤了，于是坐牢而没法供养父母，这种情况就是愤怒带偏了心灵，让心灵处在非理性状态，就是"惑"。

孔子说"四十不惑",可不是四十岁什么都知道了,没有疑惑;而是心灵足够强大,不会被愤怒、恐惧、贪欲等情绪带偏了方向。心灵强大到不会被外在的东西摇夺,孟子称之为"不动心",这是个很高的境界。

五十知天命,知命而不忧

孔子曾说过,"加我数年,五十以学《易》,可以无大过矣"。孔子的意思是,如果再多给我几年时间,从五十岁就开始就学《易》的话,应该不会犯什么大错了。

司马迁在《孔子世家》中说,"孔子晚而好《易》,韦编三绝"。古代的书是用竹简写的,一条一条竹简写上字之后,用熟牛皮(即韦)给拴起来,串联在一起,不然就会乱。所谓"韦编三绝",意思是孔子晚年的时候特别喜欢读《周易》,反复读,以至于熟牛皮翻断了很多次。

孔子在回忆自己生命历程时,也说五十岁知天命。或许,他觉得学习《周易》,可以对天命有更好更准确把握。也许是谦虚,也许是孔子觉得需要更好地体知天命,所以有"加我数年"之说,孜孜以求,不知满足。

前面曾提到过,孔子说"不知命,无以为君子"。一个人如果不知道进而安于命的话,就不能做一个真正的君子。人都是有限的,在一生之中,有些东西我们永远都求而不得,太过执着于求而不得的东西,会失去自我。如果一个人知道自己这辈子能干什么、不能干什么,他就不会再被那些始终求而不得的东西牵绊,忧心不安。

在《论语·季氏》里，孔子说，君子应该"畏天命，畏大人，畏圣人之言"。作为一个君子，至少应该敬畏三种东西：敬畏天命，即有些东西是注定求而不得的；敬畏大人，大人不是我们今天说的当官的大人，而是能够把心灵之中那些正面的、崇高的东西充分发挥出来的道德高尚的人，我们应该敬畏这样的人；敬畏圣人之言，敬畏圣人的教诲，比如《论语》，这是孔子一生的体悟，历经两千多年，到今天还是经典，我相信再过两千年，只要中国人还在，它依然值得我们敬畏的经典。

六十耳顺，通于天地，调畅万物

"六十耳顺"是什么意思呢？清代的一个注《说文解字》的人叫段玉裁，他说，"圣者从耳，谓其耳顺"。"圣贤"的"圣"一边是耳朵，另外一边是呈现的呈。"圣"字之所以从耳，因为圣人"耳顺"，这个"耳顺"就出自《论语》。

东汉有一位学者叫应劭，他有一本书叫《风俗通义》，里面说"圣者声也，言闻声知情"，听声音就能够知道一切事物的性质，知道属性就意味着能够恰如其分地去对待它。"耳顺"的意思就是"闻声知情"，不需要亲眼看到，就能对人世间的道理有了然于胸的把握。这大概也就是老子说的"不出户知天下"。

只要有一事一物，仍然处在不当之中，就应该把它安顿好。正如象山所说，宇宙事就是己分内事，己分内事就是宇宙内事。事事物物都应该各得其所，没什么事与己无关，这是儒者的情怀和抱负。

七十从心所欲不逾矩，达至终极理想人格

最后，孔子说自己"七十从心所欲不逾矩"。就是有任何想法，都可以照着去做，而不会逾越规矩，合乎道理。从心所欲而不逾越，不是克服不当的念头，而是压根就没有不当的念头。心灵之中产生的任何念头、任何想法，都合乎天理，这是一般人难以企及的极高境界，一种更高级的心灵自由。

孔子通过对自己一生的回顾，标示了生命的刻度，从另外一个角度也可以说，为我们指出了克服生命中自然负面倾向的工夫法门。人从小到大再到老，是自然生命必然要经历的过程，每个阶段有很多需要克服的负面的东西，是共性的、避免不了的。

举个例子，人一旦年纪大了之后容易患得患失。比如，我们去菜市场会经常看到，老人家买菜最挑剔了，要把葱上蔫的叶子全部摘掉，有的临走的时候再多抓一头蒜。这里可不是想批评老人家素质不行，我只是想说这是生命自然的倾向，可能我们老了也一样。所以，需要修身功夫，克服乃至超越这种自然的限制。

孔子对于不同年龄段的一些负面倾向，有着非常深刻的认识。同样是在《论语·季氏》里，孔子说过，"少之时，血气未定，戒之在色；及其壮也，血气方刚，戒之在斗；及其老也，血气既衰，戒之在得"。意思是说：年轻的时候人的血气未定，易被美色所迷惑，做出不当的事情，这是人之常情。君子要通过修养来克服这种不好的倾向，小心谨慎，不能麻痹大意。进入壮年的时候，血气最旺盛的时候，容易产生激烈的情绪，尤其是愤怒，愤怒过头难以克

制，容易起冲突，不论肢体上的斗殴还是斗气。所以要戒斗。人到老年，血气衰退，容易变得不那么在意他人的目光，相应地，对于个人的得失会看得重一些。

我们常说，道德感是在与他人的交往中逐渐养成的，他人的目光对于个人德性养成和维持很重要。比如人在大街上，可能就不大会随便说脏话、乱扔东西；但是在家里面，就没那么自觉，可能偶尔会蹦出一两个脏字，这也是人之常情。从某种意义上说，血气和他人的目光，关系很密切。不论是见到异性脸红，还是受到不公正的对待而愤怒，其实都是血气强的表现。血气既衰之后，人对他人的目光不再敏感，容易患得患失，甚至看重一些微小的利益，这很正常的。所以，孔子告诉我们，"戒之在得"。

细细品读《论语》，我们会发现，孔子教给我们的不是乏味的教条。恰恰相反，他对人生命诸多自然倾向，有极为敏锐的观察和深刻的领会，这让我们今日读来仍受益匪浅。

我们读《论语》，当然不是指望人人做圣贤，只要能适当地反思自己身上负面的东西并有所克服，那么，书就没白读。

义利之辨与做大丈夫

——孟子对于国君、士人的道德劝谕

杨海文

　　道义与利益是一对关系，这对关系是经常打架的。道义、利益经常打架，就构成了义利之辨。既然构成了义利之辨，它就涉及哲学层面的问题。在中国思想史上，从孔子、孟子开始，义利之辨是一条很重要的线索。这条线索构成了中国哲学史相当重要的一个方面，也构成了中国传统文化极其重要的一个方面。

　　今天，这个问题仍有很强的现实意义。设身处地想一想：在利益面前，我们怎么恪守道义？在生活当中，我们怎么做到既心安理得、又能在物质上有所追求？它通常是一个两难的问题。面对这个两难的问题，我们可以多方面找答案、多渠道找经验。在这个意义上，孟子的义利观是值得我们借鉴的一笔宝贵思想财富。

　　最近一两年，我在中山大学讲《孟子》。《孟子》共有七篇，我正在一章章、一句句进行解读，计划用三到五年时间，把《孟子》七篇全部解读完毕。《孟子》的实际字数并不多，只有三万五千多字；它的章数也不多，只有 260 章（有人分为 261 章）。先秦很多古老的经典，都是言简意赅的。《老子》五千言，只有 81 章。《论语》一万多字，章数比较多一点，有 512 章。这些经典提供的思想经验以及做人做事的方法，今天依然有其借鉴意义。

这里，我想讲讲《孟子》的首章以及《滕文公下篇》第 2 章。用数目字表示，《孟子》首章叫作《孟子》1·1①，《滕文公下篇》第 2 章叫作《孟子》6·2。前者是孟子从义利之辨的角度对于国君进行道德劝谕，后者是孟子从做大丈夫的角度对于士人进行道德劝谕。通过解读这两章，我们希望展示义利之辨与做大丈夫在孟子博大精深的思想体系中究竟具有什么样的思想内涵，两者又是什么样的关系。

义利之辨与"格君心之非"

《孟子》首章的原文是：

> 孟子见梁惠王。王曰："叟！不远千里而来，亦将有以利吾国乎？"
>
> 孟子对曰："王！何必曰利？亦有仁义而已矣。王曰：'何以利吾国？'大夫曰：'何以利吾家？'士庶人曰：'何以利吾身？'上下交征利而国危矣。万乘之国，弑其君者，必千乘之

---

① 此种序号注释，以杨伯峻译注《孟子译注》（中华书局 2010 年第 3 版）、《论语译注》（中华书局 1980 年第 2 版）为据，下同；按，个别标点符号略有校改，兹不一一标注。

家；千乘之国，弑其君者，必百乘之家。万取千焉，千取百
焉，不为不多矣。苟为后义而先利，不夺不餍。未有仁而遗其
亲者也，未有义而后其君者也。王亦曰仁义而已矣，何必曰
利？"（《孟子》1·1）

《孟子》的原文总是有很多地方不好理解。我经常对同学们讲：
我们今天要把古代的东西背下来，如果年龄大了一点，有一个记下
来的好方式，就是自己把这些古文再翻译一次。在翻译的过程中，
你一边翻译，一边就能大体记下来。我讲《孟子》的每一章，就是
先把它翻译下来，然后慢慢记住了。

《孟子》1·1的白话文翻译，就是一个小故事：

孟子见到梁惠王。梁惠王说："老先生不远千里前来，大
概会让我的国家有所获利吧？"

孟子答道："大王何必说利呢？只要有仁义就够了。大王
说：'用什么能让我的国家获利呢？'大夫说：'用什么能让我
的封地获利呢？'士与平民说：'用什么能让我们自身获利呢？'
上上下下争相夺利，国家就危险了。拥有万辆兵车的国家，杀
它国君的，一定是拥有千辆兵车的公卿；拥有千辆兵车的封
地，杀它国君的，一定是拥有百辆兵车的大夫。一万当中占有
一千，一千当中占有一百，不能算不多了。如果把义放在后面
而把利放在前面，不全部夺取就不会满足。从来没有讲仁的人
会遗弃他的父母，从来没有讲义的人会怠慢他的国君。大王只
要讲仁义就够了，何必说利呢？"

我们用现代汉语解释了《孟子》1·1后，还要回到古代那种语境中，看看它们用古文是怎么表达的。

"孟子见梁惠王。王曰：'叟！不远千里而来……'"这与现代汉语没有太大的差异。后面一句话是："亦将有以利吾国乎？"在梁惠王的口里，这个利到底是哪个层面的利呢？是讲物质利益，还是讲"有利于"呢？我们稍后解读这一点。

孟子回答说："王！何必曰利？亦有仁义而已矣。"他接着从三个方面讲了一味谈利益会出现的情况："王曰：'何以利吾国？'大夫曰：'何以利吾家？'士庶人曰：'何以利吾身？'"王与国相对应，大夫与家相对应，士庶人与身相对应。孟子讲这三类人物都只问对于自己有利益的东西，必然出现的情形是"上下交征利而国危矣"。上上下下争相夺利，国家就危险了。然后，孟子讲道："万乘之国，弑其君者，必千乘之家；千乘之国，弑其君者，必百乘之家。"万乘之国是有一万辆兵车的国家，杀国君的一定是有一千辆兵车的公卿；千乘之国是有一千辆兵车的国家，杀国君的一定是有一百辆兵车的大夫。

我们这里看到万、千、百的关系。孟子马上接下一句话："万取千焉，千取百焉，不为不多矣。"一万块钱当中得到一千块，一千块钱当中得到一百块，也不算少了。言外之意是：天子下面有公卿，诸侯下面有大夫，天子给了公卿10％的利益，诸侯给了大夫10％的利益，这已经很多了。对于下一级的公卿、大夫来说，得到10％的利益，满不满足呢？假设不满足，将会出现的情况就是"不夺不餍"。所谓不满足，就是只把利益放在前面，而把道义放在后面，这就是"苟为后义而先利，不夺不餍"。你本来有一万块钱，我拿了你一千块，但你还有九千块，我不把你那九千块全部夺光，我就不会停止掠夺你的行径，这就叫"不夺不餍"。以上是孟子对于先讲利益、后讲道义，甚至只讲利益、不讲道义所做的批判。

假设我们"亦有仁义而已矣"，那会出现什么情况呢？孟子说："未有仁而遗其亲者也，未有义而后其君者也。"意思就是：我从来没有看到过那些讲仁的人会遗弃他的父母，我从来没有看到过那些讲义的人会怠慢他的国君。"亲"与"君"这两个概念特别重要。以前人们讲天、地、君、亲、师。天、地是比较抽象的。师，因为当时教育不发达，也可有可无。但是，君与亲是必不可少的。我们生活在国家里面，国家有它的象征，最具体化的象征就是国君。亲，更不用说了。我们每个人都是从父母那里来的。没有父母，怎么会有你？你不爱你的父母，你还是一个人吗？所以，在孟子看来，你只要讲仁义，那肯定会爱你的父母、爱你的国家。

爱自己的父母，爱自己的国家，这是不是一种利呢？大家可以思考一下。假设我们不只是把得到一块土地、得到一个官位作为利益，而是把爱自己的父母、爱自己的国家以及家庭和睦、国泰民安作为一种利益，那么，在这两者之间，哪一个利益更重要？一块土地、一个官位这个利益重要，还是家庭和睦、国泰民安这些利益更重要呢？《孟子》1·1的结语说："王亦曰仁义而已矣，何必曰利？"这里对于义利之辨进行了总结。孟子认为义与利是可以同步实现的，但这个过程是怎么演变的呢？

下面看一看《孟子》1·1涉及了哪些比较有意思的故事、观点，其中有哪些是我们不太了解的，有哪些是对我们的人生有启发意义的。

孟子到底什么时候见的梁惠王？历史学者经常探讨这个问题，但很多人的观点并不一样。我们这里只列一种观点，就是历史学家司马迁（约前145—约前87）在《史记》里面讲的观点。司马迁说：孟子见梁惠王，发生在公元前335年①。关于这个时间，我们稍微做一点小文章。为什么要做一点小文章呢？因为《孟子》1·1的第9个字是"叟"，这个字的意思是老头子。孟子哪一年生，哪一年死的？一般认为，孟子生于公元前372年，卒于公元前289年。公元前335年，他多少岁呢？38岁。古人算年龄，不是按实际年龄，而是按虚龄算的。虽说人生七十古来稀，但将38岁称为老头子，也是不太恰当的。然而，司马迁的观点对于后人阅读《孟子》产生了很大影响。按照司马迁的观点，公元前335年，当时只有38岁的孟子见到了梁惠王，并与梁惠王进行了一次对话。这次对话被记载在《孟子》里面，而且作为《孟子》全书的首章。我们写文章，不管是写作文，还是写论文，开头都很重要。这个故事放在《孟子》260章或者261章的开篇，显然是有深意的，值得我们思考。

公元前335年，对于梁惠王是一个很关键的年头。梁惠王当了五十多年的诸侯，时间很长。这五十多年又是以公元前335年作为分界线：从公元前369年到公元前335年，属于前一个阶段；从公元前335年到公元前319年，属于后一个阶段。我们把这些时间概

---

① 《史记·六国年表》说："孟子来，王问利国，对曰：'君不可言利。'"［西汉］司马迁撰、［宋］裴骃集解、［唐］司马贞索隐、［唐］张守节正义：《史记》第2册，中华书局1959年版，第727页；按，此事系于魏惠王（梁惠王）三十五年（前335）条下。

念结合在一块，那么，公元前 335 年既是孟子见梁惠王的时间，更是梁惠王在他的执政史上具有转折意义的分水岭。这就意味着：孟子对梁惠王讲了什么，在当时的历史当中是有价值的。把这个故事记载下来，再把它放在整个中国思想史上，它就会有象征意义。因为它发生在梁惠王执政期间具有转折意义的那一个年头，所以孟子对他讲义利之辨，这个故事会被后面的读者不断理解、放大。我们把《孟子》1·1 的基本精神概括为义利之辨，就是为了让它的意义慢慢释放出来。

孟子见到梁惠王，梁惠王问："亦将有以利吾国乎？"这个"利"字怎么解释？梁惠王的那个国家叫作魏国，不叫梁国。因为首都迁到大梁，所以后人也称他为梁惠王。《孟子》称为梁惠王，《史记》称为魏惠王（有时也称为梁惠王）。梁惠王问：你不远千里而来，能让我们国家有哪些获利呢？梁惠王到底是问哪一种类型的"利"，是物质利益还是其他利益呢？按照朱熹（1130—1200）的解释，梁惠王问的是富国强兵之利[①]。一个诸侯看到博学多才的学者到自己的国家来了，向他请教一下如何富国强兵起来，这好像很正常。同样，梁惠王问孟子：你有什么好方法让我们国家富强起来？按照平常心来理解，梁惠王的提问也很正常。

这里要对"利"字做简单的解释。利，可以分为两个方面：一是货财之利，一是安吉之利[②]。货财之利，就是给你多少钱，给你

---

① 《孟子集注》卷一说："王所谓利，盖富国强兵之类。"（［南宋］朱熹：《四书章句集注》，中华书局 1983 年版，第 201 页）

② 《论衡·刺孟》说："夫利有二：有货财之利，有安吉之利。"（黄晖：《论衡校释（附刘盼遂集解）》第 2 册，中华书局 1990 年版，第 450 页）

多少物。安吉之利，就是有利于身心健康，有利于家庭和睦，有利于国泰民安。货财之利、安吉之利是我们立足日常生活对于"利"所做的理解。如果从哲学角度看，这个"利"可以分为两个方面：一是物质利益，一是理念利益。从政治学角度看，物质利益属于利益政治，理念利益属于原则政治。所谓物质利益，是讲收益多寡、财富多少、权力多大。所谓理念利益，是讲我们有什么样的世界观，我们有什么样的信仰。这是物质利益与理念利益的区别。我们在生活中经常碰到"利"这个字，希望大家在货财之利、安吉之利以及物质利益、理念利益这两大方面，尽力搞清楚自己究竟面对的是哪一种利。

针对梁惠王的提问，孟子如何回应呢？他的回应是："何必曰利？亦有仁义而已矣。"你何必说利呢？只要有仁义就够了。孟子一下子把问题从梁惠王说的"利"转到了"仁义"。假设梁惠王问的是富国强兵，那么，孟子就没有接他的话题，而是转到了仁义。仁义与利是什么关系？一旦慢慢推进义利之辨，就要讲到"正名"的问题，因为"名不正，则言不顺"，很多事情是办不成的（《论语》13·3）。在治国理政方面，以功利为名，还是以仁义为名，这是两条不同的路线，是霸道与王道的区分。以功利为名，是霸道；以仁义为名，是王道。孟子是反对霸道、坚持王道的。梁惠王的提问明显是想搞霸道，孟子要以王道把他的霸道顶回去。所以，不管梁惠王问的是富国强兵之利还是其他利益，孟子都会直截了当地说："何必曰利？亦有仁义而已矣。"

大思想家朱熹对于"仁""义"这两个字做过很深刻的解释。他说：仁者，跟我们的心、爱有关；义者，跟我们的心、事有关。

原话为："仁者，心之德、爱之理；义者，心之制、事之宜也。"[①]
朱熹这样解释，仁义就有了哲学的意义。更关键的是，朱熹认为
"何必曰利？亦有仁义而已矣"是《孟子》这一章的大纲[②]。

了解朱熹的看法之后，我们再看司马迁。《史记》第47卷是
《孔子世家》，而第74卷是《孟子荀卿列传》，把孟子、荀子写在同
一个列传。司马迁特别提到他为什么要写《孟子荀卿列传》，就是
为了"绝惠王利端"[③]。心里刚刚萌芽出来的东西叫作"端"。在司
马迁看来，孟子之所以对梁惠王说"何必曰利？亦有仁义而已矣"，
就是为了把梁惠王以富国强兵为名、而行兼并掠夺之实这类贪婪的
念头消灭掉，这就叫"绝惠王利端"。从这可以看出，梁惠王是想
搞霸道的，而孟子是以王道反击霸道。孟子作为一个思想家，就是
想刹那间消灭掉梁惠王灵魂深处的私念，这就是"何必曰利？亦有
仁义而已矣"。

孟子接着提到"王曰""大夫曰""士庶人曰"。在王、大夫、
士庶人这三个阶层当中，最重要的是王。对于"何以利吾国"这句
话，司马迁特别有感受。他说：我读《孟子》，读到"何以利吾国"
这里，马上就想把书放下来，然后发出深深的感叹。感叹什么呢？
他说：利益这个东西，真是所有祸害的开端。孔子"罕言利"，很
少谈到利，就是为了从根本上杜绝贪婪的欲望。孔子又说："放于

---

① 《孟子集注》卷一，[南宋] 朱熹：《四书章句集注》，第201页；按，个别
标点符号略有校改。

② 《孟子集注》卷一说："此二句乃一章之大指，下文乃详言之。后多放此。"
（[南宋] 朱熹：《四书章句集注》，第201页）

③ 参见《史记·太史公自序》，[西汉] 司马迁撰、[宋] 裴骃集解、[唐] 司
马贞索隐、[唐] 张守节正义：《史记》第10册，第3314页。

利而行，多怨。"一味地让利益、欲望在我们的生活中横行霸道，肯定会产生很多祸害。司马迁总结说：从天子到一般人，贪图利益的毛病真是不得了，竟然毫无差别！司马迁这段话很有意思①。他读《孟子》，读到"何以利吾国"，就觉得下面的都不用看了。那么，司马迁到底看了多少个字？我们统计《孟子》首章，不计标点符号，只有152个字。司马迁读到《孟子》首章的第42—46个字，就说："余读《孟子书》，至梁惠王问'何以利吾国'，未尝不废书而叹也。"这是司马迁读《孟子》的感受。

这里介绍一下《史记》与《孟子》首章的关系。《史记》到底讲过多少次《孟子》首章？清代广东三大家之一的陈澧（1810—1882）说，《史记》三次提到《孟子》首章②。最重要的一次是《孟子荀卿列传》的开头"太史公曰"那一段。讲完后，司马迁才讲孟子是邹国人。这么写列传，是不是改变了体例吗？在陈澧看来，司马迁认为《孟子》首章是"七篇之大义"，所以要把它揭示出来。朱熹做《孟子集注》，也把司马迁这句话收了进去。另外两次是在

---

① 《史记·孟子荀卿列传》说："太史公曰：余读《孟子书》，至梁惠王问'何以利吾国'，未尝不废书而叹也。曰：嗟乎，利诚乱之始也！夫子罕言利者，常防其原也，故曰'放于利而行，多怨'。自天子至于庶人，好利之弊，何以异哉！"（［西汉］司马迁撰、［宋］裴骃集解、［唐］司马贞索隐、［唐］张守节正义：《史记》第7册，第2343页；按，个别标点符号略有校改）

② 《东塾读书记》卷三《孟子》说："《史记·孟子列传》先述梁惠王问'何以利吾国'云云，然后云孟子'邹人也'，此于列传为变体。盖以《梁惠王》第一章为七篇之大义，故揭而出之。（朱子采太史公语入第一章集注。）且又于《魏世家》载之，又于《自序》云'绝惠王利端'，作《孟子列传》。太史公之于此章，可谓三致意者。"（［清］陈澧著、黄国声主编：《陈澧集》第2册，上海古籍出版社2008年版，第60页；按，个别标点符号略有校改）

《魏世家》《太史公自序》里面提到。《史记》三次提到《孟子》首章，"可谓三致意者"，等于敬了三次礼，表明这一章特别重要。

朱熹的《孟子集注》也经常引《史记》。如果既对孟子感兴趣，又对朱熹的《孟子集注》感兴趣，我们可以用另一只眼睛专门去看看：《史记》在朱熹的笔下到底是怎么被灵活运用的？朱熹是怎么把《史记》的材料调配起来，以服务于自己的观点？这也是很有意思的一个话题。

孟子又讲道："苟为后义而先利，不夺不餍。"刚才我们讲过："万乘之国，弑其君者，必千乘之家；千乘之国，弑其君者，必百乘之家。"万乘之国是天子，千乘之家是天子下面的公卿；千乘之国是诸侯，百乘之家是大夫。"万取千焉，千取百焉，不为不多矣。"大臣从国君那里，每十分拿到一分，难道不多吗？假设还觉得少，那最后的结果就是恨不得把诸侯杀掉，把天子杀掉，然后取而代之，才会心甘情愿停下贪得无厌的步伐，这就是"不夺不餍"。这里，孟子认为"后义先利"是一种很不好的做法，是一种很恶劣的行径。

朱熹认为"何必曰利？亦有仁义而已矣"是《孟子》首章的基本思想。黄宗羲（1610—1695）写《孟子师说》，则认为整个《孟子》七篇都以"未有仁而遗其亲者也，未有义而后其君者也"作为头脑，《孟子》七篇的头脑就在这里①。黄宗羲为什么对这两句话的评价如此之高？"仁""义"面对的对象是自己的父母、自己的国家，"七篇以此为头脑"就是以仁义作为头脑。如果一个人舍弃自

---

① 参见《孟子师说》卷一《"孟子见梁惠王"章》，沈善洪主编、吴光执行主编：《黄宗羲全集（增订版）》第 1 册，浙江古籍出版社 2005 年版，第 49 页。

己的父母，舍弃自己的国家，那他就不是一个讲仁的人，不是一个讲义的人。仁义与家国的关系，我们一定要多加理解。有了仁义，我们的家国就能健康、和谐、稳定地存在与发展。家国健康、稳定、和谐地发展前进，这是最大的利益。梁惠王想多得到一块土地，多占有一些老百姓，那只是小利益。整个家庭和睦，整个国泰民安，整个世界太平，这才是普天之下最大的利益。所以，孟子认为"未有仁而遗其亲者也，未有义而后其君者也"，而黄宗羲的评价特别高。

讲到这里，我们依据《孟子》首章，稍微总结一下孟子义利观的三大要点：第一大要点是义以为上，意思是"何必曰利？亦有仁义而已矣"，这是讲原则；第二大要点是先义后利，意思是绝对不能"苟为后义而先利，不夺不餍"，这是讲次序；第三大要点是义利双成，意思是"未有仁而遗其亲者也，未有义而后其君者也"，这是讲目的。孟子义利观的三大要点，第一是讲原则，第二是讲次序，第三是讲目的。讲原则，就要义以为上，把道义作为最高原则；讲次序，就要把道义放在第一位，把利益放在第二位；讲目的，并不是因为讲道义，就要完全排斥利益，而是要在生活当中最终实现道德与利益的统一。我们的幸福生活，既要能够实现道义，又要能让物质利益得以充分实现[①]。孟子义利观的三大要点，从理论形态的角度揭示了义利之辨的基本脉络，对于中国哲学史上的义

---

① 参见杨海文：《略论孟子的义利之辨与德福一致》，《中国哲学史》1996 年第 1—2 合期，第 102—107 页；收入董金裕总审定、陈训章总编著、中华书局编辑部修订：《中华文化基础教材（广东版）》高中二年级上册，中华书局 2016 年版，第 48—54 页。

利之辨产生了深远影响。

这里举陆九渊（1139—1193）的例子。孔子曾说："君子喻于义，小人喻于利。"（《论语》4·16）与道义有关的是君子，与利益有关的是小人，义与利是对立的。1181 年，陆九渊以此为题，在江西白鹿洞书院做过一次讲座。当时没有速记员，更没有录音、录像，所以陆九渊传世下来的讲义只有一小段文字[①]。我们看这一小段文字，陆九渊说：人有什么样的志向，就习惯做什么样的事。比如我想做科学家，就习惯看那些与科学有关的作品，这个过程就是"喻"。君子把道义作为自己的志向，所以在生活习惯上经常关注有关道义的东西，叫作"君子喻于义"。小人时时刻刻想的都是利益，所以在生活习惯上经常打着小算盘，不停地算计别人，叫作"小人喻于利"。回到日常生活中，用日常生活经验去理解，大家都知道：有什么样的志向，就有什么样的习惯，进而就有什么样的后果。这就是志、习、喻的关系。

这里附带讲一讲"三信"：信心、信念、信仰。对于好的东西，我们一定要有信心，有信念，有信仰。好的东西是分为不同级别的：有一般好的，有特别好的，有最好的。这个级别怎么一步步地分，大家可以按照自己的阅读经验、人生理想去做，重要的是判断哪些是我们认为最好的东西。对自认为最好的东西，一定要有信

---

① 《陆九渊集》卷二三《白鹿洞书院论语讲义》说："子曰：'君子喻于义，小人喻于利。'此章以义利判君子小人，辞旨晓白，然读之者苟不切己观省，亦恐未能有益也。某平日读此，不无所感：窃谓学者于此，当辨其志。人之所喻由其所习，所习由其所志。志乎义，则所习者必在于义，所习在义，斯喻于义矣。志乎利，则所习者必在于利，所习在利，斯喻于利矣。故学者之志不可不辨也。"（〔南宋〕陆九渊著、钟哲点校：《陆九渊集》，中华书局 1980 年版，第 275 页）

心，要有信念，还要有信仰。

　　回到 1181 年，陆九渊在白鹿洞书院做"君子喻于义，小人喻于利"的讲座，现场反应极好。朱熹说：人们听了陆九渊的讲座，"莫不悚然动心"。陆九渊讲义利之辨，那些前来听讲座的人听得毛骨悚然、心惊胆战，这是朱熹的评价之一①。朱熹请陆九渊到白鹿洞书院讲学，先去游船。朱熹说：自有宇宙以来，就有此山、此溪，可是还没有像你这么好的客人来过。游了船后，陆九渊登坛讲学，讲了"君子喻于义，小人喻于利"。事后，朱熹说：像陆九渊讲得那么好，我是做不到的。他回想起当时的情形，说"至有流涕者"，很多人的眼泪禁不住扑簌簌地流。朱熹说：我也深深感动了。虽然春二月天气微冷，我还是拿出扇子，不断地扇我流下的汗。陆九渊为什么讲得好？就是因为他把义利讲得相当分明，这对于当时知识分子的所作所为是极大的批判。那时的知识分子怎么做的？"万般皆下品，唯有读书高。"考上科举，就是为了当七品芝麻官；一旦当上，又想当六品；当了六品想当五品，当了五品想当四品……从年少到年老，从头到脚，都是为了升官发财、发财升官。像这样的一生，有什么意思？假设读书人读了很多经典，而一生只是为了当官，为了发财，那他心里还有没有宇宙，有没有百姓？这样的志向，难道不值得狠狠批判吗？这是朱熹的评价之二②。

----

　　① 《陆九渊集》卷二三《白鹿洞书院论语讲义》载朱熹识语："至其所以发明敷畅，则又恳到明白，而皆有以切中学者隐微深痼之病，盖听者莫不悚然动心焉。"（［南宋］陆九渊著、钟哲点校：《陆九渊集》，第 275 页）

　　② 参见《陆九渊集》卷三六《年谱》"四十三岁"条，［南宋］陆九渊著、钟哲点校：《陆九渊集》，第 492—493 页。

1181 年属于南宋，距北宋有了五十多年。赵宋王朝偏安一隅，五六十年过去了，江山远未恢复，北归遥遥无期。人们听到陆九渊讲义利之辨，受到深深的感动，这是情有可原的。我读这条文献，却一直感慨：那些听众怎么轻而易举就被一句格言感动得痛哭流涕呢？我为什么看了这么多次，就做不到痛哭流涕呢？我这样反思，一方面是感到我们与古人有很大的距离，另一方面想说：任何文字记载其实都是无法从细节上还原现场的，因为能够让你流泪的地方往往是细节，而那些细节往往很难用语言表达。所以我们只能说：尽管留传下来的文字记载缺少必要的细节，以至于我们无法切身感受到有人为陆九渊讲义利之辨而痛哭流涕的情景，但那个情景是令我们无比向往的。

"孟子见梁惠王"这一章的主旨是"格君心之非"。《孟子》7·20 的白话文翻译为："小人不值得谴责，他们的政治不值得非议。只有大德之人才能纠正国君不正确的思想。国君仁，没有人不仁；国君义，没有人不义；国君正，没有人不正。一旦国君端正，国家就安定了。"原文是："人不足与适也，政不足间也。惟大人为能格君心之非。君仁，莫不仁；君义，莫不义；君正，莫不正。一正君而国定矣。"孟子是知识分子，梁惠王是诸侯。《孟子》首章的主旨就是"格君心之非"，要把诸侯心里那些不好的思想全部删除，删除得干干净净。

《史记·货殖列传》说："天下熙熙，皆为利来；天下壤壤，皆为欲往。"[1] 把它翻译为"英语"，就是另一句名言："没有永远的朋

---

[1] ［西汉］司马迁撰、［宋］裴骃集解、［唐］司马贞索隐、［唐］张守节正义：《史记》第 10 册，第 3256 页；按，"天下壤壤"，今作"天下攘攘"。

友，也没有永远的敌人，只有永远的利益。"人为财死，鸟为食亡，唯利是图，把利放在第一位，这种情形是可怕的。我们甚至会遇到这类情形：一碗米养一个恩人，一斗米养一个仇人。很多人在没有尝到好处或者刚刚尝到好处的时候，也会感恩。一旦他感觉到甜头越来越大，而你又接济不了的时候，你就变成了他的仇人。所以我建议大家帮人的时候要有尺度，否则就会像已故的深圳歌手、义工丛飞（1969—2006）那样。据百度介绍，丛飞生前接济了几百个贫困学生，后来他生病了，需要很多医疗费。然而，有个贫困学生的家长来电话问：你怎么到现在都还没有把钱打给我？丛飞说：我自己生病了……家长说：那你的病什么时候能好？你什么时候能把钱打给我？这就是"一碗米养恩人，一斗米养仇人"。这些都是需要拨乱反正的，义利之辨何其迫在眉睫！

《孟子》首章讲孟子见梁惠王，孟子对于统治者提出义利之辨的道德劝谕，涉及知识分子与统治者的关系。假如统治者不能按照这一要求去做，像孟子这类知识分子该怎么办呢？所以，下面要转到人文知识分子如何做大丈夫，讲一讲《孟子》6·2。

做大丈夫与"士志于道"

《滕文公下篇》第 2 章的原文是：

> 景春曰："公孙衍、张仪岂不诚大丈夫哉？一怒而诸侯惧，安居而天下熄。"
>
> 孟子曰："是焉得为大丈夫乎？子未学礼乎？丈夫之冠也，

父命之；女子之嫁也，母命之，往送之门，戒之曰：'往之女家，必敬必戒，无违夫子！'以顺为正者，妾妇之道也。居天下之广居，立天下之正位，行天下之大道。得志，与民由之；不得志，独行其道。富贵不能淫，贫贱不能移，威武不能屈，此之谓大丈夫。"（《孟子》6·2）

译文是这样的：

景春说："公孙衍、张仪难道不确实是大丈夫吗？他们一发脾气，诸侯就害怕；安静下来，天下就太平无事。"

孟子说："这怎么能算是大丈夫呢？你没有学过礼吗？男子行冠礼时，父亲训导他；女子出嫁时，母亲训导她，把她送到门口，告诫她说：'到了你的夫家，一定要恭敬，一定要谨慎，不要违抗丈夫。'把顺从当作正确的做法，是为人之妻的操守。住进天下最宽广的房子，站定天下最正确的位置，走上天下最广阔的道路。志向实现了，就带领老百姓循着大道前进；志向实现不了，就独个施行自己的原则。富贵无法诱惑，贫贱无法动摇，威武无法逼迫，这才叫作大丈夫。"

《孟子》里面有两个人姓景。除了这里的景春，还有《孟子》4·2的景丑氏（也称作景子）。景春问孟子："公孙衍、张仪岂不诚大丈夫哉？"景春、公孙衍、张仪是何许人也，我们等下解释。"一怒而诸侯惧"，是说他们一发脾气，诸侯就害怕了；"安居而天下熄"，是说他们一旦安静下来，天下就太平了。孟子回应景春："是焉得为大丈夫乎？"他们怎么能够称作大丈夫呢？"子未学礼乎？"你没有学过礼吗？"丈夫之冠也"，丈夫是指男子。古时候，男孩子到了 20 岁要戴上帽子，行冠礼。一旦戴上帽子，就表明成年了。就像越南今天的男子喜欢戴绿帽子，我们古代的成年男子都是要戴帽子的。"丈夫之冠也，父命之"，就是你 20 岁加冠礼的时候，父亲反反复复教导你。"女子之嫁也，母命之"，就是你出嫁那一天，母亲反反复复告诫你；"往送之门"，把你送到门口；"戒之曰"，反反复复告诫你；"往之女家"，到了你丈夫家里；"必敬必戒"，一定要恭恭敬敬，一定要小心谨慎；"无违夫子"，不要违抗你的丈夫。"以顺为正者，妾妇之道也"，是说把顺从当作正确的做法，是为人之妻的操守。"居天下之广居，立天下之正位，行天下之大道"，就是你住进天下最宽阔的房子里，站在天下最正确的位置上，走在天下最康庄的道路上。"得志，与民由之"，我得志了，就带领老百姓好好干；"不得志，独行其道"，如果不得志，我就自己坚持自己的原则。"富贵不能淫，贫贱不能移，威武不能屈，此之谓大丈夫"，是说富贵无法诱惑我，贫贱无法动摇我，威武无法逼迫我，这才叫作大丈夫。

公孙衍、张仪是什么人？战国时期合纵、连横，形成了纵横家，公孙衍、张仪都是纵横家。什么叫作合纵、连横①？合纵是"合众弱以攻一强"，把很多小国家联合起来，借以对抗最强的国家。比如我们的力量弱小，但有人很强大。三个臭皮匠，抵过诸葛

---

① 《韩非子·五蠹》说："从者，合众弱以攻一强也；而衡者，事一强以攻众弱也。皆非所以持国也。"（〔清〕王先慎撰、钟哲点校：《韩非子集解》，中华书局 1998 年版，第 452 页）

亮。我们几个人联合起来，就可以对抗那个最强的。这样做是为了保护我们自己，防止弱国被强国兼并。这是合纵派的做法。连横是"事一强以攻众弱"，依靠一个强国去消灭众多弱国，而弱国一旦被消灭，那里的土地、人民就要重新分配。这是连横派的做法。合纵、连横这两派，从历史角度看，连横派最后取得了胜利。秦始皇一统六国，一个强国消灭了其他六个国家，所以连横派取得了胜利。张仪属于连横派，公孙衍属于合纵派。张仪帮助秦惠王占领了一大片土地①，公孙衍挂过五国相印②，他们的所作所为都是为了所谓的富国强兵。富国强兵是很好听的口号，但实质是唯利是图。

　　景春也是当时的纵横家，只是名气不大。在景春看来，公孙衍、张仪这些人物可了不得，他们的一举一动足以让整个天下大势发生惊天动地的变化，这样的男人难道不是大丈夫吗？这是景春的看法。景春既然是纵横家，表明他也是知识分子。作为知识分子，他认为能够合纵、连横就是大丈夫。这意味着战国思想界出现了什么情况呢？情况就是：在当时的知识分子看来，你能够让国家马上强大起来，你就是最牛的；你是最牛的，那你就是大丈夫。

　　我们回想一下《孟子》1·1，梁惠王的思路是要富国强兵；这

---

　　① 《史记·李斯列传》说："惠王用张仪之计，拔三川之地，西并巴、蜀，北收上郡，南取汉中，包九夷，制鄢、郢，东据成皋之险，割膏腴之壤，遂散六国之从，使之西面事秦，功施到今。"（［西汉］司马迁撰、［宋］裴骃集解、［唐］司马贞索隐、［唐］张守节正义：《史记》第 8 册，第 2542 页）

　　② 《史记·张仪列传》说："犀首者，魏之阴晋人也，名衍，姓公孙氏。与张仪不善。""张仪已卒之后，犀首入相秦。尝佩五国之相印，为约长。"（［西汉］司马迁撰、［宋］裴骃集解、［唐］司马贞索隐、［唐］张守节正义：《史记》第 7 册，第 2302、2304 页）

里，公孙衍、张仪也是要富国强兵。孟子回应梁惠王，是以王道打击霸道；这里，孟子同样是以王道的方式打击景春所说的大丈夫。在这个意义上，《孟子》6·2讲的还是义利之辨。《孟子》1·1讲义利之辨，确立了三大要点；《孟子》6·2讲义利之辨，是要确定真正的知识分子在行动策略上到底该怎么做。这是《孟子》6·2要解决的问题。合纵、连横是战国时期的两大外交势力，这两大势力都很强，最后以连横派取得胜利，但实质都是只讲利、不讲义。

　　《孟子》6·2提到公孙衍、张仪，为什么不是说苏秦、张仪呢？有人解释《孟子》没有提到苏秦，第一种可能性是苏秦已经死了，第二种可能性是苏秦的合纵只搞了很短的时间①。尽管苏秦没有在《孟子》里面出现，但他是战国时期很有名的人物，而且《孟子外书》提过他。《孟子》有七篇，这是传世下来的《孟子》，代表孟子的思想。历史上，人们说《孟子》还有另外四篇，叫作《孟子外书》②。苏秦在《孟子外书》中出现过。孟子有一个学生叫作徐辟，想到秦国去。孟子对他说：秦国，那里可是虎狼之地；你要小心一点，最好不要去。徐辟说：老师，我一定要去，因为苏秦招我去。徐辟与苏秦是什么关系？苏秦是徐辟的舅舅。孟子就对徐辟说：既然你舅舅在秦国，那你就去吧。我送你几句话，你要好好记住。这

　　① 《孟子出处时地考》"右附论周霄、宋牼、景春等问答"条说："景春称仪、衍而不及苏秦，时秦已为齐所杀矣。(《通鉴答问》据叶石林谓：苏秦揣摩之术，和交不久，故不取。意以春不称秦大丈夫，由此。恐未然。)"(〔清〕周广业：《孟子四考》，《续修四库全书》第158册，上海古籍出版社2002年版，第148页上栏)
　　② 详细介绍，参见杨海文：《我善养吾浩然之气——孟子的世界》，齐鲁书社2017年版，第66—76页。

几句话是："不约纵，不连横；不为威屈，不为利疚……"① 你不要
参与合纵、连横那些事，你要富贵不能淫、贫贱不能移、威武不能
屈。孟子的学生徐辟与苏秦有亲戚关系，这类掌故也要有所知道。

"大丈夫"这个词很重要。《老子》第 38 章说："是以大丈夫处
其厚，不居其薄；处其实，不居其华。"② 大丈夫是敦厚的，不是轻
薄的；大丈夫是实在的，不是浮华的。"丈夫"这个词在《孟子》
里面经常出现（《孟子》5·1，6·2，6·3）。孟子还讲过"贱丈
夫"（《孟子》4·10），是说向商人征税怎么来的。它与现在说的
"垄断"密切相关。

我们先看看《孟子》4·10 这段话的译文："古时候做买卖，拿
自己有余的东西换取自己缺少的东西，有关部门管理这些事。有个
卑贱的男子，必定要找独立的高地登上去，借以左右观望，想独吞
买卖的好处。人们都觉得他卑贱，因此跟着向他征税。向商人征税
是从这个卑贱的男子开始的。"

再看原文。"古之为市也"，古代人做买卖；"以其所有易其所
无者"，拿自己有的东西换自己没有的东西；"有司者治之耳"，有
关部门只是负责维持市场秩序。当时市场与政府的关系是：市场是
市场，政府是政府，两不相干；政府只是维持市场秩序，但跟钱不
打交道。可是，这时候出现一个贱丈夫："有贱丈夫焉，必求龙断
而登之。"这里的"龙断"，就是现在的"垄断"。"龙断"的原意是

---

① 〔宋〕熙时子注：《孟子外书·性善辨》，《续修四库全书》第 932 册，上海
古籍出版社 2002 年版，第 377 页下栏。

② 〔魏〕王弼注、楼宇烈校释：《老子道德经注校释》，中华书局 2008 年版，
第 93 页。

什么呢？就像一张桌子，桌面都在同一水平线上，但放上一台电脑，水平线断了，凸出一个高地，这就是"龙断"。

有个卑贱的男人跑到市场，一定要爬上里面最高的地方，站在那里，"以左右望"，左看看，右看看。看什么呢？哪边生意好，他就跑到哪边，想把那里的好生意全部揽到自己手上。这就是"以左右望，而罔市利"，东张西望，想把整个市场的好处都揽到自己手上。以前大家做生意，以有易无，实物交换。我有衣服，你有粮食，我用衣服换你的粮食，你用粮食换我的衣服。大家进行实物交换，不需要中间商。现在贱丈夫来了，看到你有衣服，他有粮食，但有衣服的不知道谁要衣服，有粮食的不知道谁要粮食，贱丈夫就利用人们的信息不对称，从中牟取利益。这个贱丈夫说到底是间接商品交换的创始人，也不能说他完全错了。因为市场大了，如果只是直接的实物交换，并不能实现市场交易的目的，还必须有间接的商品交换。但是，孟子在这件事上把贱丈夫骂得很厉害。

这个贱丈夫跑到市场上最高的地方，站在上面，左看看，右看看，把那些不对称的信息链接起来，得到很多好处。因为他打破了以往那种良好、公平、安静的物物交换，大家都觉得他很卑贱。"人皆以为贱，故从而征之。"大家都觉得他很卑贱，因此向他征税。孟子的结论是："征商自此贱丈夫始矣。"政府部门后来为什么要介入市场呢？政府部门介入市场，是以税收的方式介入。政府部门突然以税收的方式介入市场，就是因为受到贱丈夫的启示。所以，这里不仅仅是讲义利之辨，而且解释了高级形态的商品经济、市场经济的起源问题。孟子对于人类很多行为、制度的起源做过解释，这是其中的一个解释。

"丈夫之冠""女子之嫁",男孩子 20 岁成年,女孩子长大后要出嫁。家庭由夫妇构成,夫妇由男女构成。孟子对于男女、家庭提出了三句话、二十四字的价值观:第一句话的八个字是"男女居室,人之大伦"(《孟子》9•2),男女结婚是人类最大的伦理;第二句话的八个字是"父母之命,媒妁之言"(《孟子》6•3),结婚要由媒人介绍,得到父母认可;第三句话的八个字是"不孝为三,无后为大"(《孟子》7•26),不生儿育女就是不孝。男人、女人要结婚,不能自由恋爱而结婚,结婚后要生小孩,这是孟子对于男女关系、家庭关系的道德规定。

"丈夫之冠也,父命之;女子之嫁也,母命之,往送之门,戒之曰:'往之女家,必敬必戒,无违夫子!'"男孩子长大成人了,女孩子要嫁人了。女孩子对公公、婆婆要恭恭敬敬,自己做人做事要小心谨慎,不到万不得已,不要顶撞丈夫。这里对于女性并没有不好的态度。传说孟子三岁的时候,父亲就死了,孟子是由孟母一手带大的,"三迁""断织"等故事都是讲孟母如何教育孟子①。如果只读《孟子》的原文,孟子并没有说女性不好的话。

冰心(1900—1999)对女性做过很好的赞美,让我把它献给女士们!冰心说:"世界若没有女人,真不知这世界要变成怎么样子!我所能想象得到的是:世界上若没有女人,这世界至少要失去十分之五的'真'、十分之六的'善'、十分之七的'美'。"②这句话讲

---

① 参见杨海文:《孟母教子:从故事到传统》,《光明日报》2017 年 6 月 17 日,第 11 版《国学》。

② 冰心:《后记》,氏著:《关于女人》,宁夏人民出版社 1980 年版,第 111 页。

得挺好。结婚了的女孩子、在外游学的男孩子都要知道父母之心，因为"女嫁他家父牵挂，儿行千里母担忧"是人类的天性。爱小孩是天性，爱父母是人性。父母爱小孩是天然而然的，没有任何附加条件。但是，很多人爱父母，比如有的男人爱父母，总是要看老婆的脸色："我妈来了，我老婆喜不喜欢？"所以这是人性的体现。不管怎么样，我们要多想一想怎么做大丈夫。

"以顺为正者，妾妇之道也"的字面意思是说：把顺从当作正确的做法，是为人之妻的操守。但是，历史上对于这句话的解释大多是负面的。比如，朱熹认为它是讲公孙衍、张仪这两个纵横家阿谀奉承、讨好权贵，说他们为了实现自己的个人利益，满足自己的虚荣之心，因此像妾妇那样讨好诸侯，这不是大丈夫的所作所为①。一句古文有多种解释，这很正常。朱熹说公孙衍、张仪是妾妇之道，自然是有道理的。

以顺为正是妾妇之道，大丈夫之道又是什么呢？孟子说："居天下之广居，立天下之正位，行天下之大道。"东汉的赵岐（？—201）对于"正位"的解释很有意思。他说正位是男子的"纯乾正阳之位"②，将大丈夫与女子关联了起来。《周易》六十四卦的前两卦是乾卦、坤卦，乾男坤女，乾代表男，坤代表女，再加上阳男阴女，所以纯乾正阳是男子汉大丈夫的正位。对于这三句话，我觉得

---

① 《孟子集注》卷六说："盖言二子阿谀苟容，窃取权势，乃妾妇顺从之道耳，非丈夫之事也。"（［南宋］朱熹：《四书章句集注》，第265页）

② 参见《孟子正义》卷一二录赵岐注，［清］焦循撰、沈文倬点校：《孟子正义》上册，中华书局1987年版，第419页。

朱熹解释得最好。他说："广居，仁也。正位，礼也。大道，义也。"①《论语》8·8讲"立于礼"，礼是位置；《孟子》7·10讲"居仁由义"，仁是房子，义是道路。"居天下之广居"，就是《论语》4·1讲的"里仁为美"。以仁为美，住在仁的里面，所以"居天下之广居"是仁。礼是长幼尊卑之序，比如礼宾司的职责是排座位，礼与位是相关的，所以"立天下之正位"是礼。《孟子》10·7说："夫义，路也；礼，门也。惟君子能由是路，出入是门也。"住的房子是仁，站的位置是礼，能不走在义的路上吗？所以"行天下之大道"是义。朱熹把这三句话解释为仁、礼、义，十分契合孔孟之道。

下面又说："得志，与民由之；不得志，独行其道。"虽然大丈夫应当"居天下之广居，立天下之正位，行天下之大道"，但人生有许多意想不到的情况出现，既有得志的时候，更有不得志的时候。孟子认为：得志了，要"与民由之"；不得志，要"独行其道"。志，就是坚守义利之辨，既要修养自身，又要治国平天下。正如《礼记·大学》讲的"格致诚正修齐治平"，既要格物、致知、诚意、正心，又要修身、齐家、治国、平天下。如果志向实现了，有了一定的职位，我就带领老百姓循着这条路一起前进。如果社会没有给你实现志向的机会，我就私下里一个人按照自己的原则去做，绝不放弃自己的理想。

孟子还讲过："古之人，得志，泽加于民；不得志，修身见于世。穷则独善其身，达则兼善天下。"（《孟子》13·9）如果机遇不

---

① 《孟子集注》卷六，［南宋］朱熹：《四书章句集注》，第266页。

好，那么，我作为人文知识分子，一定要独自坚守自己的理想。一旦有了发展机会，有了社会地位，那么，我就要实现我的理想，让整个社会都得到好处。前者讲独善其身，后者讲兼善天下，这是人文知识分子处理得志、不得志的基本态度。得志的时候，要与人民休戚相关；不得志的时候，绝不能放弃自己的理想。在这两种情况下，道义、理想始终是坚挺的。即使不得志，也绝不能放弃理想、不做大丈夫。

《孟子》6·2最后的一段话是："富贵不能淫，贫贱不能移，威武不能屈，此之谓大丈夫。"富贵、贫贱、威武这三种东西都有具体所指，但在这里，我们不宜直白地翻译，最好不直接翻译。意译就是：富贵无法诱惑我，贫贱无法动摇我，威武无法逼迫我，这才叫作大丈夫。我们设身处地想一想：在自己的一生当中，有没有哪种富贵诱惑过我，有没有哪种贫贱动摇过我，有没有哪种威武逼迫过我？每个人都会有过类似的经历，因为任何人都不是圣贤。每个人都是在经历过后，才知道更应该坚守什么。越是经历过，越会感到下面这首诗写得好。

北宋有两兄弟，都是大哲学家。程颢（1032—1085）是大哥，程颐（1033—1107）是小弟。程颢写过一首诗："闲来无事不从容，睡觉东窗日已红。万物静观皆自得，四时佳兴与人同。道通天地有形外，思入风云变态中。富贵不淫贫贱乐，男儿到此是豪雄。"① 这首诗的最后两句是与《孟子》直接相关的。真正能够做到"富贵不

---

① 参见《河南程氏文集》卷三《明道先生文三·秋日偶成二首（其二）》，[北宋] 程颢、程颐著，王孝鱼点校：《二程集》第2册，中华书局1981年版，第482页。

淫贫贱乐"，这个男儿肯定是豪雄，所谓"男儿到此是豪雄"。

吴晗（1909—1969）的《春天集》有一篇文章《谈骨气》。中小学语文课本收过这篇文章，但删改了很多。吴晗对于这三句话做了比较好的翻译与解释："……高官厚禄收买不了，贫穷困苦折磨不了，强暴武力威胁不了，这样的人才是了不起的人。这种人古时候叫大丈夫，我们今天呢，叫作英雄气概，也叫作有骨气。"[①] 富贵不能淫、贫贱不能移、威武不能屈，就是有骨气的人。

人文知识分子是民本思想的代言人，这是《孟子》6·2的基本思想。它涉及孟子常讲的一个理念，就是要区分劳心者与劳力者。劳心者、劳力者，这是第一层的区分。从劳心者里面再专门抽出一个阶层，就是知识分子阶层、士阶层，这是第二层的区分。士阶层与劳力者阶层的差别，在于是否有恒产才有恒心。孟子认为："民之为道也，有恒产者有恒心，无恒产者无恒心。"（《孟子》5·3）老百姓生来就是这个样子：有固定产业的就有固定志向，没有固定产业的就没有固定志向。另外一种情况则是："无恒产而有恒心者，惟士为能。"（《孟子》1·7）没有固定资产而有固定志向，只有知识分子能够做到这一点。"志于道"（《孟子》13·24）是人文知识分子的本命与天职。

《孟子》6·2的思想主题是士阶层如何做大丈夫，如何成为真正的知识分子。战国时期，诸侯都想搜刮民财、兼并土地、富国强兵。孟子提出这样的观点，其实冒了很大的理论风险。他这样做，

---

① 吴晗著、常君实编：《吴晗全集》第8卷《杂文卷（2）》，中国人民大学出版社2009年版，第14页。

是为了让更多的知识分子坚守道义的底线。道义的底线就是要有真正的羞耻感。《孟子》3·6讲过：没有恻隐之心，没有羞恶之心，没有辞让之心，没有是非之心，就不是人。羞恶之心、羞耻之心是相通的。《孟子》13·6说："人不可以无耻。无耻之耻，无耻矣。"任何人都不可以没有羞耻感。不知羞耻的那种羞耻，才是真正的不知羞耻。因此，谈义利之辨，必须在底线意义上对于道义本身予以肯定、充满自信，能够让人们在底线上免于无耻。顾炎武（1613—1682）曾说："故士大夫之无耻，是谓国耻。"① 如果连知识分子都不能在义利之辨上坚守自己的底线，这才是整个国家真正的悲哀。

做人永远在路上

没有财富是不行的，没有尊严更不行；财富是自由的基础，尊严是自由的皈依。这种辨证关系，我们一定要知道。在现实生活中，我们经常看到富贵者、贫贱者、威武者有着不同的人生百态：很多富贵者财大气粗，很多贫贱者自惭形秽，很多威武者不把人当人看。这种情况比比皆是，意味着我们这个社会尚未完全健康地往前发展。怎么办？其实每个人都应当思考义利之辨，思考怎么做大丈夫。有什么样的志向就有什么样的习惯，有什么样的习惯就有什么样的结局。我们应当把义利之辨与做大丈夫作为一个问题放在自己的脑海里面，让它经受生活的历练，成为我们的志向，影响我们

---

① 《日知录》卷一三"廉耻"条，［清］顾炎武著，［清］黄汝成集释，栾保群、吕宗力校点：《日知录集释（全校本）》中册，上海古籍出版社2006年版，第772页。

的人生。

《礼记·大学》说："仁者以财发身，不仁者以身发财。"① 仁者、不仁者针锋相对，都涉及"身"与"财"。仁者只是把财富作为自我实现的一个手段，不仁者则是把财富作为自己人生的唯一目的。对于仁者，财富是自我实现社会理想的必要手段，财富不可以没有，但它只是自我实现社会理想的一个手段而已。但是，对于那些不仁者，财富是他全部的人生，是他所有的一切。这就是仁者与不仁者的区分。中山大学哲学系前系主任黎红雷教授为博鳌儒商论坛提出的口号是"道创财富，德济天下。以儒促商，以商报国"，是从道德角度讲财富问题。这个口号把义利之辨与现代市场经济下怎么做商人的关系解读得很好。

做时代的脊梁是我们内心的愿望，但有的时候，这是很艰难的一件事。相反，你做好好先生，跟着别人得到一点甜头，也让别人吃香的、喝辣的，就有可能顺风顺水，过得很自在。换句话说，无论义利之辨还是做大丈夫，涉及的情形都很复杂。它涉及的具体情境越复杂，意味着我们在这个问题上越要多加思量。每个人的一生都会经历很多事情，但一定要在义利之辨的问题上多想一想，在怎么做大丈夫的问题上多想一想。在位者要有责任伦理，有德者要有信念伦理，孟子对于国君、士人进行道德劝谕的深意就在这里。

总而言之，义利之辨与做大丈夫是"路漫漫其修远兮，吾将上下而求索"，我们将一直走在这条路上。不管路途有多远、走得多

① ［清］阮元校刻：《十三经注疏（附校勘记）》下册，中华书局 1980 年版，第 1675 页中栏。

艰辛，我们都应当静下心来，在这条路上走得坚实、坚挺一些。如果我们的内心世界越来越坚强，我们至少在底线上是对得起自己良知的人。良知只是一个是非之心，是非之心就是要真实地尽自己的好恶。好的东西，你赞美它；不好的东西，你批评它。良知只是一个是非之心，尽了好恶，也就尽了是非之心①。良知（《孟子》13·15）是支持孟子的义利之辨与做大丈夫最坚实的理论基础。有良知的指引，我们就能在义利之辨与做大丈夫的路上一直顽强地走下去。

---

① 《传习录下》说："良知只是个是非之心，是非只是个好恶，只好恶就尽了是非，只是非就尽了万事万变。"（［明］王守仁撰，吴光、钱明、董平、姚延福编校：《王阳明全集》上册，上海古籍出版社1992年版，第111页）

《诗经》里的鸟兽草木

周春健

引　言

《诗经》在中国文明史上占据很重要的地位，《诗经》里的"鸟兽草木"这样一个称法，也是有渊源来历的。这些鸟兽草木到底从哪个意义上理解？是从生物学、动物学、植物学、器物学，还是经学或者古典学的角度？这是一个很重要的问题。

如果把雎鸠鸟理解为大家常见的鸳鸯，把《关雎》理解成一首失恋诗，可能无法获得《诗经》的真义，《诗经》也不会那样伟大了。

这次讲座试图探讨的是，在某一首诗当中为什么会出现这样的一只鸟，这样的一只兽，这样的一棵树，这样的一种草，跟整首诗义的表达有什么内在的关联？反映出《诗经》时代人们怎样的一种思维方式？我们讲《诗经》里的鸟兽草木，不仅仅是博物学意义上的，而是试图探讨名物跟诗义之间的关联。

先看一下鸟兽草木这个表述的来源，《论语·阳货》有一段话：

> 子曰："小子何莫学夫《诗》？《诗》可以兴，可以观，可以群，可以怨。迩之事父，远之事君，多识于鸟兽草木之名。"

这段话就是所谓鸟兽草木这个称法的一个出处。孔子在《论语》中好几个地方都提到了对于《诗经》的重视，这是其中一处，而且这个地方也是分几个层次，我们主要是说最后一点。

孔子教学最看重的就是诗书礼乐，《诗经》当然是非常重要的一个内容。为什么要去学《诗》？《诗》很重要，所谓"不学《诗》，无以言；不学礼，无以立"。学《诗》有什么好处？孔子分了三个层次来讲学《诗》的好处。

第一个层次，"《诗》可以兴，可以观，可以群，可以怨"。兴观群怨，是一个非常重要的文艺学的命题。

"可以兴"，按照何晏和邢昺的解释，兴就是引譬连类，譬就是比喻，连类就是同类。《诗经》中有很多诗就是用动物或者植物来起兴的。按照朱熹的解释，起兴就是"先言他物，以引起所咏之词"。先说一个别的东西，然后引出来作者真正要表达的意思。比方说《诗经》的第一首《关雎》，"关关雎鸠，在河之洲，窈窕淑女，君子好逑。"这个中间就用了一个起兴，先听到雎鸠鸟的叫声，见到雎鸠鸟，然后引出来作者真正要表达的，其实他是想说君子、淑女这一对男女。这是先言他物，而这个物跟后边要表达的内容之间又有内在的密切的关联，这种手法叫引譬连类。

"可以观"，不管是从采诗、采风这个角度来讲，还是从春秋时期的赋诗言志来讲，我们都可以通过诗篇推考到一个地方、一个时代社会风俗的盛衰。

"可以群"，诗也是一种群居切磋的手段。春秋时期，在诸侯国的外事活动当中，赋诗言志是一种很普遍的外交方式，外交人员必须要会的。正是从这个意义上，孔子说"不学《诗》，无以言"。不仅仅是从修辞上让你的表达更有文采，更是从《诗经》在当时的一种实际政治应用的角度来讲的。

"可以怨"，《诗经》当中有很多讽刺诗，通过《诗经》作品可以怨刺上政。

这段话的第二个层次也很重要，"迩之事父，远之事君"。从近的角度讲，对于侍奉父母；从远的角度讲，对于侍奉君主，学《诗经》都有很重要的作用。因为《诗经》当中有很多篇章都讲到君臣、父子，甚至兄弟、朋友、夫妇之间如何相处。

第三层，"多识于鸟兽草木之名"。字面意思是说，多认得、多了解鸟兽草木的基本性状，实际用意是"诗人多记鸟兽草木之名以为比兴，则因又多识于此鸟兽草木之名也"，跟前边的"诗可以兴"也关联起来了。因为这是《诗经》时代创作诗篇的一种习惯手法，所以读诗就势必会多了解这些鸟兽草木，增长知识。

这是从三国一直到北宋时期注家的解释。到了南宋的朱熹，对于一些关键词的解释开始有所不同，包括如何对待鸟兽草木，在他整个解释当中的地位开始出现微妙的变化。我们读古书的时候，也要多留意这种细微的变化，细微变化的背后就体现出人们观念的一种差异。

兴（感发志意），观（考见得失），群（和而不流），怨（怨而不怒）。朱熹的解释与何晏、邢昺有一致的地方，也有细微差别。尤其像"怨而不怒"，跟单纯说可以怨刺上政其实就不太一样，它有一个"不怒"的边界限定。

"迩之事父，远之事君"，何晏、邢昺没有做过多的解释，但朱熹用了八个字——"人伦之道，诗无不备"，强调《诗经》在儒家这种伦常关系当中的重要地位，而且就学《诗经》来说这是一个非常重要的方面。

讲"多识于鸟兽草木之名"，解释又不太一样——"其绪余又足以资多识"。"绪余"就是多余的，或者说是不太重要放在后边的。"又足以资多识"，就是可以让人们对这些鸟兽草木有更多的了解，增长一些见识，有一点博物学的味道。在此之前，强调的是作为《诗经》的一种比兴手法，朱熹则更强调一种知识的增长，一种博物学的观念。这反映了不同时代的观念开始出现一些差异。

我们从孔子的这一段话尤其是"多识于鸟兽草木之名"出发，来讨论引申出来的一些观念性和知识性的东西。当初诗人在创作这些诗篇的时候，包括后来的经学家在作注的时候，是怎么来解释这些鸟兽草木的？是否仅仅是一个动物学植物学上的意义？是否仅仅是一个知识的增长？它跟整首诗意的关联到底在什么地方？我们今天读《诗》，遇到这些鸟兽草木的时候应该从什么角度来理解？

一、博物与多识

先看第一个方面，博物与多识，这是从孔子那句话自然引申出来的关键词。因为《论语》原文里边有个"多识"，而博物跟多识也有密切的关联。

我们先看一下这两个词，先看"博物"。关于孔子的"多识于鸟兽草木之名"，历代有不少学者是从"博物"这个角度来解释的。比方说晋朝有一个学者叫郭璞，作过《尔雅注》。《尔雅》是一部什么样的书？简单来讲，中国第一部字典是东汉许慎的《说文解字》，中国第一部词典就是《尔雅》。

《尔雅》的"尔"就跟"迩之事父，远之事君"有关联。"尔"就是近，"雅"就是正。"近于正"，相当于说各地有各地的方言，但这部词典是用普通话（"雅"可以大致理解为普通话）给这些方言作一个解释，这样大家在读经典的过程当中遇到这些字词就知道是什么意思，编这部词典正是为了更好地读这些经书。

《尔雅》一共十九篇，其中就有《释鸟》《释兽》《释草》《释木》《释山》《释水》《释器》等篇目，就是解释经典当中哪些属于山的，哪些属于河的，哪些属于鸟的，哪些属于兽的，每一种名物是什么意思。

郭璞在《尔雅注》序文当中说，"若乃可以博物不惑，多识于鸟兽草木之名者，莫近于《尔雅》"，强调《尔雅》的重要。而《尔雅》的第三篇叫《释训》，把《诗经》当中的一些词语挑出来做专门解释。当然另外的一些篇章如《释鸟》《释兽》《释草》《释木》，所涉及的很多也都是《诗经》当中出现的名物。

郭璞在这个地方也是强调，他理解的鸟兽草木之名具有博物的意义，学这些东西可以增长我们的见识。博物就是通晓众物，北宋著名理学家张载说，"多识于鸟兽草木之名，言亦可以博物"，强调鸟兽草木之名的博物意义。此外，王钦若主编的《册府元龟》也讲

"多识于鸟兽草木之名，其博物之谓乎"；清朝的顾栋高《毛诗类释序》也提道："孔子语学《诗》之益，曰多识于鸟兽草木之名，若是乎博物之学，亦圣人所不废也。"这是从博物的角度所做的一个解释。

尤其是儒家，对博物有极高的要求，比如《南史·陶弘景传》有这样的话："读书万余卷，一事不知，以为深耻。"后来引申出一个成语，叫作"一事不知，儒者之耻"。这个难度太大了，因为天底下的事情太多了。当然要读万卷书，要知晓天下所有的事，从获取知识角度来讲自有它的积极意义，强调的是学习。

历代多有从这个角度来解释"多识于鸟兽草木之名"的，而且产生了《诗经》研究当中非常重要的一个类型——博物学，或者叫名物学。这里所说的名物，包括动物、植物、器物等。比较有代表性的，如三国时期陆玑《毛诗草木鸟兽虫鱼疏》，是代表这种博物学或者名物学的第一部专著，开创了《诗经》学研究的一个专门领域。再如日本人冈元凤的《毛诗品物图考》，书里有很多图，借助这种图我们就大概知道《诗经》当中的名物是个什么样子，帮着我们理解整首诗的诗意。一直到今天，都有很多学者做《诗经》名物学的研究。

另外一个角度就是"多识"，多识也是博学广记，直接用多识来解释孔子那句话的历代也有。朱熹的弟子辅广《诗童子问》说："多识于鸟兽草木之名，则可以为博物洽闻之君子。"这话已然带有一种宋代理学的味道。理学强调成贤成圣，成为君子，博物洽闻。

多识对学《诗》来讲很有必要。清代刘承幹《毛诗多识·序》中说："古今异时，乡土殊产，徒执今时所目验与夫方俗之称名，以求当时《风》《雅》《颂》之所咏，有以知其龃龉而不能合也。"
什么意思呢？是说古今不一样，不同地方有不同物产，不能用今天
所理解的一些动物植物的特性来理解《诗经》中的名物，否则对于
诗义的理解可能会出现偏差，所以多识是有必要的。

当代《诗经》名物研究学者扬之水在其《诗经名物新证》中
说："'诗三百'感物造耑，比兴托讽，多举鸟兽草木之名，注
《诗》者探究其实，原在于因此可以对《诗》有更为深透的理解。"
这话一方面点明了《诗经》当中名物出现背后的用意——比兴，另
外一方面则点明了鸟兽草木对于理解诗意的重要作用。也就是说，
了解《诗经》里边提到的这些名物的基本特性，最终目的还是透过
这些名物来理解整首诗的诗意。

这是从博物和多识这个角度讲我们怎么看待《诗经》当中的这
些鸟兽草木。

二、《诗经》名物与哲学

那么，这些名物跟《诗》的创作以及当时人的思维方式有怎样
的关联？

刚才提到朱子的观点，"迩之事父，远之事君（人伦之道，诗
无不备），多识于鸟兽草木之名（其绪余又足资多识）"。朱子认为
读《诗》可以在人伦之道方面有所指导，有所启发，但把"多识于
鸟兽草木之名"放在一个次要地位（绪余）。这其实说明南宋时期
人们对待鸟兽草木的观念跟《诗经》时代已经不太一样。

到了宋代，出现了一种比较接近于现代意义上的博物学观念，

有些属于博物学意义上的学科开始出现。比方说李清照的丈夫赵明诚是个大收藏家，编过一本书叫《金石录》（李清照写过一篇文章叫《金石录后序》），专门研究古代青铜器和石刻碑碣。不过这是到了近世才有的，在上古时代，人们的观念还不是这样。

不过，清代顾炎武在《日知录》中说："以格物为多识于鸟兽草木之名，则末矣。知者无不知也，当务之为急。"这个说法跟朱子不太一样，一方面体现出来理学时代的特色"格物"，一方面又认为"以格物为多识于鸟兽草木之名"不是最主要的，"知者无不知，当务之为急"，还是强调名物跟《诗》义的一种关联。这是因为顾炎武的时代跟朱熹的理学时代又不太一样，朱熹是宋学，顾炎武是汉学，用汉学来反对宋学，所以他有这样一种说法也不奇怪。下面我们就从几个方面来谈谈《诗经》名物跟哲学的关联。

（一）名物与比兴

《诗经》的创作手法，比兴是非常重要的。作诗用比兴，才有诗的味道。如果都非常直白，那种诗的味道就没有了。因为作诗跟写文章还不太一样，这是手法上的一种要求。名物跟《诗》的比兴手法有密切的关联，无论是"以彼物比此物"（比），还是"先言他物以引起所咏之词"（兴），都很自然用到鸟兽草木。"所咏之词"往往是人世间的一些事情，他物一定是跟这个不同的。而且我们很容易触物生情，比方看到窗外的竹子，看到窗外的水，往往容易触发我们的情感，古今都是这样。

北宋邢昺在《论语注疏》中说："多识于鸟兽草木之名者，言诗人多记鸟兽草木之名以为比兴，则因又多识于此鸟兽草木之名也。"《诗经》用比兴这种手法，主要就是借助于鸟兽草木来引出或者通过一种比喻的手法表达真正的意思，这就建立起了名物跟比兴的关联。乾隆年间的《皇清文类》也说："孔子教小子曰'诗可以兴'，又曰'多识于鸟兽草木之名'。鸟兽草木中触我性情，有兴机焉。若徒追琢字句，强裁声韵，乌可与言诗哉？"这段话也是强调从比兴的手法角度看待《诗经》当中的鸟兽草木。

汉代孔安国《论语注》中讲："兴，引譬连类。"比兴就是用比喻或同类事物来表达诗意。清代陈启源《毛诗稽古篇》中也讲："诗人兴体，假象于物，寓意良深。凡托兴在是，则或美或刺，皆见于兴中。"我们现在读《诗经》，看到作品当中的这些名物，一定不能仅仅把它当作生物学意义上的鸟兽草木，而要跟整个诗义联系起来，明白它的寓意在什么地方。

孔子在跟弟子谈到学《诗》的时候，也运用了这样一种引譬连类的思维方式。这在《论语》当中有一个非常著名的例子。"子夏问曰：'巧笑倩兮，美目盼兮，素以为绚兮。何谓也？'子曰：'绘事后素。'曰：'礼后乎？'子曰：'起予者商也，始可与言《诗》已矣。'"（《论语·八佾》）

子夏是孔子的弟子，这个人又叫卜商。"巧笑倩兮，美目盼兮"，出自《诗经·卫风·硕人》，是写齐国女子庄姜的，她嫁给卫庄公做妻子，所以叫庄姜。她长得很漂亮，但没有生育而受到冷落，所以卫国的人就有点儿同情她，作了《卫风·硕人》这首诗。诗人赞扬庄姜长得如何漂亮，用了"巧笑倩兮，美目盼兮"来形容，但"素以为绚兮"（素是比较质朴的，绚是比较艳丽的）在今天的《诗经》当中找不到了，算是逸句。子夏就问孔子《诗经》当中的这一句怎么来理解？孔子给了四个字，叫作"绘事后素"。他也是在打比方，就像画画一样，先有个比较质朴的素淡的底子，然后在上面画出五颜六色的形象。

关键是子夏听了孔子给他的解释以后，又问了一个问题——"礼后乎？"看起来跟前边的诗文和孔子的回答都扯不上关系，其实子夏的理解也是在孔子理解的基础上进一步的发散，是在问是不是说礼义的实施跟您所讲的对于这句诗的理解是一个道理？就好像画画先有素雅的一个底子然后再施以色彩一样，要实现一种礼治的社会也有个前提，即整个社会要认可道德仁义。子夏实际上理解到了孔子的用意，然后再举一反三解释别的现象。孔子对子夏的这个回答特别满意，特别赞同，说子夏你这个回答对我来讲太有启发意义了，看来你是真正地理解到了《诗》是怎么一回事，我以后可以跟你讨论关于《诗》的一些问题"。

不管是对《诗经》文本的一个解释，对孔子这段话的一个解释，还是孔子跟他弟子就学《诗》方法的交流，都体现了先秦时期一种"引譬连类"的思维方式。有这种思维方式，就可以把窗外的一草一木跟情感联系起来，用来表达真正要表达的东西。没有这种方式，恐怕就没有比兴的产生。

先秦时期还有一种"万物一体"的观物方式。先秦时期的人，尤其是《诗经》时代的人，怎么看待我们眼前的这些动物、植物？《周易·系辞下》说："古者包牺氏之王天下也，仰则观象于天，俯则观法于地，观鸟兽之文与地之宜。近取诸身，远取诸物，于是始作八卦，以通神明之德，以类万物之情。"后来东汉时期的班固编修《汉书·艺文志》，也把这段话引用到史书当中。这段话是讲当年伏羲画八卦时，注重观察包括鸟兽的纹理和大地的特性在内的外物，并与人的世界视为一体，跟后世的博物学思维不太一样。当然那个时候人们的认识水平就是那样，相信天上有神灵，所以身和物不是截然分开的。

清代的《清文献通考》也说："孔子曰：'迩之事父，远之事君，多识于鸟兽草木之名。'夫事父事君，忠孝大节也；鸟兽草木，至微也。吾夫子并举而极言之。然则《诗》之道，其称名也小，其取类也大。即一物之情而关乎忠孝之旨，继自骚赋以来，未之有易也。此昔人咏物之诗所由作也欤？"意思是说，从文学角度来讲，历代有很多咏物的作品，乃至形成了一种类型叫咏物诗、咏物词，源头可以一直追到《诗经》时代，作品中出现的鸟兽草木也是咏物。当初伏羲画八卦的时候，是天地万物一体的观念，所以呈现在《诗经》当中的这些鸟兽草木，绝对不能把它孤立地来看。

（二）名物与格物穷理

宋代理学兴起，强调格物。从理学家这个角度怎么来看待鸟兽草木？二程强调："多识于鸟兽草木之名，所以明理也。"这个理，不光是说事理、道理，而是哲学意义上的理。

清代学者毛奇龄在《续诗传鸟名卷》中说："《论语》小子学《诗》可以多识于鸟兽草木之名，而朱氏解《大学》'格物'又谓当穷致物理，则凡经中名物，何一可忽？"这里的朱氏，应该是指朱熹，这段话也是强调穷致物理不能够忽略《诗经》当中这些名物。

（三）名物与心、性、情

心、性、情是理学体系当中出现频率比较高的语汇，相关学者在做研究的时候也往往从这一角度来解释《诗经》中的名物。比如明朝著名理学家刘宗周在《论语学案》中说："多识于鸟兽草木之名，则穷物理之当然，而得吾心之皆备，又安往而非兴起之余事哉?"即强调名物契合自己的内心。

日本学者西播那波师在为冈元凤《毛诗品物图考》所作序言中说:"夫关雎、驺虞者，物也;有别、不杀者，性也。诗人取以为义，则亦其义也。若欲知其义，而不求于其性，则将安乎取之? 是故欲知其义者，先求于其性;欲求其性者，先求于其物;欲求于其物者，先求于其形;其形不可常得，图解其庶几乎!"他提到了鸟兽草木的特性是需要关注的。雎鸠和驺虞都是动物，都有特性。前者的特性是有别，后者的特性是不杀(驺虞这种虎是瑞兽，一点儿都不凶，不会主动地去捕杀其他动物，除非是死掉的动物，它才去吃)。诗人用它来起兴，一定有诗人所要表达的诗意。只有通过书中的图画来了解某物长得什么样子，有什么特性，才知道用在这首诗当中要表达什么意思。

冈元凤在《毛诗品物图考自序》中也提到"情":"夫情缘物动，物感情迁，《诗》三百篇，触于物而之于情者也，而情岂有古今哉! 自名物不核，读《诗》者滞其义，或觉不近于人情，故名之与物，不可不辨也。"物也是有情的，有生命的，物不是一个孤立的东西，它跟人的情感是相通的，人的情感也是借助这种物表达出来，所以要了解这些物的一些特点，甚至包括它的形状。如果不了解的话，就没办法理解诗义。

"心、性、情"也有统合起来说的，比如二程就说:"多识于鸟兽草木之名，非教人以博杂为功也，所以由性情而明理物也。"掌握这方面的知识，目的是理解整首诗的诗义，理解诗人的思想。清康熙间《日讲四书解义》也讲:"且其间因物起兴，比类托情，或指鸟兽，或指草木，称名不一无不具载于中，可以供我所识者多矣。《诗》之有益于人如此，诚能学之，则性情于是得正焉，伦纪于是得修焉，闻见于是得广焉，尔小子可不学乎哉！"了解物的特性，我们可以更好地理解诗义，这是最主要的。

（四）名物与诗义

直接谈名物与诗义的关联，比如清代的戴兆春在《毛诗品物图考序》中讲："学者由是而扩充之，则溯流穷源，顾名思义，因形象而求意理，因意理而得指归，虽欲贯通乎全诗不难，岂仅为博物之一助耶？""指归"就是整首诗歌所要表达的意思，而不仅仅是博物。

同为清代的徐鼎也在《毛诗名物图说自序》中称："有物乃有名，有象乃知物。有以名名之，即可以象像之。诗人比兴，类取其义……。不辨其象，何由知物；不审其名，何由知义。"他在这里强调《诗经》名物图像的重要，但最终目的还是说要理解诗义。

很多人都强调《诗经》当中的名物跟诗义是有内在关联的，所以我们今天读《诗》的时候，一定要考察诗人为什么在这首诗当中用这样的一种形象，这是非常重要的读《诗》方法。

三、《诗经》名物与诗义

下面，我们举些例子来看一下《诗经》当中提到的鸟兽草木，跟《诗》义的内在关联到底在什么地方。清代纳兰性德在《毛诗名物解序》中说："《六经》名物之多，无逾于《诗》者。自天文地理、宫室器用、山川草木、鸟兽虫鱼，靡一不具，学者非多识博闻，则无以通诗人之旨意，而得其比兴之所在。"这话可以把我们前边讲的那些问题通贯起来。

（一）《周南·关雎》中的动物、植物、器物与诗义

鸟兽草木器物，都可以找到一些典型的例证。鸟兽草木比较自然化，器物则有人工的因素。《关雎》这首诗，涉及鸟、草、器物，诗的全文如下：

> 关关雎鸠，在河之洲。窈窕淑女，君子好逑。
> 参差荇菜，左右流之。窈窕淑女，寤寐求之。
> 求之不得，寤寐思服。悠哉悠哉，辗转反侧。
> 参差荇菜，左右采之。窈窕淑女，琴瑟友之。
> 参差荇菜，左右冒之。窈窕淑女，钟鼓乐之。

这首诗当中出现了动物——雎鸠鸟，出现了植物——荇菜，出现了器物——琴瑟钟鼓。为什么用雎鸠？为什么用荇菜？它们有怎样的特性？跟整首诗义有什么关联？孔子把这首诗放在《诗经》的第一篇，背后是有他的深刻思考的。

现代人都认为这是一首爱情诗，古代人不这样看，而把它解释为"后妃之德"，强调一种夫妇标杆意义上的示范作用。按照朱熹的说法，《诗》里边提到的"君子"指的是周文王，"淑女"指的是周文王的妃子太姒，他们两个之间的这种夫妇关系，是天下所有夫妇的一个标杆，一个典范。

《诗经》当中一个很重要的命题叫"风雅正变"。正风是指《周南》《召南》两部分，一共25首诗。什么叫正风？正风就是说这些

作品都产生于政治清明时代，文、武、成、康时代，都是从正面赞颂的诗。而政治比较败乱的时候，则出现了大量的讽刺诗，即所谓变风。这是一个思想文化背景。另外还要注意它所产生的时代——上古时代。我们不能用现代的观念来理解那个时代人们的想法。

"关关雎鸠，在河之洲。""关关"是一个拟声词，鸟儿鸣叫的声音。我们真正要解《诗经》的话，不能到此为止，还要理解为什么用两个字？这两个字有什么意义？清人牛运震这样解释："'关关'，分明写出两只鸠来。"诗文体现出来的是"先声后地"，先听到声音，再顺着声音看到那里有一对雎鸠鸟，这也符合人们的认知规律。

"在河之洲"，这里的河是一个专有名词，特指黄河。"关关"不是一只雎鸠，是多只雎鸠的和鸣，没有呼应怎么谈恋爱？所以诗人每一个字、每一个词都特别讲究。我们在创作、鉴赏的时候，也要非常细致入微，因为诗是语言的精华，一定要注意每一个字、每一个词的表达。

雎鸠到底是一种什么鸟？首先要说明，雎鸠绝对不是好多人都认为的温顺的"鸳鸯"，雎鸠看起来不是那种温顺的鸟类。我们刚才讲"名物之性""名物之情"，我们看一下这种名物有什么性、有什么情？

《淮南子·泰族训》中说："《关雎》兴于鸟，而君子美之，为其雌雄之不乖居也。"不乖居，按照王先谦的解释就是"不乱耦"，感情忠贞。不乱耦是这种鸟的一种特性，因为这首诗要表达的是强调夫妇两个感情忠贞，所以一定要选从性情上讲也符合整首诗义表达的一种鸟。

　　宋代有一个学者读到这首诗，就好奇这种鸟到底有什么特性？为什么说这种鸟是雌雄不乖居？他考察了以后，发现这种鸟"一窠二室，雄雌各异居"（王銍《默记》）。即一个窝，雌雄分处，独处的时候都这么讲究，在公众场合绝对不会乱来的。读古代的诗对我们现在还是有启发的。从性情的角度看雎鸠是这样的一种鸟，有点出乎意料，但这是有历史依据的，而且这种鸟跟人是有密切关联的。

　　我们再看一下雎鸠跟这首诗当中出现的君子、淑女有什么样的关联？君子、淑女的身份到底是平民还是贵族？这个问题的提出有一个背景，反传统的那些学者，比方说顾颉刚、闻一多，包括鲁迅，他们想推翻整个以《诗经》为代表的六经、十三经传统，就消解《诗经》的经学意义，说实际上没什么了不起，跟从民间采集上来的那些老叟的民歌没什么两样，都是平民的诗，并不包含什么大道。但从历史的角度或经学意义的角度来看，并不这么简单。君子淑女到底是平民的身份还是贵族的身份，是非常重要的一个学术问题。

　　我们就从雎鸠的形象来讨论这个问题。复旦大学学者陈子展先生有一本书叫《诗三百解题》，他对于君子淑女和雎鸠之间的关联是这么说的："倘若再从那时的社会阶级来分析，君子和小人原是两个敌对阶级——统治阶级与被统治阶级的专名，《孟子》一书里解释的已够明确。君子原指统治阶级或有位之称，引申为有德之称，再引申为'妇女谓夫为君子，上下之通名'，如《孔疏》所说。《关雎》中'君子'当是本义而不是引申义，尽管你不承认古人说这君子是指王者、文王，淑女是指后妃、太姒，但是你不能不承认这诗说的君子淑女是少爷小姐一流，属于社会上层的贵族，而不是一般匹夫匹妇，属于社会下层的庶民。"

又说："《左传》昭公十七年记载郯子朝鲁，他答复昭子在宴会上提出的上古名官的问题，末了记及孔子学官于郯子。郯子说上古时代少皞氏以鸟名官，'雎鸠氏，司马也'。按司马主兵又主法制，兵刑大权都掌握了，可以推知官名雎鸠氏，它的古义实是权力的象征。我想还应该说，雎鸠氏乃是指上古原始社会里把雎鸠猛鸟作为图腾的一个氏族部落或其酋长。《关雎》诗人当是以很猛鸷的雎鸠来象征有权威的君子。那么，这位君子不是指贵族又是指什么？"

"倘若再从字句训诂上来说：按《郑笺》，'窈窕淑女'是'幽闲处深宫贞专之善女'，这决不是小家碧玉。'琴瑟在堂，钟鼓在庭'，又岂是民间房屋所有陈设？"

按照这样一种说法，雎鸠其实是像雕一样的鸟，形象非常凶猛，体型非常硕大，这是有历史依据的。而且不管是日本人画的，还是中国人画的，雎鸠都是很凶猛的一种形象，绝对不是现代理解的那种比较温和的形象。简言之，雎鸠鸟的形象与《诗经》时代的历史背景是有密切关联的。

再看草的问题。台湾有学者著有《诗经植物图鉴》和《诗经动物图鉴》等书，他认为《诗经》时代提到的某些动植物今天还有的，就拍成图片，并从植物学、动物学的角度来解释其特性。荇菜大概就是长在水上有点像浮萍的一种菜，《关雎》诗中用荇菜而不用别的菜，和这种菜的特性也是有关系的。

"参差荇菜，左右流之。//参差荇菜，左右采之。//参差荇菜，左右芼之。"三章反复吟唱，展现不断采摘荇菜的行为，我们的问题在于：荇菜之采到底仅仅是一种劳作行为，仅仅是触物起兴的作用，还是包含着祭祀、巫术方面的一些历史人文因素？

唐代孔颖达《毛诗正义》说："此经序无言祭事，知事宗庙者，以言'左右流之'，助后妃求荇菜。若非祭菜，后不亲采。"采摘荇菜这种行为不简单，背后有祭祀的因素，有政治的因素。后妃亲自采摘荇菜，这种行为不仅仅是一种生产劳作，而是带有象征意义。后妃采了以后，要在宗庙祭祀的场合来用，她以这样的一种特殊身份参与祭祀这种政治活动的。

当然，这是从采摘荇菜包含着历史人文因素的角度来讲的，还有从更原始的意义上来解释为什么会反复采摘荇菜的。日本学者白川静《诗经的世界》中说："原始歌谣本来就是咒歌。……摘草是祈求相逢的预祝，也是感应远方恋人心灵精魄的行为。"那个时候的人信这个东西，通过采摘这种植物可以感应远方他喜欢的人，最终能够追求到。这是文化人类学的角度，比较现代意义上的一种解释思路，很多人用这种方法解释《诗经》。比如闻一多写过一篇文章《说鱼》，把所有的鱼都解释成跟两性关系有关，只要出现渔网，那一定是说要去追求，捕到鱼就是追求到了，没有捕到就是追求失败了。

中国社会科学院叶舒宪先生在《诗经的文化阐释》一书中，也提到了荇菜及其他植物的采摘问题。他说，初读《诗经》的人对于各国风诗中不厌其烦地讲述采摘植物这一现象都会感到困惑难解。因为在《关雎》这首诗当中可不是只采摘一次，参差荇菜，左右流之，采之，芼之，包括后边"采采卷耳，不盈顷筐"，《采蘩》《采蘋》，采摘植物的有很多很多，为什么会这样？明明是表达男女间相追逐爱悦主题的诗歌，为什么要一开始就转到采的劳作上去？

　　他把采摘荇菜称为一种"劳作"或许不太准确，但对"采"这种行为的观察是细致准确的。传统诗学虽然做了比兴手法的修辞学解释，但他觉得不够，并从文化人类学的角度去做解释。他说，在《关雎》这首诗当中，荇菜先后三次出现，作为修辞起兴似乎过分了，或许从原始民族采摘植物叶子进行巫术性洗濯的现象当中能找到答案。他以大洋洲的一个少数民族部落特罗布里安德人为例，在追求异性之前都要经过这种象征性的准备工作，喜欢哪一个人，先不断洗濯植物叶子，以使自己获得充分的吸引力和自信力，可以感动对方。他认为《诗经》时代，三千年前的人也有这种信仰，《关雎》的作者也是在三次采荇菜的强化作用下，才逐渐建立起追求淑女的自信心的。所以《关雎》当中反复出现采摘荇菜，跟整首诗表达的主题是有内在关联的。

　　叶舒宪又考察了荇菜是一种什么菜，除去可以吃，还可以入药，消渴，利小便。这种水生植物一方面符合植物性叶子洗濯的巫术需要，另一方面又因其"解渴"功用而与爱情咒术中常用的"疗肌"母题暗中对应。《关雎》这首诗与此有关，不是纯粹意义上的谈恋爱。有人说《关雎》就是一首失恋诗，辗转反侧，求之不得，但在古典学意义上绝对不这么简单。

　　再说器物。"琴瑟友之，钟鼓乐之。"琴瑟、钟鼓这样的器物与这首诗的诗义及其所产生的时代背景有什么关联？这也涉及一个平民还是贵族的问题，所以面对琴瑟钟鼓这样的器物，我们还有很多的问题要问——琴瑟钟鼓只是男女爱情美好之喻（琴瑟友之，我要打动她，钟鼓乐之，我要使她快乐，这都是在追求过程当中的一些举动），还是婚礼迎娶时奏乐之用，抑或又跟宗庙祭祀有关？另外，琴瑟钟鼓之类乐器，究竟是平民庶人亦可用，还是独属于贵族？这些问题都要还原到《诗经》时代才能求解，而不能完全凭现在的想象。

西汉毛亨在《毛诗故训传》里说："德盛者宜有钟鼓之乐。""德盛者"不是简单的一个称谓，是跟权势地位有密切关联的，不是指老百姓。《史记·乐书》也讲到这样的乐器使用者的身份："天子诸侯听钟磬未尝离于庭，卿大夫听琴瑟之音未尝离于前。"这都是天子、诸侯、卿大夫的事情，普通老百姓既没有这个能力，又没有这个资格。如果用的话，就有点像《论语》当中的"八佾舞于庭"，那是僭越，不符合你的身份地位。这是当时的礼制要求，可见这些器物的背后还有着很复杂的东西。

对《关雎》当中的动物、植物、器物做了这样一个梳理以后，我们再回过头来看这首诗的主题。战国竹简《孔子诗论》说："《关雎》，以色喻于礼。"这是什么意思呢？表面上看是谈恋爱，但有礼制的约束。君子向淑女表达自己的爱慕之情，不能乱来，要以琴瑟钟鼓这样一种高雅的或者合乎身份的礼器去"友之""乐之"。这个"色"不是贬义的，而是中性的，指男女的爱情，背后有礼的约束和要求。

《毛诗序》也说："《关雎》，后妃之德也，风之始也，所以风天下而正夫妇也。故用之乡人焉，用之邦国焉。……《周南》《召南》，正始之道，王化之基。是以《关雎》乐得淑女，以配君子，忧在进贤，不淫其色；哀窈窕，思贤才，而无伤善之心焉。是《关雎》之义也。"赞颂后妃之德，其实是文王的一种教化。

《诗经》研究当中有一个名词叫"四始"，指的是特殊的四首诗。引领整个三百篇的第一首就是风之首《关雎》，第二首是小雅之首《鹿鸣》，第三首是大雅之首《文王》，第四首是颂之首《清庙》，都是赞颂文王。秉持家国同构的政治观念，编诗者把体现家庭夫妇典范意义的《关雎》放到三百篇之首，是有着深刻用意的。

《中庸》也说，"君子之道，造端乎夫妇"，造端就是发端，背后也是这样一种政治理念。所以如果只把《关雎》理解成一首恋爱诗，就太小看《诗经》了，太小看孔子了。

（二）《小雅·鹿鸣》中的兽之形象与诗义

上面讲的是《关雎》当中的名物，但没有提到兽和木，我们来看一首有兽的。且看《小雅·鹿鸣》：

> 呦呦鹿鸣，食野之苹。我有嘉宾，鼓瑟吹笙。
> 吹笙鼓簧，承筐是将。人之好我，示我周行。
>
> 呦呦鹿鸣，食野之蒿。我有嘉宾，德音孔昭。
> 视民不恌，君子是则是效。我有旨酒，嘉宾式燕以敖。
>
> 呦呦鹿鸣，食野之芩。我有嘉宾，鼓瑟鼓琴。
> 鼓瑟鼓琴，和乐且湛。我有旨酒，以燕乐嘉宾之心。

这首诗有些句子大家熟悉，有的词大家也熟悉，比方说现代用的"嘉宾"这个词，就是从这里出来的。"食野之苹，食野之蒿，食野之芩"，其中的"苹""蒿""芩"，指的是同一类东西。这是读

《诗经》的一个方法：处在同一个位置的动物也好，植物也好，动词也好，应该是差不多的意思。所以《关雎》中的"左右流之""左右采之""左右芼之"，流、采、芼三个字都是采摘的动作。这里的苹、蒿、芩，都是鹿吃的一种东西。鹿是不吃青蒿的，所以这个蒿不是青蒿，青蒿的味道很大。但还有叫蒿的菜，我们现在也在吃，茼蒿、泥蒿等。这里我们重点关注什么呢？重点关注这个鹿，关注这首诗的意思。这是《诗经》当中一首最典型的燕飨诗，就是吃饭、喝酒这种宴饮场合来唱的诗。

在这样的场合有酒、有音乐，还有大礼包，"承筐是将"，来的诸位都是嘉宾。"嘉宾"这个词非常有人文意味，来的诸位都是品德美好的，这是对人的一种褒奖。有人解释说这首诗是写文王召集诸位臣属过来吃饭，赞颂在座的诸位都是嘉宾，主题是褒扬君臣之间良好的政治关系。

另外，"呦呦鹿鸣"与"关关雎鸠"的结构非常相似。我们说"关关"不是一只雎鸠在那里叫，"呦呦"也是形容一群鹿鸣叫的声音，"呦呦鹿鸣"是一幅群鹿来集的景象。关键是为什么用鹿，而不用狼或其他兽类？诗的每一首作品选择什么样的名物，一定是有讲究的。

鹿在那个时代的观念当中是什么样的动物？有什么样的特性？"呦呦"，朱子说是"声之和也"，不光是群鹿鸣叫，而且是和鸣，展示出的是一种非常和谐、非常团结的景象。鹿在古人的观念当中是仁兽、瑞兽，是吉祥的象征，而且常有仙人乘鹿之说，如李白的《梦游天姥吟留别》"且放白鹿青崖间，须行即骑访名山"。骑鹿的不光是我们中国人，印度人乃至东方文化圈的人也骑。君臣宴集用

"群鹿和鸣"来描述，跟这种观念是有关系的。

我在《诗经讲义稿》中写过一段文字："《鹿鸣》首二句以鹿食苹起兴，乃以群鹿来集为吉祥兴旺之预兆，以更好引起下文之君臣欢聚宴饮。《毛传》云：'鹿得蓱，呦呦然鸣而相呼，恳诚发乎中。以兴嘉乐宾客，当有恳诚相招呼以成礼也。'"这是一个政治共同体，天子宴飨群臣，是来引领整个天下，让治理有序，所以整个场景一定是吉祥兴旺的。《毛传》也是这样解释的。

"呦呦鹿鸣，食野之苹"，起兴手法，"我有嘉宾，鼓瑟吹笙"，引起所咏之词。在座的都是嘉宾，这是天子对臣属的一种赞扬。"鼓瑟吹笙"，配上音乐，"承筐是将"，来的人都有大礼包，筐就是礼包，里边放钱币布帛。这是周文王的一种工作方式。

"人之好我，示我周行"什么意思？我称诸位嘉宾，大家抬举我，说我好，这是一种自谦之词。但在这个场合，酒其实也不是白喝的，大家要畅所欲言，给我提一些好的建议。"周行"是指至美之道，治国的大道。也就是说，这样的宴饮场合，一方面沟通感情，一方面是借助于这样一种特殊的方式，让臣属进献至美之策、至美之道。燕飨礼在古代五礼（吉礼、凶礼、军礼、宾礼、嘉礼）当中属于嘉礼，绝对不是吃吃喝喝，而是一种工作方式，而且是一种有效的工作方式。整个周代统治有序，维持八百年，不能不说是要靠这些政治智慧的。

孔颖达在《毛诗正义》中说："毛以为，呦呦然为声者，乃是鹿鸣。所以为此声者，鸣而相呼，食野中之苹草。言鹿既得苹草，有恳笃诚实之心发于中，相呼而共食。以兴文王既有酒食，亦有恳笃诚实之心发于中，召其臣下而共行飨燕之礼以致之。王既有恳诚以召臣下，臣下被召，莫不皆来。我有嘉善之宾，则为之鼓其瑟而吹其笙。吹笙之时，鼓其笙中之簧以乐之，又奉筐篚盛币帛于是而行与之。由此燕食以饷之，瑟笙以乐之，币帛以将之，故嘉宾皆爱好我，以敬宾如是，乃输诚矣，示我以先王至美之道也。"这是经学或者古典学的理解。整个《鹿鸣》呈现出来的是一种和洽的君臣关系，"上隆下报，君臣尽诚"。这是一种非常值得后世学习的政治治理方式。

（三）《周南·樛木》中的樛木形象与诗义

再讲一下木。《周南·樛木》有云：

南有樛木，葛藟累之。乐只君子，福履绥之。
南有樛木，葛藟荒之。乐只君子，福履将之。
南有樛木，葛藟萦之。乐只君子，福履成之。

这首诗是非常典型的重章复沓，所要表现的主题是"后妃逮下"，就是说在上者用心照顾她的下属。《周南》前面几首诗都是赞颂后妃的，"后妃之德""后妃之本""后妃之志"。后妃作为一个在上者，会照顾到她下边的那些人，所以"后妃逮下"也是从一个角度来赞颂后妃美好的德行。

这首诗选了"樛木"这样一种形象的树木，它跟笔直高挺的乔木是不一样的，"木下曲曰樛"，特点是树身弯曲，树荫可以遮住整个下边，也不高大。葛藟就是那些缠在树身上的藤蔓，形容她的那些下属。福履就是福禄，绥之、将之、成之也是一个递进的过程，最后福禄大成。

　　为什么选择弯曲的"樛木"来描写"后妃逮下"，因为"后妃能和谐众妾，不嫉妒其容貌，恒以善言逮下而安之"，这是东汉经学家郑玄的一个解释。"木枝以下垂之故，故葛也藟也得累而蔓之，而上下俱盛。兴者，喻后妃能以惠下逮众妾，使得其次序，则众妾上附事之，而礼义亦俱盛。"藤蔓能缠绕到它的身上，不是高不可攀，上下的关系也是比较和洽。《鹿鸣》是一种和洽的君臣观，这里是一种和洽的后宫相处局面，上边能照顾到下边，下边能攀附到上边。

　　南宋张纲《经筵诗讲义》说："后妃正位宫闱，同体天王。顾夫人、嫔妇之属，贵贱之势，固有间矣。惟贵贱之势有间，故每以逮下为难。……然则逮下之事，唯无妒忌者能之耳。木上竦曰乔，下曲曰樛。乔则与物绝，故曰'南有乔木，不可休息'；樛则与物接，故曰'南有樛木，葛藟累之'。葛藟，在下之物也，以木之樛，故得附丽以上。喻嫔妇之属，所处在下，以后妃有逮下之德，故亦得进御于其君。若是者，上恩达于下，下情通于上，闺门之内，不失其和矣。文王之治，始于忧勤，终于逸乐。后妃逮下，而闺门以和，则内治成矣。文王安得而不乐哉？惟乐其内治之成，所以能安享福禄，故曰'乐只君子，福履绥之'。"张纲给皇帝讲《诗经》也提到了这个问题。

　　所以诗人在创作的时候，认为这个物是跟这个人有内在关联的，物的性情也跟诗义是有内在关联的。整个周代维系八百年，"无人非诗人，无地非诗景，无言非诗声"，靠的就是《诗经》的这种教化作用，让整个社会有序。古典政治哲学对现代社会，依然是有很多教益的。

结　语

前面，我们讲了《诗经》当中《关雎》《鹿鸣》《樛木》三首诗，鸟兽、草木、器物，各自选了一个代表。其实《诗经》当中名物太多了，还可以更广泛更深入地展开研究。

最后以我自己上《诗经》课过程中所作的三首打油诗作个小结：

芳草萋萋露重重，挈妇江城渡羊城。
逸仙旂下追远路，金明馆里祭唐声。
总谓束脩能执礼，奈何夫子少从容。
康乐胜景今何在？博雅青衿诵国风。

横看成岭侧成峰，一枝一叶总关情。
贵胄黎庶生讼议，丰镐洛邑费究竟。
读诗焉可去诗教？解经惟当念鼓钟。
历览前贤与时哲，毛郑胜过程俊英。

自古人人爱性情，摩挲潜研数葩经。
无邪莫陷孔夫子，草木虫鱼皆所兴。
汉儒未可责附会，诗教椎轮始周公。
温柔敦厚节正义，兴诗立礼大乐成。

其中第二首诗所谓"一枝一叶总关情"一句，其实就是强调《诗经》名物的重要性。诗中所涉典故，稍作一点说明：程俊英先生是华东师大的一位女学者，著有《诗经注析》，她是"五四"时代熏陶出来的人，站在现代诗学的立场，反对过去那种古典诗教的立场。毛亨、郑玄则是从古典经学教化意义上来讲这些诗篇的。"金明馆"是陈寅恪先生当年在中大的书房名。"葩经"是指《诗经》，韩愈说过"《诗》正而葩"这样的话。

最后强调一下，《诗经》最初是一个诗乐舞合一"综合艺术体"，是很博大的，我们需要了解到《诗经》时代的政治、文化和历史背景。而且考察《诗经》三千年来在社会上发挥的作用，要与一些历史事件结合起来，不能把《诗经》简单地理解成一种民歌。如果那样，就太贬低《诗经》了，它就无法称得上是《六经》之首，无法称得上是"中华元典"。

《周易》及其哲理意蕴与文化价值

张丰乾

《易经》是不是迷信？谁创作了《周易》？《周易》讲了什么？我们能从中学到什么？如何从哲理的角度审视"算卦"的机制，揭示"断卦"的原理？近年的高考语文、数学卷都屡次出现了与《周易》有关的题目，它究竟是一部什么样的经典？

《易经》是不是迷信？

介绍《周易》，要从"八卦"说起。"八卦"这个词大家一定不陌生。今天有不少人说某某"好八卦"，是指那个人好打听和传播他人的隐私，或无端猜测，搬弄是非，格调庸俗。

但"八卦"本身是一个非常重要的文化术语，出自《周易》。《周易》作为"群经之首"，是古代科举取士的必考经典，内容非常严肃，为何在现代社会的一些地方，"八卦"会演变成那样的意思？我查了一下，大概有两种说法：

有一种说法是，"八卦"这种庸俗的含义是从香港来的。香港有些杂志是八开大本，专登影艺明星的逸闻趣事，甚至以窥探他人隐私为宗旨，因为"八卦"与"八开"发音比较相似，最后慢慢演变成这意思。另一种说法是，香港某些不良杂志经常刊登一些不雅照片，隐私就会拿八卦图来遮挡。这样，"八卦"的意思有了新的所指。这也从一个侧面说明《周易》的影响无处不在，而社会上又有很多的误解和滥用。我们首先就来正本清源，了解一下《周易》的来源、构成、义理、功用等内容。

"《易》本卜筮之书"（朱熹语），但"卜筮"是不是因为古代生产力低下而产生的，并且意味着"迷信"呢？我们首先需要了解，古代的卜筮活动是有专门制度的，《尚书·周书·洪范》讲：

> 稽疑：择建立卜筮人，乃命卜筮，曰雨，曰霁，曰蒙，曰驿，曰克，曰贞，曰悔。凡七，卜五，占用二，衍忒。立时人作卜筮，三人占，则从二人之言。汝则有大疑，谋及乃心，谋及卿士，谋及庶人，谋及卜筮。汝则从、龟从、筮从、卿士从、庶民从，是之谓大同；身其康强，子孙其逢：吉。汝则从、龟从、筮从、卿士逆、庶民逆：吉。卿士从、龟从、筮从、汝则逆、庶民逆：吉。庶民从、龟从、筮从、汝则逆、卿士逆：吉。汝则从、龟从、筮逆、卿士逆、庶民逆：作内，吉；作外，凶。龟筮共违于人：用静。吉；用作，凶。

卜筮活动起源于人们想解决心中的疑问，当你有大疑问的时候，一般是你面临众多选择的时候。要追溯疑惑，推测未来，就需要借助于特定的形式和方法，而这样的形式和方法可能不止一种。依据《尚书·周书·洪范》的记载，卜筮的时候，有龟甲（用于卜），有蓍草（用于筮），还有讨论的对象：你自己、卜师、筮师、卿士、老百姓。如果卜筮时所有的要素都是统一的，有同样的指向，那么所问所求之事是吉利如意的。卜筮是决策重要的一个方面，但不是全部的方面。给大家引这么一段材料，就是想告诉大家，古人并不是今人所想象那样迷信武断，卜筮只是古人解决疑惑、推测决策的一种手段和方式。

古代有专门的官吏，来执掌不同的占卜方式。大家可以看一下上古卜筮制度下的各种官职，《周礼·春官》记载：

> 大卜，下大夫二人。卜师，上士四人。卜人，中士八人、下士十有六人。府二人，史二人，胥四人，徒四十人。
>
> 龟人：中士二人；府二人、史二人、工四人、胥四人、徒四十人。
>
> 菙氏：下士二人；史一人，徒八人。
>
> 占人：下士八人；府一人，史二人，徒八人。
>
> 筮人：中士二人；府一人，史二人，徒四人。
>
> 占梦：中士二人；史二人，徒四人。
>
> 视祲：中士二人；史二人，徒四人。

其中，菙氏是看龟甲被烧之后裂纹走向等象的术士，视祲是指看天象的术士。从中可见，每一种卜筮官职中上下级关系及人员配置等，制度明晰。

　　龟甲占卜法通过甲骨文为后世所了解。19 世纪末期，清朝光绪年间的金石学家王懿荣，是当时最高学府国子监的祭酒（相当于大学校长）。有一次他生病时，所服的一味中药叫龙骨，他看见上面居然有一种近似文字的图案，很讶异，后来大批收购这些东西，经过长时间的研究，他确信这是一种文字，应该是殷商时期的，这就是甲骨文。后来陆续从古墓中出土了记载着古代问卜之事的龟甲，古人把卜辞刻在龟甲上流传了下来。

　　再看关于卜筮之官职的两段材料：

　　大卜：掌三兆之法，一曰"玉兆"，二曰"瓦兆"，三曰"原兆"。其经兆之体，皆百有二十，其颂皆千有二百。掌三易之法，一曰"连山"，二曰"归藏"，三曰"周易"。其经卦皆八，其别皆六十有四。掌三梦之法：一曰"致梦"，二曰"觭梦"，三曰"咸陟"。其经运十，其别九十。以邦事作龟之八命，一曰征，二曰象，三曰与，四曰谋，五曰果，六曰至，七曰雨，八曰。以八命者赞三兆、三易、三梦之占，以观国家之吉凶，以诏救政。凡国大贞，卜立君，卜大封，则视高作龟。大祭祀，则视高命龟。凡小事，莅卜。国大迁、大师，则贞龟。凡旅，陈龟。凡丧事，命龟。

　　筮人：掌三易以辨九筮之名，一曰"连山"，二曰"归藏"，三曰"周易"。九筮之名，一曰巫更，二曰巫咸，三曰巫式，四曰巫目，五曰巫易，六曰巫比，七曰巫祠，八曰巫参，九曰巫环。以辨吉凶。凡国之大事，先筮而后卜。上春，相筮。凡国事，共筮。

什么叫"三易"？根据后人的注解，就是古代三种成文的卜筮法，分别为连山、归藏和周易，对应于夏、商、周三个王朝。其中，文王作《周易》。《周易》这本书后人又称为《周易》，指它具有经典的地位，它原先称《周易》是因为，相传它是周代创建和流行起来的占卜推演系统，跟周文王有密切的关系。

前面讲到，《周易》与古代的决策机制有非常紧密的关系，实际上《周易》的产生及其发展，都与当时上古社会的方方面面有着密切的联系。具体来说，《周易》是怎么发展形成的？

谁创作了《周易》?

《周易》是形式特别、内容精深的人文经典，关于它的创作原理和过程，《周易·系辞下》中说：

> 古者包牺氏之王天下也，仰则观象于天，俯则观法于地。观鸟兽之文，与地之宜。近取诸身，远取诸物，于是始作八卦，以通神明之德，以类万物之情。作结绳而为网罟，以佃以渔，盖取诸离。

包牺氏也就是伏羲氏，意思是伏羲氏作为天下之王的时候仰头观看，俯身省察，通过概括和模拟身边及大自然中的各种现象及事物，创制出八卦，目的是想通达神明的德性，类比万物的性质。

为什么后人会把伏羲氏称为远古时代的圣人？现代进化论认为，人从原始猿猴进化而来，进化的动力是劳动，但其实人区别于动物的关键之处，或者说人之为人的关键原因，是因为人是一种具有文化性的生物族群，能够对天地间的万事万物进行观察、反思和总结。伏羲能够在天地之间，不只是简单机械地顺应天地自然规律日出而作，日落而息，而是进行了一系列的"观"和"察"，并且试图掌握神灵的德性。面对芸芸万物纷繁芜杂的现象，人是可以借助于自己创制的符号系统和思想体系进行归类总结的，这是一种意义空前的突破。所以创制了八卦的伏羲氏被称为古代圣王之一，八卦以及由八卦衍生出来的六十四卦在人们的生产生活中发挥了巨大作用：

> 　　包牺氏没，神农氏作。斫木为耜，揉木为耒，耒耨之利，以教天下，盖取诸《益》。日中为市，致天下之民，聚天下之货，交易而退，各得其所，盖取诸《噬嗑》。神农氏没，黄帝、尧、舜氏作，通其变，使民不倦；神而化之，使民宜之。《易》，穷则变，变则通，通则久。是以"自天佑之，吉，无不利"①。（《周易·系辞下》）

　　伏羲氏去世后，神农氏作为天下之王，开始制作各种木质生产工具来教化世人。他的根据是什么呢？取象于《益》卦。而兴起市集买卖活动，满足各人所需，其道理是取象于"噬嗑卦"。意思是，神农氏作为远古时期的天下之王，制耒耜、兴贸易，开创农耕文明，对中华民族的生存繁衍和发展贡献很大，而其思想来源也是被

---

　　① "自天佑之，吉，无不利"为《大有》卦上九爻辞。

认为是《周易》。值得注意的是，这两个卦并不是八卦中的卦象，而是六十四卦里的。在神农氏之后的黄帝、尧、舜，也是如此。这可能是出于后人的追溯，不一定是历史事实，但也说明《周易》对古人的生活有非常重要的影响。

所谓"自天佑之，吉，无不利"，其中的"佑"是帮助的意思，但这里的"天"并不是人格化的主宰者，而是天文天象可以给人们思想上的启发和行动上的便利，六十四卦就是帮助人们发现和运用这些法则的重要媒介①。我们继续看相关的内容：

> 黄帝、尧、舜垂衣裳而天下治，盖取诸《乾》《坤》。刳木为舟，剡木为楫，舟楫之利，以济不通，致远以利天下，盖取诸《涣》。服牛乘马，引重致远，以利天下，盖取诸《随》。重门击柝，以待暴客，盖取诸《豫》。断木为杵，掘地为臼，杵臼之利，万民以济，盖取诸《小过》。弦木为弧，剡木为矢，弧矢之利，以威天下，盖取诸《睽》。上古穴居而野处，后世圣人易之以宫室，上栋下宇，以待风雨，盖取诸《大壮》。古之葬者，厚衣之以薪，葬之中野，不封不树，丧期无数。后世圣人易之以棺椁，盖取诸《大过》。上古结绳而治，后世圣人易之以书契，百官以治，万民以察，盖取诸《夬》。（《周易·系辞下》）

---

① 关于人类的重要活动和《周易》相关卦象的关系，可参看黄寿祺、张善文著《周易译注》，上海古籍出版社 2007 年版，第 402—403 页。

"垂衣裳"是指衣服不杂乱，譬喻黄帝、尧、舜在治理天下时采用清净无为的方式，不去打搅老百姓，让老百姓各得其所。随后讲到工具发明、制度建立、统治策略和生活方式等方方面面的情况，都与易卦相通，取象于易卦。可见《周易》源远流长，并且不是一次性就编写完成的。东汉时的班固则对《周易》的产生过程做了"人更三圣，世历三古"界定：

> 《易》曰："宓戏氏仰观象于天，俯观法于地，观鸟兽之文，与地之宜，近取诸身，远取诸物，于是始作八卦，以通神明之德，以类万物之情。"至于殷、周之际，纣在上位，逆天暴物，文王以诸侯顺命而行道，天人之占可得而效，于是重《易》六爻，作上下篇。孔氏为之《彖》《象》《系辞》《文言》《序卦》之属十篇。故曰《易》道深矣，人更三圣，世历三古。及秦燔书，而《易》为筮卜之事，传者不绝。汉兴，田何传之。讫于宣、元，有施、孟、梁丘、京氏列于学官，而民间有费、高二家之说。刘向以中《古文周易》校施、孟、梁丘经，或脱去"无咎""悔亡"，唯费氏经与古文同。（《汉书·艺文志》）

秦始皇统一天下以后，采用李斯的建议，焚书坑儒，但李斯的原意是把民间的藏书集合起来烧掉，而官方有独立的藏书系统。同时，因为"《易》为筮卜之事，传者不绝"，就是说《周易》不属禁书，未被焚毁。很多学者就讨论过为什么它作为筮卜之书不在禁毁之列？我们需要注意《周易》这本书"经"和"传"的区别，以及

"经"和"传"的分别流传。狭义的《易经》就是指六十四卦及其卦爻辞，的确是工具性的筮卜之书，与其他讲农事、医药的书不直接涉及意识形态的问题。到汉代的时候，《易》学兴起，很多人关注并注释《周易》，形成许多流派。但在《周易》从筮卜之书演变为哲理之书的过程中，孔子的作用是关键性的。

孔子说过："加我数年，五十以学《易》，可以无大过矣。"（《论语·述而》）孔子对《周易》有多喜爱呢？据《史记·孔子世家》记载，他读《周易》曾"韦编三绝"。古人的书是竹简本，孔子读《周易》的次数太多，反复翻看，绑竹简的皮带都断了好多次。这说明孔子曾经非常勤奋地钻研《周易》，并且深得其中意味。现在学界一般认为，对《周易》当中所蕴含的哲学思想、文化价值发掘得最深最广的人就是孔子和他的学生。

"算卦"的过程和原理

那当我们要占卜时，先得算出一个卦，这个卦是怎么算出来的呢？《周易·系辞传》里记载了一种严格完整的算卦系统，原理是把从1到10这十个数字分为天数和地数，天数是奇数，地数是偶数。根据相应的做法，每算三次就能算出一个爻，算十八次就能算出六个爻，也就是得出一个卦，随后再对此卦象进行解读推测[1]。由于时间关系，在此不展开讨论，引以下两段文献材料给大家参考：

---

[1]　具体的算卦仪式和过程，可参见朱熹《周易本义·筮仪》。

天一地二，天三地四，天五地六，天七地八，天九地十。天数五，地数五，五位相得，而各有合。天数二十有五，地数三十，凡天地之数五十有五。此所以成变化而行鬼神也。（《周易·系辞传》）

天一生水于北，地二生火于南，天三生木于东，地四生金于西，天五生土于中。阳无偶，阴无配，未得相成。地六成水于北，与天一并；天七成火于南，与地二并；地八成木于东，与天三并；天九成金于西，与地四并；地十成土于中，与天五并也。大衍之数五十，有五行各气并，气并而减五，惟有五十，以五十之数，不可以为七八九六卜筮之占以用之，故更减少其一，故四十有九也。（郑玄《周易注》）

顺便提一下，关于天地之数的排列，有河图和洛书的区别。历史上有些人喜欢把河图洛书说得神乎其神，但其实河图洛书是数理排列，是一种严密精妙的数理关系，如洛书中 1－9 这九个数字所排列的矩阵，不管你从哪条直线、斜线上的三个数字相加，都得到 15，这样一种数字排列的法则、系统，再演化成《周易》的象数系统。

从《六十四卦方圆图》中大家可以看到，六十四卦之间的数理、逻辑关系非常精妙，只要其中一爻发生变化，此卦就变成了另一卦，这一变化是连续的、规律性的。

《易经》思维阻碍了中国近代科学的发展吗？

近年来学界有过讨论，现代计算机技术与《周易》有什么联系？17世纪德国数学家莱布尼茨发明了二进制，这个发明对现代计算机科技之产生奠定了的基础。莱布尼茨当时从一些曾经前往中国的传教士那里接触到中国文化，法国汉学大师若阿基姆·布韦（中文名白晋）在通信中向莱布尼茨介绍了《周易》。莱布尼兹看到《六十四卦方圆图》后非常惊讶、兴奋，然后回信给当时在中国的欧洲传教士白晋，让他们转告中国当时的清朝康熙皇帝。他说，像《周易》这样的八卦图不可能是人类创造出来的，只能是上帝创造出来的。莱布尼茨是想通过对《周易》文化的这样一种赞叹，找到两国文化的共同点，阐述上帝的全知全能，当然这一观点在当时清朝是不可能接受的。但是，这能够说明为什么《周易》在中华文明中具有代表性意义，被奉为群经之首。直至今天，《周易》的思想和内涵还可以在一些现代学科中找到对应的关系。

英国著名科学史家李约瑟所撰写的《中国科学技术史》，以丰富的史料为基础，具体、系统地论述了中国古代科学技术的成就和特征。他提出了一个尖锐的问题：中国古代的科技技术长时期以来领先于欧洲乃至全世界，但到了十七八世纪之后，为什么现代科技的发展和变革只发生在欧洲没发生在中国？这就是学术界反复讨论的"李约瑟难题"。杨振宁先生有一次在演讲中提到，《周易》作为古代群经之首，科举取士的必读必考经典，对中国人的思维方式影响是十分深远，而《周易》的思维方式是类比式的方法，现代数学科学则是用演绎式的方法，因为缺乏严谨的演绎推理思维，所以在中国不能产生现代意义上的科学发展。我自己曾经写过一篇文章，题目叫作《周易应该负什么责》参与了"《易经》思维阻碍了中国近代科学的发展吗"这个讨论①，大概意思是《周易》在古代所做出的巨大贡献，包括在政治、经济、历史、医学、建筑等方面都产生了深广的影响，其所起的作用及与社会发展的密切联系是无可争议的事实。我们现在所谓发展的先进与落后，不能归责或归罪于祖先，关键在于我们如何去发挥、挖掘古代经典思想，没有一种思想能够提供永恒的现成模式。

《周易》讲了什么？

而《周易》讲什么内容，有何作用呢？

> 《易》有圣人之道四焉：以言者尚其辞，以动者尚其变，以制器者尚其象，以卜筮者尚其占。是以君子将有为也，将有行也，问焉而以言，其受命也如响；无有远近幽深，遂知来物，非天下之至精，其孰能与于此？参伍以变，错综其数，通其变，遂成天地之文；极其数，遂定天下之象。非天下之至变，其孰能与于此？
> 易无思也，无为也，寂然不动，感而遂通天下之故；非天下之至神，其孰能与于此？夫易，圣人之所以极深而研几也，

---

① 见于《中国青年报》2004 年 10 月 26 日。

唯深也，故能通天下之志；唯几也，故能成天下之务；唯神
也，故不疾而速，不行而至。子曰："易有圣人之道四焉"者，
此之谓也。（《周易·系辞上传》）

如果我们要提高说话的能力和水平，可学习《周易》的文辞之
美及寓意之深刻高雅，古代一些帝王统治的年号、人物取名，都喜
欢取《周易》中的文辞，如唐代贞观年号、清朝咸丰年号等。如果
我们要在实际行动中通达时势、适应变化，可学习《周易》中的随
机应变。如果我们要制作器皿，可学习《周易》中的卦象。如果我
们要占卜问吉凶，可学习《周易》中的卜筮。君子将要做什么事的
时候，可以向《周易》咨询求索，那么将来君子之言行将清清楚
楚，不会有何歪曲，会如同《周易》所给你的回答。如果《周易》
不是一套精密的思想体系，怎么能做到这样？天下的其他文化成
果，无不是从易学中演化而来，其象形、数理，都高深莫测。但是
要通达易学，必须要无思无为，寂然不动，所以只有圣人能够深研
易学，感通天下万物最本质的东西，能成就天下一切事情。

《易》不可以占险

在用《周易》算卦时还要遵守一定的原则，筮卜之问吉凶，与
所问所求之人和事的德行有密切关系。历史上有一个著名的案例：

穆姜薨于东宫。始往而筮之，遇《艮》之八。史曰："是
谓《艮》之《随》。《随》其出也。君必速也。"姜曰："亡。是

于《周易》曰：'《随》，元亨利贞，无咎。元，体之长也；亨，嘉之会也；利，义之和也；贞，事之干也。'体仁足以长人，嘉德足以合礼，利物足以和义，贞固足以干事，然，故不可诬也，是以虽《随》无咎。今我妇人而与于乱。固在下位而有不仁，不可谓元。不靖国家，不可谓亨。作而害身，不可谓利。弃位而姣，不可谓贞。有四德者，《随》而无咎。我皆无之，岂《随》也哉？我则取恶，能无咎乎？必死于此，弗得出矣。"（《左传·襄公九年》）

鲁襄公的祖母穆姜死在东宫里。她开始被软禁的时候，占筮，得到《艮》卦，爻变为八三，太史说："这叫做《艮》变为《随》卦。《随》，是出行的意思。您一定能很快出去。"穆姜说："不对！《周易》里说：'《随》，元、亨、利、贞，没有过错。'元，是形容高尚；亨，是亨通吉利；利，是道义的相和；贞，是忠贞，是事物之本。体现了仁就足以领导别人，美好的德行合乎礼制，有利于万物就是合乎道义，本体坚贞足以办好事情，这是不能胡说的。因此虽然得到《随》卦，喻示没有灾祸，但我作为女人而参与了动乱。对于君王来说，特别是先君死了以后，自己没有什么地位了而又行不仁之事，不能说是高尚。我的作为使国家不安定，不能说是吉利。做了坏事害了自己，不能说有利于道义。忘记了未亡人的地位而继续以美色诱人，不能说是坚贞。只有真正具有元、亨、利、贞四种德行的人，得到《随》卦才能没有灾祸。而我这四德都没有，难道能根据《随》卦的卦辞来判断吗？我自取邪恶，能够没有灾祸吗？一定死在这里，不能出去了。"穆姜临死前的这段话可谓深明大义，出自肺腑的忏悔。这说明，用《周易》来筮卜，推测吉凶，必须要符合其德性之原则。

还有一个著名的案例，说明易不可以占险：

> 南蒯之将叛也，其乡人或知之，过之而叹，且言曰："恤恤乎，湫乎，攸乎！深思而浅谋，迩身而远志，家臣而君图，有人矣哉。"南蒯枚筮之，遇《坤》三之《比》三，曰：黄裳元吉。以为大吉也，示子服惠伯，曰："即欲有事，何如？"惠伯曰："吾尝学此矣，忠信之事则可，不然必败。外强内温，忠也。和以率贞，信也。故曰：黄裳元吉。黄，中之色也。裳，下之饰也。元，善之长也。中不忠，不得其色。下不共，不得其饰。事不善，不得其极。外内倡和为忠，率事以信为共，供养三德为善，非此三者弗当。且夫《易》，不可以占险，将何事也？且可饰乎？中美能黄，上美为元，下美则裳，参成可筮。犹有阙也，筮虽吉，未也。"（《左传·昭公十二年》）

南蒯将要叛变的时候，他的家乡有人知道情况，走过他门口，叹了口气说："忧愁啊，愁啊，忧啊！想法高而智谋浅，关系近而志向远，作为家臣而有做国君的图谋。"实际上是在劝诫。南蒯因此而占筮，得到《坤》卦变为《比》卦，卦辞是"黄裳元吉"，他就认为要叛变一事大吉大利，把它给子服惠伯看，说："我想做事求得此卦，怎么样？"惠伯说："我曾经学习过《易》，如果是忠信的事情就可以符合卦辞的预测，不然就必定失败。外表强盛内部温顺，这是忠诚，用和顺来实行占卜，这是信用，所以说'黄裳元吉'。黄，是内衣的颜色。裳，是下身的服装。元，是善的第一位。内心不忠诚，就和颜色不相符合。在下位不恭敬，就和服装不相符合。事情办理不好，就和标准不相符合。内外和谐就是忠，根据诚信办事就是恭，崇尚上述三种德行，就是善，不是这三种德行就无法承当卦辞的预测。而且《易》不能用来预测冒险的事情，您打算做什么呢？而且能不能在下位而恭敬呢？中美就是黄，上美就是元，下美就是裳，这三者都具备了才可以合于卦辞的预测。如果有所缺少，卦辞虽然吉利，未必能行。"惠伯很精通《周易》之理，劝说南蒯不要违背政治伦理犯上作乱，但最后南蒯还是忍不住发起动乱，但很快被打败，从此走上逃亡之路。

《周易》在社会的各个领域影响深远

中国有两个村落的布局，受到了《周易》的深刻影响。一个是浙江金华兰溪市诸葛八卦村，这个村庄是迄今发现的诸葛亮后裔的最大聚居地。村中建筑格局按"八阵图"样式布列，保存了大量明清古民居，是国内仅有、举世无双的古文化村落。八卦村一带地形如锅底，中间低平，四周渐高，四方来水，汇聚锅底，形成一口池塘，当地人称钟池。钟池是诸葛八卦村的核心所在，也是布列"八阵图"的基点。钟池并不大，但这口水塘半边有水，半边为陆，形如九宫八卦图中的太极阴阳鱼形象，奇妙无比。以钟池为中心，有八条小巷向四面八方延伸，直通村外八座高高的土岗，其平面酷似八卦图。小巷又派生出许许多多横向环连的窄弄堂，弄堂之间千门万户，星罗棋布着许多古老纵横的民居。而许多小巷纵横相连，似通非通，犹如迷宫一般。外人进入小巷，往往好进难出，甚至迷失方向。据说在抗日战争期间，该村得以保存，就在于日本军队实在难以找到进退之路。1993 年，国家文物局专家组组长、著名古建筑学家罗哲文先生实地考察诸葛镇后说，中国传统的村落和城郭布局有依山傍水的不规则形和中轴对称的方整形两种，像诸葛镇这种围绕一个中心呈放射状的九宫八卦形布局，在中国古建筑史上尚属孤例，其重大价值不言而喻。诸葛镇为何如此布局，迄今说法不一。有人认为这种布局是诸葛亮"八阵图"的翻版，是诸葛后人根据诸葛亮阵法精髓而设计的，这既是对祖先的一种特殊纪念，也是对诸葛亮"八阵图"的变相保存；诸葛后人虽然不嗜争强斗狠，但战备意识很强。如此布局，有利于在钟池一呼百应，从四面八方包围来犯之敌，无形中增大了取胜的把握。如此等等，见仁见智，不一而足。但至少可以说明一点，周易的八卦文化对中国传统社会中方方面面的影响是巨大而深远的。在座各位有兴趣的朋友可以去实地考察一下。

一个是云南大理云龙县的一个由山川河流自然景象天然形成的太极八卦村，河流隔分了一块平原，形成了太极阴阳鱼的地形地貌。这样天然形成的太极地形地貌不止这处，河南省也有。

因此我想到了一个问题，后人普遍认为，太极阴阳鱼的图形是宋代周敦颐创制的，但是现在可以看到周敦颐所创制的太极八卦阴阳仪的图案是比较复杂的，不像现在我们常见的太极阴阳鱼的图案这么简明，所以我想是不是古人根据我们刚才所说的天然的地形地貌创制了太极阴阳鱼的图案呢？这个问题我想值得继续考察探讨。

我们再来看一些作为标志的易图。韩国国旗又称太极旗，其构思源于中国的《周易》，中央的太极象征宇宙，蓝色为阴，红色为阳。四个角落的卦在左上方的是乾，右下为坤，右上为坎，左下为离，分别代表天、地、水、火，同时对应东南西北四个方向，又对应仁义礼智四种德行，又对应父母子女四种关系，又对应火金水土这五行中的四个方面，同时还说乾卦代表生命力，坎卦代表成果，坤卦代表开始，离卦代表成长。韩国国旗的来历是有个过程的，朝鲜王朝末期，随着 1876 年《江华条约》的签订，朝鲜打开国门，而设计国旗之议也萌生了。当时朝鲜主要是跟中国和日本外交，朝鲜国旗的第一个设计方案是由当时朝鲜的宗主国——中国清朝驻日使馆参赞黄遵宪提出的。1880 年 9 月，黄遵宪在《朝鲜策略》中建议朝鲜"奏请陆海诸军，袭用中国龙旗（黄龙旗）为全国徽帜"。北洋大臣李鸿章也对朝鲜袭用中国龙旗的方案表示同意。然而，朝鲜王朝似乎对清朝的建议不以为然。1882 年朝鲜爆发了反日的壬午兵变，其后日本强迫朝鲜缔结不平等的《济物浦条约》，规定朝鲜须派使臣向日本谢罪。于是在 1882 年 9 月，朝鲜政府以锦陵尉朴泳孝为谢罪兼修信使，出使日本。在前往日本的"明治丸"号轮船上，朴泳孝等人以太极两仪和乾、坤、坎、离四卦为图案，设计出了最早的太极旗。据其后来的自述报告中称"既与各国通好之后，凡出使者，礼不得无国旗"，因此太极旗诞生后，朴泳孝一行登陆日本，就在客店外悬挂，其后他们在外交场合中也频频使用太极旗，引起各国使节和日本各界的注目。1883 年 3 月 6 日，朝鲜王朝正式决定以太极旗为国旗。1897 年，朝鲜王朝改国号称大韩帝国，太极旗又成为大韩帝国国旗。后来经过一些微小的变动，最终形成了今天的太极旗样式。

　　曾有韩国学者撰文力图证明，韩国太极旗的产生根源于朝鲜民族自身的太极文化，其太极阴阳及八卦的文化比中国的易学还要早很多。我们先不管他们的论述过程，我想说他们如此争辩太极阴阳八卦文化在其本土产生的启示有二：一是太极阴阳鱼的图案不一定就是八卦，不一定与《周易》有关系，有可能是后面的人在解释《周易》的过程中创制了太极阴阳鱼的图案，以方便解释；二是说明韩国受中国的影响，不一定从《周易》的时候开始，或者可以由此推测说太极阴阳鱼的图案并不是《周易》产生时才出现的，而是在更久远的时候就存在了，并且流传到了韩国。当然，要搞清楚这里面的渊源，还需要做很多的研究工作。

　　美国有一位非常著名的数学家卡普拉，曾写过一本著作叫《物理学之道》，他这本书的封面是一个太极图，并且书名的副标题是"现代物理学与东方神秘主义之间的关系"，他认为现代物理学里面的很多原理都可以与《周易》中的思想找到相对应的关系，也就是揭示了《周易》对科学研究的启示。而第一个获得诺贝尔奖的日本人——物理学家汤川秀树，也非常推崇《周易》的思维方式，说《周易》给了他很多启发。《周易》虽然看起来是远古的非常带有神秘色彩的图像系统，但其所内涵的数理、逻辑思想都非常理性、深刻。

《周易》是"弥纶天地之道"的学问

　　为什么《周易》在社会的各个领域都能产生如此深厚的影响呢？这与《周易》的文化意义深广很有关系。《周易·系辞上传》说：

> 易与天地准，是故能弥纶天地之道。仰以观于天文，俯以
> 察于地理，是故知幽明之故，原始反终。故知死生之说，精气
> 为物，游魂为变。是故知鬼神之情状，与天地相似，故不违；
> 知周乎万物而道济天下，故不过；旁行而不流，乐天知命，故
> 不忧；安土敦乎仁，故能爱。范围天地之化而不过，曲成万物
> 而不遗，通乎昼夜而知。故神无方而易无体。

"易与天地准"，天地之准是宇宙间最高的标准，最高的逻辑。
不论人事、物理，一切的一切，都以此为法则。换句话说，无论自
然科学、人文科学，也不管军事、政治、社会、文学、艺术等等，
都离不开这个法则。而《周易》所讲，就是天地法则，是宇宙万事
万物一切学问的标准。所以《周易》是怎么样的一门学问呢？答案
是"弥纶天地之道"的学问。宇宙间万事万物的一切法则，都在它
的范围之中了。

那么，我们的祖先画八卦，创造《周易》的哲学，它是幻想来
的吗？不是的，它是"仰以观于天文，俯以察于地理"而研究发明
的。我们老祖宗观察天文地理，不晓得经过几千万年，才累积起来
成为这个心得经验，了解到天地的法则。因此对隐秘的或显明的万
事万物，都能找出其根源，知道其流变，能善始善终。知道生死是
怎么一回事，万物由精气聚成，魂散魂聚就会产生变化。所以我们
学《易》就能不违背大自然的原理原则，连鬼神此类神秘深幽之事
你都能驾驭；就能通达天下万事万物，从而有动力、有方法救济天

下而没有过错；就能"旁行而不流"，虽然有时候迫不得已也会用些手段、旁门左道什么的，但是不会违背原则，辜负初衷，绝不会过分，而失之于流——不正当。所以"乐天知命，故不忧"，乐天就是知道宇宙的法则，合于自然，知命就是知道生命的道理，生命的真谛，乃至自己生命的价值。这些都清楚了，就没有什么烦恼了。所谓学《易》者无忧，因为痛苦与烦恼、艰难、困阻、倒霉……都是生活中的一个阶段，得意也是。每个阶段都会变去的，因为天下事没有不变的道理。因为知道一切万事万物非变不可的道理，便能随遇而安。"安土敦乎仁，故能爱"，是说仁者爱人，像大地一样地爱人，像天地一样，只付出，一点也不求回报。"安土敦乎仁"，你要懂得了这个道理，"故能爱"，就能够博爱。博爱不是含占有私心的狭隘爱，而是很广博的、普遍的、无私的。

"范围天地之化而不过，曲成万物而不遗，通乎昼夜之道而知，故神无方而易无体。"这是讲《周易》整个学问的运用，以及它的目的。《周易》的学问懂了以后，整个宇宙万物都懂了，所以说"范围天地之化"。在《周易》文化中所发明的"化"，后来被道家所运用。所谓造化——自造自化，整个天体宇宙是个大化学的锅炉，人不过是这个锅炉中的一个小分子、一个小细胞、一个很会活动的细胞而已，这是造化的一种功能。人类把自己看得很重要、很伟大，但站在宇宙的立场看人类，不过像花木上的一片小叶子一样，是微不足道的。而整个宇宙的造化却非常伟大，只有懂了《周易》以后，才能知道《周易》是"范围天地之化而不过"的，就是说，没有任何法则是超过《周易》以外的，所有宇宙的一切学问，都离不开《周易》这个范围。

算卦的意义是为了探赜索隐，钩深致远

"曲成万物而不遗"，懂了《周易》的法则以后，能够了解宇宙万有的一切运用，这个运用的原则是"曲成"。大家注意这个"曲"字，《周易》的思想告诉我们，宇宙事物是没有直线的，是循环往复的，就像太极阴阳仪，是个圆圈，圆圈这个图案就代表了太极。"曲成"法能成就万物而没什么遗漏。

"故神无方而易无体"，神是没有方位、没有形象的，无所不在，也无所在。因此"易无体"，是说《周易》看起来有各种各样的具体的卦象，但卦象的本性是虚拟的，要在用上才能发挥出功用，卦象本身看不到它的功能。这句话是对《周易》之道进行了一个总的概括。

"算卦"的意义，有以下主要的几点：探索奥秘，追问法则，启发思想，指导行动，孕育艺术，"善为《易》者不占"（《荀子·大略》）。用《周易》来算卦，是要遵守一定原则的，不是随随便便用于日常生活琐事的求神占卜，而是"探赜索隐，钩深致远"："是故《易》有太极，是生两仪，两仪生四象，四象生八卦，八卦定吉凶，吉凶生大业。是故法象莫大乎天地，变通莫大乎四时，悬象著明莫大乎日月，崇高莫大乎富贵。备物致用，立成器以为天下利，莫大乎圣人。探赜索隐，钩深致远，以定天下之吉凶，成天下之亹亹者，莫大乎蓍龟。是故，天生神物，圣人执之。天地变化，圣人效之。天垂象，见吉凶，圣人象之。河出图，洛出书，圣人则之。易有四象，所以示也。系辞焉，所以告也。定之以吉凶，所以断

也。"(《周易·系辞上传》）天地是我们模仿的对象，四时是最大的变通之理，日月是最光明显著的形象，而富贵是最崇高的事情，古人常说富甲天下贵为天子，这点与儒家思想是相通的，如果是墨家就会主张节欲，主张简朴。在《周易》的思想中，圣人是能够制造各种器物、创立制度从而有利天下，能够帮助老百姓解决更多实际问题的人。而今天我们所讲的圣人似乎是更强调在德行上超越常人，讲道德层面较多。能够探索隐秘的属性，探索幽深致远的人事，推测天下吉凶，成就天下大事，莫过于《周易》中用蓍草和龟甲的占卜系统了，这些是天生神物，圣人用它们来体察天地之道，推测吉凶。

宋明理学如何谈论"因果报应"？

陈立胜

　　善恶有报与德福一致是上古文化的宗教信念。先秦儒学这一信念的反思最终确立了德性的纯粹性、无条件性与崇高性，并将善恶无报与德福不一的问题归咎于时命、气命等存在的偶然性。然而德福不一、善恶无报的现象毕竟是人生一大缺憾，西来宗教恰恰以其严密的果报理论填补了这一空白。世人趋之若鹜，一度造成儒门淡泊的文化惨象。程朱大儒应时而起，重树"文化自信"，立生生不息的天道宇宙论系统，破佛教之轮回观，以"感应"代"报应"，以此彰显佛教之因果报应、六道轮回论之功利性，又将佛教的因果报应与轮回观充分现世化、人间化，体现儒家"一个世界"的人文底色，并顺势将佛教"念念受报"观念转化为儒家诚意、慎独话语。中晚明阳明心学力倡知行合一工夫，进而将佛教的业报轮回说彻底心学化、当下化、德福一致化，惠能"西方只在目前"思想更被完全安立在儒家日用伦常的生活世界之中。要之，在儒学发展史中，古老的德福一致、善恶有报的观念即分化为两套话语系统：一套是"修己之学"话语系统，一套是"安人之学"话语系统。前者坚持惟道是忧的道义主义原则，后者则坚持达情遂欲的现实主义原则。

引 言

"报应"观念是中西文明中的"大观念"。它是我们理解人生、社会、世界所不可或缺的观念。"善有善报，恶有恶报。不是不报，时辰未到"这一说法，反映了世人对社会正义朴素、直白的诉求。宗教性的救赎，虽形式上有种种不同，但其中最重要的一点，是与一种得到"公道报应"的要求联系在一起，即酬报善行，惩罚不义。

然而在近代，宗教的报应观往往因其"光怪陆离"的色彩而被视为"迷信"，遭到了前所未有的抨击、清算。带有文化保守主义情怀的佛教中人，面对所谓"废经、废伦、废孝、免耻、杀父、杀母"等种种乱象，竟认定宋儒应对此负主要责任。近代高僧净土宗十三祖印光（1861－1940）就反复指出，宋儒窃取佛经心性奥义（最深理谛），以宏阐儒道，但恐后人学佛，故斥佛因果轮回、天堂、地狱诸说为诳人之法，而"徒以尽义尽分，诚意正心为教"，结果导致"尧桀同归于尽，善恶一死皆空"，"善无以劝，恶无以惩"，"一般有眼无珠者"皆不敢言因果，也不敢教人为善，殊不知"格、致、诚、正、修"惟适用于上根人，而中人以下则"无法可治"。惟三世因果，人纵愚顽，亦有趋吉避凶、冀善报惧恶报之心念，故必勉力尽义尽分。"今日之灭儒教、灭伦理"，"其祸根皆从宋儒破斥因果之学说所伏"，又说"呜呼哀哉，灭儒教者，非欧人也，乃宋儒也"。

儒家究竟是如何谈论善恶有报的？宋儒又为何要破因果报应？理学对因果报应是否只"破"而无"立"？如何正确认识因果报应在修身、教化中的作用？这三个问题又都与德福一致问题绾接在一起，让我们首先回到儒家德福一致问题的缘起。

儒家德福一致问题之缘起

"福"字的本义为灌祭（祭祀祖先神）的祭法（"从两手奉尊于示前"），后演化为自天上的祖先神降福于孝子贤孙的意思。《诗经》中"降福"一词也强烈暗示出"福"是由上天而下降于人的，《尚书·盘庚》更是明确无误指出上天的祖先神能够"作福作灾"。"祸""灾"，即是"神不福"而与"福"形成对反。要之，福祸均是由左右人之命运的上天降下的。

何谓吉凶祸福？《尚书·洪范》给出了"五福六极"的明确说法。五福：一曰寿，二曰富，三曰康宁，四曰攸好德，五曰考终命；六极：一曰凶短折，二曰疾，三曰忧，四曰贫，五曰恶，六曰弱。而《周易》中"积善之家必有余庆，积不善之家必有余殃"的说法，更是广为流传。

这些"祸福无门，唯人所召"之类的格言在《左传》中变成了一个个生动的故事，最著名的当是魏颗结草的典故。魏武子魏犫有嬖妾没有生过儿子，魏犫得病的时候嘱咐魏颗要把她嫁人，但等到临终的时候又叮咛要让她殉葬。魏犫死后，魏颗就把女子嫁出去了，并说父亲病重的时候心思已经错乱了，故只服从他清醒时候的命令（"疾病则乱，我从其治也"）。等到他与秦国的大力士杜回打仗的时候，只见一位老人用草绳绊倒了杜回，于是魏颗趁机擒住了杜回。夜间魏颗做梦，梦见白天用草绳绊倒杜回的老人对他说："余，尔所嫁妇人之父也。尔用先人之治命，余是以报。"《左传·昭公七年》记载孟僖子说孔子的祖先弗父何曾将宋让给了厉公，到了正考父更是兢兢业业辅佐戴、武、宣三位君主。臧孙纥有言曰："圣人有明德者，若不当世，其后必有达人。今其将在孔丘乎？"这是福报降到家族后人的著名例子。

显然，先秦文献中虽未出现"报应"一词，但已出现了明确的德行与祸福相应的思想，有德必有福的观念已深入人心。反过来，德不纯或无德而福皆不是真正的福。《国语·晋语》将"幸"与"福"加以辨析："德不纯而福禄并至，谓之幸，夫幸非福。"幸，侥幸，属于偶然性范畴。换言之，"幸"是无缘无故的，"福"则必与"德"携手并行。《左传·襄公二十八年》则说"无德而禄"，"殃将至矣"。《左传·闵公二年》径直称"淫人富谓之殃"。恶人得福乃是"天之假助不善，非祚之也，厚其凶恶而降之罚也"（《左传·昭公十一年》），用老子的话说，此乃"天欲取之，必先予之"，而非真的赐福于其人。

在上述善恶有报的观念中，施报主体是"上天""天道"，其品性是公正无私的，报的承担者（"受报者"）为行动者本人及其家族成员，报的标准、依据是行动之善恶。德行是福祸的根基。"夫德，福之基也。无德而福隆，犹无基而厚墉也，其坏也无日矣。"（《国语·晋语六》）上天、天道会严格依德行秉公施报。用史嚚的话说：

"神，聪明正直而壹者也，依人而行。"（《左传·庄公三十二年》）
《管子·枢言》则概之曰："天下无私爱也，无私憎也。为善者有
福，为不善者有祸，祸福在为。"这些观念均立足于当下的生活经
验，受报者严格限制在当事者及其家族共同体成员，既没有来世的
观念，也没有地狱与天堂的观念，更没有转世的观念，凡此种种，
都充分体现了中国古典思想"一个世界"的特征。

　　这里有两个问题值得深究。第一，善恶有报，报的是当事人的
"为"，理应限制在当事者本人，为何要延续到其子孙后代？利玛窦
在《天主实义》中就对此提出质疑：

　　　　夫世之仁者不仁者，皆屡有无嗣者，其善恶何如报也？我
　　自为我，子孙自为子孙。夫我所亲行善恶，尽以还之子孙，其
　　可为公乎？且问天主既能报人善恶，何有能报其子孙，而不能
　　报及其躬？苟能报及其躬，何以舍此而远俟其子孙乎？且其子
　　孙又有子孙之善恶，何以为报？亦将俟其子孙之子孙以酬之
　　欤？尔为善，子孙为恶，则将举尔所当享之赏，而尽加诸其为
　　恶之身乎？可谓义乎？尔为恶，子孙为善，则将举尔所当受之
　　刑而尽置诸其为善之躬乎？可为仁乎？

　　利玛窦指出将我所行的善恶之效应转移到子孙上面是不公正
的，天主既然能够报人善恶，为何不直接就报在当事人身上？子孙
本身的善恶又如何报？我行善，子孙行恶，将我所当享的善报却加
在行恶的子孙上面，这是正义的吗？我行恶，子孙行善，将我所当
受的惩罚加到行善的子孙上面，这还是仁爱吗？利玛窦的质疑层层

递进，逻辑严密。实际上，提倡"自作自受"的佛教徒也很早提出了类似的质疑，如东晋郗超曾引《泥洹经》云："父作不善，子不代受。子作不善，父不代受。"

这一类质疑基于"归责"与"报应"的一致性，都将报应严格限定在某一行为的真正责任人上面。但倘若我们回到先秦那个以追求"永存的血族"为最高愿望的宗法社会，则不难理解，彼时所谓的"身"并不是一件私器，而是从父母那里承接过来，而必须延续至子孙的"人神共同体"的一个环节，是"世代"生成与延续的"身体"。"世"与"枼"、"葉"本为一字，原意为草木之叶重累百叠，引申为世代之"世"，即生命连续的过程。与这个"世"字联系在一起的词有"身世""世家""世禄""世功"等，这个"世"的终止则是"绝世"。在当时，"盛德必百世祀"（《左传·昭公八年》）的观念已深入人心。司马迁《史记·陈杞世家》赞扬"舜之德"称其"后世血食者历三代"，"及楚灭陈，而田常得政于齐，卒为建国，百世不绝"。要之，"身"是"亲之枝"，即从"先世"、从父母"大本"那里长出的枝叶，不能"敬身"，就是"伤其本"。善恶有报延续至子孙的观念，无疑是在这种"敬身"文化的土壤中滋生的。

第二，"德"是"福之基"，为何有德如孔子而无位？有德如颜子而早夭？司马迁在《史记·伯夷列传》就提出，既然天道无亲，常与善人，为何伯夷叔齐会饿死，颜渊会早夭，而盗跖横行天下，竟以寿终？如何解释德福不一、德位不一、善恶无报的现象？实际上，这也是孔子门人切身感受到的问题。孔子厄于陈蔡，七日不火食，跟随的弟子饿得不行，子路就当面质问孔子说："昔者闻诸夫子'为善者天报之以福，为不善者天报之以祸'，今夫子积德怀义，行之久矣，奚居之穷也？"（事见《荀子·宥坐》《孔子家语·在厄》等文献）由子路之口，可知孔子亦主张善恶有报的观念。孔子回答说："君子博学深谋而不遇时者众矣，何独丘哉？且芝兰生于深林，不以无人而不芳。君子修道立德，不为穷困而改节。为之者，人也；生死者，命也。"孔子弟子冉耕（字伯牛），为"德行"科代表人物之一，未获长寿，临终时，夫子亲往探望，握住其手而叹曰："命矣夫！斯人也而有斯疾也，斯人也而有斯疾也。"（《论语·雍也》）冉子行善却染恶疾，夫子只能归之于命，两言"斯人也而有斯疾也"，痛惜之情，溢于言表。《庄子·大宗师》记隐士子桑户穷居无食，歌而叹曰："吾思夫使我至此极者而弗得也。父母岂欲吾贫哉？天无私覆，地无私载，天地岂私贫我哉？求其为之者而不得也，然而至此极者，命也夫。"显然，此处所谓"命"均是不由人做主的"气命"，带有偶然性。而在《庄子·让王》中，面对子路"如此者可谓穷矣"之质问，孔子直接否认了自己处于"穷"的境地："是何言也？君子通于道之谓通，穷于道之谓穷。今丘抱仁义之道以遭乱世之患，其何穷之为？故内省而不穷于道，临难而不失其德。天寒既至，霜雪既降，吾是以知松柏之茂也。陈、蔡之隘，于丘其幸乎？"孔子本人虽赞成善恶有报这一古老信念（这对于教化众生是不可或缺的），但落实于个人境遇上而论，孔子认为（1）"德"只是"福"（"位"）的必要条件，而非充分条件。大德必得其位需要"时""世道"的成全，"不遇时""遭乱世之患"，有德者只能安之若命。（2）君子修道立德乃在于证成其独立人格，这一人格不会因吉凶祸福而有所改变。郭店竹简《穷达以时》即有"穷达以时，德行一也"的说法。（3）"为之者，人也；生死者，命也"这一说法明确将"求则得之、舍则失之"的德性世界、价值世界与"求之有道、得之有命"物质世界判开，君子始终追求的是德性。（4）"君子通于道之谓通，穷于道之谓穷"，孔子将世俗的价值颠倒，唯有"通于道"才是最高价值，世俗所谓"穷"并不是真正的"穷"，相反在世俗所谓的"穷"之中始终"通于道"而"不失德"则是一种"幸"。"松柏之茂"的说法跟《论语·子罕》"岁寒然后知松柏之后彫也"之说如出一辙。此后，君子将一己的苦难处境视为磨炼强大心灵的砥砺切磋之地，成为儒家君子苦难论说的基调。苦难遂成了君子动心忍性、"天将降大任于斯人"之境遇（《孟子·告子下》），是检验君子人格成立的必要事件，是锤炼圣贤心性的良机。

无疑，德福不一、善恶无报的现象对天道福善祸淫这一古老信念构成了严峻挑战。无形之中，这也促进了儒家对德性与祸福关系的进一步思考。以孟子为例，孟子明确地将"天爵""良贵"与世俗的人爵、人贵区别开来。仁义忠信，乐善不倦，是天爵；公卿大夫，则是人爵。"古之人修其天爵，而人爵从之。今之人修其天爵，以要人爵。"又说："欲贵者，人之同心也。人人有贵于己者，弗思耳。人之所贵者，非良贵也。"（《孟子·告子上》）"天爵"人人固有，是"良贵"，是"德性"，但人不自知（"弗思"），"人爵"（社会地位以及相应的福禄）是"贵于人"，是福气。"求则得之，舍则失之。是求有益于得也，求在我者也。求之有道，得之有命，是求无益于得也，求在外者也。"（《孟子·尽心上》）此即意味着天爵、良贵才是最高价值，故应成为君子追求的目标，而任何"应当"追求的价值在本质上也是人"能够"追求到的，用康德的话说，"应当"蕴含着"能够"。实际上，斯多亚学派教化众生的一个基本原则，即是分清什么是在我们权能之内的故亦是应当追求的，什么是不在我们权能之内的故亦不应去追求的。孟子还进一步指出，口、目、耳、鼻与四肢对美味、美色、美声、安佚的追求、人对权力与社会地位的追求，固是人的本性，但此是感性欲望之本性，有贫富贵贱之别，故有其"命限"，此是有条件的，有待于外的，此是"气命"，不可妄求，它属于"求之有道，得之有命"的领域，故君子不以此作为"性"。而人对仁义礼智圣之追求虽说亦受到"气命"的限制而不能无憾，但它是人之性分所当尽之事，故君子不以此为"命"。君子所认定的"性"一定是无条件的、由人之为人的本分所内在规定的"德性"："君子所性，虽大行不加焉，虽穷居不损焉，分定故也。君子所性，仁义礼智根于心，其生色也睟然，见于面，盎于背，施于四体，四体不言而喻。"（《孟子·尽心上》）《荀子·儒效》亦云："君子无爵而贵，无禄而富，不言而信，不怒而威，穷处而荣，独居而乐，岂不至尊、至富、至重、至严之情举积此哉。"可见，人爵与天爵的区别是先秦儒家的共识。

先秦儒学"德"与"福"的剥离及其问题

先秦儒家对善恶有报与德福一致这一古老信念的反思最终确立了德性的纯粹性、无条件性与崇高性。它将善恶无报与德福不一的问题归咎于时命、气命等存在的偶然性，而将"德"视为人之为人的内在本性。它让人不必纠缠于德行的后果，君子情之所系惟在德性："君子谋道，不谋食。"（《论语·卫灵公》）"德之不修，学之不讲，闻义不能徙，不善不能改，是吾忧也！"（《论语·述而》）一言以蔽之，"正其义不谋其利，明其道不计其功"是儒家道义主义的基本精神。

在孔孟那里，"天道"尽管仍然被赋予福善祸淫的能力，但"天道"从不被视为个人功德的算计师，而道德行动也不是在功德银行进行长线投资，人之行善去恶更不是跟"天道"做交易。另外，"天道"也从未如西方的上帝那样被视为全善、全能与全知的位格化的神。故儒者罕有伊壁鸠鲁悖论式的困惑：如果上帝愿意阻止邪恶，却不能阻止，那他就不是全能的；如果他能阻止邪恶，却不愿意阻止，那他就是邪恶的；如果他既能阻止又愿意阻止邪恶，那么邪恶是从哪里来的呢？如果他既不能阻止又不愿意阻止邪恶，那为什么要称他为上帝呢？面对德福不一、善恶无报乃至天灾等现象，儒者会感慨"天地之大也，人犹有所憾"，但却不会进一步追究神义论的问题，他们更多地将神义论的问题转换为人义论：一方面是把"天灾"视为"人祸"，以警示世间统治者；另一方面则又强调个人的苦难乃是成就人格必须经历的处境，德性本身因其自身之故而应追求，这本是中西古典哲学的一个重要议题。《理想国》第二卷苏格拉底的对话者格劳孔分别出三种类型的"善"：（1）因其自身而不是因其后果而被追求者，（2）既因其自身又因其后果而被追求者，（3）不是因其自身而是因其后果被追求者。针对苏格拉底德性（正义）是因其自身又因其后果而被追求的观点，格劳孔提出古格斯戒指的故事，这枚戒指能让戴者隐身，假定让正义的人与不正义的人各自戴上一枚这样的戒指，情形会如何？可以想象：没有一个人能坚定不移，继续做正义的事，也不会有一个人能克制住不拿别人的财物，如果他能在市场里不用害怕，要什么就随便拿什么，能随意穿门越户，能随意调戏妇女，能随意杀人劫狱，总之能象全能的神一样，随心所欲行动的话，到这时候，两个人的行为就会一模一样。这个著名的思想实验是要证明：如果善恶无报，无人会行善去恶，道德本身是不值得追求的，人追求道德乃是因为其后果。换言之，人性是不可靠的，没有人会心甘情愿地行正义，或者说人们并不是因为正义本身是善的而去追求正义，做正义总是勉强的（图的是回报或怕受到惩罚），而不是自然的。古格斯戒指跟孟子"见孺子入井"的"思想实验"形成了鲜明对照。儒家将德性的追求跟福报、功利加以剥离，由此而证成一自足、无待的德性世界。这种剥离如放到比较宗教与比较哲学的背景中看，也是一普遍的现象。孔子、耶稣、苏格拉底一生栖栖遑遑，席不暇暖，跟世间富贵沾不上边，甚至连生命都搭上了，从世俗祸福的立场看，三人的一生无疑是失败的或倒霉的一生。然而，心灵的秩序与感受自有其内在理路，现象学家舍勒指出，从感性价值（舒适－不舒适）到生命价值（高尚－庸俗），再由此而上升到精神价值（善－恶、美－丑、真－假），直至神圣价值（神圣－凡俗），"价值的高度"与"感受的深度"具有相应性。价值越高，越是难以制作，而对它的感受就越深；价值越低，越是容易制作，对它的感受就越浅。只有福乐之人（即与道、上帝、智慧同在之人）才能正确地承受世间的苦难。就此而论，谁也无法否定孔子、耶稣、苏格拉底的一生是真正成功的一生、幸福的一生。

这是问题的一面，这一面只是针对以德性追求为"天职"的君子、先知先觉者而言的。而问题的另一面，从社会公义而论，杀生者无恶报、为善者无善应，绝对是不正义的。然而，窃钩者诛，窃国者侯，现实世界之中，正义总是有限而常常是缺位的。现实无法解决的问题，而人们又普遍认为应当解决或者准确地说希望解决的问题，最终会诉诸一种终极的解决方式，即宗教式解决。元杂剧《窦娥冤》中，投诉无门、无路可走的弱女子最终只能向"天道"控诉："有日月朝暮悬，有鬼神掌着生死权。天地也只合把清浊分辨，可怎生糊突了盗跖颜渊？为善的受贫穷更命短，造恶的享富贵又寿延。天地也做得个怕硬欺软，却元来也这般顺水推船。地也，你不分好歹何为地？天也，你错勘贤愚枉做天？"而血溅白练、六月飞雪、大旱三年，感天动地的故事结局折射出的仍然是人们对天道福善祸淫的根深蒂固的宗教性信念。

国人耳熟能详的则是佛教提出的"业报"说。它把个人生命存在的时段拉长，拉长为过去世、现在世与未来世三世，于是而有现报、生报、后报"三报"说，慧远《三报论》云："现报者，善恶始于此身，即此身受；生报者，来生便受；后报者，或经二生、三生、百生、千生，然后乃受。受之无主，必由于心。心无定司，感事而应。应有迟速，故报有先后。"报应并无主宰者，只是一己的业力（Karma），即身、口、意所造之业力。业力是因，报应是果。自己作业，自己受报。"欲知前世因，今生受者是，欲知后世果，今生作者是。"恶人有善报，端乃前世善根培植深厚；反之，善人受恶报，则因前世罪孽深重。《百业经》中说："众生之诸业，百劫不毁灭，因缘聚合时，其果定成熟。"同时，佛教又提出"三界"（欲界、色界、无色界）、"六道轮回"（天、人、阿修罗、畜生、饿鬼、地狱；前三者为三善道，后三者为三恶道）说，"报"的形态依所造的业力表现出多样性。业力犹如命运银行的信用卡，我们的"作业"都存进去，有时有结余，有时是透支，到死的时候进行结算，但不是清零，这个存折的户主变了，但信用卡依然有效。可以说，六道轮回、因果报应说一劳永逸地解决了善恶无报、德福不一这一难题。德福不一、善恶无报的现象诚是人生一大缺憾，西来宗教恰恰以其严密的果报理论填补了这一空白。世人趋之若鹜，一度造成儒门淡泊的文化惨象。程朱大儒应时而起，重立"道统"，重树"文化自信"，重建"中国话语"，宋儒自觉回应因果报应的理论，其时代精神在此。

宋儒：以"感应"代"报应"

宋儒营造了一个"理"世界，万事万物莫不有其理。"天下物皆可理照"，这个"理"即是感应之理："天地之间，只有一个感与应而已，更有甚事？"于是先秦思想中的福善祸淫的天道论被转变为一种"理当如此"的感应论：有人问："人有不善，霹雳震死，莫是人怀不善之心，闻霹雳震惧而死否？"程伊川回答说："不然，是雷震之也。"曰："如使雷震之，还有使之者否？"曰："不然。人之作恶，有恶气，与天地之恶气相击搏，遂以震死。霹雳，天地之怒气也。如人之怒，固自有正，然怒时必为之作恶，是怒亦恶气也。怒气与恶气相感故尔。"又唐棣思问："福善祸淫如何？"曰："此自然之理，善则有福，淫则有祸。"又问："天道如何？"曰："只是理，理便是天道也。且如说'皇天震怒'，终不是有人在上震怒，只是理如此。"又问："今人善恶之报如何?"曰："幸不幸也。"① 显然，在伊川这里，先秦天道（皇天）的人格化色彩被彻底清除，他明确否认了善恶有报乃是由人格神（"使之者"）安排的，但他又不接受恶人心怀不善闻到霹雳声而震惧而死这一完全单向度的自然主义的解释②，他依然坚信善恶之报是天道，只是这个天道不外是"气类相感"之理、自然之理。必须指出，这绝不意味着伊川对天之敬畏感的消减。伊川对妄议天道批判甚厉，他斥司马迁对天道的质疑是"妄议窥测"，又斥秦少游"天若知也和天瘦"一词是侮天。

但对于佛教六道轮回说，宋儒则又绝不接受。元儒郑玉曾指出，自孟子没后，虽有董仲舒、韩愈之徒或知理之当然，但终莫知道之所以然。"二氏之学得以乘隙出入，其间以似是而实非之言，饰空虚无为之说诱吾民。上焉者落明心见性之场，下焉者落祸福报应之末。"③ 而宋儒之使命即在重建儒家心性学之同时，力破佛教六道轮回之祸福报应论。

宋儒对六道轮回的破斥计有五端：

---

① 《河南程氏遗书》卷一八、卷二二上，《二程集》，第237页、第290页。

② 但对于民间鬼魅之信仰，伊川则是采取自然主义的态度：有言鬼物于伊川先生者。先生云："君曾亲见邪?"伊川以为若是人传，必不足信；若是亲见，容是眼病。《河南程氏外书》卷一二，《二程集》，第444页。另有人患心疾，见物皆狮子。伊川教之见之即直前捕执之，久之，疑疾遂愈。《外书》卷一一，《二程集》，第415页。

③ 《宋元学案·师山学案》，陈淳已指出：佛氏之害有两般："一般是说死生罪福，以欺罔愚民。一般是高谈性命道德，以惑士类。死生罪福之说，只是化得世上一种不读书、不明理、无见识等人。性命道德之说，又较玄妙，虽高明之士，皆为所误。"熊国桢、高流水点校：《北溪字义》，中华书局，1983年，第68页。

第一，斥佛学只是以生死恐动人。常人一则恐死后入阴司受苦，一则又盼来生有个好去处。于是"做功德、做因果"变成了一门投资未来世的"交易"，堕入功利算计、贪婪执着而不自知，而"圣贤以生死为本分事，无可惧，故不论死生"。程伊川与韩维（字持国）相聚，韩公曰："今日又暮矣。"程子曰："此常理，从来如是，何叹为？"韩公曰："老者行去矣。"程子曰："公勿去可也。"韩公曰："如何能勿去？"程子曰："不能，则去可也。"昼夜、生死是从来如此之"常理"，顺之，安之，这是理学的态度。

第二，斥因果之说全为"狂思妄想"。天堂、地狱若是实物，则何处取木植？是何处取砖瓦？天只是"积气"所成，地只是悬空在天之中央，天堂、地狱究在何处安顿？天堂地狱之说不过是诱人为善、惧人为恶之"杜撰"耳。

第三，天堂地狱说既为"杜撰"，则以此立教便是"伪教"。"至诚贯天地，人尚有不化，岂有立伪教而人可化乎？"

第四，轮回之说颠倒人伦关系。龙树《十住毗婆沙论·知家过患品》有"更互为父子"说："一切众生曾为我子，我亦为彼子。有为法中，无有决定，此时我子，彼时他子。何以故？众生于六道中轮转，互为父子。"针对"众生无始终生死轮转，无非父母兄弟姊妹。自肉他肉，则是一肉"之说法，胡寅指出："万物之生，一受其成形，则以形相禅而不可变。人必生人，马必生马，自古至今，其理一也。佛之言，乃以一切禽兽为先世眷属。信斯言也，则凡为僧者当谨遵佛敕，于一切禽兽中求其父母，求其兄弟，求其妻子，自无始以来，其数众矣。"轮回之说不免斩断了己身与世代生成的血族身体的一体性，父母所生之身视为"寄寓"，此更是儒家所不能接受的。黄蘗一僧有偈子与其母曰："先曾寄宿此婆家"，朱子痛斥说："止以父母之身为寄宿处，其无情义、绝灭天理可知。当时有司见渠此说，便当明正典刑。"

第五，立生生不息的天道宇宙论系统，破佛教之轮回观。自濂溪始，宋儒就着手建立天道性命一贯的"本体宇宙论"，天道创生，一气屈伸，化生万物，无有穷已。伊川将天地生物比拟为无物不销铄的"洪炉"，"不可以既返之气复为方伸之气"。面对弟子"大钧播物，还是一去便休，也还有去而复来之理"之问，朱子的回答干脆利落："一去便休耳。岂有散而复聚之气？"而佛氏不明乎此造化之理，错认已往之气复轮回来而生人生物，故有轮回之说。"若果有轮回之说，则是天地间人物皆有定数，当只是许多气翻来覆去，如此则大造都无功了。须是晓得天地生生之理，方看得他破。"

陈寅恪对宋儒辟佛有细致的观察："宋儒若程若朱，皆深通佛法者。既喜其义理之高明详尽，足以救中国之缺失，而又忧其用夷变夏也。及求得两全之法，避其名以居其实，取其珠而还其椟。采佛理之精粹以之注解四书五经，名为阐明古学，实则吸收异教。声言尊孔辟佛，实则佛之义理，已浸渍濡染。与佛教之宗传合而为一。"恪公此说诚为不刊之论。就六道轮回与因果报应而论，第一，宋儒将先秦儒学的善恶有报的观念彻底"理性化""感应化"，以此彰显佛教之因果报应、六道轮回论之功利性。儒者之德行均是依理而感应，理有"能然""必然""当然""自然"四义。如见孺子入井而起恻隐，人之所以能恻隐乃其性中有此"能"处，此理之能然；见者无不起恻隐，理不容已，此理之必然；人不如此则非人，是人即当如此起恻隐，是理之当然；起恻隐为人天性如此，而无一毫人伪，是理之自然。君子行其能然、自然，尽其当然、必然，而不惑于"偶然""或然"。张载称善恶有报，理所当然，其不然者，亦恐迟晚，然"君子则不恤，唯知有义理"。他还指出："至诚则顺理而利，伪则不循理而害。顺性命之理，则所谓吉凶，莫非正也；逆理则凶为自取，吉其险幸也"，要之，"至当之谓德，百顺之谓福。德者福之基，福者德之致，无入而非百顺，故君子乐得其道"。明儒吕坤进一步引申说："善者不必福，恶者不必祸，君子稔知之也，宁祸而不肯为恶。忠直者穷，谀佞者通，君子稔知之也，宁穷而不肯为佞。非但知理有当然，亦其心有所不容已耳。"

第二，宋儒将佛教的因果报应与轮回观充分"现世化""人间化"。司马光说："忿怒如烈火，利欲如铦锋。终朝长戚戚，是名阿鼻狱。颜回甘陋巷，孟轲安自然，富贵如浮云，是名极乐国。孝悌通神明，忠信行蛮貊，积善来百祥，是名作因果。仁人之安宅，义人之正路，行之诚且久，是名不坏身。道德修一身，功德被万物，为贤为大圣，是名菩萨佛。言为百世师，行为天下法，久久不可掩，是名光明藏。"佛教中的超验世界（彼岸世界）的果报被牢牢安立在现实的生活世界中。倪思《十或问》更有生动的描述："或问生死，曰昼夜；或问今生来生，曰今日来日；或问佛土，曰清净慈悲；或问地狱，曰贪浊忿怒；或问快乐，曰知足；或问尊荣，曰无求；或问报应，曰形影；或问久长，曰如常；或问享福，曰无祸；或问寿考，曰不朽。"

第三，佛教之三业（身业、口业、意业），意业最重，它是身业、口业的源头。心乃造业之本，《正法念处经》卷二〇偈云："心能造作一切业，由心故有一切果。"《华严经·夜摩宫中偈赞品》谓

"诸蕴业为本，诸业心为本"。郗超《奉法要》说："经云：心作天，心作人，心作地狱，心作畜生，乃至得道者，亦心也。凡虑发乎心，皆念念受报，虽事未及形，而幽对冥构。……罪福形道，靡不由之；吉凶悔吝，定于俄顷。是以行道之人，每慎独于心。防微虑始，以至理为城池，常领本以御末，不以事形未著而轻起心念。岂唯'言出乎室千里应之''莫见乎隐'所慎在形哉？"《礼记·中庸》中的"慎其独"文本，汉唐大儒均解为"慎其闲居之所为"，郗超在此则明确将"慎其独"解释为"慎其心"，学界讨论慎独释义时罕有人留意到此。实际上，这可被视为开朱子慎独新解之先河。朱子称《大学》"诚意"功夫是"人鬼关"，亦折射出佛教心作人、作畜生这一"念念受报"观念的影响。整个理学功夫"内转"乃至在"腔子中用功"，很难说跟佛教的影响无关。至于象山心学一系，则明确将心上用功视为根本功夫，其论"五福"更是表现出彻底心学化取向："身或不寿，此心实寿。家或不富，此心实富。纵有患难，心实康宁。或为国死事，杀身成仁，亦为考终命。实论五福，但当论人一心。此心若正，无不是福；此心若邪，无不是祸。……但自考其心，则知福祥殃咎之至，如影随形，如响应声，必然之理也。"显见，象山对《尚书》"五福""六极"的善恶报应说完全收摄于"一心"：福祸不再是善恶行动之后的一个"果报"、"效应"，而是心灵活动"正"与"不正"的当下之状态。这里根本不再存在所谓德福不一、善恶无报的现象，因为心灵之"正"即是福，心灵"不正"即是祸。这一论述吸收了业由心造的观念，但同时又清除了其中彼岸世界的果报因素以及引人趋向功利的嫌疑。俞成则进一步将业报轮回当下化："人言天堂高而在上，地狱幽而在下。疑其势之相辽绝也。据某所见，大有不同。盖与人说好事，一切依本分，眼前便是天堂，不必更求之于天上。欺算人物色，教唆人反事，眼前便是地狱，不必更求之于地下。为善即天堂，为恶即地狱。天堂地狱不在乎他，而在乎一念之间，不可有毫发差。"

明代阳明心学兴起，三教同源、三教合一思潮大盛，阳明与其后学更是沿着象山开辟的方向，将佛教业报轮回说心学化趣向推上一个新阶段。

明朝心学德福一致化思潮

王阳明一方面继承了象山德即是福的思想，强调君子以忠信为利，礼义为福；另一方面则因倡知行合一、"一念发动处便即是行"的工夫，而将佛教的业报轮回说彻底人间化、心学化、当下化、德福一致化：

释氏轮回变现之论，亦不必求之窈冥。今人不能常见自己良知，一日之间，此心倏焉而夷狄，倏焉而禽兽，倏焉而趋入悖逆之途，倏焉而流入贪淫之海，不知几番轮回，多少变幻。但人不自觉耳。释氏言语，多有欺弄精神者。大概当求之方之外，得其意而已矣。

座间有言："今人动日生西天。"先生曰："如此岂不堕落在苦海了？尝闻西域人皆欲生中华，今中华却欲生西天，不知何见？且佛言西天有极乐园，亦非以地言也。西天只在眼前，人不善礼，往往以生西天为福，不知人行好便是极乐，便是生西天。如一家之中，父慈子孝，兄友弟恭，夫和妇顺，雍雍熙熙，有多少自在处，即此便是极乐园。若父子、兄弟、夫妇之间乖戾不和，细粒必争，睚眦必报，终日忧愁烦恼，就是兹地狱。然则天堂地狱，俱在乎我，又何事于他求哉！

六道轮回的彼岸世界背景被彻底剥离，心灵生活过程之中的良知或显（作主）或隐（沉沦）即是"轮回"。"天堂"与"地狱"被解释为一种人世间的生存论概念、"眼前"概念：我之克尽人伦便是"生西天"，我之败坏人伦便是堕地狱。"德"与"福"在人间当下即呈现其一致性。

阳明这一说法在弟子辈中得到了广泛的回响。薛中离说："佛氏说：'一念善即登天堂，一念恶即入地狱。'盖一念善则嬉嬉乐乐，便是天堂；一念恶，则烦恼忧苦，便是地狱。轮回之说，亦是如此。发一善念是托生于冠裳，发一恶念是托生于犬马，此是佛书本意，后人谓果有天堂地狱在某处，却是傅会。"在中离的天堂与地狱说之中，心之"一念"成了主宰性的力量，善恶之"报"即在此"一念"发动的同时表现出来，这发动处是善，便是天堂；这发动处是恶，便是地狱。至此，善恶之报真可谓如影随形，一毫不爽。北方王门赵维新说："普物无心，天安有试也？为善，天福之，福以善耳，天无心也；为恶，天祸之，祸以不善耳，天无心也。况善即福，谓吾心有充然在也；不善即祸，谓吾心有暗然者在也。不然，善人而处贫贱，便是清吉之福，况自有安平之乐；不善人而处富贵，便是秽浊之祸，况自有倾危之虞？"又说："福莫大于心平，祸莫大于心险。心平，则中境坦然，百顺在我；心险，则崎岖百端，匪言可尽。……害人即自害，非受人之害己也，即此害人之心，将原来的本心着此恶念亏损，岂不是自害？爱人即自爱，非必人之爱己也，即此爱人之心，将原来本心着此善念培植，岂不是自爱？"为善，心充然、坦然，此即是福；为恶，心黯然、忐忑然，此即是祸。爱人，则己之本心日生日成，此即是自爱；害人则己之本心日亏日损，此即是自害。"善恶之报当即体现在当事人心灵活动的当下。

跟程朱理学相比，对于佛教的业报轮回说，阳明心学一系已不再避讳，他们在坚守"一个世界"观的同时，将宋儒所开辟的善恶有报的"理性化""感应化"立场推进于佛教的业报轮回论域，对天堂、地狱、六道轮回、生死一念进行了一番"解神话化"（De-mythologizing）的工作，即透过佛教业报轮回光怪陆离的神话式的表达外表，揭示其背后所隐藏的深刻的生存论意义、心性学意义。其结果即是把佛教的业报轮回的宗教性论说理性化、人间化、心学化、当下化与德福一致化。而与破生死一念相关，心学一系对"念"之流转、"识"之分别、对待之性质认识日趋深刻，用阳明本人的话说"只于根本求生死，莫向支流辨清浊"，由此亦加深了对"良知""独体""性体""心体"之真常性、主宰性、恒定性的认识。

随着晚明劝善运动之开展，阳明后学不乏越出儒门而径言因果者。如岭南王学传人、近溪高足杨复所称"感应者，三才之至理。祸福者，群生之定业。后世学者讳言，即言之，止归之幸不幸而已。……今夫田夫、野妇日不知书，然一闻祸福报应之际，即凛然畏惮者，其真性未漓也。而聪明识道理者，反指之为庸愚。嗟夫！彼又焉知圣人吉凶与民同患之理哉！""讳言"及"止归之幸不幸而已"显系针对宋儒（特别是程朱理学一系）而发。在宋儒眼中，田夫野妇因庸愚而惧于祸福报应并为其所诳诱，在杨复所那里却被视为"真性未漓"之表现。杨复所还对佛教的出家进行了辩护：人之性，在家固非减，出家亦非增也。然而贪着之累，非见性不脱；见性之地，非出家不诣。吾中国之圣人，虽无出家之名，而有出家之实。尧舜之有天下也，其心不与焉，传授之际，不私其子。孔孟终身席不暇暖，则其名在家，其实出家也。而深受耿天台与罗近溪影响的泰州学派传人管东溟更是著文称如无三世因果，儒家的郊社、禘尝之礼皆成虚文，颜子夭、盗跖寿、邓伯道有后、张汤无后等皆不可得而解，而《周易》余庆、余殃之说亦不通矣。管志道将《周易》的"庆"分为"余庆"与"本庆"："余庆"不在一身而在子孙，"本然之庆"则是一身之庆。只讲"余庆"而不及"本庆"，则比干、颜子之仁皆延其后遗其身，故需佛道二氏因果之说参合方得其解：比干、颜子"本身"用道教的话说已"升诸仙籍"，"以至于入无极大道"，用佛家的话说已"往生上界"，"以至于成无上正觉"，此即是"身之本庆"。而宋儒不识此"本庆"义，"廓然尽扫天堂地狱之说以及三世修因证果之说"，"此大谬也"。管东溟进一步指出宋儒之所以要扫除因果乃是基于"君子有所为而为善则其为善也不真"之考量，殊不知世间君子与小人未有无所为者也，君子为善多为"名"，如"不彻于十方三世之因，必不足以涤其名根"，小人作恶多为"利"，"苟不惕于罪福报应之果，必不足以夺其利根"①。

---

① ［明］管志道：《从先维俗议》卷五，第 452、456 页。感谢清华大学王硕博士向我指出并提供管志道的相关论说材料。

无疑，心学之中这种盛言生死、因果与轮回的现象与当时如火如荼的劝善运动形成了相互配合的态势。如东林领袖高攀龙在其《重刻感应篇序》就径称"佛氏因果之说即吾儒应感之理"，又说圣人言义理与鬼神告吉凶乃是一体互摄之关系："圣贤言义理而吉凶在其中矣，唯神告吉凶而义理在其中矣。"惟世人只知吉凶祸福，而难以"从不善而入于善"，以祸凶惧之，则"惧而入焉，入而安焉，夫然后知向之为不善且自投于水火"，"嗟乎！人知鬼神之能为吉凶，而不知感应之为鬼神。感应者何？义理也，名之曰义理，人以为迂，名之曰神人以为灵。吾故曰且示之以鬼神"。至于颜茂猷《迪吉录》、袁黄的《了凡四训》更是将报应、功过量化为固定的程式（"功过格"），善恶有报被严格的量化、程式化乃至成为功过记账本，此的确呈现出儒学与宗教合流、宗教向儒学渗透之势，但其消泯儒佛界限、将德行与福报精打细算化、计度化实与原儒"由仁义行"、惟德是忧的道义精神愈行愈远。刘蕺山斥功过格"率天下而归于嗜利邀福之所"，"百善五十善等格，书之无消煞处，不如已之。……今善恶并书，但准多少以为销折，则过终无改时；而善之所列，亦与过同归而已。有过，非过也；过而不改，是谓过矣。有善，非善也；有意为善，亦过也。此处头路不清，未有不入于邪者。至于过之分数亦属穿凿，理无大小多寡故也"。他对袁了凡设功过格尤为反感："今世奉行之者，以虫螺蠢动之生，准折其忤亲陷人之事，于是肆然为恶，以为吾有某功可抵也，又与于不仁之甚者矣！"蕺山力主功过不两立，并倡导善无可纪，只纪过可矣。

德福问题：儒家"修身"与"教化"的两套话语系统

德福一致、善恶有报的观念实则牵涉两个不同范畴之关系。善有善报、恶有恶报，前一个善、恶为道德意义上的善恶之德行，后一个（"善报""恶报"）的善、恶并非道德意义上的善恶，而是非道德的（non—moral）好与坏，此即是说善行应该配得好处、利益（福），恶行则应配得坏处、不幸。而作为"幸福"在此意义上是包含着不属于德性范畴的内容，如健康（长寿）、财富、社会地位等等"好处"。古人说的"五福"其重点也侧重于此意义上的幸福："寿"是长寿、"富"是财富、"康宁"与"考终命"是健康。

在儒学发展史中，古老的德福一致、善恶有报的观念即分化为两套话语系统。一套是"修己之学"话语系统。从孔子开始就奠定惟道是忧、惟德是忧的君子修身模式，而对于寿夭、贵贱、贫富等人间祸福则归之于"气命""时命"。究其实质，君子实则是以"天爵"为"良贵"，以贫贱不移、富贵不淫、威武不屈的人格为精神追求之依归。一套则是"安人之学"话语系统。君子德风、小人德草这一说法往往被论者视为儒家之教化重视以身作则，此固然不错，但对民众之教化，儒者也有更现实主义的一面，先秦儒者对修己与安人之分际始终有其严格的分界意识，《吕氏春秋》所记载子贡赎人与子路拯溺两则故事就足以说明问题①。君子行善自不为报，

---

① 鲁国之法，鲁人为人臣妾于诸侯，有能赎之者，取其金于府。子贡赎鲁人于诸侯，来而让，不取其金。孔子曰："赐失之矣。自今以往，鲁人不赎人矣。取其金则无损于行，不取其金则不复赎人矣。"子路拯溺者，其人拜之以牛，子路受之。孔子曰："鲁人必拯溺者矣。"

然以此作为一种普遍规则推广于民众，则不可行。《说苑·辨物》记载，面对子贡"死人有知、无知"之问题，夫子回答说："吾欲言死者有知也，恐孝子顺孙妨生以送死也；欲言无知，恐不肖子孙弃不葬也。"显然，孔子立教、立言既有因人而异的一面，也有考量现实后果的一面。其实《论语·里仁》"君子喻于义，小人喻于利"一章，即已蕴含着两种不同的教化路径。

而在宋明理学的"修己之学"（"功夫论"）中，德福一致、善恶有报的天道话语被转换为一种"天理""理当如此"之话语。理具有能然、必然、当然、自然四义，行善去恶之德行乃"天德良能""理不容已""情不自禁"。"有意为善""有心为善"亦被视为有私意、私心在，"无意""无心""无知"而"一循天理"一类"无"的智慧成为德性生命基本特征。广为流传的佛教之业报轮回说则被理学家尤其是阳明心学一系完全理性化、人间化、心学化、当下化与德福一致化。另一方面，"德业相劝、过失相规、礼俗相交、患难相恤"的乡约教化之路与民间劝善运动则构成了教化民众的基本机制。可以说，在儒家的修身传统之中，始终保持着修身与安人的双轨制。吕坤《呻吟语》说得好："君子之为善也，以为理所当为，非要福，非干禄；其不为不善也，以为理所不当为，非惧祸·非远罪。至于垂世教则谆谆以祸福刑赏为言，此天地圣王劝惩之大权，君子不敢不奉若而与众共守也。"

将儒家善恶有报的观念分为"修己""安人"两种教化路径，是不是意味着作为善恶有报的宗教信念与为善去恶的道德信念是两个全然不同的领域？因善恶有报而为善去恶是否只是一种"幼稚道德"（infantile morality）？一个小男孩不去扯妹妹的头发，不是因为他知道扯妹妹的头发会让妹妹疼痛，这是不好的行为，而是因为妈妈不许他这样做。而他之所以要听妈妈的话，则是因为不听话会受到妈妈的惩罚。与此相似，宗教徒之所以不去做恶的事情，不是因为他知道恶会伤害人，这是不好的行为，而是因为他害怕上帝的惩罚。换言之，宗教善恶有报论固然鼓励行善去恶，然而它追求的是上帝、神明或来世的赏报，而不是善自身的价值，它要躲避的也是上帝、神明或来世的惩罚，而不是厌恶恶本身的丑陋。是这样吗？不可否认，宗教利己主义（religious egoism）是相当普遍的宗教现象，这种利己主义跟损人利己的利己主义有着原则的区别，一方面在行为上，它行善去恶，跟道义论没有差别；另一方面，它所图的"利"不是现实的、当下的个人利益，而是未来的乃至来世的利益，如《马可福音》（10：28—30）彼得问耶稣："看哪我们已经撇下所有的跟从你了。"耶稣说："我实在告诉你们，人为我和福音，撇下房屋、或是弟兄、姐妹、父母、儿女、田地。没有不在今世得百倍的，就是房屋、弟兄、姐妹、父母、儿女、田地，并且要受逼迫，在来世必得永生。"不过，宗教的赏报更多的是灵魂、精神上的福祉："人若赚得全世界，赔上自己的生命，有什么益处呢？"（《马太福音》16：26；《马可福音》8：36）如此，宗教的赏报是否在本质上与利己主义难脱干系？

其实任何一个伟大的普世宗教，除了接引众生的报应观念以外，亦都具有超越善恶有报的观念而引人向上的一面。佛教中提倡"一阐提也能成佛"的竺道生即主张"善不受报"。梁武帝造寺、写经、度僧不可胜数，他自信功德无量，菩提达摩却说"并无功德"。因为真正的功德是内心的开悟（"净智妙圆，体自空寂"），念念不忘善恶有报仍然处在我执、有漏的未开悟的心境中，真正的慈悲惟有在无我、无执中才能存在。类似的思想在基督教中也可以找到。《约翰一书》（4：18）说："爱里没有惧怕，爱既是完全，就把惧怕除去，因为惧怕里含着刑罚，惧怕的人在爱里未得完全。"耶稣基督的"补还"说很容易让人误会为利益的交易："凡为了我和我的名撇下的，我要百倍地补还，并且要给以永生"（《马太福音》19：29），埃克哈特大师就基督的这一说法解释说："但是，如果你是为了这百倍的补偿和为了这永生的缘故才去撇下的，那么，你其实什么也没有撇下；确实如果你是为了成千倍的报酬才去撇下的，那么，你其实什么也没有撇下。你应该把自己撇下，也就是完完全全地撇下，那你才是真正的撇下了。"真正爱上帝的，"应当只是为了上帝本性的仁慈"，"谁是居于他的本性的仁慈之中，那谁也就居于上帝的爱之中；可是爱是没有什么为什么的"。埃克哈特还指出真正的美德必须通过以下方法加以检验："如果我们倾心于美德胜过所有别的食物，如果我们无须作出准备即能履行德行，在履行德行时并不特别考虑到要以此成就什么了不起的大事，而是为德行而行德行，是出于对美德的爱心，说不上有什么缘故，如果是这样，那么，我们就完全具备了美德，否则就还谈不上具有美德。"《约翰福音》（3：17—19）称信基督的人，不被定罪。不信的人罪已经定了。因为信的人生活在光明之中，不信的人不爱光明而爱黑暗，"定他们的罪就是在此"，这让我们想到斯宾诺莎在其《伦理学》结尾的一句话："幸福不是德性的报偿，而是德性自身。"确实，拥有高贵的德性本身就是最大的幸福，而心灵卑鄙本身就是最大的不幸。美好生活与美好心性是分不开的。富贵福泽，于有德者，皆将

厚其生，于无德者，则难免荡其性；贫贱忧戚，于有德者，皆可玉
其成，于无德者，则难免堕其命。

　　一个好的社会，一定是善恶有报的社会，卑鄙就是卑鄙者的墓
志铭，高尚就是高尚者的通行证。伊格尔顿说："高尚的美德是植
根于体制之中的，而并非将正义的希望寄托于五花八门的人性之
中。"① 就其强调社会整体的美德的实现需要一套制度的保障而论，
这一观点无疑是正确的。当人们普遍将正义的实现寄托于超越的力
量，或者正义总是姗姗来迟（且不论迟到的正义是不是正义），这
个社会一定是不道德的社会。一个好的人，一定是行其能然、自
然，尽其当然、必然，而不惑于"偶然""或然"。超越一己的小
我，走向大我，而臻于无我。做一个好的人，建设一个好的社会，
这是最大的福报，于己于人。

---

　　① 伊格尔顿著、李扬等译：《马克思为什么是对的》，新星出版社 2011 年版，
第 94 页。

来自历史深处的人性呼唤
——孝道

孙海燕

有道是"百善孝为先"。儒家孝道就像胎记一样，印在了每一个传统中国人的心里。孝道是中华民族的精神标识，是中华民族的"宪法"，是中华文明的底色。在国外生活多年的当代学者李晨阳说，假如要找一个在中西社会伦理方面意见反差最大的问题，那就应该是关于家庭方面的孝道了。

孝道：中华民族独特的精神标识

（一）孝是儒家的诸德之本、修行之基

儒家提倡仁、义、礼、智、信、忠、孝等诸多道德品质，但孝道是各种德行最具根本性的一项，是人提升道德修养的出发点。

作为一个中国人，也最能体会到父母对子女的慈爱之情，以及子女对父母的感恩、孺慕之情。《诗经》中就有这样的话："哀哀父

母，生我劬劳。……欲报之德，昊天罔极。"是说父母生养我们的恩德，我们一生一世都报答不尽。正是从这样一种对父母的感恩戴德出发，儒家有一个基本共识："不爱其亲而爱他人者，谓之悖德；不敬其亲而敬他人者，谓之悖礼。"儒家认为，人生在天地之间，所受的最大、最直接的恩情，往往来源于生养自己的父母。生之为人，如果连生养抚育了你，甚至为你奉献了整个生命的父母都不尊敬感恩，这是和你的人性和道德相悖的，也是不可思议的。反过来，一个人对自己的父母一点都不孝顺，却对其他人感恩戴德、毕恭毕敬，大家就会觉得很奇怪，甚至怀疑你在背后是不是想贪图人家什么别的东西，因为在儒家看来这是很不正常的，是违背正常人性的。

《论语·学而》中孔子的弟子有子说："君子务本，本立而道生。孝弟也者，其为仁之本欤？"君子要成就一番德业，首先应抓住一些最根本的东西，才能走上儒家之道。儒家之道的根本是什么呢？就是孝悌，即对父母的孝和对兄长的悌。这里大家要留意一下，"其为仁之本欤"一句中的"为"字，最好不要翻译成"是"，而要与"仁"字连起来读——"为仁"，也就是追求仁道、实践仁道的意思。

孟子也说过"不得乎亲，不可以为人；不顺乎亲，不可以为子"的话。一个人不孝顺自己的父母，就失去基本的做人资格。他还认为君子有"三乐"，其中第一乐就是"父母俱存，兄弟无故"，意思是对一个人而言，只要父母还活着，兄弟也未有什么大的变故，就是人生的第一大乐事。记得在一电视访谈节目中，主持人采访一位导演："你认为人生最让你感到幸福的事是什么？"这位导演回答说：我每一次回到家，进门的时候还能喊一声妈，还有人能答应，这就是我人生最大的幸福了。我觉得这个回答很感人，很符合儒家做人的基本精神。

清朝袁枚在《随园诗话》中，记载了一个樵夫，在母亲就要入殓的时候说的几句话，很质朴，却让人有一种泫然欲泪的感觉。他说："哭一声叫一声，儿的声音娘惯听，如何娘不应？"所以说，我们中国人特别能体验到父母和儿女之间的这种真情，孝道可以说无论贵贱，妇孺皆知，这当与儒家长期的化民成俗有很大关系。梁漱溟先生曾说："说中国文化是'孝'的文化，自是没错。"另一位现代著名新儒家徐复观先生也说："以儒家为正统的中国思想，其最高理念是仁，而最有社会生活实践意义的却是孝。"我觉得这句话分辨得非常好。

"孝悌也者，其为仁之本欤"这句话，牵涉儒学的两个核心概念，一个是"孝"，一个是"仁"，二者究竟哪一个更重要呢？我想是这样，如果用一个字概括儒家的精神核心，那当然是"仁"。因为"仁"下面还有众多的次一级德行，像智、忠、悌、勇、义等等，其中当然也包括孝，但它们毕竟都只是分别强调了"仁"的某个侧面。在更多情况下，"仁"是表述"全德"的一个概念，即所有的德行集于一身才叫作"仁"。孔子说过，"仁者必有勇，勇者不必有仁"；我们似乎也可以说，"仁者必有孝，孝者不必有仁"。与之相应，"仁"指向了一种"成己成物"的精神状态，这是体现为一种极高的道德品格与境界。连孔子自己也说"若圣与仁，则吾岂敢"，认为自己也达不到"仁"的要求。"孝"与"仁"的关系，如果拿一棵大树来作比方，"孝"就是大树的根，它是这棵大树成长过程中首先要发育和表现出来的，而"仁"是否就是这棵大树的树干呢？不是。"仁"不是树的任何一个具体部分，如果非要比喻的话，只能说"仁"是树的种子，它包含了这棵树未来的一切，是这棵树所具有的内在生命力。从这种意义上说，仁又是孝的根本，孝只是仁这一内在生命力在人性中初级表现，所以是最基础的。可见"为仁之本"的"本"，应该是"基础""发端"的意思，并不能简单地说"孝"比"仁"更重要和根本。

记得有一朋友问我：孝既然是儒家最根本的道德，那么，一个人是不是为了孝顺父母就可以去抢劫杀人？我说，这一点你可能理解错了，孝道只是儒家最基本的道德，它不是至上性的，其本身也是要受更高的道德原则之约束。孟子说"行一不义，杀一不辜而得天下，皆不为也"，做一件不义的事，杀一个无辜的人，即使是事后能得到了整个天下，也是不可以去做的，又何况仅仅是为了一己对父母的孝道？可见，儒家虽然认为孝敬父母是人为之人的根本，但决不会支持一个人为了自己的父母去干一些坑蒙拐骗、杀人越货的恶事，因为后者恰恰是陷父母于不义，乃大不孝也。

（二）孝是儒家全面安排人间秩序的"至德要道"

孝不仅仅是儒家的一种私人德行，同时也是国家和社会治理的基本理念。儒家有一部经典叫作《孝经》，一定意义上可视为中国传统治理的"宪法"。

《孝经》开篇说："仲尼居，曾子侍。"孔子坐在那里，他的学生曾子在旁边陪坐。"子曰：'先王有至德要道，以顺天下，民用和睦，上下无怨，汝知之乎？'"古圣先王有一些最基本的德行和最基本的道理，用来使天下百安居和睦，从上到下没有什么怨言。你知道是什么吗？"曾子避席曰：'参不敏，何足以知之。'子曰：'夫孝，德之本也，教之所由生也。复坐，吾语汝。身体发肤，受之父母，不敢毁伤，孝之始也。立身行道，扬名于后世，以显父母，孝之终也。夫孝，始于事亲，中于事君，终于立身。《大雅》云：'无念尔祖，聿修厥德。'"（《孝经·开宗明义章》）"避席"是古代的一种礼节。曾子本来坐在老师孔子旁边的席子上，忽听到老师说得有点郑重其事，就知道老师要给他讲一些重要道理了，所以立刻站起来聆听。孔子教训他说，孝是一个人德行的根本，也是教化的起点，这种德行必须要贯穿在人生命的始终。其中"无念尔祖，聿修厥德"两句出自《诗经》中《大雅·文王》，是个反问句，意思是说，你难道不应该追念你的祖先文王，不断加强你的道德修养吗？这可能是周公教育成王要效法祖父文王的话。以儒家的观念，为人子孙者能够继承先祖遗风，做到慎终追远，就是对孝道最好的践行。

到了孟子，就更加强调孝道的意义。他说："尧舜之道，孝弟而已矣。"像尧舜这个高的德行，他们安抚天下的大道，说起来也很简单，无非是孝悌而已。又说："人人亲其亲，长其长，而天下平。"每个人都做到孝顺自己的亲人，尊敬自己的兄长，天下就没有什么纷争了。孟子还专门告诉我们，通常认为哪几点是不孝顺的："世俗所谓不孝者五：惰其四支，不顾父母之养，一不孝也；博弈好饮酒，不顾父母之养，二不孝也；好货财，私妻子，不顾父母之养，三不孝也；从耳目之欲，以为父母戮，四不孝也；好勇斗狠，以危父母，五不孝也。"在世俗看来，平日游手好闲，不锻炼保养身体，也不思进取，吊儿郎当的；整天打麻将，整天喝酒；习惯争名夺利，娶了媳妇忘了娘；整天声色犬马，让父母感到羞愧；打架斗殴，让父母不得安生。凡此种种，都是不孝。

在孔子的诸多弟子中，最能传承"孝"这一德行的，要数曾子。据说曾子的父亲曾皙辞世时，曾子"泪如涌泉，水浆不入口者七日"，以后"每读《丧礼》，泣下沾襟"。我觉得曾子的性格有点像金庸武侠小说《射雕英雄传》中的男主人公郭靖，笃实而愚钝，没有小聪明，但能够担大任，可以说是"质胜于文"。他是孔门弟子年龄最小的，孔子评论他说"参也鲁"，"参"是曾子的名，"鲁"是迟钝的意思，用现代人的话来说，就是脑子不够灵活。有这样一个小故事，说有一次曾子耘瓜，也就是给瓜地松土，不小心把瓜秧的根弄断了。他父亲也蛮狠的，提着棍子就往他背上打，结果竟把曾子打昏过去了。等曾子苏醒后，他却以一副欢快的表情感谢他父亲，说，"都是做儿子的不好，惹得您如此教训我，您老人家没被儿子气着吧？"

这件事传到孔子耳朵里，夫子很生气，对其他门人说，如果这个曾参再来我这里，你们不要让他进门。曾子自以为做的没什么不对，就托人打探老师何以对自己生这么大的气。后来孔子教训他说，当年大舜侍奉他的父亲瞽瞍，父亲平常使唤他的时候，大舜随叫随到，但当父亲暴怒之下要杀大舜的时候，大舜就不知道躲到哪里去了。所以说，一个善于尽孝道的人，如果老爸用小木条抽你，你就受着吧，如果用大棒打你，就赶紧逃得远远的。现在你曾子侍奉父亲，父亲在暴怒之下拿大棒打你，你宁可被打死也不逃，万一真的被打死了，你父亲就没有了儿子，你这不是陷父亲于不义吗？要是这样，你的罪过不更大吗？曾子听了觉得很有道理，心悦诚服地向老师认错。

曾子在儒家孝道史上的意义，在于把孝道这一家庭伦理，延伸到家国天下的制度建构，使孝道具有了某种普遍性意义。除《孝经》之外，《礼记》中也多处记载了曾子谈论孝道的话，譬如："身者，亲之遗体也，行亲之遗体，敢不敬乎？故居处不庄非孝也，事君不忠非孝也，临官不敬非孝也，朋友不信非孝也，战陈无勇非孝也。五者不遂，灾及乎亲，敢不敬乎？"（《大戴礼记·曾子大孝》）一个人的身体是父母身体的延续，举手投足之间都是在使用父母遗留给自己的身体，能不敬吗？站无站相，坐无坐相，对国家不忠诚，在岗位上不尽心尽责，和朋友交往不讲信用，打仗的时候畏畏缩缩，致使父母的名声受到连累，你能不重视吗？你看，曾子的这段话，可以说把"孝"的内涵无限放大了，似乎人的一切德行和事业，都可归结到孝道上来，孝道一下子成了人生的目的、过程和归宿。

（三）孝是中华民族的宗教性信仰

关于儒学是不是宗教，多年来国内学界有不少争议，这牵涉"宗教"概念本身的定义问题。多数学者认为儒学不是宗教，至少不是西方基督教那样信奉超自然神灵的宗教，但他们同时认为，儒家思想能够像宗教那样，为人们提供一种安身立命的功能。

我觉得儒家思想中，最能起到宗教性作用的，也是孝道。如上面所引用《孝经》中孔子的话："夫孝，天之经也，地之义也，民之行也。"一个人应对父母尽孝道，这是天经地义，没什么商量的余地，也不用逻辑论证的。《孝经·感应章》："孝悌之至，通于神明，光于四海，无所不通。"说一个人孝顺父母尊敬兄长到了极点，就能够和天地鬼神相互感通。上句话说得有点玄乎，它主要针对统治者来说的——一个君主能够奉行孝道，整个国家民政风俗都变得非常不一般。晋元帝为《孝经传》作序，说："天经地义，圣人不加；原始要终，莫逾孝道。能使甘泉自涌，邻火不焚，地出黄金，天降神女；感通之至，良有可称。"这是说，在孝道问题上，圣人也没有什么再多加补充的了；一言以蔽之，人类的德行没有超过孝道的。一个人奉行孝道到了极点，就会福气无穷，乃至有很多不可思议的奇迹出现。

顺便提一下《二十四孝》。《二十四孝》是在元代出现的，目的虽是为了劝善，却严重违背了儒家的理性主义传统，其中有的故事过于极端，已不符合儒家的中庸之道。比如"郭巨埋儿"，讲的是东汉有个人叫郭巨，因为家里穷，养不起母亲，就跟他妻子商量，决心挖坑把儿子埋掉，以便省下来口粮来奉养母亲。结果坑挖到了最后，竟然挖出一坛金子。有了这坛金子，当然一切就皆大欢喜，郭巨不必再担心没有粮食奉养母亲，自然也不用埋儿子了。再比如"啮指痛心"，说曾子去山上打柴时，家里忽然来了客人，他的母亲咬一下自己的手指头，在山中的打柴曾子心里就感应到了。他马上回到家里，果然见来了客人。凡此种种，都无疑将孝心神秘化了。当然，这种对孝道的宗教化宣传，对于在民间社会传播孝文化是有好处的。

宋代理学家朱熹说："孝悌者，天之所以命我而不能不然之事也。"意思说，孝悌这一德行，是上天赋予我的命令，人想不做都控制不住。明代的阳明后学杨起元在《孝经序》中说："虽书生贱士，持诵是经，且足以感灵祇，致瑞应。是至德无贤愚，要道无贵贱，虽一物之微，率此足以格天享帝，而况于人乎，二况于士大夫，而上至于崇贵乎？"所谓"感灵祇，致瑞应"，是说人的孝心足以感动神灵，获得各种各样的好报应。在当时，三教合一是总体性风气，不但儒家这样认为，一些信佛学道的人也会讲这类东西。就普通民众看，大家也不再分什么儒释道，这是民间社会的劝善传统。一直到现代社会，社会上一些宣讲传统文化的讲座，也往往会宣扬孝道的各种神异性。有人甚至讲，你每天早上起来，坚持给父母磕几个头，就是锻炼身体的最好方法，什么病痛都会慢慢好的。

正统的儒家对这种说教持什么态度呢，他们也并不完全排斥，因为这些内容虽然不尽符合儒家的理性传统，但从效果看，确实能够有效地维系和改善民众的道德水平。清代的林则徐写有一篇《十无益》箴言，其中一条是"父母不孝，奉神无益"，一个人连父母都不孝顺，整天到寺庙里烧香拜佛也没有什么益处。因为儒家是真切地体验到，在这个人世间，只有父母对孩子才是最无私的，甚至可以把身上的器官都捐给你。人不知道孝敬父母，整天神经兮兮地到庙里拜佛拜菩萨，可能只是水月镜花、痴心妄想。当年李自成举兵起义的时候，一句著名口号是"杀一人如杀我父，淫一人如淫我母"，也似乎在向世人宣示，他的起义不是犯上作乱，而是让孝悌等人伦之道遍行于天下。他这是为自己的行为争取一种道德合法性。

西方文化对孝道的认识完全不一样。曾经担任过国际中国哲学会会长的李晨阳，在国外生活了几十年，他说，假如要找一个在中西社会伦理方面意见反差最大的问题，那就应该是关于家庭方面的孝道了。换句话说，孝道是中、西方文化最明显的一个不同点。站在传统儒家的立场看，几乎所有的西方人都不知孝道为何物，统统都是些不孝之徒。平心而论，我们也大可不必这样议论西方人，人家是另外一种文化系统，有自己安身立命的解决方式。一般而言，每个民族在文化起步时，都有孝敬父母的天然倾向。但随着文化的进一步发展，一些其他因素可能会冲淡或破坏了这种原始的亲子之情。这些其他因素，可能是特殊的历史事件，也可能是特殊的宗教信仰。比如，在早期的犹太文明中，对上帝的无上信仰就扭曲、疏远了这一最原始的亲子感情。《圣经·旧约》有一章叫《出埃及记》，讲的是犹太人在逃离埃及的路途中，上帝与民族领袖摩西定了十条约法，即著名的"摩西十诫"，其中第五诫就是上帝要求摩西要带领族人孝敬父母，这是犹太人的十大信条之一。然而，他们对父母的孝敬之情，远远不能同人对神的信爱之情相比。在此之前，犹太人的祖先亚伯拉罕为了得到神的爱，心甘情愿地要亲手杀死自己的独生爱子以撒，将其作为牺牲献祭给上帝耶和华。不难想象，这一著名事件，一旦被记录在《圣经》中，代代相传，将会给一个民族的亲子关系造成永久性的影响。

在《新约》中，耶稣曾说："人到我这里来，若不爱我胜过爱（'爱我胜过爱'原文作'恨'）自己的父母、妻子、儿女、弟兄、姐妹，和自己的性命，就不能作我的门徒。"（《路加福音》）"我来是叫人与父亲生疏，女儿与母亲生疏，媳妇与婆婆生疏。人的仇敌，就是自己家里的人。爱父母过于爱我的，不配作我的门徒；爱儿女过于爱我的，不配作我的门徒。"有一次耶稣正在向人们传道，有人忽然告诉他说你母亲来看你了。耶稣对此置若罔闻，反问说谁是我的母亲，谁是我的弟兄？凡遵行神旨意的人就是我的兄弟姐妹和母亲了（见《马太福音》）。

耶稣这种对母亲冷漠态度，与儒家大舜的"终身慕父母"构成了何其鲜明的对比！但在基督徒看来，这却又是顺理成章、天经地义的。按照《圣经》的教义，不仅人是由上帝造的，人在大地上所享有的一切一切，归根结底也都是上帝赐的。所以，人应该首先要感恩上帝，不能因为你世俗的父母生你养你，就把"天上的父"给忘了。可见，基督教是把神与人的宗教关系放在了第一位，重来世胜于重今生。在家庭生活中，父母与子女之间的感情可以非常淡，彼此大体上在保持一种身份平等的朋友关系。我曾在美国夏威夷大学做过一段访学，其间曾体验了一下那里的教会活动，亲眼见那些华裔基督徒喊他的儿子、儿媳妇为弟兄或小妹，他们要淡化这种亲情伦理，追求在上帝面前的人人平等。

中国的佛教也是讲孝道的，但也与儒家有一些关系。《梵网经》说："孝顺父母师僧三宝。孝顺，至道之法。"《佛说父母恩重难报经》也说："父母恩德，无量无边，不孝之愆，卒难陈报。"佛家也有很多"孝经"，比如《地藏菩萨本愿经》《杂宝藏经》《佛说父母恩重难报经》《佛说孝子经》《优婆塞戒经》《佛说睒子经》，其中有的佛经可能是中国人伪造的。我们对此不做太多辩证。

这里想说明的是，佛家的孝道和儒家的孝道很不一样，另有他的一番特殊道理。儒家的孝道，乃基于一种血缘亲情，并不断强化和依赖这种亲情，借此成就一种更大的孝。这是一种世间法。佛家认为他们的孝比儒家的孝更广泛、更深刻，也更彻底，佛家的孝道主要不是物质、情感和伦理的回报和供养，而是一种"出世间"的孝道。什么是出世的孝道呢？说到底，是要劝说父母皈依三宝，转变心性，乃至跳出六道轮回、成就佛果。因为佛教认为任何世界都是因缘而起，本性为空，不可执着，这必然是要断舍利，要抛弃人间的世俗爱恨的，它毕竟是一种注重求解脱、出轮回、证涅槃的宗教。据说佛陀不在一棵桑树下连住两夜，因为怕对这棵树产生依恋的感情。当年佛陀释迦牟尼不顾家庭的反对，连王位也看不上，为了悟众生如何解脱生死这一"大师因缘"，毅然决然地出家修道。此固然是大丈夫事，但我们回头想想他的父亲净饭王和妻子耶输陀罗等人在当时是何等的痛苦，就知道他的孝与儒家的孝有着多么大的不同。尤其是佛家强调三世因果和六道轮回，这么一来，任何生物都可能是你前世的父母，所以佛家要守"不杀生"之戒，宣扬"众生平等"，我们也无怪乎佛家认为这种孝更广大更深刻了。在我看来，讲缘起性空、轮回解脱、涅槃寂静，才是佛教的根本教旨，世俗的孝道对佛教而言最多只是一种方便法门，是众多伦理中的一种，这与儒家将孝道作为自己的信仰，是有着天壤之别的。

正因为此，佛教传到中国之后，一直受到儒家的批判，像韩愈、欧阳修这些大文学家都是批佛的急先锋，至于程颐、朱熹等儒者对佛教的批评就更不在话下，程颐认为"佛家只是以生死恐动人，圣贤以生死为本分事"，不可以担任"修身齐家治国平天下"的大任。依照儒家的观念，一个人被父母含辛茹苦地拉扯大，就不能不尽家庭和社会的责任，不结婚不生子，如果抛弃父母到深山古庙里去修行了，这算什么事呢？说什么为了修道啊，断烦恼啊，乃至"只怕自己不成佛，不怕没有众生度"之类，这都是你自私自利的表现，你要可怜天下父母心！所以，宋代的儒家陆九渊就批评佛家即使标榜普度众生，终归不过是为了一己解脱，在本质上仍是自私的。后来王阳明也认为佛教教人"不着相",为此要出家修行,其实反而"着了相",因为佛家怕受父子、君臣、夫妻这些东西的连累,而儒家不怕这些,因为在儒家看来,名教之中自有乐地,何必奈尔!与父亲相处就"孝",与君王相处就"忠",并享受这种德性的完成。这种德性的完成本身就是人生的意义和目的,是人之为人的本分事。

受儒家的长期批评与攻击,佛教自然受不了。为了能够在中国立足,佛家不得不向儒家靠拢,出现某种程度的所谓"中国化",提倡一种"在世出世"悟道方式。记载了六祖惠能说法的《坛经》就不同于西方的佛教经典,把佛教很大程度地中国化了。禅宗与原始佛教最大的不同,在于消解了鬼神、来世等观念,把成佛的标志归结到心性的大彻大悟上,后者说到底这是一种觉悟心境的证得。在西方的原始佛教,要成佛是要出离的,一个人多世修行也未必能成佛。但按照中国的佛教,你要想觉悟成佛,反而不能真的去西方求净土,关键是要"当下一悟"。惠能说:"佛法在世间,不离世间觉。离世觅菩提,恰如求兔角。"又说:"心平何劳持戒,行直何用修禅,恩则孝养父母,义则上下相怜。"一个人心平气和就不用持戒了,直道而行就不用修禅了,你感受到父母之恩就去孝敬父母,要坚守人间道义就会以悲悯之心与人相处。这不是更接近儒家伦理了吗?当然,佛教这种"中国化"也很可能是不自觉的,因为一些僧人在出家之前,都受到儒家孝道等伦理的潜在影响。到了现代社会,佛教面对着更大的挑战,包括现代科学,也更加不得不改革,太虚法师提倡"人间佛教",主张佛教应为现世社会服务,这样一来,就不免更重视对儒家孝道的提倡了。

再来看一下道家。总体上看，道家是以三代之"礼乐文明"反对者的姿态出现的，对儒家的一整套政治伦理比较反感，认为靠这些东西办不成事，一切都枉费心力，只会使社会和人心越来越乱。老子说"绝仁弃义，民复孝慈"，似乎道家只反对仁义，不反对的孝慈。但道家的孝慈，更多指的是一种原始亲情，是发生在伦理规范之前的一种素朴之心，这与儒家复杂的孝慈伦理是有极大不同的。后来的庄子，就更加追求一种精神人格上的自我超越与成就，常常依赖神奇的幻想力量。你也不好简单地说他是反对孝慈还是提倡孝慈，他要追求的一种超越了善恶二元对立的逍遥境界。

后来出现的道教，更强调对身体的保养，追求的长生久视，得道成仙，孝道等人间伦理不是信徒们所关心的东西。但道教到了后来，也受不了儒家的冲击，不得不向儒家妥协。道教在宋代出现过一部叫《太上感应篇》的书，就劝人积德行善，以获得好的报应。但积什么德、行什么善，已几乎全是儒家的"忠孝仁义"之类的东西。全真教的丘处机就曾经劝成吉思汗向天下推广孝道。可见全真教也相当程度地儒家化了，当然他们也有很多未儒家化的东西。我经常爬咱们清远的太和古洞，山上的桃源仙馆是属于道教建筑，门口有一副楹联写得很有意思，它说："途判圣凡，概淡利名原道德；格严功过，须知忠孝即神仙。"道家当然是极其重视淡泊名利的，儒家在实质上对此也不反对。但道教讲什么"忠孝即神仙"，无疑是受了儒家伦理的影响。

孝道在人性个体中的心理发生

概念上要界定一下，作为一种价值观念的孝道，主要表现为子女对父母长辈应有的一种尊敬心态、道德义务及赡养行为的观念。这种观念是在人类心智发展到一种较高的程度，具有了理性思维能力之后才出现的。下面我就对此做一些诠释。

我这个人从来不相信什么上帝造人，相对而言，还是比较认同生物进化论的，即人是从类人猿等高级生物进化而来的。在我看来，人性的发展跟人的神经系统特别是大脑皮层的进化密不可分。人类之外的动物有孝心吗？我们古代认为是有的，《中庸》就说"凡有血气者莫不尊亲"。也有两个比较典型的例子，乌鸦反哺和羔羊跪乳，所谓"羊有跪乳之恩，鸦有反哺之义"。其实生物学家至今也未发现乌鸦的反哺现象，乌鸦的心智水平也决定了它不会有"报恩"心理，当然更不能践行什么"孝道"了。"羔羊跪乳"的说法更是人类从自身的观念出发对动物行为所做的一种价值联想。因为羔羊哺乳期的身高特点，以及与母体的身高落差，就决定了跪着吃乳比较方便。

大家知道，人类个体智力的发展，可以说是人类整体智力发展的缩影，了解儿童智力的发生过程，有助于我们了解史前人类智力的发展。20 世纪著名的瑞士心理学家皮亚杰，对儿童智力的发生就做出了具有说服力的研究，较好地解释了儿童思维的发生过程。这对我们分析孝道在人类个体中的发生过程是极有帮助的。

首先，在母腹中的胎儿，通过脐带输送营养物质和排泄物，得以完成自己的新陈代谢。此阶段的胎儿完全处在一种主客不分的混沌中，当然无所谓"孝道"。婴儿刚生下来，已有了感知能力，比如哪儿舒服，哪儿温暖，他都是有感觉的，尽管他对这一"感觉"本身完全没有自我"感觉"。这个时候，婴儿只具有一种"直观动作思维"，吮吸乳汁的满足感和母亲的形象是浑然一体的，他与母亲的交往，主要是一种以物理、化学能量为递质的生物反应。这阶段也同样不会有孝道。

但在此生理欲求的促使下，随着孩子认知能力的提高，到了知觉表象阶段（1～12月），母亲长期的抚养哺育使孩子对其逐渐有了依恋感和亲近感，开始是乳头和温暖的腹部，接着是母亲的脸，继而又扩展到整个母亲形象。这是一种"具体形象思维"，已渐渐有了主体与客体之分。这个时候，母亲的形象与奶水、温暖、舒适、安全等正面体验在婴儿头脑中已建立了稳定的联系，婴儿对母亲的感知基本稳定，对母亲这一客体的总体知觉也逐步形成。

再到记忆表象阶段（约1岁到3岁），母亲即使不喂养孩子，孩子也会因为看到母亲的形象而产生愉悦、满足、安全感，反之就焦虑不安。随着孩子的成长，尤其是长时记忆的获得，这种满足感逐渐演化为对母亲的感激、爱慕、崇拜等正面情感。这个时候孩子的主客世界已经分开了，能够对某事物或某个人产生一种肯定性或否定性情感。譬如，孩子甚至会因为做了惹母亲生气的事情而感到内疚。

再发展下去，母亲即使不在眼前，当孩子脑中浮现出"母亲"这一表象或语言时，同样会产生幸福、温暖、安全感。此时孩子的认知水平已经发展到记忆表象阶段甚至到了低级的抽象符号阶段，对母亲已初步形成了一种较稳固的情感心理结构，人性中的情感欲求的层面已初步形成。但孩子的这种情感，仍是以对母亲的记忆表象（"心象"）为心理"递质"的，并非建立在作为抽象思维为基础的"孝道"观念上。如果说这种正面的感情就是"孝"，那么孩子对奶瓶的依恋感激之情也是"孝"了。此时的母亲形象，正如孩子所用的奶瓶一样，是与自己需要哺育、爱抚等生理欲求的满足紧密联系在一起的。说得难听一点，这时的孩子"有奶就是娘"，不会有"儿女应该对父母尽孝"之类的理性自觉，孝道观念仍然远远没有产生。

不难理解，处在生理欲求水平阶段的孩子，正如一些爬行类动物一样，其生命体征主要表现为对外界各类能量的索取，其心智完全是"生理自我中心"的。需要指出的是，对母亲产生了"依恋""感恩"等原始情感的孩子，尽管仍没有"孝道"观念，但他的这种情感心理，相对于刚出生时的那种主客不分的感知体验相比，距后来"孝道"的出现，已迈出了坚实的一步，实现了一次人性层面的跨越。

因为仅仅处在生理需求水平的孩子，正如很多爬行类动物一样，其心智完全是"生理自我中心主义"的，生命的需求主要表现为对外界能量的索取。而当孩子对母亲有了稳定的依恋感后，会在情感上觉得母子是一体的，从而"企盼"母亲能够幸福平安，以便继续喂养关爱自己，尽管他对这种"企盼"本身仍缺乏自觉意识。这时，他能够一定程度上打破了原来人性心理结构中的"生理自我中心"，而产生一种高于生理欲求的"情感欲求"。后者是更高一级的心理欲求模式，是对前者的延长、深化、升华和超越。在此亲情支配下，孩子能够主动做出一些对母亲有利的事情。比如在自己食欲尚未得到充分满足的情况下，会分享食物给母亲吃。我们不妨说，孩子把自己尚需要的食物献给母亲，是他人性中的情感欲求在一定程度上战胜了生理欲求。到了此时，孩子对母子"亲情"已基本定型了。

但到了此时，我们仍不能说孩子已能向母亲"尽孝道"，因为促成其对母亲"奉献"行为的，乃是一种情感而非理性的力量。当然，这种建立在"记忆表象"基础上的情感需求，已是一种崭新的需求样态，它尽管尚未达到理性自觉的程度，但与此前以物质化学反应为内容的生理需求相比，无疑要复杂和高级得多了，可谓"青出于蓝而胜于蓝"。从生物的心理发展看，正是幼体对母体之情感需求的出现，建立了一种母子间的"情感交互利他"的人性心理模式。

从生物心理的进化链条来看，人性中这种"情感交互利他"模式的出现，拉开了人类与一般高等动物的心智距离，为将来"孝道"之出现提供了心理基础。有了这种模式，就愈发能将母子命运紧紧捆绑在一起，乃至有团结对敌、互相救助的可能，这种情感欲求中的亲子之情，可以理解为一种进化的适应，使人类大大提高了与其他动物的竞争能力，以及应付各类环境的生存能力。在一些高等动物中，尽管也有这种互助行为，但主要是单向度的，既母体对幼体的，父亲对幼体尚不明显，且往往是在特定的育幼时期体现得比较明显。此时孩子的心智，已与灵长类的高等动物相当，接近于原始人类了。但在这一阶段，任何原始人类的人性还都没有受到文化的塑造。不管亚洲的黄种人，欧洲的白种人，还是非洲的黑人，他们对于父母的感恩心理都是一样的。

对父母的这种原始情感，它最初不过是涓涓细流，后来在家庭生活中越积越厚，最终成为儒家孝道的人性基础，发展出情感和道德的长江大河。这当然是一个很漫长，也很难考究的、具体而复杂的历史过程。关于这方面，在《孟子》中有一段话值得我们特别留意："盖上世尝有不葬其亲者。其亲死，则举而委之于壑。他日过之，狐狸食之，蝇蚋姑嘬之。其颡有泚，睨而不视。夫泚也，非为人泚，中心达于面目。盖归反虆梩而掩之。掩之诚是也，则孝子仁人之掩其亲，亦必有道矣。"孟子说，上古的时候，有不知道埋葬自己父母的人，父母死了后，就常常把尸体随便抛弃在沟壑里。曾几何时，终于出现了一个先知先觉的人。当他把亲人的尸体扔到山沟里之后，过了几天，又经过这里，看到狐狸、苍蝇等啃噬亲人的尸骨。忽然之间，内心迸发出了一种难以遏制的惭愧心情：这可是曾经抚养了我一辈子的人啊，我怎么能让他死后遭到如此待遇？于是回去拿个农具之类的东西，挖个一个坑，用席子把父母的尸体埋葬了。

孟子的这段话，可能有想象的成分，但具有一定的文化人类学意义。应该指出，他所叙述的这种由对死去亲人抛尸荒野的内疚之情而引发出来的丧礼，算得上是人性的一大觉醒。这种觉醒，比当今世界上任何一项科技发明都伟大得多，它代表了一种人性的不同层次的超越。用后来儒家的话来说，这叫作"礼生于情"。"礼"是人内在情感的外在形式化。

我们的冯达文老师在一默的讲座，开篇就讲儒家的"世间情"，这实际上是在讲儒家最重要的特征。什么是世间情？就是儒家真切体验到的父母和子女之间最真挚的人间感情，并把这种感情作为维护社会秩序和提升道德修养的根基。这里的"世间"，是与宗教中所谓的天国或来世相对而言的。——儒家根本不相信有基督教的"上帝"之类的造物主，不寄望于超自然力量的拯救，也不追求死后进入的天国，而是把生命的意义安顿在现世，安顿在人际的情感中，安顿在人的心性中。这种情感以父母与子女的亲情为基础，以此为圆心不断向往扩充、流淌。我们常说，六经之教原本人情，儒家所谓的"经礼三百，曲礼三千"，都是圣人"因情制礼"的结果，也就是把人的真实情感加以客观化、公共化，从而产生了各种相应的礼节。这种"礼"就是情感向理性的一种过渡形态。

当孩子到了成年阶段，智力发展到抽象思维阶段或符号思维阶段，同时不断受到社会化教育，就会在生理欲求、情感欲求的基础上产生出理智欲求，渐渐具备了独立的道德理性。理智欲求不但不断突破生理中心，而且调节着情感欲求。在情感的基础上又产生一种理性。万事追求一种心安理得，心安是情感，理得是理性，这是儒家的一大观念。比如说我爱自己的父母，省吃俭用报答他们，这是我的情感欲求战胜了生理欲求。但我无论我如何爱我的父母，也不能够为了自己的父母去干一些伤天害理的事情，这又是理性对情感的一种制约。

著名作家林语堂说："一个自然人必定会爱自己的子女，但只有受文化熏陶的人，才会孝养父母。"母爱尤其被认为是世界上最无私、最真挚的伟大情感。实际上，母爱并非纯粹的情感心理，而是包含由生殖荷尔蒙介导发生的育幼欲望心理。一些哺乳动物，甚至鸟类都在进化中出现了程度不同的育幼欲望。有些哺乳动物为了自己的孩子甚至舍去生命，只是这些动物仅在刚生养这个孩子的时候对其有很深的情感，等到孩子一长大就形同陌路了，不像母亲对孩子的爱是维持一生的。我们说，尽管父母爱自己的儿女，很多情况下是出于天性，儿女孝顺父母，对父母尽责是一种人性，是通过各类教育逐渐被培养出来的。

有个"心灵鸡汤"式的小故事是这样说的：一少年因为母亲不能答应自己的要求，与母亲大吵一架后离家出走了。四处游荡一阵后，夜幕降临，饿扁了肚子的他身无分文，不知不觉在一路边的面摊前站了很久。老板娘看他很可怜，喊他坐下，送他一碗热腾腾的面条吃，少年感恩戴德地感谢不已。老板娘问他怎么一个人来到这里，他把与母亲吵架出走的事说了。老板娘听了，生着气说：早知这样，这碗面也不让你吃了。给你一碗面，就这样千恩万谢，你母亲每天好吃好喝伺候你，你却一点没放在心上。习惯了索取，就忘了感恩。少年听了，怔了半晌，一言不发，流着泪往家里走。

小孩子有时候真的是这样，你成天把他（她）当着小皇帝、小公主伺候着，他就会习以为常，觉得父母为自己所做的一切都是应该的，自己反而更加要这要那，一旦愿望得不到满足还对父母心生怨恨。儒家的孝道教育就是这样，它要不断点醒你，要你知道父母之恩，要在你的内心中种下一棵爱的根苗，最终灌注为你真真实实的人性。

通常来说，一个孩子生在传统中国社会，自小受到儒家文化的陶冶熏染，"入则孝，出则悌"等伦理观念在心理扎下根来，原始的自然情感也会不断得到强化和认同，乃至认为儿女对父母尽孝乃天经地义之事。即便父母不再像当年那样哺育、关爱自己，他也能自觉地恪守孝道。此时，支配其孝道行为的，已不是（或主要不是）情感上的"交互利他"，而是一种从人性的高处下贯而来的理性力量，成熟的"孝道"至此也就真正出现了。

关于何为"真正"和"成熟"的孝道，这里还要再举一个特殊的例子——这个例子其实是我杜撰的。让我们还是顺着刚才说的那个孩子的成长说吧。当这个孩子成年之后，儒家的孝道观已经深植心中，母亲却突然告诉孩子：自己不是他的亲生母亲，只是他的养母；他的亲生母亲当年因无力养活他而将他遗弃，是自己收养了他。与此同时，养母告诉了这个孩子的生母所在，要求孩子去尽孝道。不难想象，孩子刚听到此事时的内心震颤。但依照儒家的教义，他会同时向养母和生母尽孝道。但是，我要在此指出其间的一个重大不同——虽然孩子对生母和养母同是"尽孝道"，但此"孝道"他在身上生成的人性轨迹是很不一样的。对养母尽孝，经历的反而是一种正常的人性轨迹，即经由生理欲求不断被满足，然后对母亲依恋之情的出现，继而是母子间产生情感性的"交互利他"，接着成长过程中受儒家文化的孝道教化而有了孝道，最后是这种孝道观念内化为人性之后而出现理智欲求层面的孝道实践，其过程是由生理→感恩心理（情感）→孝道文化（理性）→孝行。而对生母尽孝，则由于特殊的成长经历，使他失去了常规的孝道进化历程。他对生母之尽孝，至少在开始时完全是在"孝道"观念支配下的一种理性行为，此过程是由孝道直接转化成了一种孝行。与之相关，他对生母的情感也不同于因生理欲求的满足而滋生的自然情感，而是在孝道观念作用下衍生的道德情感，后者乃是一种理性的情感。但如果从人性发展的角度看，只有当这种理性化情感在人性总体中处于支配地位时，才标志着理智欲求的真正成熟。而作为一种道德观念的孝道，正是以人性中理智欲求的成熟为背景的。

儒家思想史上所描述的，大舜的父亲、（继）母昆弟不爱大舜，甚至陷害大舜，大舜却能孝心不改，做出"以德报怨"的孝行。这都是因为道德理性完全战胜了自然情感。当然，大舜所体现的孝道，仍然是建立在"父母爱自己的儿女是天性，父母对子女的爱总体上远远大于子女对父母的爱"这一宏观的人类学背景之上的。如果世界上的父母都像大舜的父母对待大舜那样对待自己的子女，儒家的"孝道"也就失去了人类学基础，绝无出现的可能了。

一个人接受儒家孝道的过程，就是文化塑造人性的过程。这种接受，一开始多是经过个人无意识的家庭、社会教育。正如孟子所说："人之所不学而能者，其良能也。所不虑而知者，其良知也。孩提之童，无不知爱其亲者；及其长也，无不知敬其兄也。亲亲，仁也。敬长，义也。"其实因为生活在中国这个环境中，不用你专门教育，子女可能自然而然地对父母产生一种感恩照顾的孝道心理。

儒家孝道在个体人性中的形成，固然也反映了人性由生理、情感等低等欲求向理智欲求的进化。但一个传统中国人能够体认并践行孝道，主要还是受儒家文化的影响。儒家孝道作为一种客观的思想样态，主要是依靠文化的绵延来传递的。这种文化绵延，是一种与生物遗传截然不同的社会遗传。

孝道在中华民族群体人性中的生成

上面谈的是个体生命的心理发生，以及儒家孝道在个人生命中的扎根于成熟。那么，在具体的历史行程中，我们这个民族的群体人性，即民族性格又是如何一步步选择了孝道呢？这就牵涉华夏先民与自然环境、社会组织、历史事件、政治制度、文化传承等诸多因素的交互关系。从群体人性发展的角度看，以下三个方面，对儒家孝道的产生尤为关键。

第一，农业文明下的家庭生活是孝道产生的温床。黄河中下游地区是中华民族文明起源的核心地带，此地区是以河流灌溉的广阔平原为主体，物产丰富，尤其适合农作物生长，形成了精耕细作的农耕文明。农耕文明必须依赖稳固的地缘、亲缘生存，这使得中华民族率先形成了稳固的家庭结构。在家庭中，父母生育抚养子女，子女赡养年老的父母，以此实现代代相传，家庭和谐，家族生息。这是孝道得以产生的诸多条件中最为关键的因素。

钱穆先生有本书叫《中国文化史导论》，他在该书《序言》中说，一种民族文化之产生，最初与其所处的地理环境有重大关系。与希腊、罗马文化建立在商业文化上不同，后来成为中华文明主干的中原文化是一种农耕文化。农耕文明更多地依赖于气候、雨泽、土壤，其生活方式是静定而自足的，人性心理并无强烈的"对立感"，不像商业文明、游牧民族那样致力于"争独立""尚自由""求富强""主扩张"，而是追求"天人相应""物我一体""顺""和"，尤其注重亲族和谐、安分守己，期望子孙绵延而生生不息。

对农业文明来说，父母长辈除了扶养照顾年幼的孩子之外，其生存经验十分重要。这种经验与原始的对父母长辈的亲情敬畏感结合起来，在氏族中自然而然地形成了一种尊敬长老的习俗和制度。随着社会竞争的加剧，亲情的有效性被一再强化，家族氏族也就不断扩大，用以调节家族内部关系的礼仪也就不可避免。这一重大心理走向，最终演化为法天敬祖的亲缘文化。这是整个中华文明的底色，也是儒家孝道产生的温床。

著名历史学家许倬云先生就说过，每个特定地区因应它的特定环境可以做许多选择，等选定了以后就变成了文化的基本调子了。这个基调就等于生物的基因，人的群体里面也有基因留下的特定消息，不断地传递下去，形成特定的应付方法，在没有其他新的条件、新的情况发生以前，就会不断用老的方法应付下去。不但一个人如此，一代一代也是如此，这种延续性即造成智慧的延续。延续本身是一种制约，制约使得文化对那些问题的处理拥有特定的方式。

很显然，中原地区的农业文明，有力地保护了家庭家族中的血缘关系，而这一血缘关系与原始的祖先崇拜心理混合在一起，为后来的孝道产生了心理基础。这种心理基础，逐渐成了一种思维模式和情感模式，可以说对古代先民的影响是深入骨髓。不遇到巨大的社会变革，就很难从这种生存模式中跳出来。在后面，我们还会谈到，近代以来西方的工业文明，恰恰对这种生存模式产生了颠覆性的冲击，经过 20 世纪翻天覆地的社会变革，已经很大程度上动摇了传统孝道的社会基础。

第二，社会政治层面的宗法制度。早在夏、商时代，孝道已是社会文化的重要组成部分，只是当时的孝道还与原始宗教、礼俗、祖先崇拜等混杂在一起，带有强烈的宗教性和功利性。由于夏代缺乏文字资料，我们很难分析当时人的孝道心理，但商代的甲骨文，能够帮我了解一些上古人的孝道心理。从文字训诂来看，"孝"字的原始意义就是孝敬父母。许慎《说文解字》"老部"云："孝，善事父母也。从老省，从子。子承老也。"在甲骨文中，孝字"像老人扶子之状。子女善事老人则孝"，金文的字形也大体上一样。可见，"孝"字的字形与字义，在商朝已经基本确定了。

有道是"殷人尚鬼"，商人从王公贵族到下层百姓，普遍信仰鬼神，全社会巫风很盛。按照陈来等学者的分析，商朝已经不是原始的巫觋文化，而是一种自然宗教。自然宗教与巫觋文化最大的不同，乃在于后者是一个有组织、有秩序的诸神世界，形成了一套复杂的神人沟通方式。殷代最崇拜的神是天神，"帝"或"上帝"是天地间的最高主宰。殷王祈求时，必须举行祭祀的仪式，但真正祭祀的是先祖，不是上帝。这种祭祀主要是企图通过祖先与"上帝"沟通来获得保佑。从这种意义上说，商人祭祀无异于通过祖先的亡灵来贿赂上帝。祭祀者仿佛在告诉祖先的亡灵：祖先们呐，你看我们这些后辈们又给你敬献丰盛祭品啦，你们享用之后，要在上帝面前帮助我们说好话，要上帝始终保佑我们，给我们消灾降福，让我们风调雨顺，让我们的统治直到永远。

相对于商朝，周代的孝道心理发生了很大的变化，尤其是在统治阶层。与商人对祖先亡灵的讨好、贿赂心态相比，周代统治者的祭祀不完全是为了让祖先亡灵继续保佑自己，而是更强调一种报恩与学习心态，尤其要后人追慕先祖的教训和德行，以达到国家治理的效果。在这个时候，周代统治已不太相信"上帝"的命令，即所谓的"天命"了，不再迷信什么"天命玄鸟，降而生商"之类的话。因为从历史经验看，他们的先祖周文王、武王等人正是依靠自己的德行以获得人民的信任和支持的，最终"以德易暴"，推翻了商纣王的统治。周王朝建立之后，商朝的一些部族仍然不服，甚至发动反叛，周公等统治者一方面要平息叛乱，安抚那些反叛的人心；一方面又深入总结商朝灭亡的教训，为周政权的合法性做出一番解释。正如徐复观在《中国人性论史》一书中所论述的那样，武王、周公等周初统治者在克商之后，根本没有那种战胜者的趾高气扬、飞扬跋扈的心态，而是代之以一种战战兢兢、如履薄冰的忧患意识。这种老成持重的忧患意识，使他们最终提出了一种比商代更高明的统治理念，概括来说，这种理念就是"以德治国"。在周人看来，"天命靡常，唯德是依"，"天道无亲，常与善人"，"天听自我民听，天视自我民视"，"帝"或"天"已不是哪个王朝的固定保护神，而变成了一个裁判人间是非正义的至高裁判者。一个王朝能否天命永续，根本不在于如何贿赂、讨好上帝，而在于统治者能否崇德敬礼，能否"敬德保民"，后者才是真正的王道之基。周人所说的"敬德"，最核心的一点，就是"慎终追远"的祖先崇拜。

与此同时，周人在推翻商朝之后，施行分封亲族的宗法制度，各大诸侯国掌权者多是文王的亲戚和子孙，国是家庭的扩大和延伸，所以官长要像爱护子女一样爱护自己的臣民，臣民要像爱护父母一样爱护自己的官长。这是一种家国同构的统治模式。在这种模式下，推行一种普遍化的孝道，追念各诸侯国共同的先祖，定期举行各类祭祀之礼，就成为加强国家统治，维护王室权威的重要方式。从此之后，儒家的孝道已经被高度政治化、法制化了，它不仅是维系一个家庭和家族的伦理、情感纽带，同时也成为一种治国方略和政治法律。

经过儒家的深化与弘扬，到了秦汉之后，孝道就成为国家大一统社会的治国方针，并逐渐深入民间社会。自汉代开始，统治者就标榜"以孝治天下"，汉代皇帝死后的谥号都有个"孝"字，称孝什么帝。当时还没有后来的科举考试制度，在选举人才方面，施行的是察举制，其中孝廉是主要的科目之一，一个人只要孝顺又正直，就可以被推荐做官了。所谓"举孝廉"，就是在社会上遴选"孝子廉吏"充入政府管理系统。大家应该读过晋代李密的著名文章《陈情表》，知道李密之所以能够辞官不做，理由是"圣朝以孝治天下"，而与他相依为命的祖母无人照顾。在那个时候，践行孝道要身体力行，不能随便找个保姆之类的由别人代劳。在忠孝不能两全的时候，李密选择先为祖母尽孝，也得到了皇帝的认可。待他祖母去世之后，他才肯出来做官。

第三，轴心时代的文化选择。"轴心时代"的理论，是西方著名存在主义哲学家雅斯贝尔斯提出的一种历史文化假说。他认为，在公元前8世纪到公元2世纪的大约1000年中，在东西方几乎同时涌现了一批影响后世文明根本走向的伟大人物，代表性人物如印度的佛陀，中国的孔子、老子和西方的苏格拉底、柏拉图，以及犹太民族的先知等。这些文化巨人提出的思想，为未来的文明奠定了最基本的格局，很大程度上规定了其后各民族历史文化的基本走向。

我个人的见解是，几大轴心期文明之所以能对后世产生影响深远的文化，原因当然很复杂，但共同点在于，它们本质上都完成了一种对生命意义的自觉建构，也就是把人为什么活着、怎么活这个问题初步给回答了。在中国，孔子通过反省周文之弊，最终把周公创制的主要偏向外在制度的"礼"，安顿在内在的人心上，为"礼"找到了一个内在的力量之源，并将"礼"的完成归结到人格的成就上。这一人心中的力量之源，就是"仁"。"仁"与"礼"的不同是多方面的，它比"礼"更内在、更根本，也更有普遍性，不仅是贵族阶级所具有的，也是一切人都具有而且应该去努力实现的。孔子的"仁"有着丰富内涵，其中最根本的一点，就是他自觉意识到子女与父母的这种自然情感力量，将其作为人性向善的基石和动力，并在此基础上不断观念化、公理化，最终发展出一整套安排人间秩序的价值系统。

佛家认为，佛陀释迦牟尼的住世，乃为"一大事因缘"，佛陀的"大事"，是要为众生的生死问题寻求一个彻底的解脱。古人有句概括孔子对历史贡献的话，叫作"天不生仲尼，万古如长夜"。我个人对这句话的解读是，孔子的出现也像佛陀的"住世"一样，是中国文化的"大事因缘"。但与佛陀适成鲜明对照的是，孔子主要回答了如何生的问题，他在现世完成了对一个民族从肉身到精神的安顿。这种由"礼"向"仁"的转向，乃基于对生命的自觉反省而有的人性洞察，这也可以说是帕森斯所谓"哲学的突破"的一种具体表现形式，为人类在此世找到了安身立命的源头和方向。

到了孟子，明确提出"亲亲而仁民，仁民而爱物"，"人人亲其亲，长其长，而天下平"的"孝治"思想。最重要的，孟子还把孝之情感心理作为论证性善的一种论据，认为随着孩提良知的萌发，

"见父自然知孝"（见到父亲，你不用教，自然而然地就知道孝了）。这种将"孝"视为天性的思路，无疑将"性善"先验化了。由于时代的限制，孟子无法自觉意识到对父母的亲敬之情虽然是"孝"的心理基础，但"孝道"观念却来自华夏先民的生存经验，是"三代"以来礼乐文化长期孕育的人性期望。这种文化通过一种族群的历史经验和生活习性，被以孝道的形式传递下来后，成为民族文化心理的一种"集体无意识"。

李泽厚先生的"历史本体论"则认为，这先天的理性仍然来自经验，但"它是由人类极其漫长的历史积累和沉积（即积淀），通过文化而产生来的人的内在情感—思想的心理形式。所以它对个体来说是先验的，对人类总体则仍由经验积淀而成。其特征则是理性对感性的行为、欲望以及生存的绝对主宰和支配，所以称之为'理性的凝聚'。它在开始阶段（如原始人群和今日儿童的道德心理）都是通由外在强迫即学习、遵循某种伦理秩序、规范而后才逐渐变为内在的意识、观念和情感。从而，这也可说是由伦理（外在社会规范、要求、秩序、制度）而道德（内在的心理形式、自由意志），由'礼'而'仁'。人性能力由经验而先验，由传统、教育而心理"。

应该肯定，孟子所说的孩提之童"见父知孝"的良知，并不是孩子自身体悟出来的，而是一种历史的继承和社会遗传，从而随着自己的心智的发展，就逐渐融进自己的道德理性中去了。对于个人而言，这种知孝知悌的情感似乎是天赋的，它们是先于经验的，但实际上则是人类族群在历史发展中不断积淀的产物。人类个体学习这种道德理性的过程，就是一种"先验"变"经验"的过程。我们这些做父母的，常教育孩子要这样要那样，这实际上是告诉他们一些价值规范，这些条条框框对孩子而言其实是一种先验的东西，是社会遗传的一些东西，它来自漫长的历史文化。但等到孩子意识到道德伦理本身的价值并自觉按照伦理规范去做的时候，先验的教条就变成了活生生的生命体验，这就是"先验"有在个体中变成了"经验"。

对孝道的人性、文化发生史反思

从上面的论说可以看出，孝道文化本来是与华夏民族在历史实践中人性的具体进程，即中华民族的生存境遇、社会结构、文化心理等诸多因素紧密结合一起的，故在其产生后，对中华民族的精神凝聚、政治稳定、社会和谐、人生幸福等起到无可估量的正面价值。事实上，像中国人这样，将父母的慈爱与子女的孝道以及整个民族文化的基本理念捆绑在一起，特别凸显孝道在价值系统中的基础地位，这在世界文明中是少之又少的。我们要深入了解儒家孝道的特色，就应该有意识地跳出儒家的思维惯性和价值世界，从世界文明发展大势以及和其他文明的比较中，从更具有根本性的人性的发生发展中，来审视儒家孝道的特长与不足。

不难想象，这种孝道文化，需要与中国的基本国情为支撑，才能被发扬光大。若上述一些因素变了，则势必发生相应的变化。试想，如果一个国家的文化中缺乏孝道的传统，养老各方面都靠政府和社会而不是家庭，精神信仰靠宗教而不是伦理，在这样的国情中，强行提倡儒家的孝道，岂不成了无源之水、无根之木？欧美等大多数西方国家，并不如中国人这样重视孝道，甚至没有孝道文化。这又能给我什么启示呢？

第一，应该自觉摒弃文化中的沙文主义倾向，承认人性发展的多样性和差异性。

任何人都有因父母生养、哺育而有对父母的感恩之心，并有回报父母的心理倾向，此即孟子所谓的"孩提之童无不知爱其亲者"，这是跨文化的人性情感。即此而言，孝道有其普遍性及合理性的一面，任何文明都存在开掘、彰显"孝道"的人性潜能。只不过我们中国的儒家由于一些特殊的历史背景，把它发扬光大了，并形成了一种比较系统的学说，最终影响了中华民族的心灵。但对其他民族而言，潜能终归是一种潜能，这种潜能是否被进一步开显，以及开显到何种程度，则由该民族生存中具体的历史情势等诸多原因造成。文化起源的因素是十分复杂的，很多时候，这种人性潜能可能被其他的历史文化行程所打断。比如说西方接受了基督教，上帝命令孩子长大后要离开父母自己去生活，这种情况下孝道还怎么实施？

我有个朋友是基督徒，她在美国的夏威夷定居 20 年了，我感觉她道德水平很高，甚至可以说完全是无私的，但后来她把年老的母亲单独放在离家十多公里的一处公寓。我起初很不能理解，心想老母亲背井离乡投奔你来了，结果你把她一个人扔在那里，说难听点，在那里死了几天都没人知道。后来我看这位老人家生活得还挺开心，她自己也能买菜做饭，每天的精神寄托就是用收音机听"福音"，戴着老花镜一段一段地读《圣经》。她一次还对我说，原来在大陆，老公死的时候是那个惨样，现在自己完全不怕死了，死了之后就和上帝在一起，永生了。我当时心里感叹，宗教的影响真的太大了。佛教也同样如此，一个人成家立业之后，很多时候就要到深山老林里去修行了，哪有什么天伦之乐？但在佛教看来，你如何让父母信佛出轮回才是真正的孝。

学者李泽厚多次说过："伦理作为外在规范和秩序，它们是历史的产物。因时空、环境而大有不同，有很明显的相对性。我说过多次，例如原始部落有的杀老、弃老，有的却尊老、敬老，它们都决定于当时当地的经验功利（为节约食物而杀老和保存经验而敬老）。二者虽矛盾对立，但都是为了维护某一时空环境下的群体的生存延续而产生的伦理要求和行为规范，在当时当地都是道德的。"

种种文化差异也告诉我们，要彻底解决各种文明的冲突，最终还是要从反思人性开始。因为文化的产生过程，就是人性的形成过程，当然这句话也可以反过来说，即人性的形成过程，也恰恰是文化的形成过程。不管是古今中外的人性，都有一个共同点，那就是避苦求乐。儒家讲究孝道，乃至整个儒家文化，也是都为了避苦求乐，是通过成就自己的道德人格，实现人类在人间社会的各种美好理想。基督教强调对上帝的"信""望""爱"，为了死后重回天堂的永生，也都是基于避苦求乐的人性。无论这两种情感或伦理有如何大的不同，但都有着对赋予自己生命者以感恩戴德的心理。只不过儒者感谢的是生养自己的天地父母，基督徒是创造了万物与人的上帝。二者都展现了一种对"恩主"的敬爱感情，这是不同文化背后的共同的人性倾向。

徐复观先生有这样几句话，我是经常引用的，也是我要给大家说的一个结论性的话。他说："人性蕴储着无限的多样性。因人性所凭借以自觉的外缘条件之不同，所凭借以发展的外缘条件之不同，于是人性总不会同时作全面的均衡发展，而所成就的常是偏于人性之某一面，这便形成了世界文化的各种不同性格。我相信由各种文化的不断接触互往，人类文化能向近于'全'的方面去发展。但不能赞成以一种文化性格作尺度而抹杀其余的文化的武断态度。"

从一定意义上说，我的这一儒家孝道的讲座，可算是为徐先生这段话做了一个例证。正如前面说的，因为特殊的历史背景，儒家把人性中对父母的这种情感上升为孝道并发扬光大了，但不能要求世界上的每个民族都如此，他们有自己另外一种解决问题的方式。当然，话又说回来，即使世界上其他各国都不重视孝道，也绝不意味着中国人的孝道就是一种落后的文化，中华民族的根与魂就安置在这里。

西方著名现象学家马克斯·舍勒也说过，人是一个向世界无限开放的"X"。所谓无限开放，是说人性的发展并没有即定的路线和目的，而是有着无限的可能。我的观点是，并不是所有的子女对父母的自然情感都能发展出孝道，它需要具体的历史机缘。孝道也不是现代西方社会的最基本伦理，我们不能因为中国的特殊国情和历史境遇，发展出了孝道伦理，就依此为标杆去衡量其他文化的优劣，否则即陷入一种先入为主的傲慢与偏见。我们当然更不要一厢情愿地认为别的国家都应该放弃他们的文化，转而来学习我们这种孝道的伦理。

第二，从每一种文化在功能上的系统性出发，自觉反思不同文化的利与弊。

一般来说，每种文化都有相对自足的一面，都是与本民族的心智水平和社会需要联系在一起的。一种文化经历的磨难越多，历史越长，涉及的人数越多，地域越广，往往也越复杂和成熟，也越成为一个高度自洽的系统。除非在外在环境发生巨大变化，或受到另一种异质的，更具竞争力的文明，使本民族面临着生死存亡的考验，一般都很难自觉去反省发现这种文化的不足与限制，更多的是，只会以为自己内在的努力不够。以儒家文明为骨干的中华文明，恰恰具有上述特征，是一个具有高度自洽性的文化系统。正如以上所讲的，孝道文化作为儒家文化系统的核心要素，是与中华民族的生存境遇、社会结构、文化心理等紧密结合一起的，故在其产生之后，在中国传统社会一直根深叶茂。我们也很少对这种孝道文化的不足加以反省。

在后来的"五四"新文化运动中，儒家孝道却遭到一批文化"启蒙者"前所未有的猛烈批判。当时许多人把中国近代以来的屈辱都归结为传统文化尤其是儒家的错误，认为家庭是万恶之源，康有为、谭嗣同这些人都有这种说法。陈独秀更说"万恶孝为首"（传统上一直宣扬"万恶淫为首，百善孝为先"），要孩子对父母尽孝，致使中国积贫积弱，受尽欺凌。

有人列出了十条反对孝的理由：1、"孝"违反人权。2、"孝"排斥爱和博爱。3、"孝"混淆是非。4、"孝"违反自然。5、"孝"荼毒人性。6、"孝"遮蔽道德责任。7、"孝"因循守旧。8、"孝"压制理性。9、"孝"培养奴性。10、"孝"剥夺幸福。

应该说，这些批评都是以西方文化为标准来评价中国孝道的。比如说，第一条说"孝"违反人权，为什么呢？按照西方的观念，父母对子女根本没有什么恩，为什么要求孩子听命赡养父母呢？关于这点，中国人乍一听，可能会觉得大逆不道，父母生养孩子，对孩子怎么会没有恩呢？但生活在另一价值系统的西方人不这样想。传统信奉基督教的人，就认为世界的一切都是由上帝造的，追根溯源，人真正应该感恩的只能是上帝。另一问题，现代人讲究契约。康德就认为，父母未得到子女同意，就生下他们，所以就有责任将他们抚养成人，但并无要求子女偿还的道德正当性。因为孩子并没有同意父母生下他们啊，所以当孩子长大自立之后，亲子之间固然还有血缘关系和一定的感情，但没有了必然的伦理关系，如果还要继续来往，那就主要是契约关系了。

第二条，说"孝"排斥爱和博爱。泛泛地说儒家排斥爱和博爱，显然是不对的。因为儒家对父母的孝，正是根源于对父母的爱。问题在于，与基督教的博爱和墨家提倡的"兼爱"不同，儒家讲究"差等之爱"，每个人首先要爱自己父母，对自己的父母负责，然后再推己及人，最终达到"民胞物与""万物一体"之爱。就实际效果看，不仅人的能力有限，感情也有限，对外人的爱也就越来越稀薄了，最终更多的人只能成就一种自私的、小圈子的爱。至少在理论上，基督教的爱就很不一样，它首先要爱上帝，其次才是"爱人如己"。耶稣甚至说，要为你的仇敌祈祷，别人打了你的右脸，就把左脸也伸过去让他打。以此为据，就有人批判儒家的爱太自私，不够博大。第三条"孝"混淆是非。最典型的例子是孔子主张子为父隐，一个父亲偷了羊，儿子不要去控告父亲，以免破坏了父子天伦之情。在重律法和契约的西方文化看来，这种"亲亲相隐"的行为肯定是坏的，混淆是非，在现代尤其会助长裙带关系，包庇主义，导致社会的腐败和混乱。这个问题的谁是谁非，我不多说了，在十年前，国内思想界围绕这个话题有一场针锋相对的争论，武汉大学的郭齐勇和邓晓芒两位讲授各执一端。如果大家感兴趣，大家可以上网搜索看一下。

接下来第四条"孝"违反自然，第五条"孝"荼毒人性，第五条是"孝"剥夺幸福。基本上可以归纳为一条，就是说孝违背人性。为什么说违背人性呢？我们前面不是说，儒家的孝道根源于子女对父母的感恩敬爱之情吗？但反对者却认为，按照自然规律，父母的爱远远大于对孩子的爱，但你儒家偏偏主张反哺，要感恩父母，听命于父母，这就违背自然。这些批判不能说没有一定道理，它是从传统孝道的流弊来说的。我们当然也承认，传统孝道，也确实在历史上导致了数不清的悲剧，给子女带来了很多痛苦。举例来说，大家都知道长诗《孔雀东南飞》的故事，焦仲卿和刘兰芝本是一对恩爱夫妻，但因为婆婆看不惯媳妇，所以棒打鸳鸯，导致夫妻双双殉情自杀。还有宋代大诗人陆游和唐婉的爱情故事，陆游很爱他的妻子唐婉，但因为他母亲不喜欢，陆游很无奈，但母命难违啊，最终就把妻子休掉了，唐婉也改嫁他人，不久就郁郁而终。

第六条是孝遮蔽道德责任。一方面老人本来应该自己养活自己的，却盼着子女养活照顾，这就是逃避责任。第七条是因循守旧，以及第八条压制理性，第十条培养奴性，这三条都意思上比较相近。传统中国的讲究老成持重，缺乏冒险精神。孔子就说"三年无改于父之道，可谓孝矣"，中国的因循守旧很大程度上和孝道有关系，导致老人政治，压抑年轻人的独立性，使整个民族缺乏创造性。

西方思想家罗素甚至认为："孝道和族权或许是孔子伦理中最

大的弱点，孔子伦理中与常理相去太远的也就在于此。家族意识会削弱人的公共精神，赋予长者过多的权力会导致旧势力的肆虐。"罗素等人不知道，孝道和族权固然束缚了人了，但也解决了中华民族的生生不息问题，维护了社会秩序。没有社会秩序，一个这么大的国家，如何绵延生息，如何保持安定团结。难道要中国人都去改信上帝吗？传统中国人也没有这个条件呀。可见，我们不能超越自己的历史和国情，做一些缺乏历史理性的批判。

对于儒家孝道的批判，有一些是可以同情的理解的，但也有很多完全是以西方价值观为标准来抨击，未必合适。比如儒家讲"不孝有三，无后为大"，但"无后"之后的不孝是什么？阿谀父母。阿谀奉承父母，什么都顺着父母，不敢指出父母的过错，在儒家看来这也是不孝的。所以儒家重视孝道，将其作为天经地义，在这个文化领域中是有无比正义性的。当然社会发生变革了，有些地方需要改正，但作为一种文化传统，泛泛地说它不好，甚至把它妖魔化，这是不理性的。

从民族整体人性的发展看，孝道这种德性的膨胀与凸显，也可能使人性中的其他方面相对萎缩，即降低其他理智欲求样态出现的可能性。可见"肯定即是否定"，一个民族文化优势，也可能成为人性发展的限制。任何一个民族在某种特殊的文化被发展出来后，都有将其夸大化、普世化、经典化的倾向，中国的孝道被视为放之四海而皆准的真理，就是一个最典型的例子。这也不是儒家一个学派的问题，基督教和伊斯兰教都是如此。文化差异太大了，我们绝不能说最重视孝道的民族就是最优等的民族，反之就是最劣等的民族，因为一些其他民族虽然不提倡孝道，但可以基于自己的发展境遇，各自用一套文化来弥补和替代它。

有位叫安乐哲的哲学家指出："（犹太教）耶和华、（基督教）上帝、（伊斯兰教）安拉为我们人生赋予意义。与此很不一样，对儒家哲学体系来说，人生的意义与人生中所建立的关系是同步产生和形成的。人在自己家庭关系上达到的对待关系的至善程度，既是人、社会乃至宇宙意义的起点也是它们的根本源头。"也就是说儒家不是强调有一个超越的神来监督人的一言一行，而是凭着自己的良知来行事，终极关怀安置在人与人之间的情感中。基督徒的终极关怀是在天上而非人间，是死后的灵魂得救，这与儒家在现世追求"天伦之乐"的价值观无疑形成了鲜明对比。或者换个角度看，基督徒是把他们的"孝"，不是献给自己的父母，而是献给他们天上的"父"了。这样才能认识到自己的罪性，才能得永生，死后才能进天堂。

一些基督徒跟我说，你曾说你信仰儒家、信仰孔子，那么你的罪怎么解决？孔子也不能解决人的罪啊！就觉得很可笑也很蛮横，我说我也没有意识到自己有什么罪，因为我确实不信人违背上帝就是有罪的。中国不是这样一种信仰，中国的上帝也不是基督教的上帝，两者是完全不同的文化系统。我说我不否认你们，你们也不要轻易诽谤儒家，不要盲目否认其存在的价值和意义。

第三，自觉在文化比较中反思未来的人性建构之路。

在人性发展的诸多可能性中，世界上如果没有中国文化，尤其是儒家文化的出现，孝道也可以完全不产生或者说是以另一种颇为不同的方式产生，儒家所谓的"不爱其亲而爱他人者，谓之悖德"这样理直气壮的陈词，当然也完全可以不出现。

今天的中国人应该如何发扬这种孝道文化，将这种文化发扬到什么程度，就必须与变化着的社会现实及世界文明的大势结合起来加以思考。我觉得一大原因是农耕民族和乡土文明，社会结构主要是静态的，在西方工业文明的侵蚀下，传统的乡村中国的消失、宗法家族的解构以及家庭的小型化都让今天的中国人无法复原传统的孝道。重家庭、重亲情、重孝道的心理，必然会出现一定程度的弱化，这一点要理性地看待。孔子说："三年无改于父之道，可谓孝矣。"对这类话，我们更应该"抽象的继承"。因为从生存经验看，在这知识更新日新月异的社会，父母的知识更新往往赶不上儿女。所以很多具体事情，不必唯父母是从。但对父母的亲敬感恩之情，则必须一以贯之。可以肯定的是，孝道作为一种植根于人性的价值选择，具有划时代的精神价值。只要父母对孩子的生养与慈爱的天性不变，孩子对父母的感恩之心就不会变，家庭生活的基本格局也就不会变，这种产生孝道的精神就会永远延续下去。植根于中国民族历史深处的孝道既然成为一个民族伦理的核心地带，我们要自觉地经之营之，因革损益之，使之继续成为民族精神的基石。

著名文化学家克利福德·格尔茨在《文化的解释》中说："马克斯·韦伯提出，人是悬在由他自己所编织的意义之网中的动物，我本人也持相同的观点。于是，我以为所谓文化就是这样一些由人自己编织的意义之网，因此，对文化的分析不是一种寻找规律的实验科学，而是一种探求意义的解释科学。"孝道正是儒家文明为中华民族所编织的意义之网，与西方基督教信仰是西方人为自己所编织的意义之网一样。这种对人性的探索，是对生命意义的解答。答案有千万种不同，也没有优劣对错之分，但又不能说没有精粗深浅之不同。但是我们不能把我们的文明强加给人家，因为每个民族的历史形成不一样，需要自己不断开阔视野，不断文化融合，作为一种自主的选择。

总而言之，人性是人类在文明发展的复杂历程中逐步建构起来的。孝道作为一种具体的文化样态和人性内容，在儒家思想中得到了最充分的展现，成为中华民族特有的精神标识。儒家的孝道脱胎于中国特殊的历史文化母体，是人性理智需求的诸多潜能性中发皇出来的一种具体观念。此观念形成之后，又经过社会文化的传承内化于人性，融化在一代代人的心理—文化结构中，成为中华文明的底色，也是中国人之为中国人的最显著特征。

道家精神

庄子哲学三题：梦蝶·解牛·观鱼

陈少明

如果连"我"是什么都是可怀疑的，那么，争论是与非，以及由此产生纷争与不幸，有意义吗？

《庄子》中三则大家耳熟能详的寓言，是对处世的深入思索：庄周梦蝶，探讨的是主体的非确定性——人如何正确理解自己？人的主体性多大程度上是我们所以为的那样？庖丁解牛里，可以领悟生命的艺术意义。而濠梁之辩，则体现了庄子万物与我一体的哲学观，在探讨自己与他人的关系。

庄周梦蝶：放下是非　不自以为是

庄周梦蝶，大家耳熟能详。庄子做梦，梦见他自己变成了一只蝴蝶，在梦中这只蝴蝶栩栩然非常轻快地飞起来了，感到非常的舒服，不知道它其实就是庄子做梦的时候变出来的。庄子醒过来后发现自己有沉重肉身，根本就不是那只蝴蝶。

为什么庄子的这个梦会让大家觉得很特别，传颂了那么久，关键是他问了一个问题："不知周之梦为胡蝶与，胡蝶之梦为周与？"

不知道究竟是庄子做梦的时候变成蝴蝶，还是醒着的庄子本来就是一只蝴蝶做梦而变过来的？这个事情非常难搞清楚，说庄子跟蝴蝶本来是有区别的，可是在现在的这种情景底下，你搞不清究竟是庄周变成蝴蝶，还是蝴蝶变成庄周，这就是一个非常特别的问题了。所以我们说他神奇的地方不是这个梦本身，而是梦后提出的这个问题，即这个问题背后的哲学意蕴。

西方哲学家笛卡尔也做过梦，梦见的跟现实一模一样，以至于他怀疑现实是不是也是在做梦？他为了证实自己不是在做梦，摇摇头，掐掐手知道他就是现在的这个人。他也提出一个问题，究竟梦中的东西是真实还是现在的东西是真实的？

他认为梦中的感觉不是真实，我们醒的感觉也不一定是真实的。由此他认为，这个世界我们人感知到的所有的东西都是不可靠的，可靠的是我们在想这个世界，也就是西方哲学史上一句很重要的名言："我思故我在。"即我这个人确认自己的存在，是因为在思想，如果我没在想，世界所有的东西都是不真实的。

同一个梦，不同的哲学观。尽管庄周与笛卡尔，都曾经受到过梦的启示，但不同的思考，导向了不一样的哲学观。

在比较庄子跟笛卡尔的梦，我们知道一个基本的东西，这不是梦的差别，而是梦后提出的一个问题不同。笛卡尔的问题，就是睡觉时做的梦跟我们醒来的世界感知这两者之间是不是一样的，如果是一样的，梦中的东西不真实，那么我们醒来的世界就不是真实的，这是笛卡尔对这个世界的怀疑。

但是他只怀疑这个世界，他不怀疑自己，他怀疑这个世界怀疑别人怀疑见到的一切，可是他不怀疑自己，因为他知道在怀疑的这个人一定是真实，否则这个怀疑就没意义了。

而庄子的问题不同，他问究竟谁在做梦？是蝴蝶梦见庄子，还是庄子梦见蝴蝶？庄子对自我意识提出了怀疑，他怀疑的是人本身，而不是怀疑这个事件。这是庄子和笛卡尔的一个非常重要的差别。

庄子为什么要讲这样的一个梦呢？他想通过这个梦告诉我们什么？他是想表达他对这个世界的特殊看法。这其实也是庄子思考的"救世之道"。

战国时期，纷争不断。庄子认为，是非不断是世间不幸的重要原因。而是非，是人们分别对待世界的结果，对物的不同态度或眼光，对物有分别心，就产生了是非。因此，平息是非，即要把世界看成是一样的，即物化。则世间万物没有什么区别，没有区别那就不会有是非。

通过这个寓言，庄子其实是想告诉我们连"自己"是什么都是可以怀疑的，干嘛还要想那么多？还争论什么是非呢？

庄子想借此告诉我们，对人生的事情，不要太自以为是。要心胸开阔，你不仅要容纳物，还要容纳人，要把自己当成这个大世界中的一员，不要觉得自己有什么了不起，这就是《庄周梦蝶》的故事给我们带来的意义。

庖丁解牛：从杀生中，领悟"养生"之道

庖丁是宰杀的工人，解牛就是杀一头牛。

一个厨工，跟他的君子文惠君解牛。解牛过程，他表现手舞足蹈，用手用肩又用脚还用膝盖，总之一个人跟一头牛挨在一块，三下两下就把牛给全部都给解开了。解开的过程中不仅有节奏，而且节奏还符合某种古典的音乐，"合于桑林之舞，乃中经首之会"。

看了这个表演以后，文惠君就告诉他，你太厉害了，为什么你的技术会到这样的地步，这真神奇，一般人做不来。这个庖丁把刀放下跟他说，这个不是技术的问题，是因为我喜欢刀，我有了刀，导致我的技术有这么好。

君子听了之后说："善哉！吾闻庖丁之言，得养生焉。"明明是杀生，为什么他得出一个结论是养生呢？这个寓言究竟是要表现古典哲学中的道的意境还是想说解牛本身的技艺呢？

毫无疑问，道，是中国古典哲学的核心。但是，道该怎么抵达？这则寓言里，有着庄子对技术、道体、器具、生命的理解。

"道在术中"

毕来德的《庄子四讲》，提出"道在术中"。庖丁解牛的"道"，即解牛本身的规则。道的领悟经历了三个阶段，也对应了一种技能训练的过程：

学习的初级阶段，不知问题的关键，不知如何下手，"所见莫非全牛者"；经过一定程度的训练后，知晓问题在哪，处理事物能

被表象迷惑，直达事物关键，"未尝见全牛也"；进入高级阶段，熟能生巧，超越外部感知掌握只可意会不可言传的操控技能，达到出神入化的境地，即"以神遇而不以目视"。

从倒水，切面包，到练骑车、说外语或弹钢琴等更复杂的训练，都要经历该过程。从这个意义上说，"道"是普通经验的升华，道在术中，不是术外之道。庄子的道，就表现在解牛这样的一个术的过程中。

"以技悟道"

庞朴《解牛之解》，则将解牛之道理解为一种实践哲学，即"以技悟道"。"良庖岁更刀，割也；族庖月更刀，折也。今臣之刀十九年矣，所解数千牛矣，而刀刃若新发于硎。"

良庖、族庖、道庖，也即实践的三种境界。宰牛是一种行为，一种技术，但在庖丁解牛若干年，在长期实践中，达到得心应手的程度，实现了"以技悟道"。在道庖的境界，刀、牛、人，不再是工具、对象、主体三者鼎立对立的关系，而是浑然一体。

且就"道"字本身而言，人行走，所以有了路，路总是联系到目的地，行走之路，也便引申为行事之路，成为抽象的"道"，指称各种活动以及事物的法术、规范、法则等。

对道的理解必须建立在实践上，道不是言说，而是践履。

庄子怎么看待器具

但是，不管是"道在术中"，还是"以技悟道"，我们都可以看到，庄子心中，技术比器具更重要。那么，庄子怎么看待器？

《庖丁解牛》中，庄子专门写到了庖丁那把刀，但是不是写刀怎么来，怎么神奇锋利，而是写用刀之神：无厚入有间，游刃有余，动刀甚微。

这也体现了庄子"轻器"的观点：器不重要，重要的是怎么用器。正如庄子妻死，鼓盆而歌，重要的不是器而是节奏；匠石运斤成风，重要的不是斧头，而是石匠的技艺与郢人的信任和配合；圃者灌溉不愿用机械，是因为取巧会导致不专注，不专注则会破坏纯白的品格，导致道之不载。这也体现了庄子对人类文明中产生的各种器械的反思。

因此，我们可以看到，与儒家重礼器，墨家重视工具不同，庄子轻器。

庄子的生命观

"提刀而立，为之四顾，为之踌躇满志，善刀而藏之。"

庖丁解牛结束后，一个"提刀而立"的动作，其实大有深意：从中可以看到庖丁对解牛过程的享受，解牛不再是简单的杀生，而是一种艺术。这里面蕴含了庄子的生命观。

庄子"轻形"，认为"身残可以保生，形残而德全"，他笔下得道者很多都是肢体有残疾的；主张"无情"，认为人要不因为好恶而伤害自身的本性，顺其自然而不随意增添什么。在他的生命观里，看重的是"神"。庄子强调的是一种无意识而合目的的状态，无法言说的入神体验。

如杂技表演者、运动员，人的身体做出超出我们常规体验的动作，是出于本能。我们看到的动作，其目的不只是展示给别人看，表演者自己也享受这个过程。

这也是生命的意义：让身体的活力、精力和体能都得到良好的发挥，展示生命的活力，体会生命的快乐。"重神"，强调的是生命的艺术意义。

观鱼（濠梁之辩）：万物与我一体

观鱼说的是庄子跟惠子两个人的一段对话。二人游于濠梁之上，走在河边的岸上。走的时候，庄子突然说出游从容是鱼之乐，说游得很从容，是鱼快乐的一个表现。

惠子曰："子非鱼，安知鱼之乐？"庄子曰："子非我，安知我不知鱼之乐？"

濠梁之辩，是千载流传的经典论题。那么，人可以知道鱼是快乐的吗？

这两个人的字面回答一个比一个厉害，都是合乎逻辑的，实际上他们每一句话都在偷换概念。

大家都喜欢庄子要表达的问题，不是因为他对的，而是喜欢庄子这么理解世界。

当我们说"知"的时候，其实在表达什么

要探讨人是否会知道鱼的快乐，首先要明确一件事：我们说"知"的时候，其实有两种意思——我知道、我相信。

知识是共有的，而知道则分为可验证的和不可验证的：当一个人走进门说外面有老虎，这个是可以验证的，走出去看就是了。当一个人说一棵树是老祖宗的化身，这是他和你相信的东西不一样，是无法验证是与不是的。

为什么人能"知鱼之乐"

当庄子说鱼是快乐的，就是他相信鱼是快乐的，而不是他有证据告诉我们鱼是快乐的。

人们如何感受生物存在快乐，可以进行现象学上的分析。

灵长类动物，可以通过表情感知；猫与狗，当我们拿起棍子攻击，它们会躲，我们可以感知它们的恐惧，在相处中，我们也可以感知它们的快乐。生物推论：从水里捞起鱼，鱼会挣扎，人可以感知鱼的痛苦和恐惧，为什么就不能感觉到鱼的快乐？很多时候，人类有快乐不是突然增加很多东西，而是减少不好的东西。由此推论，将挣扎的鱼再放回水里，鱼会快乐，鱼有快乐并不违背人情。

"观鱼"里的哲学意义

通过知鱼之乐，庄子赋予了鱼与人同等的位置，体现出对动物平等的眼光，天地与我并生，万物与我一体。具体到自己与他人的关系中，就是尊重他人，尊重生命。庄子是生命哲学，不是自然哲学，不是社会政治哲学，不是伦理学，或许是本来意义的道德哲学。

这也是庄子与儒家的不同：儒家的"相濡以沫"，认为人有共同的、统一的标准，指向的是人类一体的关怀。儒家的良知需要相知，其道德意义是：人人互助互爱，共患难，同欢乐，借此摆脱苦难，走向美好生活。庄子的"相忘于江湖"，则指向个人关怀，庄子的自乐来自"自知"，其道德含义是追求宽容、自由，不麻烦别人，反对任何人把自己的信仰强加于别人头上。

庄学：逍遥做真人的智慧

邢益海

逍遥是庄子的一个招牌，是庄子的真精神。

如果说脱离无边的苦海，见性成佛，是佛陀的开示，那么走出有待的困境，成为真人，则是庄子的启迪。

庄子通过嬉笑怒骂、汪洋恣肆的文字洗涤人心，教我们走出功名利禄和自我中心的困境，是逍遥做真人的智慧。

讲庄子的人很多，不少人会说：庄子的《逍遥游》歌颂自由，《齐物论》追求平等。这样讲没错，但不够好，不能使我们直接契入庄子的心灵，从而在整体上把握《庄子》一书的要领。所以有必要换个讲法，对庄子有个新视野、新认识。

庄子是个怎样的人？

庄子生活在公元前 369 年到公元前 286 年，距今已有两千多年。他有三个身份：

第一是大才子。他的思想见解非常独到，往往一针见血，文字功夫更被认为是难以超越的。明代人评四大才子书，《庄子》排第一，是读书人千年的挚爱。清代龚自珍有诗形容说："庄骚两灵鬼，盘踞肝肠深。"

第二是隐士。在庄子之前，隐士是和遗民有联系的。很多旧朝的遗老不愿意在新朝做官，甚至不愿意苟活，这些人被叫作遗民，他们往往躲到山林岩穴里，成为隐士。老子也是这样的隐士，他晚年骑青牛西去，不知所踪。庄子却主张不用再跑到深山里隐居，心隐比形（身）隐更重要。庄子跟老子相比，就有这个从身隐到心隐的转折。老子走脑，思辨很厉害，很哲理化。庄子教我们走心，他讲的故事，他的发言和议论，和后来的禅宗一样，都是"直指人心，明心见性"。

第三是批判者。庄子的批判是很辛辣、很高冷的。庄子是讽刺文学的鼻祖，你得罪了他，他会把你讽刺得想找地缝钻下去。庄子虽然是个批判者，但他不反社会，他是非社会。非社会就是主张合道，是讲人跟自然的和谐。道家强调人最终要服从于道，道才是最高的。庄子讲自然和道高于人类社会，社会的道德、游戏规则或规范，和道相比，那是低一个层次的，但这恰恰是儒家重点讨论的。庄子、道家和儒家，没有在一个层面上讲话，所以我们不能说谁对谁错，只能说儒跟道是需要互相补充的。

在庄禅对比中讲一个大众化的庄子

两千多年来的庄子，基本上是文人的庄子。对庄子的喜爱和研究，大多数是局限在文人的圈子，或者是有文人习气和文艺范的普通人。这就是说，庄子并没有走进老百姓和大众的生活。老百姓和大众知道庄子吗？可能会听说过《庄子》里的一些成语故事，但说到庄子是什么样的人，《庄子》一书的中心思想是什么，就不甚了了，因为《庄子》里的文章多是散文，不是论说文，庄子讲道理的方式又是不正经的，喜欢讲寓言，旁敲侧击，指桑骂槐。这样的一本书的确不好读，很难懂。

其实《庄子》不比佛教、禅宗难懂。佛经的名相概念那真是多如牛毛，禅宗里的公案那真是叫人"丈二和尚摸不着头脑"。但禅佛教（禅宗是佛教历史上影响最大最广泛的一个宗派，我们着重于庄禅对比，所以用禅佛教来兼指二者）深深影响了我们老百姓的生活，庄子却没有。

在历史上，佛教和禅宗刚传入中国时，很喜欢借用庄子的概念和语言来类比和翻译，被称之为格义，这样容易被中国人理解和接受。经过一代代经师和禅师的努力，禅和佛教征服了人心。一般普通老百姓，都能知道佛教的"四谛"说（苦、集、灭、道）。人生是苦的，苦海无边，分析苦的原因就是集，消灭苦的原因就是灭，这样就能证成大道。佛教的这种教义很系统，又有逻辑。禅宗讲"明心见性，顿悟成佛"，也是直接得很，方便得很。

我觉得今天可以反过来，尝试借鉴和参照中国化禅佛教的成果讲庄子，讲一个老百姓一听就懂的大众化庄子。其实明代后期有很多儒家知识分子（王阳明的学生们）借鉴禅佛教，大兴讲会活动，他们将儒学直接面向大众，和老百姓互动，传播王阳明的良知教（可视作"儒教"），从而使王阳明心学风靡天下。

儒家本不是宗教，但它正面维持人伦和社会，当政者把它拿来做教化，官员和教师构成庞大"教士"队伍。教跟学是不同的，学是一些专家的事情，教才是面向大众的。道家的庄子要想被老百姓和大众接受，也需要一个参照，一个借鉴。过于学术化使庄子对中国老百姓的日常生活和精神的影响长期缺位，这是我们今天讲庄子的知识分子需要改进的。

很多人都在说"庄禅一致"，什么地方一致？我觉得应该是思想文化功能上的相似和一致，二者同属于"治愈系"。如果说脱离无边的苦海，见性成佛，是佛陀的开示，那么走出有待的困境，成为真人，则是庄子的启迪。庄子通过嬉笑怒骂、汪洋恣肆的文字洗涤人心，教我们走出功名利禄和自我中心的困境，是逍遥做真人的智慧。

人生三大追求及困境——功利、名利和自我

庄子说我们的人生都是有待的、有条件的、有限的，这就是人的困境，但人的欲望和追求却总是想摆脱和超越这些限制，这可能导致我们陷入新的甚至更大的困境。

人生最大的困境有哪几种？造成困境的原因又是什么？庄子《逍遥游》将之归纳为三种：功、名、己。功偏重于能力强，本事大，财富多，社会地位高等各种有形的、现实的追求。名偏重于名誉、名声以及道德价值等无形的、理想的追求。己就是我、自我，包括肉身生命（生死大事），也包括自我中心等立场。功、名、己虽各有偏重，但利益所系又是一致的，人们追求成功、成名，还有

自我中心，都是对利益的追逐，都是有我之心太重，是人自己的功利心、名利心以及生死心作怪。

庄子《逍遥游》提出无功、无名、无己（我）的逍遥功夫，就是要我们把功利、名利以及自我和个人生死看淡、看轻，逍遥做真人。

那么，对于功利、名利和自我这人生三大追求，儒家和佛教是怎么看的呢？

儒家的思想是人生和社会的根基，国家的中流砥柱。人生在世，儿童启蒙的时候要用儒家思想，要有礼教。儒家教育讲礼、讲秩序和尊老爱幼等等，还正面鼓励人要去报效国家和社会，在这一过程中建功立业，成名成家，实现自我的人生价值。功和名是不是不好的东西？当然不是。

如果大家没有了功利心和名利心，这个社会就乱套了，如果听任丛林法则和无政府状态，人们是没办法正常生活的，文明也就无以为继。因此儒家思想虽有缺陷，但不能否定其基础性地位。

儒家重视修身和功名，这就是讲自我，但也不是以自我为中心，而是把自我消解掉，投入到国家、社群、民族的事业中。孟子认为在国家、民族利益面前人应该牺牲自己、杀身成仁，这是儒家的浩然正气。儒家要人报效社会和国家，鼓励人们去成功、成名，这些都没有问题。不过仅强调这些还不够，人如果执着于功名就会经常使自己的人生陷入困境，所以历史上或现实中，纯粹的儒家并不多见。

佛教的观点和儒家不同。佛教认为，这世界都是缘生缘灭的。对于某一事物或现象，你可以一段一段地去分析，你看到的都不是它本来的样子，所以现在生成的东西都是有一定的条件的。突然不见，它也不是真的就不见了，它是在一定的条件下又变成另外一个东西。这就是缘起说，讲缘生缘灭。世界各大文明都有不少维系族群生存和社会发展的核心价值观，在佛教看来，这些价值观的名相概念都是虚幻的，都是人为认定的东西。对儒家讲的建功立业和道德善恶，都不要有"我执"，不要有虚妄的执着。人最难去掉的就是我执，就是自我中心。

最大的我执就是人的生死心。佛教的生死观就是以生死轮回说破除人们对此生的贪恋和对死亡的恐惧。在生死轮回的长河中，此生很短暂，人的灵魂是不死的，因此人有很多世，好好修行，下一辈子就可以更好。这种生死观和儒家很不同。儒家觉得人死了就是阴阳两隔，不朽的只有你的"立功、立德、立言"。佛教却认为世间的所有都是缘起缘灭，本来是什么？世界事实真相又是什么？是空的，你没办法执着它。儒家追求世俗生活的功名，那就是追逐幻象，是虚妄的镜花水月。佛教是非常讲缘的，就是不要有我执的分别心，要破除一切执着，万事随缘。

庄子的观点和佛教更接近，他的有待和无已说和佛教的缘起、破我执说非常神似。庄子认为功利、名利和自我都是有待的，人应该超越对有待的执着，去追求无待或绝待的逍遥。

人怎样才能无待逍遥？

庄子无待逍遥的功夫就是《逍遥游》所谓"三无"心法：无功、无名、无己。但我们不能只看《逍遥游》，《逍遥游》只是提出庄子思想一个总的纲领和宗旨，"三无"的心法其实贯穿在《庄子》每一篇中，特别是《齐物论》。《齐物论》开篇所讲的"吾丧我""天籁说"就很重要。要想无功无名，先要无己。

功是本事和能力，是有用。本事越大，功越大。能力越强，得到的利益就越多。关于大小，一般来说，大的东西当然比小的厉害，有用的东西当然比无用的东西好。但是庄子告诉我们，这些都是片面的。不能一味地追求成功，有时候，无为才是最好的。

好名声和成功往往是成正比的，一个人越成功，好名声就越大。但是庄子告诉我们，名声也是樊笼，如果你要去追求名利，你的名利心很重，就容易被装进笼子里面，陷入困境不能自拔。所以有的人认为功利心易除，但名利心不行，很多人都去除不了。很多有修养的人，对金钱可以不动心，但你要毁他（她）的名声，他（她）会和你拼命。庄子又说名声是天刑。我们一般讲刑，是外界来的一种惩罚，天刑是人自己内心的一种刑法，是一种煎熬。大家想想，《庄子》这样讲，不仅生动而且深刻！说名利是牢笼，是天刑，是庄子独到的发明。

再有就是自我，有己、有我很正常，但自我中心、贪生怕死就是我执了，所以庄子提倡无己、无我，做无己、无我的功夫，最关键是理解庄子的天籁说。一言以蔽之，天籁就是吾丧我。吾丧我之后，人才能成为无待逍遥的真人。

何谓（什么是）逍遥？何以（可不可以）逍遥？如何（怎么样）逍遥？我们首先要去庄子《逍遥游》里找答案，但其实《庄子》全书都在回答这个问题。

大家对《逍遥游》应该不陌生，这可能是《庄子》书中对世俗生活影响最大的一篇文章。在我们今天居住或办公的地方，特别是新开张的生意场，都喜欢挂"大鹏展翅"或者"鹏翔万里"的书画，那都是取材于《逍遥游》，表达了人们对一种精神自由和美好前程的向往。但这是对庄子的美丽的误解，是世俗化的解读。自由自在和不受拘束，确实是逍遥的意思，但这是一种通行的解释，仅这样理解不够深刻。

逍，是消失的消，是停止、休息，是放下，是退一步，是回头看。人不能够一直向前走，一直往前冲，有时候需要回头看一看，反省一下。比如说，无论是在政府还是企业中，尽管你的职位一直在上升，但总有停止的时候。你如果野心越来越大，只顾向前，不知道安于现状，那是危险的。有时候安于现状是你的生态决定的，维持那个样子对你的生存也许是最好的。你要是一心往上爬，迟早会出问题。

遥，就是远。经常，放下眼前的执着，你才能走得更远。经常，停下来后回头看一看，你才能够继续向前。

庄子逍遥的智慧，跟儒家的建功立业、成名成家的想法不一样。该放下、该舍弃的时候，你就该停下来，你就得停下来，要不然就会吃亏。如果不知道回头，不知道退一步，你就会陷入困境。

有一首歌唱得挺好："有时候我觉得自己像一只小鸟，想要飞却怎么也飞不高，世界是如此的小，我们注定无处可逃。当我尝尽了人情的冷暖，当你决定为了你的理想燃烧，生活的压力与生命的尊严，哪一个重要？"每个人都有自己的选择，无论是因为生活的困境，还是自己本身的心性平庸，生命的尊严和心灵的梦想，我们都不要轻言放弃。有个年轻的网红老师说"世界那么大，我想去看看",甩了一封辞职信就走了。这就是受了《逍遥游》的影响,我们叫它是文化病毒或者文化基因都可以。

《庄子》内篇中有两个地方出现了逍遥,第一个是《逍遥游》的末尾,第二个是《大宗师》子桑户死一段。第一个是无用、无所事事的形象,逍遥的状态就是高卧在大树下面,无忧无虑。人在睡得很安稳的时候,哪里还有什么困苦?第二个讲的是顺其自然,功名心不要太强,不要老惦记着有为,世俗的东西都不在你心里面,更不用说盘算计划中。无为,自然可以逍遥。无为又称方外游。方内就是世俗生活,是我们的社会生活或者说群体生活。方外游就是不在乎世俗的追求,不追求建功立业。游于方外,你的心不系于世俗的追求,这时候便是无为,不用有为,不需要有理想、有志气。无用自然无忧。无为,何来困境和困苦?这种摆脱困境、没有困苦的人是闲人,或者叫散人,也就是真人。

《庄子》的内七篇只有这两段讲到逍遥,但已经把逍遥的含义说出来了,无用无忧、无为无困。释迦牟尼是在菩提树下悟道成佛,庄子是在臭椿树下道呀遥呀的成为真人。

那么,何以逍遥?如何逍遥?《逍遥游》(但不限于《逍遥游》)的论证分三步走。

迈向逍遥第一步——小大之辩

《逍遥游》先讲自然界的万事万物,它们的形体和外表是有小大之分的,是有小大之辩、有比较的。高大就是高大,矮小就是矮小,各有各的好,没有什么可比的。如果说非要区分,那就是价值观的问题。自然界的形体和外表,即便有小大之分,那也是客观存在的。但你不要去刻意区分它、在意它。以大欺小，以小笑大，都是一孔之见，都是价值立场不同的偏见。

在《逍遥游》里，大鹏一路腾飞象征着积极进取的人生，但小鸟不理解，也不认同，它不羡慕甚至嘲笑大鸟。小鸟在树林里跳来跳去，随便抓点虫子吃，它对这种生活很满意。我们该指责这样的境界是平庸的，批评小鸟是井底之蛙，还是应该表扬小鸟笑出了一种境界？我认为小鸟是笑出了境界。很多学者认为《庄子》讲小大之辩，当然是讲大的好，但这完全是对庄子的误解。因为如果是要表彰大的话，这跟《齐物论》是矛盾的，《齐物论》要消解小大之辩，所以《逍遥游》里一定是说小和大各有各的境界。

在价值评判上面，我们是应该表彰大鹏、批评小鸟，即所谓燕雀安知鸿鹄之志；还是肯定大鸟、小鸟各有精彩？我们歌颂大鸟的生活方式，肯定其高大上的价值，并不意味着要鄙视小鸟的生活方式，否定它们的生存和生活价值。自然界万物在形体和能力诸多方面都存在着客观的差异，小和大也是比较而言的，没有完全的一致和平等，所以都去追求大是不可取也是做不到的。将千军万马推上独木桥，绝不应该成为一个健康社会的价值选择，多元的价值取向才是理想社会的理性基础。

神人无功——为小大之辩作结

成功是社会秩序和稳定的基石，我们做事情总是要追求一个成功的结果，这很自然，无可非议，但我们不可执着于成功。功利心是使人类失去自由的脚镣和手铐。庄子提出"神人无功"，为小大之辩作结。

功利心是对大和多的贪婪，殊不知一味追求成功，终将使人陷入困境，因为成功的达成总是带有条件的，在成功的路上会有无数次失败和挫折需要我们去承受。会打仗的人我们称之为战神，但古语云"一将功成万骨枯"，战神不是一个人打拼出来的。在股市里，对那些特别会炒股、能赚大钱的人，我们称之为股神，但他的赚钱往往意味着别的人亏钱，并且 99 次的成功也不能保证第 100 次不失手，往往一次失手就足以前功尽弃，倾家荡产。

帝王将相之位引起人们的争夺，有成功者就必然有失败者，而成功的也并不能持久，或者在新的竞争当中被取代，或者随着自己身体的衰老而被取代。就算你打败了所有的竞争对手，独孤求败，最终你仍然会完败于时间和光阴，人都逃脱不了死亡的结局。正如《红楼梦》中的《好了歌》所唱："世人都晓神仙好，惟有功名忘不了。古今将相今何在？荒冢一堆草没了。"唱《好了歌》的是一佛一道，和儒家观点有点对立，但也是补充。我们不反对将儒家思想作为社会的根基，但光有儒家的思想，没办法应对日常生活。

在漫漫人生路中，你不可能一直去建功立业并且一帆风顺，不可能永远慷慨激昂，有时候会平静下来平淡下来，你的财富可能会减少，你的官职可能会变小甚至遭遇免职。这个时候你如果有"退一步海阔天空"的修养，你就能体会到佛也好、道也好，它们的智慧能让你变得安宁，你的心灵不再受困扰，所以儒道佛三家的智慧都是我们要学习的，各有各的擅长处。

升官发财是最典型的功利，庄子在《秋水篇》中讲了他在功名地位面前不动心的故事。庄子钓于濮水，楚王派使者请庄子做宰相，他问使者："乌龟是愿意死后尊贵地被供在庙里当神龟，还是愿意活着，自由地拖着尾巴在泥地里爬行呢?""往矣! 吾将曳尾于涂中。"庄子不要神位，宁愿平凡。《史记》也说庄子宣称："子亟去，无污我。我宁游戏污渎之中自快，无为有国者所羁，终生不仕，以快吾志焉。"庄子放弃当官、成功的机会，认为那会损害自由自在，不值得。

无为寡欲是快乐的诀窍

庄子是很清高的。《秋水》篇里有个故事，庄子对惠子说，宰相职位在我眼里好比一只死老鼠，表明他对功名地位一点都不稀罕。庄子还喜欢拿有本事的尧、舜、孔子、颜回等来说事，强调在儒家仁义礼乐和功名之外，还有一个逍遥自在、自由无为的更高境界值得追求，即"天地与我并生，而万物与我为一"，"道通为一"。庄子塑造了一大批看上去平凡却是体道、得道的人，他们不居王位，其人格境界却令尧舜那样的圣王也自惭形秽。

这种无为、寡欲正是快乐的诀窍。人的生存以及快乐的获得，有时候并不需要去追求很多很大。森林里的小鸟有一根枝头可以休息，鼹鼠可以在大河喝够水，它们就很快乐了。同样，人活下来并不需要那么多的欲望，空气、水、大米等其实相对来讲价格都是很低廉的，因此人真正需要的并不多且不贵。

人对物质的欲望表现在想得到和想守住，但在庄子看来，得到某物就是受了某物的负累，想要守住它也不可能。《共产党宣言》说，我们无产者失去的只有锁链，得到的是全世界。有产者患得患失，经常不快乐。

庄子把人类借助技术征服外物的欲望叫作机心。机心使人不断进行技术发明和创新，老是要去征服外在的世界。今天我们每个人都享受互联网和微信等技术带来的工作和生活便利，但是一个马云就把很多实体小店主"一铺养三代"的信仰颠覆了，很多人经营不下去，要转行做服务业。所以科技的发明，是不断在追求控制自然甚至控制人自己。人没办法离开技术，而技术也在不断地进步，给我们越来越多的便利，但这个机心始终是会败坏我们的品性的。机心太发达，人的心性就会改变。所以这个度在哪里，是很麻烦也很复杂的问题。

庄子《齐物论》有一核心观点，就是要平等地对待人与万物。物尽其才，人尽其用，才是无功。这个无功讲的是不作功利计较，不是不要任何成功。不作功利计较是不在现实世界里计较，这是一种精神的境界，是一种价值观，是你对待事物、对待世界的一种看法、一种认识、一种价值选择。因此我们读书学习最要紧的就是培养价值观，提升我们的三观和境界。你怎么看现实世界，怎么去选择？你的选择和价值观不同，生存的状态可能就不同，幸福指数还有你的生活质量可能都不同。

迈向逍遥第二步——有待无待之辩

自然界的小大之辩，进入到人生和社会领域，庄子又转换成有待无待之辩。社会、人生和自然界一样，存在着各种各样的差异和不平等，我们的功利心、名利心和生死心就来了。那我们如何去消解？庄子的办法是区分二重世界和价值转换。现实的有形的世界是有待的，有待就是有限，就是有条件，这意味着有待就有困境，无待才能够逍遥、才能够走出困境。

可是人生在哪里能够无待？逍遥的世界在哪里？万事万物都是有正面就有反面的。有待的，才有所谓的高、低、胖、瘦，都处于一个互相比较当中的。在有待当中，我们才说他是高是低，是大是小。庄子希望人们超越有待，追求绝待和无待，所以他在物质世界之上开出另一重精神世界。无待不可能存在于自然界或人的现实生活当中，只能在人的心灵世界里面。所以说《庄子》哲学关注人的精神世界，讲的是心灵哲学和境界哲学。有人认为《庄子》的东西骗人，那是因为你在现实世界中看不到。

精神世界、理想世界跟物质世界、现实世界毕竟是两重世界，虽然这两个世界可以相通。但是我们的追求，我们的着重点应该放在精神世界。因为现实的世界，在我们生下来就限定了，生在一个贫穷家庭的人，去跟一个所谓的官二代、富二代的家庭里面的人相比，能平等吗？你们的奋斗起点很不同。我们只能在自己的生态里面把我们自己活出来，活得精彩一点，努力的方向就是我们的精神世界。我们在现实世界中当然要去建功立业和奋斗，特别是年轻人，但是我们要包涵和理解挫折。

人都是有条件限制的，我在这样的条件下奋斗出这个样子，已经很好了。精神的世界，也就是境界。那么我们应该通过读书、教育和个人的修养来洗涤我们的心灵，要提升我们的人生境界，跟很琐碎的、很烦恼的，甚至说很丑恶的现实世界拉开一点距离，让我们活得幸福、有尊严和有价值感一点。我们读《庄子》能让我们解除一些精神困扰、困惑，提升我们的境界，其实人的尊严和意义主要存在于我们的境界和心灵世界中。现实世界有限制、有形、有条件，不可能存在一个不受任何条件限制和依赖的无待境况，一定是每一个东西每一个状态都是有条件的，都是有待的，都是有对立的，有好就必然有坏。就像人的个性一样，我们每个人的个性可能都有稍微的差异，但你不能把某种个性一棒子打死。某种个性一定是有好有坏的，在这个地方它是好的，换一个地方可能就是坏的了，就成为他的缺点。

卢梭的《社会契约论》中"人生而自由，却无往不在枷锁之中"的观点，和庄子有待的观点也很类似。人，生而有待，受到各种局限，经常陷入各种困境，自觉或不自觉地受到各种有形无形的束缚和桎梏，或者深陷困局、生死牢关。对自我、功利和名利的执着追求，就会使人类陷入困境和烦恼，得不到真正的自由和快乐。我们只有认识到这些都是有待的，反身去追求无待、无名、无功、无我的精神境界，才能够实现真正的逍遥和自由。

圣人无名——为有待无待之辩作结

对名誉和名声的追求是人类社会特有的现象，是人类开出精神世界后试图超越自己有待、有限的生命，对意义和价值的追求。在这个意义上，对名誉和名声的追求是个人成长和社会发展的动力。但名位和名利经常相连，人们经常会跌落至名位和名利的陷阱和牢笼。沽名钓誉固然是小人，圣人不逐名也不逃名，更不会为名利所动。什么叫名利？"名"包括位置，是天下之公器，不可多得。名和位是连在一起的，我们每个人都有一定的位置，有一定的位置就有一定的名声，也会有相应大小的利益即名利。人总有一定的名位和名利，现实世界的人，名无可逃也不必逃，但不可对名位和名利有贪念之心，否则你就容易陷入名利的牢笼，遭受名利的天刑。

庄子"牢笼"和"天刑"的思想都是在《养生主》里提出的，《养生主》很深刻。《养生主》说："泽雉十步一啄，百步一饮，不蕲畜乎樊中。神虽王，不善也。"小鸟被养起来就不存在揾食艰难了，但却丧失了自由。牢笼的观念出自这里。要是你的名利心态太重，便一定会被拴住，会有很多困扰。一个人一旦成名了以后，生活有时候是很狼狈的。之前拼命地奋斗，想成功、想成名，但你成功了、成名了以后真的就幸福吗？

名有很多种。有小名，有大名，有美名，有骂名。有人不为这个名，但却为了另外的名又跳进去。比如，"汤以胞人笼伊尹，秦穆公以五羊之皮笼百里奚"，伊尹和百里奚都是贤人，他们不计较个人得失，但一个为同胞利益所笼络，一个被君主的信任所打动，出山辅佐君王，成为贤相。明代的袁宏道只做了几个月的官，便大呼当官太累，不自由，辞官不做了。从我自身的职业经历看，高收入的职业我辞了，处长（主任）我也不当了，我很喜欢现在这样读读书写写文章的生活。也不是说现在名利就牢笼不住我了，只是将功利、名利看淡了些，人就能自由多一点，逍遥多一点。

庄子还说了另外一只笼子，人自己把自己关起来，这是庄子的发明。庄子说牢笼，有外在的，也有内在的，所谓天刑。刑法的刑，从甲骨文和经文来看，都有井字，表示这是陷阱，所以这个井跟樊是一样的，都是牢笼。外在的牢笼是身体的牢笼，但名利心是心灵的牢笼，是内在的，自找的，庄子称为天刑。《养生主》提出："为善无近名，为恶无近刑。"庄子的意思是人应该保全自然本性，不要被名利心控制住。在日常生活中与物相刃相靡，要抵制名利的诱惑以免内心煎熬，遭受天刑。

这里的善恶应该当作普通的名词，不要当成道德上和价值上的评判。但即使是名词（标签），也已经很可怕。你迎合它，人们就说是善，你反叛它，就可能被认为是恶。所以我们每个人都是不同的独立个体，在历史上，所谓普遍的公共需求或者共同利益，很容易是出于少数人（比如帝王）的意志，但却被当成一个公共的名，要全体社会成员遵守。在庄子看来，那些公共的名（标签）其实都是有条件和局限性的。拿所谓公共的社会价值来要求每一个个体，经常会戕害人性和真我，庄子对此感到很悲哀。

所以，一个人"为善"，就是按照一个特定社会共同体已有"善"的标准来行事。至于个人有了社会名誉，被总结经验，被称为善，那就更如同被关进鸟笼，所谓"名声之累"。"为恶"的情况也是一样的，坚持特立独行，违反特定共同体的礼俗或者律法，自然会受到来自他人和社会的惩罚。但个人为"恶"所困，忧虑违反特定共同体的礼俗或律法而遭受惩罚，这也是刑，是不同于外刑的内刑，是天刑，是自己内心的阴阳失衡，需要靠自己做"心斋"和"坐忘"功夫才能摆脱。外刑有时是不以个人意志为转移的，就像有飞来横祸，人为、被冤屈的牢狱之灾等，那是命、是天。

总之，社会规范等外在的牢笼和个人内在的天刑一起影响着每个人，那些有才华特别是有个性的人就会活得非常痛苦。当一个单位的人事部门说某个人很有个性，那么这个人的官场前途就渺茫了，我们的社会组织往往喜欢没个性的人，有个性就不容易得到提拔。我也是经常被组织说成有个性的人，所以我知道自己爬不高的，那就不如自己滚下来，自由一点更实在。庄子《骈拇》篇提出人不该被外物伤性害身。名实质上也是一种外物，如果说普通人经常受功利诱惑而伤性害身，那么读书人最容易以身殉名。读书本是明理，但如果为名节或名利所困，以理杀人或被理所杀，同样可悲。在庄子看来，人能无名，才能全其真。但圣人才能做到无名而逍遥，一般人鲜有不为名所困，也就鲜有人能真无待逍遥了！

迈向逍遥第三步——有用无用之辩

有用无用之辩也即有待无待的价值取向，最能体现人类立场和价值评判态度。有用必有待，无所用之，才是无待，才可免于受困和束缚，实现真正的自由。在《逍遥游》里，和小大之辩形成对照，小鸟相比大鸟，似乎是消极、无用的一方，而在有用无用之辩里，大瓠、大樗树却成为无用的一方，这其实就是对大小之辩的自我消解。

在大瓠、大树故事之间，又插入了宋人有善为不龟手之药的一段。说的是同样的东西在一个小商人的手上，跟在一个大商人的手上用途是不同的，不同人的用法带来的结果就可能大不相同。所以对于事物功用的评判，什么是有用的，什么是无用的，真是不好说。我们应该要有这样一个观点，没有绝对有用无用之分，一定都是各有各的有用之处及其无用之处。小用大用、有用无用都是相对和平等的。

《逍遥游》以樗树引出逍遥，樗树虽大而无用，却可以供人无为其侧、寝卧其下而逍遥，如果说这是樗树无用之大用，那么庄子面对无何有之乡、广莫之野的樗树（这等于说此树只存在于人的心灵世界），无为其侧，寝卧其下，这就是庄子《天下》篇所说的"独与天地精神往来"。从而进入彷徨（一种自由、无执着的状态）

和逍遥境界，这和佛陀盘坐在在菩提树下冥想禅定、悟道、涅槃，二者何其相似！庄子和佛陀，他们都是在大树下悟出人生最终的道理，包括宇宙的道理。

我们常说功用。功，功利心，最后是要有用，落实到用。有用和无用的区别在于有用必有待，无用则无待。所以我们有时候提倡读书无用，说的是不为一定目的和具体用途去读书，尤其是人文类（文史哲）的书。我们通过读书，不断地扩大视野，并提升自己的精神境界。当某天碰到困难，你的境界不同，处理问题的方式就不同。你可能就会处理得比较好，就容易走出困境。所以，看上去无用的东西可能有大用。

至人无己——为有用无用之辩作结

最后讲一下无己，或者说无我。有用说到底是有我之用，是我的立场甚至是自我中心作怪。如果能无己、无我，自然就不会区分有用无用。所以无我有我可以终结无用有用之辩，庄子的这项工作是在《齐物论》完成的。《齐物论》一开篇就提出"吾丧我"。

"吾丧我"中的"吾"是一个真我，一定要区分"吾"跟"我"这两个概念。"我"是你我的我，你我相对，换过来，你就称我，我就被称为你了。这是在有待的事件里面或者说是世俗世界里面的一种自我，并不是本我、真我。真我应该是"吾"，吾丧我，就不用戴面具扮演各种各样的社会角色了。

人从出生后，就被教育和扮演各种各样的社会角色，这些角色有很多责任和义务，限制着我们也牢笼着我们。慢慢地，你丧失了真我。我从"真我"变成了角色之"我"，把"吾"丧掉了。庄子要让你找回"吾",找回真我,而把角色之"我"丧掉。这跟庄周梦蝴蝶是一个道理,要观察"吾"之化,就不要区分这个世界。其实你必须在一种自然的、万物一体的状态里面,才能够找到真我。如果你是有角色、对待和条件的话,那就有诸多外在的规范和责任,就会被困扰,特别是好心没好报的时候,你就会很痛苦。一个人角色意识太强会活得很累,直至被拖垮,精神崩溃。读《庄子》能够帮助我们排解、治愈自己,之前我也提到庄子是治愈系的,说的就是这个道理。

庄子关于天籁的思想是非常深刻的。在一片树林里面大风一起,万窍怒号。意思是树林里有各种各样的树洞,树洞遇到风,发出各种各样的声音。人工的乐器,包括人声,是人籁。树发出的各种各样的声音是地籁。那么天籁在哪里?现在很多人讲的天籁之音,都是地籁或者人籁而已,根本就不是天籁。

我们看《齐物论》第二段,风带来了声音,那声音在哪里?有形状吗?没形状。看得见吗?看不见。那么,问题就出现了。这个世界,很多人是用眼睛去看的。在世俗的世界中,我们会有很多偏见。眼见为实,看到就是真的,看不见就是假的。我们很多人都不知道天籁,都以为很好听的声音就叫天籁,不是的。天籁是一个无形的东西,甚至说没有区别的东西,怎么会是每个人、每个树洞发出来的声音?我们的思想是通过声音表达出来的,更高级一点儿的思想是用文字表达出来的。这就牵涉文明、文化、价值观等东西。风本身是要通过每个树洞,思想要通过我们人的声音和文字来表现。天籁,就是让我们每个人发出声音和产生思想背后的那个无形、无待的东西。

佛教里经常讲人的狂心。我们人有各种各样的思想和念头，这些念头是瞬息万千的。一旦停下来，就叫狂心顿歇。这很难，很多人的心不断被周围环境和自己的七情六欲所干扰，一刻也停不下来。不信你去练练气功或静坐。当你静坐下来时，思想和念头不但没有停止，甚至比没有静坐前更多更乱了。这个世界各种各样的声音都来了，比你睁着眼睛的时候受到的干扰更大，所以很多人会走火入魔。

佛教讲收服其心，我们的心就是念头。当念头不断变来变去、心猿意马时，坐禅的人说你要收服它和制止它，要能够驾驭你的心，这就是禅。禅的作用就在这里，你要修禅、习禅，要驾驭你的念头，让自己的心像一碗水一样平静下来。当狂心顿歇的时候，禅宗说，你的真面目就出来了。而庄子的说法就是你就找到了真我。想清楚什么是逍遥和真我，你的整个人生都会大为不同，可能会颠覆你之前的三观。把这个问题真正想通，按照禅宗的说法就是见性，你见到了你的本来面目，之后就没有什么想不通的了。我们每个人各种各样的念头和想法，真的是自己想的吗？其实不是，很多是被社会舆论和环境左右的，并不是我们的本心。你现在正在做的东西，当然都有你的观念支配，你是这么想的才会这么做。但你会这么想，是无我（真吾）的真心、本心和初心呢，还是有我之心？

无我、无己的境界到底是怎样的？人是自然界的一部分，人跟猫、狗类比，我们都是生物。跟水木水火土类比，我们是元素。人火化后就是一堆化学物质。不要认为人很高级。人不高级也不特殊，和天地万物一体同悲，所以不要太自我中心。明末清初有位大思想家方以智，他有一段话是对人类中心主义很好的批判。他说人的面相是不同的，没有人是完全相同的。因为有不同，所以我们才学会互相尊重，然后才能够大同。比如鸟兽的形状，我们看到的各种各样的鸟、兽，相信都有它互相不同的地方。蚂蚁的形状和人的面貌一样，也是无一相同，但我们并不去区分每只蚂蚁而是把所有的蚂蚁都叫作"蚂蚁"。狗吠的声音和人的声音，也是无一相同，但我们并不去区分每只狗叫的声音而是把所有狗叫的声音都叫作"犬吠"。

人发出声音，又提出观念、思想，跟这些有区别吗？没区别。不要以为你的声音、思想、价值观是独一无二的，其实没有这回事。无论哪里的人，虽然有身形、语言和思想观念的不同，但人之所以为人的真精神没有什么不同，因此最后才可以大同。这个大同的人就是无我。世界不止有一种声音、一种观念，我们需要互相包容、互相尊重，因不同而大同，这就是无己或无我的境界，也是无待逍遥的境界。达到了这个境界，世界就和谐了。

庄子的生死观和逍遥哲学

庄子和老子虽然同为道家的创始人，但二人精神气质很不同。老子贵生，追求长生久视，后来道教重点发展了老子学说的这一面向。但庄子主要是一种心灵哲学，他没有去追求养生以及神仙长生不老那些东西。庄子强调精神的生命高于肉体的生命。庄子的生死观是薪尽火传，肉体的死亡就像薪柴烧完了，火会传下去。我们个体的薪（肉体）是会灭（死亡）的，但我们的精神、思想，却可以流传下去，成为不朽。

薪尽火传应该有两个含义，一是肉体生物的遗传，二是思想的流传。所以说传统文化就是我们的文化基因，就是中国古人的文化基因。有的人把思想流传的价值看得比生物学上的遗传还高，二者实际上不在一个层面，因为它超越了家族和种族的局限，能使更广大的人群受益。所以庄子将生死看得很淡，你没办法不去面对死亡，但我们可以选择淡化它。

死亡是无我的生命表征，因此庄子的生死观是其无我说的有机组成部分。死亡似乎能使人生的一切努力化为乌有，你的奋斗、功和名，最后将随着死亡而消解，这就注定了人类命运的悲剧。消减对死亡的恐惧是不容易的，很多人千方百计努力却都不可行。因此人从生下来以后就必须面对死亡的悲剧性结局，所以说人的生死观是非常重要的。陶渊明有"纵浪大化中，不喜亦不惧"的诗句，表达的正是庄子归于无待无我的精神境界。

我们很难逃掉功名利禄和我执，能做到无功、无名、无我的人少之又少，但我们至少要通过庄子哲学明白其中道理。功利名利心和生死心我们很难完全没有，但要尽量淡化它。每个人现有精神境界不同，想清楚庄子所说的这些道理，开始去追求无待、逍遥的智慧，日积月累，潜移默化，我们摆脱困境的能力和生活质量必然有所提高。一味地追求成功和名誉，心性不定，身不由己，不知道觉醒抽身、退一步海阔天空的道理，我们就会在我执和自我中心的泥潭里越陷越深，难以自拔。

"环中"概念在庄子哲学中很重要。我们都学过数学，都知道圆规。庄子说人应该找到像圆规一样环中的那个点，站在环中的位置画一个圆。那我们应对世界任何事都是一样的，看待世界的方式便没有任何区分，都是等距离的。庄子将这个中心点当作他的哲学，这个中心点也就是无待和逍遥。环中概念很有智慧地破除了有待和我执，因此环中是庄子逍遥哲学重要的方法论，有了这个方法论武器，我们应对这个世界、走出困境就会比较容易。庄子在《应帝王》中，谈到"一以己为马，一以己为牛"，就是说我做我自己，我做我的真我，别人的看法对我是没有影响的，这也是一种无待和逍遥的境界。人为了做自己、做真我，确实需要学习庄子哲学。

庄子创造了一个无待逍遥、充满大智慧的哲学，他破除了人们对功利、名利、自我以及非此即彼的界限的执着，教人走出有待的困境，活得逍遥自在，活出真我的风采，成为一个真人。

漫谈道家清静与观的艺术

李大华

清静是一种涵养说起，观则既是一种修养，也是一个功夫。我们每一个人都是观览者，从出生那一刻开始就在看这个世界。我们想练就火眼金睛，就得先打造好自己。首先要有平静心、平常心，要做到老子说的"虚极静笃"。

今天和大家分享道家清静与观的艺术，这个话题是老子给我们提出来的。究竟什么是清静？为什么要清静？究竟什么是观？怎么观？虽然是老子提出的问题，但对今天的我们仍然很有意义。

清静是对于自身的修养

我们为什么要清静呢？我们不能浮躁一点吗？我们不能够激动一点吗？或者我们不能够愤青一点吗？这个往下问就有名堂了。我们评价一个人的时候，经常说这个人很安静，说那个人很浮躁，无论做什么都是华而不实，与其交往我们要谨慎，因为他没有操守，没有修养，或者本性如此。有的人很沉稳，很诚信，但遇到事情你也想不到他会做出什么抉择。比如说民国时期的著名将领蔡锷，在云南公开发表讨袁声明。大家都想不到蔡锷会造反，因为与他交往的人都认为蔡锷这个人很沉稳，不会轻举妄动，所以蔡锷一旦有举动就是决定性的。我的意思是说，清静不等于懒惰无为或者做不了决定。躁动的人遇到事情可能随时都动，但最关键的时候动不起来。所以清静是一种修养。

有的人天生比较躁动，有些人天生比较安静。由此我们能不能做出一个判断，天生不好动的人是不是就是我们所说的清静之人呢？不见得。有时候可能相反，看起来平时很清静，不爱动，那是天性如此，不等于他就是清静的。天生的清静是天性，不是一种修养，我们所说的清静是一种修养。我曾经也激动过，也躁动过，也不安定过，但有了这些经历之后，我终归是清静下来，这是一种修养，很难得。如果一个人从来没经历过大的事情，让他心动的事情，就像一个小伙子说自己见了女孩从来不动心，那个不动心不等于清静，当他有了第一次恋爱后说不定比谁都激动，因为那是天性，而我们说的清静是一种修养。我们要把清静的天性变成一种清静的修养，或者是把原本比较躁动的心修养到清静的地步，那就不容易了。用庄子的话来说，清静是一种德性。德就是成和之修，养成一种和顺的修养。而在所有德性当中，道家是讲这种清静之德的，即养成清静心。

我们为什么要养成这种清静心呢？这有很多好处。首先，清静心使我们可以沉静下来。如果始终是躁动的，我们自己是一潭浑水，就无法看清世事，需要我们能够静定下来，以静去观动，能看出名堂，看出端倪，看出头绪。如果我们自己都是人心浮躁的，怎么去看别人呢？更别说看自己。看别人好说，看自己更难。但你要有能力看清世间的变化，自己要有个清静的心才可以。心境是清静的，才能够容纳和接受外界的事物。如果人心始终是浮动的，不可能接受很多东西，所以清静是一种涵养。道家讲虚怀若谷，人心像个巨大的山谷一样，什么都可以容得下的，应该修成这样。过去讲说宰相肚里能撑船，宰相肚量有多大，天下事都可以装得下，所以他才遇事不慌，总能沉静地、安定地做出一个理智的选择。我们使自己这潭水能够澄清，因为我们是安定的，就不会执着于某些浮躁的东西，而要看到泡沫下面的水流，这要有清净心。

中国人说心有城府。天生有城府也是不成熟的，真正成熟的城府是养成的，所以城府装得下事情。当然不是说心底比较灰暗，自己的欢乐和痛苦从来不与别人分享，这样的朋友不好交。我们交朋友还是希望一潭清水，如果不知道对方想什么，那就不好交。不知道他想什么并不等于他心里有多深的城府，只是他不愿意把自己内心的东西拿出来跟你分享。我们交往应该找能够同欢共乐的人，这样才是可深交的。所以清静就是一种冷静，也就是一种客观的态度。我们经常说某某人看事情不客观，因为他带有偏见，戴着有色眼镜，或者带有个人的某些经历。比如说小孩从小在家里受到了不公平的待遇，他长大以后就会用不公平的待遇看待这个世界，所以小孩的成长要有一个正常成长的生态。如果一个孩子小小年纪就成名了，就像真人秀《爸爸去哪儿》里讲的一样，孩子成长的生态就被搞坏了。孩子应该是逐渐成长，逐渐成熟，他的成名与他的努力是分不开的。如果有孩子靠父母从小就成名了，父母还说是自古英雄出少年，孩子的心态就是不正常的，不会以常人眼光看待世界。所以我们不能把孩子教成这样，首先我们不能把自己教成那样。

所谓的教养，不仅是说别人，也是说自己。清静是一种冷静，就是遇事不慌，也包括能够客观冷静地看待事实，不要被那些表象或者被谎言所迷惑。

我们要始终保持一种客观，但怎样才能客观？我们都知道要客观看待事物，但有些人就不客观，有的人能够做到客观，因为有清静心。老子讲："容乃公，公乃王，王乃天，天乃道，道乃久。"这里所说的"容"就是我们说的要有个容量，要有清静心才能够虚怀若谷，才能够容得下。就像我们说一个人办事公道，这一定是一个客观的人，一定是有胸怀的人，一定是公正的人。如果内心都容不下事情，心胸褊狭，我们难以想象这个人会做出公平的事情。比如我们选基层干部，选公司的董事会，都会选有能力、有德性、讲正气、办事公正的人。但这个气怎么来呢？不是天生的，而是后天养就的，其中要有清静心，这是我们保持公正客观的一个前提。所以清静也就是一种冷静，才会遇事客观而公正。整天把客观挂在口头上的不见得客观，因为如果没有修养，没有清静心，没有公正心，没有平等心，不可能客观。如果带有个人和家族利益或者集团利益，就不可能办事公道，不可能客观。

清静才可以遇事不慌忙。有些事情无论多么重要多么急切，我们都不能慌。比如 20 世纪八九十年代，很多人做生意挣大钱。我问一个已是万元户的朋友做生意有没有骗过人？他说，中国 13 亿人，我一个人骗一次，一辈子也骗不完。很多人都是这个心态。广东人讲究做回头生意，这点很厉害。广东人为什么生意做那么大？

除了机遇之外，还有一个很重要的因素就是有德性。如果一个在人商场上没有德性，可能会捞几把，但不可能干出大事来。凡是那种干出大事的，包括商业上的大事，都是有一个理念，有一个德行的。

遇事不慌忙也是个操守。如果我们都向钱看，没有一点操守，就会被眼前的现象所迷惑。遇事不慌忙就是我们希望能够看清楚事情的原委和过程。当看清整个过程之后，我们就会做出一个理性的判断。看人也是这样，不要看一时一事。比如女性看男性通常是看细节，但我提醒还要看全过程，不要被一些男性一时一事的表现所迷惑，因为你看到的细节可能只是一个泡沫。道家讲清静，要看全过程，遇事不慌忙就是这样。据说当年英国和西班牙在海上作战的时候，英国海军司令正在打台球，有个士兵慌忙来报告说遇到敌军了，司令说慌什么，打完这盘再说。不管做出什么样的决定，他首先要有冷静的态度，不要慌张，把事情搞清楚再做决定。

做事情最好的境界往往是达到忘我的地步。就像写字，该怎么写呢？忘了笔，忘了我。写字的时候只专注写这个字，而不要专注笔应该怎么下，否则字写不好。写字只有达到忘我的地步才可以写得好。就像我们说话一样，见到一个领导，和见到一个平常人或者一个朋友，说话的心情可能是不一样的。见到朋友、见到家人或见到一般的人，说话很平正平静。如果见到一个很大的领导，你会激动，说话会颤抖。这个时候就是外界的东西对你造成了影响，要把这些东西排遣掉，达到一种忘我的地步。忘我是最高境界，无论干什么事情都是如此。这方面的例子可以举出很多。2008 年北京奥运会，人们都关注第一块金牌由谁摘得，中国射击选手杜丽因此备受期待。可是她却脱靶了，因为要为国争光的压力山大，以至于发挥失常。第二天她轻松上场，反倒拿到了金牌。可见能不能忘我很关键。

下面说说水德。我们知道老子是最爱讲水的，所有万物的德性，水德最上。为什么老子会那么崇尚水德呢？因为它是一种高尚的品格。处雌守弱，处下不争。人往高处走，水往低处流。水保持最低的姿态，见谁都可以容让，但"攻坚者莫之能胜"，如水可以把坚硬的石头切成深沟，所以老子很崇尚水德。老子所主张的德性处雌守弱，知白守黑，知雄守雌。明明知道刚强光鲜的好处，却要选择卑下的位置。当然人生各有各的态度，但道家就是这样的，我也喜欢这样的态度。比如说我们很光鲜很有名很有地位，但我们千万不要忘了那些布衣之交，也就是社会底层的朋友。

如果无论自己处在什么位置上，我们始终把自己定位为一介平民，这才有平常心。平常心不是说故意放低姿态，做做样子，那叫作秀。真正的平常心，是与人交往的时候彼此平等。很有地位的时候不忘布衣之交，就不用担心没朋友了。古人讲，天下谁人不识君？你这么有德行，这么低姿态，到处都是你的朋友。你守低的姿态并不影响你去做更大的事情，干光鲜的事情。道家的观念，老子的观念就是这样。

庄子也是很讲究水德，但庄子的理解跟老子不同。庄子喜欢平静的水，静止的水。庄子说"唯止能止众止"，唯有平静的水才能够使水往这里流。一个有平常心的人，会有很多朋友。水都会往你这里流，朋友都会往你身边聚集，你就像一团火一样，大家都想靠近你取暖。人要做到这个份上，我觉得那就值了。不要说我有很多钱，却从来不拿出来给别人去分享。有好处有快乐，尽量拿出来与朋友、同事分享。当你分享的时候，你的快乐一分也没减少，还能给别人带来快乐。庄子讲静水也就是这个意思。因为心静，心态平静，就会成为一面镜子。因为平静的水不波荡，不流动，所以水涵养很深。任何事物都可以在水中照见，而且是什么样子就照出什么样子。水德也是一种平静与客观。如果内心有利益关系，看待事物就不可能公平。

西方人讲我们制定规则的时候，要排除利害关系。比如评奖，参与投票的人自己是不能参与竞争的，否则会有利益冲突。但我们中国人往往认为是利益关照，不是冲突，所以既当运动员又当裁判员。排除这个关系，就是要求客观公正。美国政治哲学家罗尔斯提出"无知之幕"的概念。"无知之幕"就是说，比如说在国会开会的时候，其实议员们都是带着个人的各种各样利益关系进来的，都有自己的观点，有自己的选民。一旦进入国会大厅，议员会忘了所有的那些关系，说话要讲公平正义，达到一种无知的状态。国会就是一个无知之幕，进到里边就会产生主持公正的情感。那就如同我们到教堂或庙宇里边，不管信不信仰宗教，都会陡然产生一种崇敬的心情。所以做到客观要排除利益关系，但如何排得出来？从德性修养上来说，要做平静的水，平静的水就会尘垢不染，染则不明亮，不干净，不平静。

庄子的论证方法挺有意思。我们通常都是说，镜子为什么不明亮呢？因为上面落了灰。他反过来说，镜子之所以能够落灰，就说明镜子不明亮。我们看待事实也是这样，好像一个是原因，一个是结果，但这个结果又可以反过来作为原因。庄子讲，为什么镜子明亮了，尘垢都不会落到上面，如果落在上面，说明这个镜子不明亮。这就是有没有修养的区别了。

清静与观：想练就火眼金睛，首先要有平静心、平常心

观就是看，也就是我们怎么看待身边的事情，怎么看待他人，怎么看待这世上的事事物物。但老子所说的观以及佛教讲的观，意思是不一样的。观是看，但不是那么简单地看，而是带着背景、经历和知识去观的。比如说我们同样都在观这个世界，但会观出不同的结果。之所以能够观出不同的结果，就是因为背景不一样，知识不一样，或者各自的目的不一样。

老子说："故常无，欲以观其妙；常有，欲以观其徼。此两者同出而异名，同谓之玄，玄之又玄，众妙之门。"我们怎么看呢？如果我们常常用"无"的角度去看，就会看见这个世界的本来面目，看到本质的东西，也就是这个妙。当然老子不那么简单。老子说天下万事的本质是什么？是道。我们要经常采用无的角度去看，才能够看到万事万物后面微妙的东西，就是道，就是本质。而我们要经常采用有的立场、角度去看，就会看到事物的边界（徼）。往下说意思很深。什么边界？凡是事物都有边界，连真理都有边界。一个总得真理的人是不是永远得真理呢？不见得。他前面抓住了真理，他后面没抓住真理，因为真理是有边界的。列宁讲，真理再往前多走半步，就会变成谬误。比如说勇敢是好的德性，但如果没有仁慈，勇敢就变成凶悍、莽撞，就不是一种好的德性了。勇敢应该有仁慈做底子，只有遇到敌人或某种情境，为了保护朋友、家人或

他人，该出手时就出手，这才叫勇敢。如果见了一个平常人，你去
逞能秀肌肉，那不叫勇敢。生活当中我们会发现，平常看起来很勇
敢的人，最喜欢秀肌肉的人，往往在最关键时刻却从不出手。看起
来很柔弱的人往往成为勇敢的人。如果说没有边界，看不到边界，
就会往相反的方向走，所以老子说从常有的角度，我们要看出事物
的边界。

"此两者同出而异名，同谓之玄，玄之又玄，众妙之门"，这是
讲道的问题，先不说它。我们看待世界，都希望看出个头绪来，看
出个端倪来，不愿意看到的是假象，或是个局。有时候别人给我们
设一个局，我们被套在里边。但要识破这个假象和局，我们要有一
些功夫，这功夫是我们修来的，也是我们总结来的。如果从来没上
过套，没被别人骗过，我们看不清楚。我们要有上当受骗的经历，
才能看得清楚。在这个意义上讲，不要怕有不好的经历，不好的经
历是我们人生当中的必修课，有这种经历才能看清世界。从来没受
过骗的人最容易上当受骗。这里的观也表现为要从容地看，客观真
实地看，不受欺骗、不受蒙蔽地看，理性地看，所以理性也是一种
德性修养。儒家讲仁义礼智信，智也是一种德，智德。比如说我们
都会思考问题，但这不是儒家所说的智。儒家讲的那个智，是能理
性地思考问题，不会感情用事。如何理性呢？先要冷静下来，冷静
下来才可能有理智。所以《道德经》就讲，"致虚极，守静笃，万
物并作，吾以观复"。要怎么看清世界呢？要把心里的那些东西排
遣掉。

我之所以说静是一种修养，是因为我们有时要把很多东西排除
掉。福尔摩斯这个人有一个功夫，脑子里面装了很多东西，但他每

天要把不相关的东西忘掉。这不容易做到，但一定要想办法排掉。尽管不等于说都能忘掉，但有了这个意识，想办法排遣掉，终究会排掉某些事情。这样心胸才会宽广。什么事情都装下了不见得好，我们还是要不断忘掉某些东西，这就是"致虚极"，达到极致。

"守静笃"，就是要守安静到达非常笃诚的地步，不是做做样子，真的是很清静。"万物并作，吾以观复"，是说这世上的事物都在同时发生发展，老子说我要看他的回复。就像我们播下种子，要看它发芽、开花、结果，最后还原成种子，要看整个过程。如果我们只看到花，这个世界全是花，如果只看到苗，世界上全是青苗。如果你脑子里边装的全是那些赚钱的人，那一定是假象。你要看一个过程，大家投资股票，开始几天都赚钱了，一个个兴高采烈，再过半个月都亏了，一个个垂头丧气。当我们能够看到整个过程，看到事情回复的时候，情形就不一样了。看人更是这样。大家不要盯着一个人的飞黄腾达，要看怎么来的怎么去的。俗话说，出来混都是要还的，但有的人还得了，有的人就还不了，还得了的是高人。还什么呀？把自己还原。《红楼梦》里讲林黛玉葬花，这也预示着她这朵花也是要凋谢的；讲贾府如何兴旺发达，最后落得白茫茫一遍真干净。人怎么来的，怎么去的，我们应该有这个想法。

有个做领导的人刚退休，见我第一面就说，领导是暂时的，朋友是永远的。这话有水平，他着眼于我要交长久的朋友，因为他要把自己还原了。所以老子说"吾以观复"，要看他怎么落地，怎么回来。看完整个过程，也就是历史地看，过程地看，而不只看某个局部。有些人的行为挺有意思的。马云说自己还是想回去当教师，李嘉诚说他一辈子的梦想就是当个小学教师，因为他小时候一觉醒来后发现他当小学老师的父亲还在批改作业。从这一点来说，李嘉诚是有平常心的，马云也是有这个想法，我不知道马云能不能还得回来，因为他前些年什么话都敢讲，但他能有多少知识呢，所以我当时就说不要让马云们扰乱了我们的正常生活，因为他告诉我们的东西可能是泡沫，而不是真理的东西。老子说我们要观复，就是要看一个来回，就像撒种子一样。问题是有些人爱伪装自己。有个朋友说，他看到一个明星演员很漂亮，突然那天没化妆，就觉得不那么漂亮了，以后交女朋友要洗了脸再来，就是要看回原形。我觉得还是本来面目看起来比较舒服。有个性才美，如果千篇一律，个个都变成范冰冰的样子，一定不好看。打回原形，或者使它现出原形。孙悟空变作庙宇，旗杆却在后面，因为他的尾巴藏不住，所以孙悟空尽管有 72 变，最后还是会现出原形。人也是这样的，我们要看清原形。只要我们有耐心，多一点清静心，我们就能看出来。

交朋友就要交经得起时间考验的朋友。夫妇两个人也是这样，没有经过考验的那种关系存在未知数。真正的朋友，你得意的时候他不会奉承你，你失意的时候他也不嫌弃你。你今天见他是那个样子，过了十年再见他还是那个样子，不会有疏离感，这是真朋友。回头想，可能真正与你心气相投的朋友没几个，但都是真朋友。有一些朋友，可能是某一个方面的朋友。比如在商场上的朋友，更多的是利用关系，虽然也有必要，但我们要分得清楚什么是真朋友。哪怕你交了一个在大桥底下睡觉的人，你也要珍惜，说不定这个就是真正的朋友。过去讲在乱世，有人赚了很多钱，藏到哪都藏不住，放到哪都不放心，最后肯帮他的人是一个压根都没想到的人，布衣之交。交朋友，不要说只看上边，上下左右前后都要看。

观是一种修养，也是一个功夫。我们每一个人都是观览者，从出生那一刻开始就在看这个世界。我们想练就火眼金睛，就得先打造好自己。首先要有平静心、平常心。清静心，就是打造好自己，要做到老子说的"虚极静笃"，心里能够放得下。我们经常说要放得下，这可不是随便说出来的，你可以这么说，但做起来不容易，是不是每个人都放得下，每件事都能放得下？当我们想练就这种功夫的时候，我们一定会有进步，一定有所收获。当我们想忘掉某些事情，尽管很多事情忘不掉，但始终想这么忘的，一定会忘掉很多事情，一定会放下很多事情。比如人生当中很多放不下，前生的事情放不下，老人家的事情放不下，家里的事情放不下，无法排解，那也就不能放下。社会上的很多事情，一时的得失能不能放得下呢？成功的能不能放得下？失败的能不能放得下？这是练就一个功夫。当我能够不断地忘的时候，我能把某些事排解掉，就能够练就一些功夫。做事情需要专注，这样才可以观察到事情的本来面目。在这个意义上说，我们凡事应该有独立的思考，有对事情的判断力，而不要只做一个随从。鲁迅就说过，街上一群人在走，突然一个人蹲在地上看，于是就围一大堆人跟他一样蹲在地上看。看什么呢？啥也没看到，因为那个先蹲下来的人本来就是想试一下，蹲着看会不会有人跟着看，果然就有很多人来围观。我们不要做这样的人，而应该做一个自己独立思考的人，拒绝盲从。拥有清静心，独立的心，平常心，你才可以拒绝盲从。

在道家的经典《阴符经》开篇有两句话，"观天之道，执天之行，尽矣"。又说，"天有五贼，见之者昌，施行于天，宇宙在乎手，万物生乎心"。五贼就是阴阳五行，世上的事情都是有个阴阳五行的关系，因为阴阳五行是相生相克的。就像人都有缺点，平时可能还不觉得，当你处在显赫位置上的时候，就有很多人在寻找你的缺点，然后来围攻你。阴阳五行就是讲这个道理，任何事情都有缺点，比如金是克木的，拿刀子可以砍树，但金也有弱点，火可以熔金，火也有弱点，水可以灭火。所以你要掌握这个阴阳关系，就可以行得开走得远。"观天之道，执天之行，尽矣"，我们看这个天下，看出它的要妙，也就是道。掌握了宇宙的这个道，事情就可以在自己的掌控当中了。这里一个"观"字，一个"执"字，表达的是人的意念与行为应当暗合天地精神，这是道家的立场。儒家讲"尽人事，以待天命"，道家讲我们要敬畏天地，因为我们是靠环境生存的。如果我们把环境破坏了，也就把我们自己毁掉了，所以人应该在自然面前保持虔敬的精神。除了知恩图报，我们还需要敬畏的精神。没有敬畏，人就会妄自尊大。中国文化的宗教精神不强，但有一种反省精神，如羞耻文化，总觉得自己很渺小。像中国画一样，很少人物画，画人也都非常小，点那么几点。这个放大来说，我们在自然面前在天地面前应该保持一种敬畏的心态。敬畏天地，也暗合自然之意，我们不能违逆自然。事实上也是这样，最美的东西是天地造化，人造的东西能与自然媲美，除非出自艺术大师之手，一般的艺术家都做不到，更不用说我们一般的人了。比如说颜色，自然色往往是最好的。所以追求自然是最好的。只有超级大师才可以造出自然没有的东西，自然没有的颜色。比如说梵高，他最高明的地方就在于能够造出一个比自然色还好看的颜色。《星空夜》中的蓝天比自然的蓝天还好看，《向日葵》中的黄色比自然的黄色更好看，这是艺术大师才能做到的事。在一般意义上讲，我们都要符合自然，追求自然。即便是梵高这样的大师，背后支撑着他的也一定是自然精神，没有自然精神，他不可能超越。

说到观，有很多东西可以说，其中《周易》释"观"卦说："大观在上，顺而巽中正以观天下。观盥而不荐，有孚颙若，下观而化也。观天之神道，而四时不忒，圣人神道设教而天下服矣。""观"这个卦，上面是风，下面是地，风从大地上吹过，万事万物都观了一遍，大树和墙头草的不同就显现出来了，事物的本性就显现出来了。这是对领导人讲的。你的心要端正，才能够观得了天下。观天下的目的，是要纯化民心，让老百姓归为淳朴，归为端正。

《吕氏春秋·知接》中说："人之目以照见之也，以瞑则与不见同，其所以为照、所以为瞑异。瞑士未尝照故未尝见，瞑者目无由接也，无由接而言见，谎（huǎng）。"这是讲怎么观照天下的问题，属于领导艺术，适用于政府、企业甚至家庭。看天下要睁开眼睛看，闭着眼睛不可能看到真实的现象。世事纷然杂陈，你要了解真情，要了解民心，需要以自己的智慧去对接，否则你就无法获得真相。做领导的人，你要想你不见得一定比百姓聪明，百姓中的聪明人多的是。你能意识到这点就是智，否则就是谎。"故亡国非无智士也，非无贤者也，其主无由接故也。无由接之患，自以为智，智必不接。今不接而自以为智，悖。若此则国无以存矣，主无以安矣。智无由接，而自知弗智，则不闻亡国，不闻危君。"自己以为聪明，你一定遇不到聪明的人。你与聪明的人交往越多，就会变得越聪明。一些君主看起来并不够聪明，但没有亡国，亡国的往往是自以为聪明的，因为他接不到智。

　　我再给大家说一个故事。《吕氏春秋·贵当》中讲，楚王听说国中有一个善于观相的人，从不失误，远近闻名，就把这个人请来给自己看相。不料这个人说，大王，其实我不会观相，但我善于观你身边的人。于是他就说出了三种人，第一种叫吉人，第二种叫吉臣，第三种叫吉王，就是好的人，好的臣子，好的君王。好的人是这样的，他交的朋友都是那些对父母孝敬对朋友讲信义的人，他这个家庭一定兴旺，所以不用管他。朝廷里的大臣我看不清楚，但如果他交的朋友都是讲孝廉、讲公正，为民说实话说真话的，这个人前途无量。如果他的大臣和身边的人都是讲孝廉、讲公正又能对君主进行劝谏，这个国家一定兴旺发达。我不看这个国王怎么样，看他身边的人就够了。如果身边全是溜须拍马的，一定没有未来。我们从中能否得到启示？怎么看人？看他身边的朋友，物以类聚，人以群分，就是这个道理。

　　当然各家都有各自的观法。天台宗里边说"一心三观"，即主张由假、空、中三观，灭三惑，显三谛圆融之理。假观就是把世界看成是假象，空观就是把世界看成空的，比假象还干净一点。当你执着于假相空相的时候，还是一种执着，所以中观就是要假观、空观两边不落。马一浮《老子注》即以佛解老子，认为"常无"为空观，"常有"为假观，"此两者同出而异名，同谓之玄"为中道观。

观的艺术：以天下观天下，心里装得下天下

　　同一个世界，不同的人会看出不同的结果。天下雨了，孩子看

了就是天下雨了，这是天性使然；妈妈看了可能还会想到昨天刮了一晚上的风，今天应该下雨了，这是经历使然。

中国人和西方人看问题不同，这是因为教养不同。中国人去西方留学，都有点不太习惯，比如说和一个西方人合租一套房子，要交水电费的时候就有问题了。中国人发现外国人很计较，好小气，不仁义，对方则觉得中国人多用几度电不公平。中国人遇到不公平的事，儒家会说是不仁义，比如市场卖东西要童叟无欺，西方人会说是公不公平的问题，不从仁义角度考虑。所以不同的文化教养，对同样的现象会观出不同的结果，这个教养实际上是德性的教养。德性的养成，按照亚里士多德的说法，又是由习性、教育和制度形成的。一样的人，受同样的教育，为什么会得出不同的结果呢？比如公务员一直在受同样的教育，为什么彼此差别这么大呢？因为教育本身不是万能的，有一些东西要靠制度约束。

《道德经》第 54 章说："故以身观身，以家观家，以乡观乡，以国观国，以天下观天下。吾何以知天下之然哉？以此。"这里"以国观国"，有的本子写为"以邦观邦"，邦就是国。这段话从古到今的解法都不能令我满意，不圆融。比如一个流行的解法是，我用自己的身去观别人的身，我用自己的家去观别人的家，我用自己的乡观别人的乡，我以自己的国观别人的国。但到了"以天下观天下"，问题就来了，天下只有一个，你不能说我拿我的天下去观你的天下，没有这个对象，所以它的意思还是要还原。这事我琢磨了很久，突然一天明白了。从哪里得到这个启发呢？从尼采的《悲剧的诞生》。尼采是德国一个很知名的哲学家，他研究希腊文化的时候，说希腊有个神仙可以转动眼珠来看自己。大家知道我们的眼珠长在前面，转不过去的，所以人是看不见自己的。如果说我们以自己之身观别人之身，以自己之家观别人之家，这容易做到，因为有经验。比如说我吃了不好的东西，会不舒服，胃痛，那么如果别人也胃痛，我就知道你是什么问题，你跟我同样的经历，这叫以身观身，容易做到。但按照这个逻辑理解老子这段话说不通，而老子是不会有逻辑问题的。所以老子的意思只能是我以自己的身观我自己，我以自己的家观我自己家，我以自己的乡观自己的乡，我以自己的国观自己的国，我以自己所在的天下观这个天下，这才是老子的意思。

我这么说是有依据的。庄子说"以目观目，以色观色"，当然实际上不可能。我们看别人之家，看别人之身，看别人之国，有时候会观错了，但还是比观自己容易，问题就在这里。老子之所以是圣人，不那么简单，正是因为我们以自己的身观自己的身难，以自己的家观自己的家难，所以才提出这个问题，这恰恰才是问题的开始。哲学的任务就是这样。如果以自己身观别人身，那个简单，含量太低。老子一说，因为你做不到，才要你观自己。哲学上有一个命题，认识你自己。我认识别人容易，认识自己难。因为难才是问题，他才提出这个问题。我能不能够做得到呢？既然知道观不了自己，所以我可以借助镜子、借助别人。李世民说，以铜为镜，可以正衣冠；以史为镜，可以知兴替；以人为镜，可以知得失。李世民借了三面镜子看。魏徵一死，他痛哭流涕，说魏徵死了，不能给他提意见了，这面镜子没了，所以犯这么多错误。我们能不能看清自己呢？我们自己眼睛看不见，但可以想办法，后面搞一边镜子，旁边再搞两面镜子，就能看清楚。正因为看不清楚才是问题的开始。

我们以身观身也是这样，我们认识不了自己，可以借助别人的眼睛。镜子是个简单的比较，借助别人的眼睛看你，那就是明亮的镜子。当然不要找马屁精去照你，要找敢于给你提意见说实话说真话的，从这里边你可以照见自己。家也是这个道理，我要管好一个家，就要公平地看待家庭的每一个成员。不能说这个孩子聪明，我就多给他养分，那个孩子笨一点，我就不管他。这样会给孩子造成心理上的阴影，长大了会抱怨的，所谓种瓜得瓜，种豆得豆。

你是个乡长，就要装得下全乡的人，公平对待乡里的每一个人。一个国家的君主，要公平对待这个国家的人，要装得下百姓。不能够留下死角，阳光永远照不到。如果阳光照不到，这种人为的不公平是有代价的，只是你现在看不到而已。治天下也是这样，联合国应该公平对待每一个国家，要以天下观天下，心里装得下天下。这跟我前面说的忘掉并不矛盾。治天下的人，治国家的人，治一个家庭的人，要装得下，私心杂念要忘掉，但这个你不能忘。就像我们什么事都能忘掉，父母不能忘，自己家庭不能忘，因为你有推卸不了的责任。所以这个忘，是要尽量把不是我们生命本身所需要的忘掉。以身对身，以乡对乡，以国对国，以天下对天下，这种对应关系，要求的是物量与和眼量的对等，这样就不会被遮蔽；以小观大，就会把对象观小了，所谓"一叶障目"。如果你以集团利益、家族利益去观国家观天下，国家天下一定治理不好。朱元璋一当皇帝，凤阳老乡都去找他了，你做了皇帝哥，我们也搞个事情干干。朱元璋都知道说，我这个皇帝不是凤阳的皇帝，不是安徽的皇帝，是天下的皇帝，所以我不能照顾你。家乡人说这是冷漠，这不是冷漠，这是深度的仁慈，是公平。

《管仲·牧民》中有一段话，正好是对《老子》这段话最好的解释。"以家为乡，乡不可为也。以乡为国，国不可为也。以国为天下，天下不可为也。以家为家，以乡为乡，以国为国，以天下为天下。毋曰不同生，远者不听；毋曰不同乡，远者不行；毋曰不同国，遂者不从。如地如天，何私何亲；如月如日，唯君之节，御民之醤，在上之所贵。"不要说我们不是同胞兄弟，远来的人说的话我不听；也不要说我们不是老乡，远来的人说的话再好我也不做……只要道理是对的，就要听就要做，所以要超越民族，超越家庭，超越族群，要有这个观念。恩格斯讲过，工人阶级无祖国。中国要走向未来，想要领导世界，如果没有这个眼量就没有资格。要光明正大，要像天上的月亮和太阳那么光明，没有任何偏私，没有任何个人和集团利益，这才能够公平地看待天下，才能够看出天下的本质。也就是说，心胸有多大就能够做多大的事情。对于管理国家和天下的人来说，都应该像天地日月那么光明、公正，没有任何的私心和亲疏。无论是管理一个家，管理一个公司，管理一个乡里，管理一个省市，管理一个国家，应该都有这种智慧。

历史记忆

古代中国人的思维方式

李　巍

《周易》讲："日往则月来，月往则日来，日月相推而明生焉。寒往则暑来，暑往则寒来，寒暑相推而岁成焉。往者屈也，来者信（伸）也。"这是自然周期。人事也有周期，孟子说："天下之生久矣，一治一乱。"

古代中国人从来不会孤立地谈论某一个人或事，总是把事物放在跟其他事物的关联里面去谈，把人放在跟人的关系中去谈。很多时候你有一种什么样的思维方式，往往决定了你如何看问题。

关于古代中国人的思维方式这个话题，跟我们通常了解的中国古代思想的角度不太一样，关注的不是明确提出的主张、观点，而是一种主张或观点是基于怎样的机制或策略被提出的，这种观念形成的机制或说理策略就是我称为"思维方式"的东西。我想，从思维方式入手，同样是理解中国思想的一个重要方面，甚至更为初始。

当然，关于古代中国人的思维方式，有一个比较流行的说法，叫作关联思维，是说中国人总喜欢把这个事跟那个事拉在一起。谈论事物的时候，总是把事物放在跟其他事物的关联里面去谈；谈论人的时候，也总是把人放在跟人的关系中去谈，从来不会孤立地谈论某一个人或事。但我认为关联这个词概括得太宽泛。说中国人的思维方式是一种关联思维，那它包括哪些形式？关联是以什么样的规则被建立起来的？仍然是问题。

这里主要有四种模式，我将之概括为感应、循环、类比与映射。本次主要讲感应、循环与映射，类比是一个相当大的话题，我将留到以后的研究中再做说明。

感　应

以感应的方式来解释事情和讲道理，这种观念或者想问题的方式，最早可以追溯到夏、商、周时期。感应的思维方式最早是跟中国人的天命信仰有关系的，比如大盂鼎上的金文记载"丕显文王，受天有大命"，说天有大命（也作令），形成后来中国人的天命观念。天命就是天给你的，给你什么呢？最主要的就是执政的合法性。实际上，天命主要是对当时的执政者来讲，天授权你来作为人间的王或者是天子，授权的方式就是感应。

商朝在追溯其历史时讲，他们的女祖先外出时吃了神鸟的蛋，于是怀孕了，生下商人的部落始祖契；周人追溯其历史时讲他们的女祖先在野外踩到巨人的脚印，生下了周的部落始祖稷——这其实都是感应，在《列子》里称为"不妻而感，不夫而孕"，即所谓"感生"或"感孕"。此外，周人设想的代表至上神的天，时刻监控人间事务，也就是《诗经》里讲的"皇矣上帝，临下有赫；监观四方，求民之莫"，也是一种感应，即执政者做得好或者坏，天都能感受得到（感）并相应地做出奖惩（应）。

可以说，感应思维最早就跟三代的天命信仰相关。但这种思维方式真正盛行是在战国末期至秦汉，尤其是汉初。那时有一方印，刻着非常流行的一句口号，"同声相应，同气相求"（出自《周易》），指声音的感应和气息的感应。

为什么当时的人会关心感应？要考虑大的时代背景。虽然秦汉大一统帝国的建立使天下趋于安定，但此前经年累月的战争已经给人们造成了不小的心理创伤，尤其人与人之间怨郁积蓄，形成隔阂。对声音感应的强调，实际上主要是儒家对乐教的倡导，想通过音乐化解人与人的心理隔阂，建立普遍的情感纽带，所以《礼记》的《乐记》上来就讲"乐至则无怨"。当时的人们发现，音乐对人心理的影响就是以感应的方式实现的，这叫"善民心""感人深"。今天"感动"这个词，就是在感应的意思上来使用的。

气的感应其实更明显。《吕氏春秋》有一篇叫《通精》，精指的就是精气。当时的人认为万事万物都是精气变化形成的，人也是这样。所以人跟人之间不管有什么样的隔阂怨恨，精气都是相通的，你的气的变化有可能导致了我的气的变化。人与人的精气是可以互相感应的。书中举例说，"故父母之于子也，子之于父母也，一体而两分，同气而异息……虽异处而相通，隐志相及，痛疾相救，忧思相感，生则相欢，死则相哀，此之谓骨肉之亲。"人跟人之间是有关联的，可以是一种气的感应，可以是一种声音的感应，实际上是建立在情感纽带基础上的。

具体来说，感应的思维方式又有四种不同的方式。

第一种是"受感—反应"。

人在面对外物的时候，存在着一个受感—反应的过程。你被外物影响或者被外物吸引，就是受感。而你会对这个影响做出一个反应，比方说喜怒哀乐这种情绪。儒家担心的是，人在面对外物的这种诱惑或影响的时候，喜怒哀乐的反应很可能是没有节制的，因而需要控制这种情欲的反应。怎么控制呢？就要用音乐来控制。比方说你很生气，我给你弹一曲，你可能马上平心静气了，这就是以音乐这种方式来进行控制。

对道家来讲则不一样。道家关心受感—反应，关心的不是一个人如何控制自己的情欲，而是执政者的心术或思考问题的方法。这里特别强调的一个观念，"感而后应，迫而后动，不得已而后起"（《庄子·刻意》），其实是"无为"的另一种表述，意在强调好的治理仅仅在于根据实际遭遇的情况做出反应，也就是要尽量排除已有的偏好、倾向等主观因素的影响。

与"受感—反应"相反的感应方式，可称之为"施感—响应"的方式。"受感—反应"是被动的，你被外界影响做出一个回应，"施感—响应"是你去影响外界，外界对你有一个反馈。

这种思维方式尤其跟早期中国的这种天命原始信仰相关。中国人特别强调鬼神之明的观念，鬼神就像监视器一样，天也像监视器一样，随时监察着人间事。你的德行好不好，会对天或者鬼神造成影响，天或鬼神会对你的德行好坏做出一个反馈或回馈，这个反馈或回馈就是赏罚。

中国人非常熟悉的愚公移山，实际上就是以"施感—响应"的方式来解释的故事："北山愚公者，……遂率子孙荷担者三夫，叩石垦壤……操蛇之神闻之，惧其不已也，告之于帝。帝感其诚，命夸蛾氏二子负二山，一厝朔东，一厝雍南。"上帝被愚公感动了，这就是施感，上帝又派了两个神把山搬走了，帮他解决了问题，这就是响应。这种思维方式更主要的是强调你的德行会影响或者会对天有施感，天会对你的这种德行做出一个赏罚的反馈。

此外，在汉代有一种灾疫的观点，即执政者不施行仁政和德教会产生灾疫。比如发生旱灾、火灾、地震，还可能会出现一些奇奇怪怪的生物。这也是一种"施感—响应"，并且与原始信仰很接近。其实也有不一样的地方，就是用"施感—响应"来说明德的影响力，即中国古人所理解的德治，是要把道德对人的影响转化成一种治理的力量，也就是道德感应。以道德的方式治理国家，人们就会对你形成一个响应，拥护你或者是服从你。

《淮南子》举了个例子："君人者，其犹射者乎？于此毫末，于彼寻常矣。故慎所以感之也。……县法设赏而不能移风易俗者，其诚心弗施也。"（《淮南子·主术训》）治国像射箭一样，射箭射的是什么？是你的诚心，也就是执政者的诚德。要用德去影响别人，就像箭一样射出去，这就是所谓的施感。而别人要对你作出响应，这就是典型的"施感—响应"。所以早期中国"施感—响应"的这种方式，实际上讲的是怎样用道德来治理国家。

"受感—反应""施感—响应"这两种感应方式，归根结底讲的是人如何待人接物，如何治国，都是跟人的行为方式相关，并且都是一些单线的或单一限度的感应。第三种方式，叫作"交感—相合"或异性相吸，要讲的就不仅仅是跟人相关的事，更用于讲述万事万物的生成变化。

汉代运用交感思维方式来谈论问题有两个系统。一个是节历系统，节气和月历，这个今天还在用。它怎么解释问题呢？它就讲万事万物的生成跟变化都有两个因素，一个是天，一个是地。天上的气跟地上的气一定要相互交感，根据交感的情况来判断，比如立春这一天就是天的气往下走，地的气往上升，二气交融以后万物就生成了。立冬这一天则是天的气往上升，地的气往下走，二气不产生交感作用。

这种天地二气的交感，后来就更加抽象了，它不讲天地二气，而讲阴阳二气。夏至这一天是阳气最旺盛而阴气最微弱的一天，阴阳二气就发生了感应。冬至这一天则是阴气最旺盛而阳气最微弱的一天，阴阳二气也发生了感应。为什么总是在阳气或者阴气最旺盛的这个时候发生感应呢？为什么阳气最旺盛的时候阴气不会被消灭？中国古人是这么看问题的：如果出现阳气最旺盛而阴气被消灭的时候，就会导致旱灾；阴气最旺盛而阳气被消灭了，就是水灾——但这都属于不常见的情况。

另外一个系统我们称之为象术系统，实际上是以《周易》为出发点建立的一个系统。象术系统首先是一个符号系统，要用卦和爻来比拟天地万物人间各种各样的事，然后用卦跟爻这些符号来说话。这种方式里面讲到交感的时候，就不是讲天地或者阴阳，而是卦跟卦之间产生的感应。比如六十四卦里面的咸卦，汉代人解释说咸就是二气感应，上卦跟下卦之间发生感应。当然这个上下卦模拟的就是天地，所以这种卦与卦之间的感应实际上比拟的就是天地二气，更进一步来讲就是阴阳二气。

所以在相术系统里面讲到交感的时候，其实跟节历系统是一样的，最后要讲的就是阴阳交感。阴阳被视为相反的东西，而交感实际上就是通过相反者的异性相吸来解释万物的产生跟变化。

因此《周易·系辞下》把阴阳讲得比较细："日往则月来，月往则日来，……寒往则暑来，暑往则寒来，……往者屈也，来者信也，屈信相感而利生焉。"把阴阳的变化说成日月跟寒暑轮流交替。在这个过程中，屈信相感，往者与来者互相之间会有交感，就是阴阳之间的交感。《周易·系辞上》里面有一句非常著名的话，"一阴一阳之谓道"，在感应的这个思维模式里面，阴阳之间的交感就叫作道。这个道是什么道？是万事万物生成与变化的道。为什么叫易？易讲的就是万事万物的生成跟变化。

第四种感应的思维方式，我们称之为"类感—相招"，或者叫作同类相招。这种观念感应的方式实际是我们最熟悉的。比方常说的鱼找鱼、虾找虾、物以群分、人以类聚，实际上就是类感的思维方式，强调同类事物之间会发生感应。

前面讲相反的东西之间会产生感应即交感，而同类之间的感应表现为共振。共振的意思就是说都是这一个类的，里面有一个东西变了，其他所有东西跟着变。像父母跟子女之间，就可以理解为一种"类感—相招"或者是共振。这种感应实际上是日常生活中最常见的感应方式，也是自然界中最容易观察到的。

荀子很早就讲过，自然界中有很多事物追随它的同类，同类怎么样它就怎么样，火就比较偏向于干燥的土地，水就比较偏向于湿润的土地，所以叫"火就燥，水就湿"。当然还有更常见的说法，《周易》里讲"云从龙，风从虎"。同类的东西之间会发生感应，更重要的是在人事领域也有这种作用,《荀子》里讲好人吸引好人,坏人吸引坏人,君子招君子,小人招小人。这也是中国人理解问题的方式。

为什么同类东西会感应？汉代的人对它有个解释,说同类的东西的气是相通的,所以一个发生变化,其他的同类也会发生变化。《淮南子·天文训》说："日者,阳之主也,……月者,阴之宗也,……物类相动,本标相应,故阳燧见日则燃而为火,方诸见月则津而为水。"它把所有的事物分成了阴阳二类,阳这一类包括太阳、火和阳燧（类似凸透镜,可以聚光点火）这些东西；阴这一类包括月亮、水和方诸（接水的露杯）。物类相动,就是同类相动。同类的东西变化是同步的,或者说产生了共振。这种思维模式讲了什么样的道理？这是我们要考虑的。

前面我们讲了三种思维模式,其实讲了两方面的道理,或者说讲了两个系统：一个是人的系统,一个是天的系统——一个是人事,一个是天道。但这两个系统之间有什么关系呢？中国古人特别强调推天道以明人事,要根据天道来决定人事,你就必须要假定天道跟人事之间具备一个基本的类似关系或者同类关系。比如董仲舒的说法,天有阴跟阳,人身上也有阴跟阳,天的阳气发生变化,人身上的阳气就跟着发生变化。同样天的阴气发生变化了,人身上的阴气跟着也会起变化,比方说阴天关节疼。这里面就表明天跟人在阴阳二气上是同步的。你可以说这是封建迷信,但我们要知道它实际上就是要谈推天道以明人事。

天道为什么能用来指导人事？一个重要的方面就在于天人是同类的,所以中国人讲天人感应,除了我们在三代信仰中看到的那个天人感应（实际上就是上帝跟下面的侯王之间的感应），更主要的天人感应是一种同类的感应或者同类相招，是天的阳气跟人身上的阳气同类相招，天的阴气跟人身上的阴气同类相招。如果你把阳所代表的属性理解为好的，比方仁慈的、友爱的、美好的，你把阴所代表的属性理解为跟杀戮、惩罚、严刑峻法相关的时候，就会发现这种类比可以用来论证一个道理——汉代的人认为天主要是推崇阳而压制阴，从类比的意义上来讲，人间也应该是推崇阳而压制阴——阳代表的是仁政或者德治，而阴代表的就是刑罚和杀戮，所以汉代的人论证为什么治国要德主刑辅，要重视仁政少用刑罚，就是基于这样一个思路。

感应这种思维方式，实际上论证了中国人关于人事层面的道理（如何待人接物，如何处事如何治国）、天道层面的道理（万事万物的生成跟变化）以及天人沟通层面的道理。如果我们把感应理解为一种关联思维的方式，它主要讲的是事物之间在作用上的一种关联，以这种方式把天人和天人沟通层面的道理讲出来了，中国很多的思想是借助这种思维方式提出来的。

循　环

再来看中国古人另一种典范的思维方式——循环。

循环可以理解成转圈，以循环的方式来想问题和讲道理，在我们的古书里面可以看到非常多的例子。在早期中国，天道经常被比喻成圆的。又说天道是"终而复始"，没有开端，也没有终点，是闭合的一个循环。"天道曰圆，地道曰方"，中国人天圆地方的观念，也跟这种循环思维密切相关。我们看到讲循环、讲圆或者圆环，或者终而复始，讲的总是道或者天道，所以这种思维方式跟道家的关系尤其密切。某种意义上来讲，道家的思想和学说更能够代表中国本土的思维方式。

讲到道家的时候大家就会想到老子，道家的祖师就是老子。但是老子这个人到底有没有？实际上我们根本没有办法考证。我们知道有《道德经》，而知道老子这个人都是通过古代的故事。

什么是道家？按照《汉书·艺文志》的说法，"道家者流，盖出于史官，历记成败存亡祸福古今之道，然后知秉要执本，清虚以自守，卑弱以自持，此君人南面之术也"。《道德经》实际上就是史官所记叙的一条一条的历史经验汇编到了一起，"柔弱胜刚强""强梁者不得其死"这些说法，都有历史背景。

但对史官来讲，还有一个重要的职责就观天象，因为那时候要通过观天象星象来决定农时。根据《尚书》的记载，尧把手下的人分成四个小队，派到国家的东南西北四个角看天。羲仲在东方，在一年中白天跟晚上一样长的这天能在天上看到鸟星，就决定这一天是春分，组织大家开始播种。羲叔在南方，在一年中白天最长的这天能看到火星，这一天就是夏至。和仲在西方，在一年中晚上跟白天一样长的这天能在天上看到虚星，这一天就是秋分，组织大家可以收割了。和叔在北方，在一年中白天最短的那一天看到昴星，这一天就是冬至，开始收东西准备过年了。这就是中国古人的天文经验，观昊天历象。

在古书里面经常讲到象，《老子》里面就有"大象亡（无）形"或者"天象无刑（形）"的说法，《周易》里面也讲"在天成象"。

这个象指的是什么东西呢？可以理解成天上的形象，或者天上的花纹，天上的图案，其实就是星象。你在天上看到的图案就是星象，乌星是长蛇座的主星，火星是天蝎座的主星，虚星是宝瓶座的主星，它都是有形象的。所以中国古人看天的时候就形成了这个观念，叫作"观乎天文"。文，就是花纹、纹路的意思。天上的花纹、纹路就是星相，这叫天文。跟天文相对应的是人文，人间的纹路，人间的图案，就是秩序。

天上的图案是星象，人间的图案是秩序，所以人间的秩序发生变化的时候，天上的星象也会有变化的。这种考虑问题的方式跟天文经验相关，这就是天象的观念，或者说天文的观念。

历的观念不一样，表示的是一个过程，一个经过。经历或者历年或者过程，跟运动相关的，实际上历指的是天体的运动。当时人们主要观察的是太阳，历实际上就是太阳运动的轨迹。象是太阳每到一个点之后，你看到的天上的星星、花纹跟图样。历可以理解成地铁的几号线，象就是几号线上的第几站，象是静态的，历是动态的。因此如果我们把象理解成天上的花纹或者天文，跟历相对应的，后来流行的一个说法就是天行。我们最熟悉的天行的讲法，就是《周易》里面的"天行健，君子以自强不息"。

天行就是不断运动的、刚健的、阳刚的这些东西，君子要去效仿，自强不息。《荀子》讲"天行有常"，天体的运行是有一个常规的，它有它自己的那一套，跟人间这套东西没关系，"不为尧存，不为桀亡"，不管是圣王还是暴君，天照样运行。天行的特征是什么？《周易》里讲，"终则有始"，"消息盈虚"，"反复其道，七日来复"。天行是有循环的，一膨胀一收缩，是七日一循环这样一个运动，按老子的话讲就是"周行"。今天我们把一个星期叫一周，就跟七日来复有关系。天行是一种圆周的或者循环的运动方式，而只要有运动就会有轨迹。《管子》里讲，"天行其所行，而万物被其利"。天按照它的轨迹运行，万物都能得到好处。运动的轨迹，就是中国人所讲的道，这就从天行的观念到了天道的观念。

天行是圆周的循环运动，因此天道作为这个运动的轨迹，也必须是一个圆周的轨迹。而道既有路线的意思，又有指导走哪条路线的意思，所以道不仅仅用来描述天体运动的轨迹，还具有对人的指导意义。

循环的思维方式有两种，第一种是聚散。聚散的循环跟气的作用有关。中国古人认为万事万物其实都是以气为载体，万事万物都是气的聚合跟散开导致的。《庄子》就把人的生死用气的聚散来解释，"人之生，气之聚也，聚则为生，散则为死"。生死只不过是气的两种状态而已，今天把人死了说成咽气了，就是气散掉了。道家学派的著作《关尹子》也讲，"是生死者，一气聚散尔"。不仅仅是人，万物的生跟灭，都可以用一气的聚散来解释，这一气的聚散就是循环。这种道家观点深刻地影响到了宋明的儒家学说。宋代的张载就典型地接受了这种道家的看法，"太虚不能无气，气不能不聚而为万物，万物不能不散而为太虚"。朱熹也讲，万事万物的本性或者规定性也是气的聚散的一个表现。

如果我们认为，包括人在内的万事万物的产生跟消亡都是天地间这个气的聚合或散开，那万事万物还有没有差别呢？有没有张三、李四、王五、赵六的差别呢？有没有犬、羊、鸡、牛的差别呢？在一气的层面上是没有差别的，因为万事万物都是这一个气变化得来的。因此把循环理解成一种聚合散开的过程，就支持了中国古人考虑问题的重要模型——所谓的一体论。中国人认为万物是一体的，就建立在气的聚散循环这一意义上，万事万物都只不过是一气的聚散循环。《庄子·知北游》里面就讲"万物一也"。

怎么理解万物的差别跟它的生灭变化呢？人们一般都认为有和无是有区别的，张载则说有无之间没有绝对的区分，因为我们所讲的有和无只是气的状态变化，气聚合了就是有，气散开了就是无。这种理解问题的方式可以推广，不仅仅是有无、生死、是非等，所有的区分在一气的循环作用中都变成相对了，没有绝对的区分了。

如果万物是一体的，在逻辑上必然推导出来一个结论，即所有相反的东西之间是可转化的。《庄子》里讲"臭腐复化为神奇，神奇复化为臭腐"，就是建立在万物一体的理论之上，万物可以互化。这跟西方不一样，后者要把世界切分成一个一个的小块，不断细分，分到物质，分到分子、原子再往下分。

一体是一种循环的思维模式。循环除了表现为一个东西的散开、聚合，还有另外一种方式——交替，或者说换班，两个东西的交替循环。这就又回到了我们前面讲的感应问题上，阴阳之间的交感，相反者之间互相吸引。而这个作用另外一个方面就是循环。阳运动后阴来接续，阴运动后阳来接续。道家也讲"阴阳交接"，就是一个交替式的变化。《老子河上公章句·虚心》里面讲："道唯窈冥无形，其中有精实，神明相薄，阴阳交会也。"阴阳交会也好，交接也好，就是一个换班的意思。

中国古人所理解的变化，是以感应交感的方式进行，也是以阴阳交替即循环的方式进行。《周易》讲："变化者，进退之象也。"

所谓进退，就是交班的意思。所有的变化都被解释成这样一种交替式的循环。而"一阴一阳之谓道"，不仅仅是说一个阴跟一个阳，阴阳之间会有交感，还有交替，阳管一段时间，阴管一段时间。按照古人的理解，阴阳是相反的，"交会而各代理"，就是在每年的冬至跟夏至，阴阳是碰面的，相当于哨兵换岗。阴气到了冬至这一天，任务完成了，交给阳气，阳气就开始从冬至这一天萌发，慢慢走强，到夏至这天完成任务，阴气又来接续它……这就是用循环的方式来解释万事万物的生成变化。

聚散式的循环是说世界上只有一个气，所以有万物一体的观念。而这种交替式的循环，支撑了中国人的另外一种理论模型，即周期论。中国人对于人世的理解，一个是一体论，一个是周期论。《周易》讲："日往则月来，月往则日来，日月相推而明生焉。寒往则暑来，暑往则寒来，寒暑相推而岁成焉。往者屈也，来者信（伸）也。"这是自然周期。人事也有周期。"天下之生久矣，一治一乱。"这是孟子的观点。兵书里面也讲"一盈一虚，一治一乱"（《六韬·盈虚》），治乱循环。楚地的道家连治乱循环的周期都给你算出来了，"天道三千五百岁，一治一乱，终而复始"（《越绝书·外枕传》）。宋代的邵雍，推算多少年一小治，多少年一大治，多少年治乱循环转一圈，他称之为"元会运世"，孟子也讲过"五百年必有王者兴"。这当然都是想象，但反映了一种考虑问题的方式，即周期论。

很多时候你有一种什么样的思维方式，往往决定了你如何看问题。比方说我们有的时候看问题很荒谬，或者我们对于某些问题有一些错误的看法，可能并不仅仅是因为我们的看法有问题，而是看问题的思路、讲道理的思路有问题。

映　射

映射思维与佛教传入中国的影响有关，集中体现在宋明儒学。

那时候的很多著作里面经常拿照镜子打比方，跟映射是有关系的。映射实际上是一个数学用语，与哲学上所讲的映射在一些基本的形式特征上接近。映射这种思维方式处理的问题，是从人的问题谈起。中国传统文化思想特别重视人的问题，核心是人性的问题。"情性者，人治之本，礼乐所由也。……礼所以制、乐所为作者，情与性也。昔儒旧生，著作篇章，莫不论说，莫能实定。"（王充《论衡》）情就是情欲，情跟性都是性，可以宽泛地理解为人性。

这个人性问题，很多人都谈过，但大家没有一个一致的看法。为什么大家要谈论人性问题呢？因为人性可以解释人的行为，做好事或做坏事要归到人性的层面来解释，这就有所谓的人性论。早期中国人所理解的人性，指的是与生俱来的禀赋。

禀赋有三个部分。一是四体，人身上的官能，主要作用是我们跟外物打交道的入口。用现在较好理解的话来讲，我们的身体或者官能在中国古人眼中就相当于电脑的输入端，即键盘。外物的数据信息要输入给你，你必须是看见、听见、摸到，起到信息输入的作用，就是感应的感。而数据输入以后，你要对这些数据有一个输出，类似显示器、打印机这些输出端。在中国古人看来，人身受外物的影响输出的是情欲，或者说血气，比如好恶喜怒哀乐。

我们知道电脑除了输入端、输出端之外，还有一个控制输入跟输出的 CPU，而中国古人所理解的人身上的这个官能叫作心，心就是人身上的 CPU，用来控制外物对你的输入和你对外物的输出。这个心不能理解为生理性的心，也不能理解成西方人所理解的心灵，这个心是一种能力，你有一种与生俱来的能力，使你对于外物的影响及反应进行总体的控制，所以中国人特别强调心有主宰的作用。

这就是早期中国人理解的禀赋结构，作为输入端的四体、作为输出端的血气和作为 CPU 的心。

要论证人性善，就要从这些禀赋里找到善的东西。在宋明以前这个论证是不成功的。因为人与生俱来的禀赋里面，有好的东西，也有不好的东西。孟子论证人性善，说是因为人的心是善的，而心属于性，所以可以论证人性善。问题在于情性中，只能论证的是人性中有善，不能论证人性就是善的。因为情也是人性的一个组成部分，也就是情欲或者血气，这个东西未必是善的，汉代的儒家就说这个东西不一定是善的。因此最后只能论证一点，即人性中有善的也有不善的。

从魏晋时代开始发生了一个变化，这跟道家的影响直接相关，就是人们不再把性理解成与生俱来的禀赋，而是理解成本性。人性不是与生俱来的禀赋，而是禀赋所体现的规定性。这个怎么理解呢？举个例子，你吃饭，要靠牙齿、嘴巴和胃，这些东西当然都属于与生俱来的禀赋。禀赋的规定性是什么呢？相当于你的牙齿、嘴巴跟胃的消化功能所决定的你的饭量。你能吃三碗，就不能吃五碗。这个时候，人性就不是禀赋了，而是这些禀赋所以是这样而不是那样的规定性。这个意义上来讲，性就变成了本性的概念。

本性跟秉性的概念不一样，不是你与生俱来的官能和禀赋，而是这个禀赋能做什么不能做什么的一个规定或者限度。这种规定性或者这个限度，中国古代称之为理。当论证了人性不是禀赋，而是禀赋所表现的规定性，也就是所谓的"性即理"的这个观点提出来的时候。

怎么论证人性善呢？理是善的，人性当然就是善的，这个论证就非常简单了。但怎么论证性即理呢？映射的思维方式就变得很重要。我们在宋明理学里面会看到很多主张性即理的观点，比如张载说"性与天道不见乎小大之别也"，天道就是后来的理。性与天道没有小大之别，是说天道是对万事万物的最根本的规定，而性是对每个物自己的规定，而这两个规定的范围或者内容是一样的。到程朱理学的时候，就会提出道就是性，性就是道，这个道或性都是在规定的意义上来讲。

有了道即性这个说法后，更进一步性即理的这个说法就出来了。道是道家的术语，而为了强调道的规定性意义，儒家再次援引了道家的观念，就是理。这个理跟天文的文是一样的意思，文理。中国人讲文理，指的是纹路，而理从木头、石头的纹路又进一步衍生成了人间的纹路，人间的纹路就是秩序。理在战国道家是表示秩序，到魏晋道家就有规定的作用了，所以魏晋道家就把理表述成规定。所以理学其实就是一门关于规定的学问，万事万物的总规定。这个规定当然是客观的，我们后来讲道理也是这种用法。

人性不再被理解成与生俱来的生理禀赋，而被理解成人能干什么不能干什么的一个规定，这个规定被进一步讲成了"性即理"。问题是性怎么就是理了呢？理就是所谓的天理，当然就是根本的东西，而性是万事万物身上都有的东西，怎么讲天理跟人性是一回事呢？是一个规定呢？

要去论证这个问题，实际上涉及几个问题。人的这个身体，按照中国古人的理解，属于气的范畴，所以你要论证性就是理，实际上你要说明理跟气的关系。比较实在的物质性的东西，我们都称之为气。而理是形式上的规定，不一定有实质的物质内容。在理气关系的论述里面，能够看到一些思维方式层面的变化。朱熹和弟子的一次对话中，就讲到理跟气的关系。朱熹讲，理跟气本来是无所谓先后的，如果你要是刨根究底的话，我们要讲先有理，后有气。但紧跟着他又讲，"理又非别为一物"，理就在气之中。这两个说法看起来有点矛盾，又讲理在气之先，又讲理在气之中，这怎么讲呢？

这个时候朱熹就举了一个例子，他说有这个气，理就随在里面，没有这个气，理就没有安放的地方。我们把理比喻为天上的月亮，而气是江河湖海的水。天上的月亮映照在江河湖海的水里面，就都有一个月亮，这是借用了禅宗的月映万川的思路。借此我们就能看到关于理、气、性这三者之间的关系，而这种思维方式就是映射。

我再给大家举一个例子。投影仪相当于映射端，而幕布及其上面所有的图形文字，就是成像端。天理就相当于映射端，而性处于成像端。天理就像天上的月亮映射到水中的时候，水中的月亮就是人的性或者物的性。理跟性的关系，就是一个映射端跟成像端的关系。气是什么呢？气就是水，或者我们理解成投影的这块幕布。这块幕布可能干净或者不干净。中国古人讲气有清浊，有的人气比较清，有的人气比较浊，相当于幕布是否干净。如果这块幕布不干净，投影的这个成像就是不清楚的，干净成像就是清楚的。这就有了圣人跟凡人的区别，也就是圣人的气清，成像清楚，凡人的气浊，成像不清楚。

用映射来解释理和气的关系，理只有一个，每个人的性，万物的性，都是那个天理映射过来的。这就是所谓的映射思维。

如果我们把月亮比拟为理，水中的月亮就是气中的理，这个很好理解，把水比拟为气。那什么情况下是理在气先，什么情况下是理在气中？宋明理学里面经常讲这种车轱辘话，并不是因为他脑子不清楚，而是因为读者的脑袋里面不一定有这样的一个图示，有了这个图示你马上就能明白。什么叫作理在气先呢？就是在映射端的层面，只有理没有气，所以是理在气先。而在成像端的层面，你要成像就必须有成像材质和所成的像，这个时候就是理在气中，看你在哪个层面来说。映射端就是理在气先，天上只有天上的月亮，没有水，但你要讲水中的月亮的时候，那就是理在气中了，有月亮也有水，有理又有气。

这种理解问题的方式一定会带来疑问，天上的月亮只有一个，江河湖海里面都有一个月亮，那不是把天上那个月亮分裂了？天理只有一个，每一个人都映射了那个天理，成为我们自己是这样不是那样的规定性，那么我们是不是把那个唯一的总规定分裂了呢？朱熹的弟子就有这样的疑问，朱熹又讲了一遍映射的道理。月亮在天上就是那一个，但月亮映照在江河湖海里面，就是禅宗的月映万川的时候，随处都可以见到月亮，你能说天上的月亮被分裂了吗？没有分裂。这讲了一个什么道理呢？天上的月亮跟水中的月亮，绝对不是整体跟部分的关系，而是两个领域的东西，一个是映射端，一个是成像端。

在宋明理学里面，理是最高规定，这个最高规定落实到你的身上，就是你的性，你要做的事就是去执行这个规定，这就是所谓的修身或者功夫。这是一种谈论问题的方式，天理是映射端，映射到万事万物，天理规定万事万物。

在理学之后，我们还看到有一种学说很有影响，就是阳明心学，心学其实也是基于映射思维来看问题的。阳明心学有一个标志性的口号，叫作"心外无物"，过去讲这是主观唯心主义，我不看你你就不存在。《传习录》里记载了一个岩中花树的故事。先生游南镇，一友指岩中花树问曰："天下无心外之物，如此花树在深山中自开自落，于我心亦何相关？"先生曰："你未看此花时，此花与汝心同归于寂；你来看此花时，则此花颜色一时明白起来。便知此花不在你的心外。"我们也会有这样的经验，经常有一些景物，我们可能平时不太注意，突然有一天注意到，哎呀，怎么这么好看？这就是"此花颜色一时明白起来"。"便知此花不在你的心外"，不是说阳明要否认花的客观存在，而是说我不关心你这个花，你对我是没意义的，我要关心你，你才对我变得重要。所谓"心外无物"，实际上是说我关心不关心你，决定了你对我有没有意义。

这个时候你会发现心跟物的关系不是主观跟客观的关系，而是什么呢？心是一个意义源头，注意或者指向什么东西就为这个东西赋予了意义。心跟物的关系也是一种映射关系。只不过映射端不再是理学讲的那个天理，而是自己的心，或者称之为良知。这个时候映射就不是从天上往下照，而是自内向外的映射，意义的源头在我的良知里面。当然这有个前提，就是论证心就是天理，理论的层面会存在一些风险，但这是另外一个问题。

由此可以看到，映射是一个非常重要的思维方式。谈论人性也好，谈论意义也好，说到底谈论的是我们要遵循一个普遍的规定。这个普遍的规定实际上映射在我们每个人的身上。我们需要干的事情就是按照这个规定做，做得好不好有一个衡量标准，而做又有一套路径，就是所谓修身功夫。

中国古典宇宙论的源流及其当代价值

冯达文

从《管子》到《淮南子》，再到董仲舒，中国古人通过对自然世界的认识而建立起来中国古典哲学的宇宙论，这是中国先贤追求个人与社群—人类与自然协调与共生的一种价值理论。

我这期给大家讲的题目是"中国古典哲学的宇宙论"，宇宙论是关于中国的阴阳四时五行学说的理论。可能有人会把阴阳四时五行学说，拿着去看风水，但我不懂看风水。我觉得如果要看"风水"的话，我们一默这个地方"风水"就非常好。

我主要是讲中国传统的宇宙论所表现的中国人的认知方式和思想信仰，这才是我们要讨论的一个主题。为什么会有这样一个题目呢？当然我们可以回顾到我在月初所讲的孔子跟孟子。我曾经说过，孔子孟子的思想是从情感出发引申出来的，从情感出发来建构起中国人的独特的价值体系。但是大家要注意，情感是有主观成分的。其次每个人尽管都有情感，但是情感又是有差异的。这就需要有一个客观的统一的东西来加以支撑，这就要引入宇宙论。

顺应天地宇宙变迁的节律就是回归自然

老子以道法自然作为他的一个最高的价值追求，这种追求是以自我与自由为中心的一个价值追求。但是后来另外一些学者把老子的自然这个词加一个新的解释：我们如何才能够做到自然呢？那是要顺应天地宇宙变迁的节律，那样去做就是自然。这样一来，对自然重新的解释，把自然看作天地宇宙的变迁和它的节律。做这个解释以后，就引发了一个新的思潮。这个思潮中国思想史上也把它称为"黄老思潮"，老就是老子，黄就是黄帝，古人都喜欢把自己的思想来源追溯到很古的时代。

如何能够为情感和由情感引申出的价值信念提供一个客观的公共的依据，就构成了孔子孟子之后，儒家学者们思考的一个问题。儒家学者思考这个问题的时候，是引进了宇宙论来作为回应。为什么我要讲孔子跟孟子之后的儒家学者引进宇宙论来回应这个问题的？那是因为宇宙论最初是道家创始人老子建构起来的。我们如果看过《老子》（又名《道德经》），都会看到有这样一些提法，"道生一，一生二，二生三，三生万物"，"万物负阴而抱阳，冲气以为和"。这是老子所建构起来的一个宇宙论系统。天地宇宙从道化成了一，这是从无到有。一分为二，就是阴阳。阴阳再分为三，这个三是什么呢？古人有的认为三就是多，有的认为三就是和气，阴阳结合起来的一种和气，然后就由三生万物。老子还有另外一段话："天下万物生于有，有生于无"，天下所有的事物都是有有相生，牛生牛，马生马，羊生羊。但是作为马、牛、羊，包括人，所有事物的总的来源是什么？那一定是没有马、牛、羊、人的各种特性的东西，那就是无，即所谓"天下万物生于有，有生于无"。这两段话就构成了老子宇宙论的一个基本的体系，但是老子建构这个宇宙论，对宇宙生化万物是采取一个贬斥的态度的。老子认为宇宙由单一到多样，由简单到复杂的生化，其实是往下坠落。为什么老子会把宇宙生化看作是往下坠落呢？那是因为在道或者在一的那种层次里面，那是没有分化，没有分化就意味着没有矛盾，没有矛盾就没有冲突。那是一个非常和好的状况。但是一旦一分为二以后，落到矛盾对待中，就引发了矛盾冲突。到二生三的时候矛盾冲突更多，至三生万物矛盾就更加纷繁复杂了。

一旦落入矛盾，你是会被矛盾肢解的，这意味着你没有自我，而且因为是被矛盾逼着走的，同时也没有自由，所以被卷进矛盾冲突中之后，自我跟自由就失去了。在老子看来这是非常不好的。所以老子会把"道生一，一生二，二生三，三生万物"看作是往下坠落的一个过程。老子要守护自我跟自由。

如何才能够守护自我跟自由呢？老子认为只有回归到道，回归到一，那个状况才是可能的。回归到道，老子又把它称为回归自然，所以老子有"道法自然"的这样一个命题。自然是什么？自然就是自己而然。不要让人家说你是什么就是什么，你不是什么就不是什么。所以自己而然就是自我，同时也是自然而然，那么就是自由。自己而然，就是顺着自己本来的性情去发挥自己的作用。自然而然，则是不要被人家强迫，不要被人家改变，这是自由。所以老子以"道法自然"作为他的一个最高的价值追求，这种追求是以自由跟自我为中心的一个价值追求。

　　但是后来，另外一些学者就把老子的自然这个词加一个新的解释，我们如何才能够做到自然呢？那是要顺应天地宇宙的变迁，那样去做就是自然。所以这样一来，对自然重新的解释，把自然看作天地宇宙的变迁和它的节律。做这个解释以后，就引发了一个新的思潮，这个思潮中国思想史上也把它称为"黄老思潮"，老就是老子，它还是从老子那里来通过对老子自然概念的重新解释而建构起来的。黄就是黄帝，古人都喜欢把自己的思想来源追溯到很古的时代。比如儒家会把自己的思想来源追溯到尧、舜、禹。道家就不服气，其实我们的思想比尧、舜、禹更早，那是黄帝，黄帝才是中华民族的起源。这个思潮的建构者，把自己的思想依托黄帝，建构起一个"黄老思潮"。

　　"黄老思潮"的整个的追求，就是要建构一个如何解释天地宇宙的来源和它的变迁节律的一种理论。所以我们也可以把宇宙论简单地概括为从追溯天地宇宙的来源和变迁的节律，来讨论我们人类当下生活和交往的正当性，即合不合理的一个理论。就是说，从追溯天地宇宙最初的来源和它的变化规律，或者变化节律，来检讨我们当下的生活方式、当下的人际交往是否具有正当性的一种理论，就称为宇宙论。

　　这个"黄老思潮"是什么时代怎么形成的呢？它的代表作是哪一些呢？如果早一点，可能可以追溯到战国的初年。孔子去世以后不久，孔子去世前后就已经进入战国了。战国我们一般认为从公元前476年开始，到秦始皇统一中国公元前221年，这段时期称为战国。"黄老思潮"大概是战国初年一些学者建立的。从著作来看，主要见之于1973年在长沙马王堆出土的一批文物，这批文物中有

《黄帝四经》，以黄帝的名义写的四种经典。因为《黄帝四经》文献比较残缺，而且表达宇宙论还不算太系统，所以我们今天在这里不介绍。但是有个现象值得注意，现在学界经常要把中华文明的源头再往前追溯，认为中华文明的建构要比古埃及，比古中东要更早，根据就是《黄帝四经》。河南省委前书记，曾经在《光明日报》发表过一篇文章，把黄帝看见是真有其人，认为黄帝是中国古代最伟大的哲学家、最伟大的思想家、最伟大的教育家、最伟大的政治家、最伟大的军事家……给他戴了八顶帽子。说八个伟大，我就觉得是不是可靠很难说，学界大都不太承认。

认为中华文明伟大，或者其实我们要建立我们的文化自信，不一定要说我们比人家早，我们说比人家要更长久，比人家延续得更好，我觉得这个就够了。我上节课就讲过，古埃及文明现在衰落了，古波斯文明现在也衰落了，古罗马剩下一条腿，意大利现在就像一条腿，他们的文明是衰落了的，但是中华文明在延续，而且中华文明在不断走向更加辉煌，我们觉得这就够了，文化自信就可以建立起来了。

依照阴阳四时五行进行类归产生了中国人独特的类观念

我们今天讲黄老思潮，还是从战国中期一本叫作《管子》的书讲起，在文献上更坚实一点。大家知道春秋末年有个管子，但是《管子》这本书不是管子写的，是管子所在的诸侯国齐国的一些学者写的。齐国在战国初年，在它的国都临淄的南门还是西门建立了一个稷下学宫，稷下学宫经历了 150 年那么长的一个时间。在稷下学宫求学和讲学的据说有一千多人，最出名的有七十几个。所有在那里讲学和求学的人都是免费的，而且是齐国把他们养起来的。齐国当时是今天山东的半个省份的土地，人口有没有几百万不知道。那么小的一个诸侯国竟然能够养活一大批没有任何职务、只是自由讲学自由争论的一批学者，非常不容易。

《管子》这本书里面既有谈政治的，也有谈经济的，还有谈思想的。其中有好几篇文章，被看作是"黄老思潮"的代表作。这些文章，包括《心术》《白心》《内业》上下，还有《四时篇》《五行篇》。我把这些文章称为《管子》诸篇。这批代表黄老思潮的文章，是怎么样把老子的自然做了重新的解释的呢？

首先它把道看作是气。原先老子的道是无，天下万物生于有，有生于无。《管子》的这些文章认为，道就是气。气是一个实体性的概念，道化生万物是有实体性的东西在运作的，道化生万物的过程首先分为阴阳二气，阴阳二气是在时间跟空间里面发挥作用的，我们也可以把时间、空间看作是一种节律。阴阳二气就是在时空的节律，在时间、空间的节律交合变化中化生了万物。春天是少阳，这是时间；属东方，这是空间。夏天太阳，是南方；秋天少阴，是西方；冬天太阴，是北方。这个东南西北还有包括中，古人是用五行来表达的，那就是金木水火土，东方是木，南方是火，西方是金，北方是水，中央是土。所以宇宙论的建构，实际上就是由元气，一种原初的生命力，在后来分化为阴阳的两种力量或者两种组合构成的。这两种力量两种组合在时间跟空间的交叉变迁中，化生了万物，千差万别的万物。因为万物都是在时间、空间的交合变化中化生的，所以万物的类型也可以依照时间空间，也就是依照阴阳四时五行来进行归类，这就产生了中国人的独特的类的观念。我们现在还是用这个观念。

我们知道，近代西方的类的观念是通过形体结构来确定类的，印度佛教的类的观念是用心理状况来区分的。就是你的心里有个什么状况，跟你的这种心理状况对应的东西是什么，那么就形成了一个类的概念。中国人从《管子》诸篇开始，是以阴阳四时五行来分类的。这个分类的意义我们等一下再讲，大家先知道，宇宙论的一个基本框架，就是通过确认宇宙有一种原初的生命力，这个生命力后来分化为两种互相对立，又互相交合的力量，就是阴阳。阴阳经过时间跟空间的交互变化，化生了千差万别的事物，千差万别的事物都是在时间、空间的交合变化中形成的，所以我们就可以以五行，以四时，以阴阳来分类，这是中国人的特有的类的观念。这是《管子》的几篇文章所建构起来的一个宇宙论的体系。后来在《管子》的这些文章的基础上，"黄老思潮"又有进一步的发展，那就是《吕氏春秋》。《吕氏春秋》是吕不韦手下的一帮宾客，他养起来的一帮知识分子编成的一本书。

吕不韦原来是个商人，在赵国生意做得非常好，秦国的一个公子，后来成为秦襄公，当时是被作为人质派到赵国去的。吕不韦看到这个人质将来很可能会继承秦国的国君的位置，所以笼络他，而且把自己身边的一个美女送给他做老婆。后来这个公子真的回到秦国做国君，吕不韦也来到秦国，成为秦国的相国即丞相。

当时战国时期那些有权有势的大臣，都喜欢收拢知识分子来为他们出谋献策，所以吕不韦也养了很多宾客，为他怎么治理国家出谋献策。这些宾客们纷纷写下自己的治国的方略，这些治国的方略，被吕不韦收进来，成为《吕氏春秋》。吕不韦在编排《吕氏春秋》的时候，是非常自信的，他在城门外面挂着一个布告，说谁如果能够提出意见，修改其中一个字，可赏 50 金。当然，对于丞相颁布的东西，谁也不敢提出修改，但是你可以看到吕不韦对《吕氏春秋》非常自信。

这本书我觉得还是非常有趣的，大家如果研究中国古典思想，看看这本书会很有启发，其中最重要的文章是"十二纪"。纪就是纪录的纪，或者纪检会、纪检书的纪。所谓十二纪就十二个月份，每个月的一个记录、每个月的节气给出的一个时令。《管子》的四时，只是讲了春、夏、秋、冬四季。《吕氏春秋》就把春、夏、秋、冬四季展开来，作十二个月来讲，每个月的纪讲什么呢？其中第一篇文章叫作《纪首》，这篇文章是概述这个月的天象有什么变化，地下的物候有什么变迁，国君应该如何根据天象、星象的变化、地下的物候的变迁，发出各种政令，去治理国家和安排生活。这是纪首，是一个总论。每一个纪首后面有五篇文章，是对纪首里面提的观点来做出阐述，把它说得更清楚一点，说明为什么要这样做。我们举个例子，正月，天上星象有什么变化？它是按照古人对整个地球运转的状况来进行区分，叫黄道。古人把整个的天象的运化区分为 12 个黄道，我们现在选日子都要讲黄道吉日，就是那个黄道。正月星像的位置，我们这里没法讲，地下的物候则表现出冰封开始解冻，獭鱼开始跃出水面，南飞的各种鸟儿开始回归，这意味着春天来了。春天来了，我们要做什么呢？春天来了，作为国君，他应该做的就是首先斋戒，吃斋几天，再带领三公、九卿到郊外去祭天，祭完天以后，国君开始用锄头来开耕，于是全天下开始春耕，这是国君带头开始春耕。同时国君要颁布政令，不准取雌性的动物作为食品，不准取各种蛋类作为食品，还要不准捕捉弱小的动物作为食品，一切为了保护生命。国君同时还要颁布政令，对老弱病残的人要给予施舍，比如给老弱病残的人一些布帛，给一些粮食，让他们能够度过春寒，这是正月。二月又根据天上星象的变化、地下物候的变化，再来安排国家的治理和日常的生活。其实大体上还是按四季来行事的。春季是生的季节，所以你看到他里面有一篇文章专门讲情欲。情欲是每个人都具有的，天让我们每个人都有情欲，所以天子的责任就是让人的天性能够尽量得到满足，这是春季。

可以看到，春季实际上所取的理论是道家，道家讲养生。夏季，春生夏长，如何才能够助长呢？要引进教学和音乐。所以夏季非常讲究尊师，有一篇文章专门讲尊敬老师。人只要尊敬老师，天给我们的各种感官和各种心理结构就能够得到正常的发展。实际上尊师的这个部分，强调的是经验的接受与理性的训练，但是同时还要有音乐的培育。我们"一默书房"很重视这个，那是非常对的。音乐就是陶冶性情，尊师是理性训练。但只重视理性的训练，人会很古板的，像我们都比较古板。如果你同时也注意音乐的训练，性情的熏陶，你就会既有理性的训练，同时你的生命也是非常活泼的，这才是成长的一个追求。

所以我们可以看到，《吕氏春秋》在春天讲究生命的自然生长，夏天讲究教养。秋天要秋收，秋收完毕则要讲究练兵和依照刑法判刑了，当然也包括对入侵者要加以讨伐。我在跟我们的同学讲到秋天这个季节的时候，有同学提问，为什么要秋天才练兵？秋天才去讨伐呢？其实这是不了解农业文明，比如说边疆的少数部族，如果

要来抢粮食，春天是没有什么东西可抢的，秋天收成以后才可以
抢。所以秋天才讲练兵，秋天才讲抵抗外族的入侵，也包括秋天才
施行刑罚。

春天跟夏天，会影响生产劳动，所以所有的犯罪行为都留在秋
冬来加以审讯和判刑，以免耽误农时。接下来是冬天，冬天讲究
礼，包括如何祭祀已经去世的老辈，还包括收成以后对天地要有一
个感恩，所以我们秋天要重礼。实际上可以看到，春天讲生主要讲
道家，夏天讲长主要讲儒家，秋天讲练兵讲刑罚主要讲兵家和法
家，冬天讲如何祭祀前辈跟天地，主要讲墨家跟儒家。

所以你们看到以前学界有人说《吕氏春秋》怎么搞的那么杂
乱，把各个家、各个学派的观点都收在里面，实际上它是安排得非
常妥帖的。它这个安排不是按照逻辑来去开展，而是按照春夏秋
冬，按照大自然变化的节令来开展。我觉得这是非常有智慧的一本
著作，大家有兴趣去看看《吕氏春秋》会非常有启发。《吕氏春秋》
是战国末年的作品，吕不韦在秦襄公去世秦始皇继承王位以后被
杀。因为当时很多传说，有的说吕不韦把大权揽在自己手上了。又
有的说吕不韦跟秦始皇的母后有私通关系，所以他把吕不韦杀掉
了。秦始皇没有按照吕不韦的"黄老思潮"来治理国家，他是以法
家来治理国家，讲究严刑峻法，判刑非常严厉，由之导致人与人之
间完全没有信任感。国家建立仅仅 15 年，秦国就灭亡了。继后汉
代刘邦建立起西汉政权，由于战国时期各个国家的互相征讨，还有
秦国末年的农民起义，整个国家从中央到地方的经济破败不堪，所
以汉代初年，是以"黄老思潮"来作为治国的基本的指导思想。

据说刘邦做了皇帝以后，要找四匹颜色一样的马都找不到。刘

邦的老婆吕后叫吕雉，还要穿补丁的衣服，你可以看到汉初经济是非常困难的一个状况。所以汉初实行"黄老思潮"就是无为而治，顺应自然。国家征收的赋税是 1/10，甚至后来还减到 1/15。用"黄老思潮"治理国家的一个结果，就导致了汉初六七十年间整个国力的重新复兴。

汉初"黄老思潮"的代表作，就是《淮南子》。《淮南子》是在汉景帝跟汉武帝之间，淮南王召集他的宾客写成的一本著作。这本著作也被称为杂家，因为"黄老思潮"都是把各家各派的理论放在阴阳、四时、五行的框架里面加以处理的，所以被称为杂家。

《淮南子》在理论上比《吕氏春秋》没有太多的发展，它的《地形训》，它的《时则训》，也是按照阴阳四时五行的时空交叉关系来考察各个地方的差异，指出不同的地域，不同的时间，有不同的物产和不同的人物的性格。我们中国人讲一方水土养一方人，很多观念其实是从淮南子那里来的。我前几年接待过一个美国朋友，他说你们的《淮南子》是非常重要的作品，在人类学、植物学、动物学上都很有价值。你通过读《淮南子》，就知道中国各个不同的地方，它的物产，它的人物的心理性格是有差别的。《淮南子》跟《吕氏春秋》如果说有不同的话，就是《淮南子》不但讲黄老，还讲老庄。"黄老思潮"此前的作品比较侧重讲在现实的天地阴阳四时五行的变化里面，如何去安排生活。《淮南子》重老庄却是要把天地宇宙最初的来源是往上追溯，不仅追溯到无，而且追溯到无之前，要复归到宇宙最初的来源，心灵才能够得到安定。这是《淮南子》跟《吕氏春秋》和《管子》诸篇的一个区别。

承续天地宇宙的这种变迁规则付出努力，就成就我们善的行为与本性

儒家怎么样从黄老思潮中引进宇宙论，为孔子孟子依从情感引申出的价值体系，提供一个客观的公共的根据呢？在这个当中最重要的人物是董仲舒，这是汉武帝时期儒家的著名学者。董仲舒的一个基本立场就是，仁义礼智信这些价值信念，不是按照春夏秋冬的变迁付出我们人的努力，就可以建构起来，就可以获得证成吗？所以董仲舒非常不同意老子要以无为道。以无为道，要把自己的价值追求放在超现实之外。因为老子觉得现实太恐怖了，太可恶了，所以他要摆脱现实来追求价值。

董仲舒则不然，他认为我们在现实中付出我们的努力就可以建构价值。比如春天万物生长，我们付出我们的努力助其生长，就是仁，仁爱的仁。他有个提法，"春生仁也"。春天万物生长，我们付出我们努力就是仁，而且天地宇宙让春天，让万物得到顺利的生长，本身也体现天地宇宙是仁的。董仲舒跟后人不同，董仲舒把夏天看成是智，智慧的智。夏天我们如何协作万物得到更好的成长，我们的智慧就从中得到体现了。秋天为我们按照收成的季节付出我们的努力就是义，当然也包括对罪犯的判刑，对侵害我们领土的讨伐，这都是义。到了冬天，我们要感恩，要祭祀，我们就是讲礼。中央是土，土是讲信。以董仲舒为代表的儒家认为，我们人按照春夏秋冬的变迁付出我们的努力，就能够成就我们的道德，这样一来，从孔子到孟子提倡的仁义礼智信，实际上都可以通过我们人赞天地或者参天地之化育，而建立起来的。大家知道《易经》有句话

很出名："一阴一阳之谓道，继之者善也，成之者性也。"天地的变迁为一阴一阳起的作用。一阴一阳的变迁就构成了一个基本规则叫道，"继之者善也"，我们继续天地宇宙的这种变迁规则，付出我们的努力，就是我们善的行为。

善的行为的积累就构成我们内在的本性。我们上节课说过，孟子讲性善的时候，从心、从情、从不忍人之心，从同情心来讲的。董仲舒和《易传》则从天地宇宙来讲，这就是儒家引进宇宙论来作为孔子跟孟子从情感引申出的价值论提供的一个客观的依据。但是董仲舒这样建构起来也不是没有问题，他的问题在哪里呢？天地宇宙变迁作为客观的一个事实，不一定有价值的。春天当然是清明时节雨纷纷，如果不下雨，我们就不能够耕作，但是有时候暴雨也带来了负面的影响，还有就是地震、台风一过来，没有给我们人带来好处，反而给我们人带来坏处。这个问题是什么呢？我们也称为是事实，它跟价值不一定是统一的，这是我们上节课也讲到的。很可能客观事实其实是无情的，而价值是有情的，这两者不能统一。当董仲舒把客观事实看作是有情的，客观宇宙的变迁是为我们人类的，这就会带出一个在哲学上叫作把价值存在化了，把主体的价值客观化了的一个问题。本来董仲舒的意图就是通过把价值存在化、客观化来使孔孟引申出的价值具有一种信实性，是可信的、真实的。你看天地宇宙都是这样的，所以是可信的、真实的。但是一旦天地宇宙被看作是它本身隐含有价值，它本身是为人类的，天地宇宙就被目的化了，好像天地宇宙的变迁也是有目的的，是有灵性的。这就可能会带来另外一个负面的问题，被看作是负面的问题，是客观的世界灵性化了。客观世界灵性化，意味着客观世界变成了一个信仰的世界了。

所以为什么很多人批评董仲舒，说董仲舒把儒学变成了一个神灵信仰的体系，就是根据这点。因为确实当董仲舒把客观世界灵性化以后，万物都是有灵的，我们就有很多禁忌。汉代人禁忌非常多，洗头要注意什么，盖房子要注意什么，都是客观世界被灵性化所带出的。所以董仲舒以前一直是被批评得很厉害的，但是下面我要为包括董仲舒在内的整个宇宙论给出一个说明。说明包括宇宙论的整个建构，作为中国人的独特的认知方式，是有客观依据的。其次就是宇宙论引申出的治理国家的观念，是非常值得我们当今参考的。当然还有第三个，用宇宙论来讲价值，它有它的道理。我们下面就分别从这三个方面来为宇宙论的正当性，提供一个详细的辨识。宇宙论作为中国人的致思方式和中国人的思想信仰，如果被说得一无是处，我们中国人的认知方式，我们中国人的思想信仰，就会被否定，被怀疑了。下面就是我们要重点讨论的问题。

时空交变的节律已内化为我们生命体的基因

对于宇宙论，20 世纪国内学者多把它看作是迷信的，不科学的。其实他们只是以西方近代科学的一种观点来看我们中国人的思维。倒是西方学人近代以来，并没有这样来贬低中国人的这种认知方式。法国的一个很出名的汉学家叫葛兰言，他在 20 世纪初在研究中国文献的时候，就很惊奇地发现，中国人的思维是一个关联思维，跟西方人的因果思维是不一样的。后来另外一个著名的汉学家叫李约瑟，他写过很多专门研究中国科学技术的书，其中有一本叫作《中国科学技术史》的书，就接续了葛兰言的说法，把中国人的思维称为关联思维或有机思维。他认为这种思维与因果思维的不同在哪里呢？比如某个东西停在某一点上，按照因果思维就是有个东西把它推上去，它停在那里了。但是中国人的关联思维不是这样的，某个东西停在某点上，是因为它也反作用于推动的它那个东西，所以它才停在那点上。这两者互为因果，不只是单向性的一个因果关系，这就是关联思维。后来英国另外一个著名的研究中国学问的思想家叫葛瑞汉，也继承了这种说法。他认为西方的那种因果思维（我称为分析性的思维），只是在研究某一个特定的领域、某个特定的事物上才使用的。我们日常的生活都是关联思维，包括心理学的、政治学的、美学的思维都是一种关联思维。可见，西方人在 20 世纪初，已经为我们中国传统的宇宙论提供的认知方式给了一种比较肯定性的一个说明。

我自己没有使用关联思维这一概念。在 20 世纪 80 年代写的一本著作里面，我把中国人的思维称为"类归性的思维"，用以跟西方人的分析分解性的思维区别开来。所谓分析分解性的思维，我们举个例子，如人是什么？按照西方的分析分解性思维，它是从逻辑上，从种差加属来定义人是什么的，人是属于动物的，种差是人跟马、牛、羊的不同。按照这个做法，我们就可以说人是有智慧的两足动物。这样一个思维是侧重在事物之间的分别，但中国人可能不会这样回答。中国人可能会说人是动物，当我们说人是动物的时候，我们没有注意到人跟马、牛、羊的差别，而是把人与马、牛、羊关联起来思考问题。在这里差别是模糊了，但是因为人跟马、牛、羊，跟所有的动物有关联的，所以我们其实也可以从关联来思考人生理跟病理的问题，这是类归思维。类归思维就是把单独的一个东西归到一个类里面去，再把小类归到大类里面去加以考察。这种思维是否具有合理性？最关键的是你怎么看类，中国人是怎么归类的。我们前面就说过，中国人是以阴阳、四时、五行归类的，以阴阳、四时、五行归类有没有根据呢？有。所有的生命体都是在时空交变的节律中化生出来的。某种生命体，如果它不适应时空交变的节律，它会被淘汰，你看过去有很多动物都被淘汰了。实际上所有的生命都在时空交变的节律中得以生存，得以延续，如果不适应时空交变的节律，它会被淘汰。这个意味着什么？这个意味着其实时空交变的节律已内化为我们的生命体的一个内在结构，也可以说已经内化为我们生命体的基因。

　　我曾经在省中医院讲阴阳、四时、五行。我说中医的一个特点就是追踪时空交变节律，对生理、病理、药理和治理的影响。如果我们中医是从这个角度来思考问题，我们的大方向是正确的，尽管不一定很准确。有一年我在香港参加一个中国文化与中国医学研讨会，当时香港中文大学医学院的一个教授就说，你们中医是不科学的，因为同一种病，100 个中医开出的 100 个药方都是不一样的，你怎么说是正确的呢？我的回应是，你要注意到，你所认为的同一种病其实是不一样的，因为中医会考虑到东南西北的差异，春夏秋冬的差别。咳嗽就是这样，冬天的咳嗽跟春天的咳嗽不一样。男女老少的不同，中医会考虑东南西北的差别，春夏秋冬的差异，男女老少的不同，然后会有不同的药方。当然，中医有庸医，这是没有问题的，但是中医注意到这些差别恰恰就是考虑到人体跟时空交变节律的一个关联。我在中医院讲一次他们不满足，他们拉我跟不同的医生讲了三次，他们觉得这个讲法非常好，对中医是一个很大的支持。

又有一年我在北京一个大学，参加科学跟人文学的学者对话。上海一位教授代表科学，我代表人文，我们两个人对话，我讲了一下中国宇宙论跟中医的这样一个关联。其实我不懂中医，我只是从大的方面讲。上海这位教授，他说我不仅不反驳你，还举个例子支撑你的观点。他说上半年，请了一个美国治疗癌症的科学家来做学术报告。美国的这位科学家说癌症也不算什么病，他说你想，我们人体的现在这个结构是旧石器时代形成的，我们的祖先从树上下来，直立行走了，就这样来谋生了。我们的人体结构是旧石器时代形成的，但是我们面对的自然环境跟旧石器时代已经非常不一样，我们人体能够适应这样一个环境吗？因为我们不能适应，所以我们才有很多的病，这是科学家们的一个看法。

我们人体这样一个结构是跟大自然时空交变的节律适应了，才形成现在的样子。还有一个最重要的例证就是生物钟，前年，发现生物钟的科学家不是得了诺贝尔奖吗？所谓生物钟就是我们人体内在的生物节律，是根据一天 24 小时的变迁而变化的。我们本来都习惯了，白天工作，晚上睡觉，这是生物钟的操控要我们这样去做的。

但是我们现在都很多人颠倒过来，白天睡觉，晚上工作，我们学校的老师常常是这样，生物钟混乱，你的内分泌就会有问题的。中国古人说，天地是一个大宇宙，人体是个小宇宙，互相有对应的关系。因为我们是从适应大自然的时空变迁节律活下来，延续下去的。所以从这个意义上来讲，我们用四时五行阴阳分类，就有一个客观的依据。中医经常说什么是补的，春天生什么，你们吃什么就是补。夏天生什么，吃什么就是补。因为我们祖先就是这样的，我们祖先没有冰箱，没有储存的器皿，所以只好什么季节生什么就吃什么。我们人体结构、我们的基因就适应了这样一个变迁，我们生存下来的。所以春天一来了，我们应该吃春天的东西，我们就补上去了。夏天一来了，我们吃夏天东西，我们就补上去。中医的理论，就是追踪大自然变迁节律对我们的生理、对我们的病理、对我们的药理、对我们治理的一个影响而建构起来的，所以我是觉得中医沿着这个方向发展，它有科学性。但我们说我们中国的这种类归思维有科学性，并不否定西方的分析、分解思维的科学性。分析、分解思维的一个好处，就是它关注差别，而且把差别做得很细，可以量化，量化以后我们就可以有更好的操作。这是两个不同的系统，不能用一个系统来否定另外系统。

说到这个问题，我们顺便还可以讲一下时间，我刚才提到时间的观念。中国人的时间观念是生生不已，循环往复。我有一年跟一个企业家讲这点，这个企业家很有感悟。前两年见到我，他说你这个生生不已、循环往复的观念对我很有启发，我在从化那边建了一个生态园，而且你曾经提过房子的阳台前面一定有竹子，可以触摸到竹子，看到摸到青青脆竹，心灵会非常愉悦，他说我已经做了，你有空来看看。

中国人的时间观念是根据农作物四季的变迁形成的，春、夏、秋、冬，循环往复，西方人的时间观念是一去不复返。

中国人讲生生不已，循环往复，今年收成不好不要紧的，今年是小年，今年收成不好，不要太悲观，明年是大年，大自然会重新让农作物生长得更好，让你生活得更好，所以不用悲观。从这个意义上来讲，农业文明留下的很多东西，我们真的不能够轻易否定它，特别是我们现在是讲生态。这是从认知方式，给中国古人的宇宙论的正当性给予一个说明。

其次是，从宇宙论引申出来的治国理念，是否具有合理性？这也是非常有趣的问题。我以前读《吕氏春秋》十二纪，读《礼记·月令篇》，有个感受，中国古人怎么那么聪明？他们懂得依照一年四季 12 个月的变迁来治理国家，我把它称为是生态政治学。为什么有这个感慨？是因为跟近代以来流行的，从西方传进来的政治自由主义，有个鲜明的对比。

西方政治自由主义是由霍布斯、洛克、卢梭等人建构起来、整合起来的。政治自由主义所持的观点主要是三条，我归纳为：一个是自然状态，自然状态的观念是为了跟神切割开来。因为在洛克、霍布斯以前都讲人祖先亚当夏娃是上帝创造的，人都是亚当夏娃的后代。近代政治自由主义不认可这点，所以自然状态是要把人跟神切割开来，让人独立起来。第二个观点，每个个人的观点，这是把个人跟族群切割开来。因为在古典的社会里面，个人没有独立性，个人常常是被家庭或者是被带有贵族色彩家族掌控的，没有独立性。所以政治自由主义同时也强调每个个人，让个人从族群摆脱出来而独立起来。第三个观念，权利个人、权功个体，每个个人天生都有一种平等的权利。这个观念实际上把人其他的方面，把人的精神追求、价值追求去掉，因为精神价值追求是每个人不一样的，但是每个人都追求权利却是相同的，人正是在每个人都有相同权利的意义上是平等的。西方人近代以来的政治理论，就是由政治自由主义的体系建构起来。当然这种建构确实是为我们每个个人争得了平等的权利。但是当神、当上帝被淡化了，当族群也被淡化了，剩下来的个人权利被推到空前的地步以后，人与人之间的权利争夺就变得非常突出了。

这里有两个难处，都是西方现在很难处理的。一个就是当你把人看作为权利而生的时候，人的其他追求被消解。人就生活在一个空间里面，经济利益争夺的空间。精神追求的空间，宗教信仰的空间都没有了。如果还有精神追求的空间，还有宗教追求的空间，人有几个空间还可以宽阔很多。但如果我们只生活在一个平面上，一个经济权利的争夺的空间里，我们每个个人被平均化，平等就是平均。人被平均化，人被降落在一个像经济动物的状况以后，争夺就变得非常赤裸裸、非常激烈了。我们看当今的世界就这个样子，美国是公开讲美国利益第一，我始终不是很理解美国人怎么想。有一个印度的生态学家，统计了一个数字，说一个美国人一辈子使用的自然资源，相当于 60 个印度人一辈子使用的资源。美国那么富裕了，他还觉得不满足，还要在世界上到处抢夺，还要强调美国第一。

前两年我们学校一帮学生跟美国一帮学生作文化交流。他们来了一个月，走之前要我讲几句话。我就说我以前看过克林顿的传记，前面那个序好像是希拉里写的。希拉里记述，他们当年二十几岁的时候，是帮尼克松去竞选总统的，过了 20 年后，克林顿做了总统，他那时候那班哥们都成为他的手下。我跟这帮来访的年轻人说，你们现在是 20 来岁，20 年以后可能也有人会当总统、当国家领导人。但是我希望你们当总统、当国家领导人的时候，少发展一些武器。武器是用来仇杀的。有钱就多支持一些落后的国家，这样世界才会有安宁。现在的世界，在政治自由主义主导下，人与人、国与国之间，挤在一个平面上争夺利益，战争很难避免啊！

这是从空间的角度来讲。从时间的角度来讲，现在这种民主制度是只管在场的，18 岁以前不在场，他没有投票权。死了以后当然也不在场，他也没有投票权。这就是由现在在场有投票权利的一帮人去决定一件事情。有长远利益打算的国家应该是具有超越性，顾及过去、未来这个国家才有一个长远的发展。但是我们现在只管在场的，西方讲究超前消费就是出于这个观点。其实超前消费就是把未来的钱拿来使，未来的资源拿来现在消耗，那么下一代怎么办？

2008 年经济危机的时候，奥巴马就说，美国人应该学习中国人存点钱。存钱就是为了下代，把我们现在的资源留给下代，那才有一个长远的发展。我跟经济界的学人询问，你们怎么弄一个这样的东西，把未来的资源拿来现在消耗？他说资本的本性就是这个样子的，没办法。

因为政治自由主义所带来的体制有这样一个危机，所以 20 世纪 80 年代开始，西方出现了一股新的思潮叫作社群主义。社群主义批评政治自由主义说，你们强调每个个人，世界上哪有每个个人，每个个人一生下来都处在一个群体中，都跟父母跟亲戚有关系的。所以你们说每个个人有什么绝对的权利这是虚假的，在方法论上不成立的，每个个人都一定要在群体中生活。其次是群体一定会随着历史的变迁而变迁的，所以超越历史来谈个人绝对权利也是不可能的。只能说在什么历史情景下，我们能够得到多少的权利，我们只能这样来做。因此我们看到的政治自由主义设定的那个前提本身，只是从个人权利考虑，而社群主义说你这个方法论是不对的，你的价值追求有问题，我们还是应该回归到社群。西方政治自由主义以他们的那种单一而空洞的观念来处理中东的问题。因为不同地域，不同的国家，不同的信仰，它有它具体的问题，你不可能用一种方式来处理所有的世界问题。社群主义实际上就提这个问题，我们要从历史、从现实、从人群的特殊结构来思考如何治理国家，而且我们的价值信念一定要有一个回归社群作为我们的一个终极的考虑。

如果说社群主义的这样一个观念，是值得我们肯定的，我们接下来就会提一个问题，人其实不仅离不开社群，人也离不开自然。我们离得开自然吗？我们这个身体就是自然给予的。你想把自己弄到别的星球去过日子，我想是不大可能的。弄到别的星球去以后，没有跟你对话的人，也没有地球的自然环境，你不可能生存的。我们的身体就是大自然给予的，我们的生活环境也是离不开自然的，所以中国古典的宇宙论强调人跟自然的协调，人跟自然的和谐就非常有现代意义。现代科学的发展，我总觉得有点偏差。现在科学总想把人体的结构改变，其实只要把大自然给我们的禀赋充分地利用起来，也就非常好。大自然给我们这样一个脑袋，我们实际上是只用了十分之一。大自然给我们准备了很多东西，其实我们用不出来。像造血干细胞，据说实际上也是只用了十分之一，我们还有十分之九的造血干细胞没调动起来，没有用出来。我们的科学如何往调动大自然给人体丰富的资源去努力，其实就非常好了。要求改变我们人体的基因，甚至要求把我们人跟机器结合起来，机器设计的东西是有情感有爱心吗？我们都搞不清楚，所以我非常不赞同这个研究方向。去年我跟生物系的一个教授在聊天，他退休了，我说现在生物技术就非常重要，你现在还有什么项目？他说没有了。你想我们那个年代培育个新的品种，要经过几十年，甚至经过几代人的努力慢慢改变，慢慢让改变能够跟周围的环境协调起来，那么这个品种才能够长久地维持下去。

但是现在国外回来的一帮年轻人，两三个月弄一个出来，我们争不过他。我总是怀疑两三个月弄出这个东西来，能不能长期维持下去，因为它不协调。我们的生命，是从小孩到大人使内在的结构不断调整才成为现在这个样子的。如果我们的生命突然改变了，能不能协调呢？古典宇宙论说，人体是个小宇宙，天地是一个大宇宙，我们人类如何能够调整到在整体上跟大自然协调起来，使我们的族类得以长存，宇宙论也多有启示。

我们的日常生活是平庸的，正是有一定的信仰才变得有意义

第三点就是从宇宙论引申出仁义礼智的价值论有没有正当性的问题。

如果纯粹从知识的角度看，天地宇宙是客观事实，人作为主体的价值追求，这两者是否有联系？从认知上给不出来。而且有的人认知水平越高，它的道德越坏，所以这两者真的是没有必要联系。但是中国古人不是从认知出发，而是从敬畏跟感恩出发，把两者联系起来的。用董仲舒的话讲，天地宇宙把我们人类创造成为一个最有聪明才智的族类。它没有给牛，没有给马聪明才智，而把我们人类创造成为最有聪明才智最能干的一个族类，我们难道不应该感恩

吗？天地宇宙不仅把人类创造成为最有聪明才智最能干的族类，而且年复一年地生产自然的百物，让我们得到供养，让我们的族类能够延续下去，这也是我们应该敬畏跟感恩的。儒家正是从敬畏跟感恩出发，来把人的道德跟天地联系起来。这种联系也可能会带来一个问题，就是刚才说的，把天地灵性化了，甚至会带出各种万物有灵论的信仰。但是有点信仰其实不可怕。我们的日常生活是杂乱的，正是有一定的信仰才变得有序。我们的日常生活是平庸的，正是有一定的信仰，它才变得有意义。日常生活柴、米、油、盐，有时候很累的，但是按照大自然的变迁节律，从敬畏跟感恩出发建立信仰，自是无可非议的。而且中国人的信仰，中国人的节气，是紧紧地围绕大自然的生养成长来施设的，这与基督宗教跟佛教甚为不同，中国人的信仰非常有特色，如清明，我们去干什么？中秋我们干什么？特别是过年的时候，我们充满了敬畏跟感恩。年二十三，灶君上天去汇报，年二十四打扫卫生，年二十五吃磨谷，等等，全套安排，都有感恩。每一天的生活次序都隐含着一种敬畏跟感恩的意思。中国人的信仰，民间的这个信仰，其实对协调我们的日常生活，为我们日常生活提供意义，都是非常有价值的。

我们现代人有时候会缺乏敬畏跟感恩，有一年我在光孝寺参学界、教界、企业界三方面的对话，我代表学界，有四大主持代表佛教界。还有一帮企业家，我们就三方对话。我跟他们说的就是，"企业家们要有敬畏和感恩，想想你们90年代是个什么情景？如果不是有大环境给你们提供的条件，不是员工们的努力，不是朋友的帮助，你们今天到这个地步，有可能吗？所以你们应该敬畏，应该有敬畏感，有感恩感"。中国古典宇宙论强调人对天地有敬畏跟感恩，因为有敬畏跟感恩，所以我们从大自然变迁节律里引申我们的道德就是正当的。这一年四季 12 个月 24 个节气是依时而来的。清明时节雨纷纷，如果没有下雨，我们很麻烦的。一年 12 个月 24 个节气，依时而来，这体现了天地宇宙的诚，诚信。所以我们人效天法地也应该以诚信作为我们的品德。一年四季二十四节气中，春天是最重要的，因为春天万物生长，春天体现了天地宇宙对我们人类的仁，仁义的仁，所以我们人类也应该以仁作为我们的基本道德。一年四季 12 个月的变迁都是由阴阳变迁带来的。所以我们刚才说"一阴一阳之谓道，继之者善也，成之者性也"，我们善的道德也从阴阳的变迁中，付出我们的努力而成就我们善的本性。我们所以有今天这样的生活，是我们天地给出的条件，还有我们前辈一代又一代人的努力付出才有的。所以我们对天地，对父辈应该有孝的观念。我们说人有三孝，天地生之本，父母类之本，君师治之本。孝，我们应该有的。我们这代人努力也是为了下一代有更美好的生活，所以我们对下代也应该有慈和恩。可见儒家整一套道德信念，都可以从天地宙来得到说明。

我们看大自然，大自然在花开得最美丽的时候，我们都很欣赏。但是花开这么美丽是为什么？为了传授花粉，繁殖后代。当它这个功能完成了，花凋谢了，但是它的成果是为下一代的花开得更灿烂而体现出来的。这是大自然，动物也一样。动物在雌性的功能没有成熟的时候，雌雄是不分的。但是一旦性功能成熟以后，雄性的长得特别漂亮，叫得特别响亮，这跟我们人类有点区别。雄性长得特别漂亮，表现出各种颜色，而且叫得特别响亮，这是最显示它自己自我的时候。但是它长那么漂亮，叫那么响亮是为什么？是为了求偶，为了实行交配，为了繁殖后代。有的动物繁殖的功能完成后，它甚至会自我毁灭的。最明显的是螳螂，螳螂雌雄交配以后，雌性的螳螂把雄性的吃掉，作为繁殖后代的营养，雄性就为了繁殖后代而牺牲，这就是大自然，是大自然的魔法。西方人会强调天赋的权利，中国人可能更强调天赋的责任。

这种大自然的魔法，我们逃离得了吗？大自然把我们人类培养成为最聪明、最能干的一族，不是为了我们去争夺权利，而是为了我们承担责任。这个责任包括繁殖后代，包括守护自然。在尽了我们的责任以后，我们的价值就通过后代能够得到更美好的生活，大自然能够得到更完好的护养，而体现了一种永恒性。所以我们中国人会追求这样一个个人跟自然，个人跟社群的一种价值的协调和永恒。

墨家衰落为什么？

张永义

战国时期，墨家与儒家一样都是极有影响力的学问，延绵了两百多年。秦汉之后，一个变成了我们民族的主导思想，一个突然间消失得无影无踪。

儒家和墨家的区别是什么？儒、墨争论的焦点集中在什么地方？墨家为什么会衰落？墨家的主张何以在宋代重新引起争论？大同思想属于儒家还是墨家？

儒墨之别

儒家和墨家都是先秦的"显学"。所谓"显学"，就是指最著名的学派。谁这样讲的呢？韩非子。《韩非子》书中有一篇叫《显学》，里面有这么一段话，大意是说，当世最著名的学派有两家，一是儒家，二是墨家。儒家的代表是孔子，墨家的代表是墨翟。孔墨死后，儒分为八，墨离为三。儒墨内部以及他们两派之间产生了很多的分歧，每个人、每一家都说自己是真的孔子、真的墨子，那么该由谁来定他们的真假呢？孔子、墨子都说自己是接着尧舜讲的，但取舍却不同，他们都说自己才是真尧舜，那么该由谁来定孔墨之真呢？韩非子说这话的目的是为了批评儒墨两家，但这段批评的话却让我们知道，在战国时期，儒家的势力很大，曾经分裂为八派，墨家的势力也不小，曾经分裂为三派，两家都是战国时期很重要的学派。

作为同时期的"显学"，儒墨两家的关系究竟是怎么样的？从年代来看，墨子的出生时间大概在孔子去世前后，所以墨子应该没有什么机会见到孔子。墨子什么时候死的，我们也不清楚，但估计应该在孟子出生前后。孔孟之间有一百年，墨子刚好生活在他们两人之间，这也就是人们常说的战国前期。对于两家的关系，《淮南子》有一个说法，认为墨子原来是学儒家的，只是后来觉得孔子那套东西太烦琐，才从儒家中独立出来。比如儒家讲厚葬，讲三年之丧，墨子认为服丧这么久太耽误事了，于是就选择了"背周道而用夏政"这么一个做法。"周道"指的是周公创制的一套礼乐制度。我们知道，孔子是尊周的，一段时间若梦不见周公就会惶惶不可终日，所以历史上常常"周孔"并称。墨家反对"周道"，所以他们就要往前追，一直追到夏。夏朝谁建立的？我们说是启，但启是大禹的儿子。传说大禹治水，三过家门而不入，为了天下人的利益，自己过得非常辛苦，以至于"腓无胈，胫无毛"，是说小腿上的毛都没有了，这刚好符合墨家的"兼爱"主张，所以墨子要接着夏禹这样一个传统来讲。我自己比较倾向于相信《淮南子》的这个说法。

可能正因为墨家是从儒家独立出来的，所以他们的每一种观点、每一种主张几乎都与儒家截然对立。

儒墨的分歧首先体现在对周礼的态度上。孔子说他要接着周公讲，周公是周代礼乐制度的奠基者，其成果就是周礼。而周礼要害的内容有两条，一是"亲亲"，一是"尊尊"。什么叫亲亲呢？亲亲就是按照血缘关系的远近，施加不同程度的亲爱。比如说父母，跟我血缘最近，所以亲的程度最高。接下来就是兄弟姐妹，再接下来就是叔叔伯伯，再依次往外推，这就是"亲亲"。《中庸》讲："仁者人也，亲亲为大；义者宜也，尊贤为大。亲亲之杀，尊贤之等，礼所生也。"仁是儒家最核心的思想，什么叫仁？把人看成人就叫仁，而仁最重要的内容就是"亲亲"。孟子说："亲亲，仁也。敬长，义也。无他，达之天下。"治国的仁政，不过是把"亲亲""尊尊"推广到天下而已。

《礼记》中的《丧服小记》，专门解释过"亲亲"的含义："亲亲，以三为五，以五为九，上杀、下杀、旁杀，而亲毕矣。"这句话讲的就是古代的五服制度。我自己，我的父母，我的子女，这就是所谓的"三"。父母也有父母，儿子也有儿子，三代往外扩到了五代，就是"以三为五"。"以五为九"是什么意思？祖父往上是曾祖、高祖，孙子往下是曾孙、玄孙，合起来就是九。以自己为中心往上推四代、往下推四代，"而亲毕矣"，到这就没了。因为是讲丧服的，到了九以外，就不需要服丧了，不需要穿孝服了。

有人会觉得很奇怪，往上哪能追四代？现在四世同堂已经很难了。要知道，古代结婚早，十几岁就可以生孩子，有时 70 岁就已经做曾祖了。在古代这是很常见的事儿，现在基本上没可能。

"上杀"的"杀",是减的意思。给父母的那个服是最重的,给爷爷奶奶的服要轻些,再往上,越来越轻。往下也是一样,这叫"下杀"。"旁"就是堂兄弟,往外递减,就叫"旁杀"。按照血缘关系的远近施加不同程度的爱,并在服饰等各个方面表现出来,这是周礼非常核心的一个观念,中国传统宗法制度就是从这里来的。后来宗法制虽然没办法完全维持下来,但宗族的力量还是非常强大,所以周礼这套制度可以说一直延续到清末。

儒家最核心的主张,就是建立在对周代这套文化传统的继承之上。孔子说"殷因于夏礼","周因于殷礼","郁郁乎文哉,吾从周",所以他要继承的就是周礼。在先秦诸子百家中,影响最大的四家(儒、道、墨、法)中,只有儒家是推崇周代这套礼制的。墨家和法家都要打掉周礼,道家则根本不要一切制度。

儒墨两家后来围绕"兼爱"的争论,都跟"亲亲"有密切的关系。墨家反对宗法制,所以要打破血缘上的远近亲疏。墨家的说法是"兼以易别",也就是说,凡是进行程度区分的都叫"别"或"别爱",没有差等的爱才叫"兼"或"兼爱",所以必须用"兼爱"代替"别爱"。而墨家所批评的"别",其实主要就是指儒家的"仁爱"。

再看"尊尊"。所谓"尊尊",是说身份越尊贵,受尊敬的程度也就越高。由于周代实行分封制,而分封制主要建立在血缘关系上,所以"亲亲"和"尊尊"几乎就是一体的两面,也就是说,血缘宗法制在政治上必然体现为一种贵族政治("尊尊"有时候也叫"尊贤""贵贵")。墨家反对宗法制,自然也就反对建立在血缘宗法基础之上的贵族政治。他们的口号是"尚贤使能",这在当时是了不得的见解。意思是说，一个人，无论是农夫、手工业者还是开小商铺的人，只要有能力，就应该把他推举上去，给他很高的爵位。如果没有能力，就把他赶下去。"不党父兄"，不因为他是父兄，就对他网开一面。"不偏富贵"，不因为他有钱有势，就对他特别关照。"不嬖颜色"，不因为她长得美，就给她很多好处。在战国前期能够提出这样的口号，一定是一种非常激进的学说。用我们现在的话来说，墨家在当时应该算是极富革命性的一个学派。

"亲亲""尊尊"是周礼的核心，周礼则由一系列复杂的礼乐制度构成。儒家非常推崇这套礼乐制度，不仅把它看成是标志身份等级的形式，而且也是敦化世道人心的手段。孔子曾经说过一句非常有名的话，"克己复礼为仁"，还说过"上好礼，则民易使也""文之以礼乐，亦可以为成人矣"，所以，"礼"对于行仁和治国都很重要。荀子说，有天有地，天尊地卑，上下是有差别的。国君治理国家，一定要有一套制度，即所谓的礼制。"两贵不能相事，两贱不能相使"，两个人都很高贵，谁听谁的？两个人地位都很低下，谁使唤谁？所以天数本来就是有尊卑的，人类社会一定要有尊卑的区分。礼义就是要维持这套尊卑有别的等级制度，这是天下之本，治国的根本纲领。墨家的态度刚好相反。墨家反对世袭制，所以认为礼乐制度完全没用，根本不需要它们。墨子说，老百姓有三个最大的祸患，一是没饭吃，二是没衣穿，三是整天工作，不能休息。这三条才是最重要的。大家都去撞钟击鼓、弹琴鼓瑟，老百姓的衣食之财从哪来？礼乐活动是很浪费的，士君子要想兴利除害，礼乐应该全部禁止。

礼制中的一个重要内容是丧礼，孔子说"子生三年，然后免于父母之怀"，所以"三年之丧，天下之通丧也"。意思是说，小孩子三岁的时候才可以不用父母牵着抱着，所以等父母过世了，就应该守丧三年。这套制度后世一直得以维持，所以一个人不管做什么官，一旦父母过世，马上就要辞官回家，守丧三年。如果留恋位置不回，那会遭到严重的非议。除了守丧时间长之外，儒家还提倡厚葬。孟子小时家里很穷，父亲去世，他没有能力很好地安葬，等他母亲去世的时候，厚葬的程度很过分，以至于学生都觉得不可接受。孟子解释说，用这种棺椁，不是为了好看，而是尽心。孝子"不以天下俭其亲"，就是说孝子要尽自己最大的能力来厚葬亲人。在墨家看来，这种做法太浪费了，完全没有必要。另外，守丧期间不能生孩子，也不利于人口增长。这都是死人影响活人的例子。于是，墨子制订了一套丧葬办法，即棺材用三寸厚的桐木做，陪葬的衣服只有三件，墓穴不要太深，以免污染水源，但也不能太浅，以免气味泄露出来。葬完后做个记号，以便将来能够找到地方就行了。如果按照这种丧葬方法去做，儒家所强调的尊卑贵贱就完全失去了意义。

除了宗法伦理之外，儒墨的分歧还体现在对义利关系的看法上。孔子说，"君子喻于义，小人喻于利"，君子只关心"义"，即什么是我应该做的，而不必考虑利益问题，只有小人才会整天念念不忘利。重义轻利是儒家的核心思想之一，儒家讲仁爱，强调这种感情是发自内心的，是建立在家庭和血缘关系基础之上的，所以不能讲回报。孟子讲恻隐之心，看到同类将要掉到井里的时候，会主动去救他，这不是出于功利的考虑，而是发自人人皆有的同情心，这就是仁。齐宣王问孟子，你跑到我这里来，对我有什么帮助？孟子告诉他不要讲利，只要讲仁义就行了，否则你讲利，别人也讲利，大家都出自算计之心，国家就很危险了。墨家的主张则与儒家相反，认为不讲利就不叫义，也不叫爱。爱是要看效果的，不能"口惠而实不至"。仁人志士，首要的任务是"兴天下之利，除天下之害"。当然，这时的"利"是公利，而不是个人私利。所以，墨家讲"兼爱"时，总和"交利"并提，是谓"兼相爱，交相利"。儒家后学称，"正其谊不谋其利，明其道不计其功"，意思是只要知道什么是义就行了，不必计较实际后果。墨家则说，所有的爱都一定和利相关联，后果有利于天下百姓，那么这个行为就是道德的，光动机好是不算数的，这是一种典型的功利主义主张。

　　对鬼神和命的看法，儒墨也有很大的差别。从孔子开始，儒家对鬼神通常采取存而不论的态度。墨家则坚持有鬼神的存在。儒者说，一种行为是否道德，其根源在于我们的内心（良知，良心），跟外在的鬼神没什么关系。孟子说"祸福自求""天作孽，犹可违。自作孽，不可活"，都是这个意思。儒家非常重视人事，孔子说"未能事人，焉能事鬼"。别人问他鬼是怎么回事，他说这我不懂，我连人的问题都没搞清楚，所以孔子根本不愿意讨论鬼神的问题，采取的是"敬鬼神而远之"的态度。这是一种很有智慧的做法，对鬼神，不说他有，也不说他没有，但我不招惹他，敬重而远离他。后来儒家发展出一种无神论的倾向，应该说跟孔子的这个态度是有关系的。墨家说，既然一种行为是否道德要根据后果来判断，那么光靠良心是不行的，还得借助于外在的力量予以限制。一个人干了坏事又不承认，怎么办？那就通过鬼神进行惩罚。天鬼是有意志的，天鬼喜欢好人，不喜欢坏人，喜欢兼爱的，不喜欢仁爱的。得罪了天鬼，就会受到天鬼的惩罚，无所逃避。如果统治者顺从天鬼的意志，就会受到奖赏，违背了就会受到惩罚。

对于命运问题，儒墨的看法也不一样。儒家一直认为有命运的存在，子夏说"死生有命，富贵在天"，死生不是我自己能够决定的，富贵也一样。既然改变不了，那么我就安命、立命、顺命，尽人事以待天命，自己该怎么做就怎么做。至于说好人不一定会得到好报，那不要紧，它不是由我决定的，这叫作命。孔子说"不知命，无以为君子也"，一个人不懂得命，就没有资格做君子。孟子说一切都是命，在各种各样的命中，有一种叫作"正命"，就是说按正道而行，不胡作妄为。死于正命是最理想的，一个了解命的人，是不会主动跑到一堵将要倒塌的墙下面去的。生活中有很多东西靠个人的能力是没有办法改变的，有些是偶然的，有些则是必然的，在儒家看来这都是命，要接受。承认有命，不意味着可以做坏事，即便是命运不济，也不影响你成为一个君子。墨家对"命"的看法和儒家不同，墨家不承认"命"的存在，认为这都是统治者骗人的把戏。墨家反对"命"的原因是，一旦我们承认有命，很多东西就预先决定了，就很容易变成不努力的借口。另外，如果相信了"命"，那么鬼神的奖罚也会失去作用。

上面就是儒墨两家比较重要的分歧。从这些分歧可以看出，它们的主张存在着十分严重的对立。可以想见，一旦儒家占据了统治地位，墨家也就基本丧失了生存的空间。同样的，如果墨家变成了官学，我想儒家大概也不会有什么发展的机会。接下来我们就看看他们是如何互相批评的。

儒墨攻讦

互相批评的话通常都比较吸引人。《墨子》中有一篇叫《非儒》，后半部分专门骂孔子，把孔子说得非常不堪。根据历史学家的考证，这些话都是编造的，都不是真实的历史。一开始，儒家和墨家的争论也可能很客气，但等到后来激烈的时候，就发生了互相陷害指责，以至于破口大骂的事儿，这也符合论辩的常情。

《非儒》中有一段批评"亲亲有术，尊贤有等"的话。"亲亲有术，尊贤有等"是儒家的主张，强调的是亲疏尊卑的差异。墨家则列举儒家的礼文"丧，父母三年，妻、后子三年，伯父、叔父、弟兄、庶子其，戚族人五月"为例，说为父母、妻、后子守丧三年，不合亲疏之别；为伯父、叔父、弟兄、庶子守丧一年，不合尊卑之别，两种做法都是自相矛盾的。这种争论就是很学术化的批评。但下面这段话，情况就完全不一样了：

> 且夫繁饰礼乐以淫人，久丧伪哀以谩亲，立命缓贫而高浩
> （佚）居，倍本弃事而安怠傲。贪于饮食，惰于作务，陷于饥
> 寒，危于冻馁，无以违之，是苦人气（乞），[兼鼠]鼠藏，而
> 羝羊视，贲彘起。君子笑之，怒曰："散人，焉知良儒！"夫夏
> 乞麦禾，五谷既收，大丧是随，子姓皆从，得厌饮食，毕治数
> 丧，足以至矣。因人之家以为翠（赀），恃人之野以为尊，富
> 人有丧，乃大说喜，曰："此衣食之端也。"

"繁饰礼乐以淫人","淫"是过分的意思。"久丧伪哀以谩亲","伪哀"是说悲伤是装出来的。通常亲人去世，一开始非常痛苦，但慢慢地伤悲之心就会减淡。墨家认为，儒家的三年之丧，不仅骗别人，而且也骗了自己的父母，这叫"谩亲"。"立命缓贫而高浩居"，是说主张有命，安于贫困，不愿干活。"贪于饮食，惰于作物"，是说好吃懒做。"苦人气（乞），[兼鼠]鼠藏，而羝羊视，贲彘起"，是说儒者如乞丐，见到食物，像[兼鼠]鼠一样藏起来，像公羊一样盯着，又像猪一样迅速跳起来。当受到别人嘲笑时，儒者就发怒说："你们这些没用的人，怎么会懂得我们良儒之心。"到了夏天，儒者穷得没饭吃，只好去借人家的粮食。等到秋季五谷收割完成之后，富人家开始举办丧礼，这些儒生就忙乎起来了，作为礼学专家，他们这时不但可以带上全家老小大吃一顿，而且只要办上数次丧事，一年的衣食就不用发愁了。这段话记载的儒者的行为不管真实与否，但语气已经明显有辱骂的味道了。

对于孔子本人，墨家的描述也很不堪。有一段话说，孔子厄于陈蔡之时，曾经十来天"藜羹不糁"，汤里没有一点米粒。子路想法给他搞到了一头猪，孔子不问肉从哪来的，拿起来就吃。子路把人家的衣服剥下来拿去换酒，孔子也不问酒是哪来的，端起来就喝。后来鲁哀公去请孔子的时候，孔子席不端不坐，割不正不食，子路就问为什么和过去不一样，孔子回答说，原来是"苟生"，现在是"苟义"。"苟"是"苟且"之义，意思是说孔子是一个十分奸邪虚伪的人。

作为儒家的开创者，一贯受人尊重的圣人，却被如此嘲笑和编排，当然免不了引来儒者的反击。下面是孟子批评墨家的话："圣王不作，诸侯放恣，处士横议，杨朱、墨翟之言盈天下。天下之言，不归杨，则归墨。""杨、墨之道不息，孔子之道不著，是邪说诬民，充塞仁义也。仁义充塞，则率兽食人，人将相食。"意思是杨墨的邪说一旦盛行，仁义就完了，天下将大乱，将会出现"率兽食人，人将相食"的局面。这时候一个人如果能够站出来批评杨墨，那就是圣人之徒。孟子认为，杨朱讲"为我"，拔一毛利天下不为也，是非常自私自利的，"为我"必然导致"无君"。墨家讲"兼爱"，把别人的父母看成和自己的父母一样，违背人的情感，就是无父。没有国君，就是没有君臣关系。没有父母，就是没有家庭关系。没有君臣父子，就会沦于禽兽。汉代以后，儒家独尊，孟子的影响越来越大，谁也不愿意说自己是墨者，否则就等于承认了自己是禽兽。

荀子也有很多批评墨家的话，口气比较激烈的是下面这段话："刑余罪人之丧不得合族党，独属妻子，棺椁三寸，衣衾三领，不得饰棺，不得昼行，以昏殣，凡缘而往埋之。反无哭泣之节，无衰麻之服，无亲疏月数之等，各反其平，各复其始，已葬埋，若无丧者而止，夫是之谓至辱。"从前面我们知道，墨家是主张薄葬的，但在荀子看来，"棺椁三寸，衣衾三领，不得饰棺，不得昼行"，是"刑余罪人之丧"的标准。也就是说，一个人犯法了，丧事才只能按照这种标准去办。这不是对自己祖先的最大羞辱吗？荀子还特别提到，墨家的这种丧葬之法"无亲疏月数之等"，是对礼制的严重破坏。这与我们前面提到的儒家对差等的重视，也是完全契合的。

墨家为何中绝？

墨家学派为什么会中断？历史上有各种各样的猜测，我自己认为主要有这么几条：

第一，秦朝建立以后，封建制变成郡县制，墨家的一些主张已经没有意义了。比如说非攻，诸侯国变成统一的帝国了，还讲什么非攻？有些则已经变成一种共识，大家都能够接受，比如说尚贤、节用。甚至丧葬问题，有些儒者也开始反对铺张浪费了。

第二，战国中后期，墨家的注意力转向了科学和逻辑。《墨经》中有数学的内容，如"圆，一中同长也"等。有讲光学的，比如讲到反射，讲到球面镜和平面镜的成像原理。特别是小孔成像问题，《墨经》中讲得非常清楚。光经过一个小孔的时候，足敝下光，成影于上，首敝上光，成影于下，所成之像因而是倒立的。甚至还有讨论滑轮原理的，这就涉及了物理学。可以说，在战国诸子中，墨家是最重视科学问题的学派。另外，中国古代没有系统的逻辑学，如果说有一点初步讨论的话，那也是集中在《墨子》书里。墨家讲的这些东西与治国没有多大关系，所以没法承担意识形态的功能，这可能是其衰落的一个原因。

第三，最重要的是，墨家的政治主张与其组织结构之间存在无法解决的矛盾。墨家主张尚同，下面的人要听上面的，天下变成了一言堂，有点像君主专制的雏形。可是，墨家不只是一个学术流派，还是一个半军事化的组织，它有自己的内部法。《吕氏春秋》讲，墨家首领的儿子杀了人，秦国国君说你就这一个儿子，我就不追究他了，这个首领却说，你可以法外施恩，但我不可以不行墨者之法。墨者之法有一条，"杀人者死"，于是就把独子杀掉了。这样一个组织，在大一统的帝国建立之后，绝对不会允许存在。我猜这是墨家衰亡的最重要的原因。

另外，由于儒家和墨家截然对立，当儒家变成官学以后，对墨家就是成为一种压制的力量，再也没有人愿意替墨家说话。甚至《墨子》这本书能够保留下来，也是因为被收到了《道藏》的缘故。即便如此，也丢掉了好多篇，据说《墨子》原本七十余篇，现在保留下来的只有五十三篇。

宋儒围绕"兼爱"的争论

宋代是儒学复兴时期。在捍卫儒家道统的同时，理学家们也经常对杨墨的主张进行评论。譬如，二程兄弟就这样说过：

> 杨墨之害甚于申韩，佛老之害甚于杨墨。杨氏为我疑于义，墨氏兼爱疑于仁，申韩则浅陋易见，故孟子则辟杨墨，为其惑世之甚也。佛老其言近理，又非杨墨之比，此所以害尤甚。杨墨之害，亦经孟子辟之，所以廓如也。

意思是说，杨墨的祸害要比法家的申韩严重，而佛老的祸害则比杨墨严重。杨氏"为我"，容易与"义"混同。墨家"兼爱"，容易与"仁"混同。但经过孟子的批评，杨墨对后世的祸害就变得很小了。

尽管如此，程门弟子中仍然有把"仁爱"和"兼爱"混同起来的，最典型的例子是杨时对《西铭》的质疑：

> 杨中立问曰："《西铭》言体而不及用，恐其流遂至于兼爱，何如？"伊川先生曰："《西铭》之书，推理以存义，扩前圣所未发，与孟子性善、养气之论同功，岂墨氏之比哉？《西铭》明理一而分殊，墨氏则二本而无分。本注：老幼及人，理一也。爱无差等，本二也。分殊之蔽，私胜而失仁。无分之罪，兼爱而无义。分立而推理一，以止私胜之流，仁之方也。无别而迷兼爱，以至于无父之极，义之贼也。子比而同之，过矣。"

杨时是程门四大弟子之一，他怀疑张载《西铭》里的主张很接近墨家的"兼爱"，程颐就跟他解释说，《西铭》是讲"理一分殊"的，墨家则是"二本而无分"，二者有本质的不同。理一分殊的意思是，天理只有一个，但落在不同的人身上，表现出的行为规范则是不同的。比如说父母应该对子女慈爱，子女对父母应该孝顺，但慈爱和孝顺是有区别的。每个人的身份不同，角色不同，承担的责任也不同。同样的，血缘关系远近不同，爱的程度也应该有区别。孟子说"老吾老以及人之老，幼吾幼以及人之幼"，这是讲"理一"的。但墨家却说爱无差等，就是没有区别，所以是"本二"，即没有把自己的父母跟别人的父母分开。如果只讲分殊，只讲区别，最后会变得非常自私，变成杨朱的"为我"。如果完全不讲区别，只讲一视同仁，就变成了墨家的"兼爱"，就没有了义，就会变成无父的禽兽。程颐说"子比而同之，过矣"，意思是说杨时错误地把两个不同的东西混淆了。

这就是宋明理学非常有名的"理一分殊"思想。依照这种思想，儒家的仁爱一方面要强调天理只有一个，我们都是人，老百姓都是我的同胞，万物都是我的同伴，所以对他们都要有关爱；但另一方面，爱需要有程度的区别，一定要有差等，否则就和墨家没有了区别，就会流于"兼爱"。宋儒在这个方面有严格的界限，"仁爱"一定是有区别的爱，一定要把自己的父母和别人的父母区别开。这是一种建立在家庭伦理基础之上的学说，它也提倡有能力的时候要博施济众，关爱他人，所以是一个非常重要非常有价值的道德理论。但作为两个不同的学派，儒家和墨家的界限一定要区别开来。近来有好多推崇儒家的学者声称，儒家的仁爱与兼爱、博爱并不矛盾，儒家也讲兼爱，只是层次不同，在家庭以亲情为主，走向社会则提倡博爱或兼爱。如果这种说法是成立的，那么儒墨两家在战国围绕"仁爱"和"兼爱"争论了两百多年，岂不是没有意义？所以，二者一定有实质的区别，才会引起两家的争辩。

王安石有一篇文章叫《杨墨篇》，倒是可以帮助我们理解儒家和墨家的区别。王安石说，杨墨原来都是学圣人的，但走偏了，这叫"得一废百"。杨朱的"为我"是学者之本，墨家的"为人"是学者之末。学者一开始必须从"为己"出发，因为孔子说过，"古之学者为己，今之学者为人"，这叫"为己之学"，为己是好的。杨朱虽然不会帮助人家，但知道"为己"，这一点是和儒家相同的。而墨子老是讲去帮助人家，反而废掉了人的"亲疏之别"，成为天下祸患之源。从这点看，墨子距离"道"反而更远。这里的"道"

不是指道家的"道",而是指儒家所讲的圣人之道,所以在王安石看来,墨家距离儒家是最远的。杨朱经常被看成是道家的代表之一,这在一定程度上可以解释,为什么儒道可以互补,但儒墨两家却不能并存。

儒家作为统治思想之后,对墨学始终是一种压制的力量。直到清朝,如果有人敢于替墨子讲好话,仍然会面临着"名教罪人"的指责。乾嘉时期的大学者汪中曾整理过《墨子》,他在序中说,墨子是宋国的大夫,孔子是鲁国的大夫,身份差不多,两人学说的矛盾其实没那么大,是可以相辅相成的,兼爱只不过是墨家学说中的一点,孟子批评墨家的"兼爱"是无父,实在太过分了,不能这样说。就因为这篇序,汪中被翁方纲痛骂,斥之为"墨者汪中",意思是你汪中违背了名教,是如禽兽一样的人。可见直到清朝,如果有人竟敢说孔子不好,竟然怀疑孟子对杨墨的批评,仍然会带来很严重的后果。

大同与小康

最后谈谈大同小康问题。大同和小康出自《礼记》的《礼运》篇。关于大同,《礼运》的说法是:

> 大道之行也,天下为公,选贤与能,讲信修睦。故人不独亲其亲,不独子其子,使老有所终,壮有所用,幼有所长,矜寡孤独废疾者皆有所养。男有分,女有归。货恶其弃于地也,不必藏于己。力恶其不出于身也,不必为己。是故谋闭而不

兴，盗窃乱贼而不作，故外户而不闭，是谓大同。

"天下为公"，接近墨家的"兴天下之利，除天下之弊"。"选贤与能"与墨家的"尚贤"相近。"讲信修睦"，与墨家的"非攻"相近。人不独亲其亲，不独子其子，使老有所终，壮有所用，幼有所长，鳏寡孤独都能够有所养，则接近于墨家的"兼爱"。财物不能够随便浪费，但"不必藏于己"，不必都是我的。"力恶其不出于身"，就是要积极干活。"不必为己"，也就是为公。这个时候，"谋闭不兴"，不会有人耍阴谋诡计，"盗窃乱贼而不作"，不会有盗贼。因为偷东西是没有意义的，人人都会尽力去帮助别人。"外户不闭"，门户是用不着上锁的。这就是所谓的大同社会。从这段描述来看，大同很像墨家所主张的理想社会。

那么，什么是小康呢？《礼运》篇也有一段话：

> 今大道既隐，天下为家。各亲其亲，各子其子，货力为己。大人世及以为礼，城郭沟池以为固。礼义以为纪，以正君臣，以笃父子，以睦兄弟，以和夫妇，以设制度，以立田里，以贤勇知，以功为己。故谋用是作，而兵由此起。禹、汤、文、武、成王、周公，由此其选也。此六君子者，未有不谨于礼者也。以著其义，以考其信，著有过，刑仁讲让，示民有常。如有不由此者，在埶者去，众以为殃。是谓小康。

意思是说，大道没有了，才开始出现"天下为家"，也就是所谓的"家天下"。大家"各亲其亲，各子其子，货力为己"。"大人世及"，这些统治者都是一代一代传下去的。城墙沟池都修得非常坚固，要不然会被别人攻打。同时建立起了一套礼义制度，用来协调君臣、父子、兄弟、夫妇等关系。一个人如果勇敢而且有智慧，那就被称作贤能的人。一切都是为了自己，所以产生了很多阴谋算计，开始有了冲突和战争。儒家道统里边的圣人也都出现了，他们教导百姓，让大家遵循礼制这种常道。如果有不这样做的，大家就会把他当作祸害或不吉利的人。这就是小康社会。

大同和小康的最大区别在于，大同是一个"天下为公"的世界，小康是一个"天下为家"的世界。天下为家，就是以家庭伦理为核心。天下为公，就是要打破血缘的束缚和限制。所以在一些学者看来，《礼运》篇不能算是儒家的经典。比如，梁漱溟就说过，小康才是儒家的主张，大同不是。如果大同不是儒家的主张，那它属于哪一家呢？有学者认为它是道家的主张，但更多的人倾向于认为，大同思想比较接近于墨家的主张。

读懂《史记》要从《报任安书》开始

李长春

系统了解中华 5000 年文明史该从何入手？从《史记》。

应该怎样读《史记》？怎样才能不把《史记》读成实证意义上的"信史"，而是读成司马迁所想表达和展示的那个历史。

要完整地谈论这个议题，可能得从两篇文献着手，一篇是《报任安书》，还有一篇是《太史公自序》。

我选择这样一个题目，主要是考虑不单纯讲一个观念问题，而是就一个文本做些解读。这个解读既有文学的结构考察，也有一些粗浅的历史考证，然后还会把它放到中国哲学史的脉络里做个综合的讨论。

讲《报任安书》最主要的还是为读《史记》做一个铺垫，所以我们这个讲座又大概有点像个读书会的开场白。我相信有很多人喜欢《史记》的，只要是读文科的，大学读过文史哲的，一般对《史记》都会有比较浓厚的兴趣。即便不是读文科的，很多人也跟我说他特别喜欢《史记》。我走了很多地方，很多人都说《史记》好，只是很少听到现在有人讲《史记》了。

《史记》还是非常值得读的，为什么呢？可能大家没太想过，比如我们说中国有 5000 年的文明史，理由何在？是从什么时候算起的呢？如果中国的历史从夏商周算起，那显然没有 5000 年的，可能大概有 3000 年。有人说中国的历史可以上溯到三皇五帝、伏羲氏、女娲氏，要是那样算，尽管没有具体时间，但一定不止5000 年。

5000 年文明史是谁给定的？就是《史记》。《史记》从什么时候写起呢？五帝。《史记》第一篇是《五帝本纪》，从《五帝本纪》的那个年代算起，到司马迁的时代，写了大约 3000 年，司马迁的时代到我们这个时代 2000 年，加起来 5000 年，这是个常识。三皇五帝，三皇是虚的，五帝是实的。还有我们说我们是炎黄子孙，没说是伏羲子孙，也没说汤武子孙、文王子孙，什么理由呢？同样是因为《史记》的开篇《五帝本纪》，《五帝本纪》第一个就写黄帝。中国实际上有迹可循的历史就从这里生发出来的。所以谈中国文化，谈中国思想，首先要读的当然是《史记》，没有之一。

可是《史记》又怎么读？这就是个很大的问题。现代史学家总是把《史记》说成是所谓的信史，即《史记》里边写的东西都是经过司马迁考订的完全可信的历史事实。如果站在司马迁的角度来讲，他肯定是不会同意的。你给他这样一个褒奖，司马迁会看成是一个贬损。这里我们来看看怎样读《史记》的问题，怎样不把《史记》读成信史，而是读成司马迁所想表达和展示的那个历史。如果要完整地谈这个议题，可能得从两篇文献着手，一篇是《报任安书》，一篇是《太史公自序》。

　　《太史公自序》是七十列传的最后一篇，也是《史记》的最后一篇。"自序"就是自己作序，这是中国古代第一篇明确给全书作序的文字。放在七十列传里边，说明它也是一篇列传。它是什么列传呢？是司马迁本人和他的父亲司马谈的合传。大家记住这个结论，我们等会还要讨论《报任安书》的性质。《报任安书》不是《史记》的一部分，是一篇单独的文章。这篇文章大家都比较熟悉，听说很多省的中学语文教材都选过。粗看起来，《报任安书》的内容相对比较简单，开始写了几句客气话，中间讲了李陵的故事，怎样被俘投降，司马迁为他讲话，激怒了武帝，自请宫刑。司马迁隐忍苟活，目的就是为了写《史记》。

　　我们为什么要探讨这篇文章？因为以往关于这篇文章的解读，基本上都只是把它和《史记》做形式上的关联，而深刻的实质性的关联揭示不够。我们今天就来深入分析和探讨这篇文章。第一个问题，是《报任安书》的主旨和意图。第二个问题，回顾先秦儒道两家对于生死问题的看法。第三个问题，讨论从先秦两汉思想史的脉络来看，司马迁对于儒道两家的生死观有一个怎样的改造和超越。

《报任安书》的主旨和意图

　　一般认为，《报任安书》旨在表达司马迁发愤著书的心志。下面这些话大家应该都清楚，可能很多人都能背。

　　　　古者富贵而名摩灭，不可胜记，唯倜傥非常之人称焉。盖文王拘而演《周易》；仲尼厄而作《春秋》；屈原放逐，乃赋

《离骚》；左丘失明，厥有《国语》；孙子膑脚，《兵法》修列；不韦迁蜀，世传《吕览》；韩非囚秦，《说难》《孤愤》；《诗》三百篇，大抵圣贤发愤之所为作也。此人皆意有所郁结，不得通其道，故述往事、思来者。乃如左丘无目，孙子断足，终不可用，退而论书策，以舒其愤，思垂空文以自见。仆窃不逊……亦欲以究天人之际，通古今之变，成一家之言。……然此可为智者道，难为俗人言也！

这段话的大概的意思是说，古代的贤人都是遭遇困厄之后，发愤著书才有传世之作。我司马迁遭遇了宫刑这样的奇耻大辱，之所以忍辱偷生，就是为了写下跟《周易》《春秋》《国语》《兵法》等一样的伟大著作。这段文字在一般的文学史教材、文学批评史教材里边都会出现，尤其在文学批评史教材里边出现这段文字的时候，说这揭示了文学创作的动力之一。这样讲就把这篇文字讲俗了，而其真正的意涵则被抹去了。当然它确实是在说司马迁为什么要写《史记》，可是仅仅看到这一点是远远不够的。这是司马迁从自身的经历和所面对的人生困境出发来讲自己写《史记》的原因，讲自己在《史记》里边灌注的思考，更多侧重于自身的原因。如果对比《太史公自序》，可以看到两者的差别是很明显的。

《太史公自序》里边怎么说司马迁为什么要写《史记》呢？

维我汉继五帝末流，接三代绝业。周道废，秦拨去古文，焚灭诗书，故明堂石室金匮玉版图籍散乱。於是汉兴，萧何次律令，韩信申军法，张苍为章程，叔孙通定礼仪，则文学彬彬稍进，诗书往往间出矣。自曹参荐盖公言黄老，而贾生、晁错明申、商，公孙弘以儒显，百年之间，天下遗文古事靡不毕集太史公。太史公仍父子相续纂其职。曰："於戏！余维先人尝掌斯事，显於唐虞，至于周，复典之，故司马氏世主天官。至于余乎，钦念哉！钦念哉！"罔罗天下放失旧闻，王迹所兴，原始察终，见盛观衰，论考之行事，略推三代，录秦汉，上记轩辕，下至于兹，著十二本纪，既科条之矣。……太史公曰：余述历黄帝以来至太初而讫，百三十篇。

这段话的意思是说，汉朝建立之后，整个文教、礼乐重新兴盛起来了，意味着从五帝三代以来的伟大文明传统到汉代复兴了。一个伟大复兴需要新的伟大著作，而且这个伟大著作跟五帝三代以来的文明复兴，不仅仅是一个简单的记述的关系，而且是整个文明复兴的一部分，甚至是一个推动力。这是司马迁对于写《史记》所要承载的历史使命和所要呈现的政治意义的一个阐述。

两边做对比，我们就可以看到《报任安书》讲的是作《史记》的生命意义，而《太史公自序》讲的是作《史记》的政治意义。只有结合这两个角度，我们才能够真正进入到《史记》这本书里边。

今天主要讨论《报任安书》。报就是回复，《报任安书》就是给一个叫任安的人回了一封信。任安，字少卿，是司马迁早年很好的朋友。任安跟司马迁一样，在年轻的时候非常受汉武帝重视，春风得意，但后来也是遇到了一点儿麻烦。我们讨论《报任安书》的主旨和意图，一定要注意开头和结尾，中间当然重要，开头和结尾更重要。为什么呢？你看这篇文字的开头：

太史公牛马走司马迁，再拜言。少卿足下：曩者辱赐书，教以慎于接物，推贤进士为务，意气勤勤恳恳。若望仆不相师，而用流俗人之言，仆非敢如此也。

以"推贤进士为务"，就是你要向皇帝推荐贤能之士，"若望仆不相师"，就是好像怨恨我没有听你的话，"而用流俗人之言，仆非敢如此也"，而是听了那些流俗人的话，我是不敢这样的。《报任安书》的结尾又说：

今少卿乃教以推贤进士，无乃与仆私心刺谬乎？今虽欲自雕琢，曼辞以自饰，无益，于俗不信，适足取辱耳。要之，死日然后是非乃定。书不能悉意，故略陈固陋。谨再拜。

开头和结尾都有"推贤进士"四个字，而且从文字表述，我们大致可以推测，任安写信给司马迁要求他向皇帝推贤进士，但司马迁在这封信里拒绝了这个要求，因为你的要求跟我的想法是相冲突的（"无乃与仆私心刺谬乎"）。

从开篇和结尾，我们可以看到，这篇文字实际上是围绕要不要推贤进士这样一个主题展开的。我们推测任安的来信是让司马迁推贤进士，而司马迁拒绝了推贤进士。关于这篇文字，我们仅仅从开篇和结尾看到的内容就是这些。我们进一步看，《报任安书》最早是被《汉书》的《司马迁传》收录的，后来《报任安书》又被《昭明文选》收录。《昭明文选》的李善注里边对《报任安书》做了这样一段解释："《汉书》曰：迁既被刑之后，为中书令，尊宠任职。

故人益州刺史任安乃与书，责以进贤之义，迁报之。迁死后，其书稍出。"按照李善的看法，任安在担任益州刺史的时候给司马迁写信，而任安担任益州刺史是在太始四年，这封信大概应该是在太始四年写的。不过，《文选》李善注的这个说法可能是有问题的。因为《报任安书》里边有这样一段话："今少卿抱不测之罪，涉旬月，迫季冬，仆又薄从上雍，恐卒然不可为讳，是仆终已不得舒愤懑以晓左右，则长逝者魂魄私恨无穷。请略陈固陋。阙然久不报，幸勿为过。"现在你任安抱不测之罪，马上要被问斩了，我担心再次回来的时候，你已经被杀，看不到我的回信，所以在这个时候给你写了回信，离你写信给我已经很久了，不要怪我。这段文字说明任安写这封信不是在任益州刺史的时候，也就是说不是在太始四年写的。

关于这封信，清代历史学家赵翼在《廿二史札记》里说，"安所抱不测之罪，缘戾太子以巫蛊事斩江充，使安发兵助战，安受其节而不发兵。武帝闻之，以为怀二心，故诏弃市"。这是讲任安为什么获罪，后面我们会展开讲。他说这封信正是任安坐罪将死之时写的，什么时间呢？征和二年。显然赵翼的看法跟《报任安书》的内容更加相合，因为从《报任安书》来看，这个时候的确是任安坐罪将死，也就是说征和二年这个说法可能比较可靠。赵翼解释了任安给司马迁写信的背景，任安在监狱里等死的时候给司马迁写信，想让司马迁给皇帝推贤进士，你有没有觉得奇怪？"推贤进士"可能不是这四个字表面上的意思。

我们从赵翼提供的线索来推测推贤进士是什么意思。赵翼说，任安获罪缘于"太子以巫蛊事斩江充"。在汉代，因为仇恨或嫉妒而咒一个人死，就把小木人贴了符埋起来。这种事情在汉武帝时代特别流行，民间和宫廷都是如此。太子以巫蛊事斩江充，事见《汉书·武五子传》：

> 武帝末，卫后宠衰，江充用事，充与太子及卫氏有隙，恐上晏驾后为太子所诛，会巫蛊事起，充因此为奸。是时，上春秋高，意多所恶，以为左右皆为蛊道祝诅，穷治其事。丞相公孙贺父子，阳石、诸邑公主，及皇后弟子长平侯卫伉皆坐诛。……
>
> 充典治巫蛊，既知上意，白言宫中有蛊气，入宫至省中，坏御座掘地。上使按道侯韩说、御史章赣、黄门苏文等助充。充遂至太子宫掘蛊，得桐木人。时上疾，辟暑甘泉宫，独皇后、太子在。
>
> 太子召问少傅石德，德惧为师傅并诛，因谓太子曰："前丞相父子、两公主及卫氏皆坐此，今巫与使者掘地得征验，不知巫置之邪，将实有也，无以自明，可矫以节收捕充等系狱，穷治其奸诈。且上疾在甘泉，皇后及家吏请问皆不报，上存亡未可知，而奸臣如此，太子将不念秦扶苏事耶？"太子急，然德言。
>
> 征和二年七月壬午，乃使客为使者收捕充等。按道侯说疑使者有诈，不肯受诏，客格杀说。御史章赣被创突亡。自归甘泉。太子使舍人无且持节夜入未央宫殿长秋门，因长御倚华具白皇后，发中厩车载射士，出武库兵，发长乐宫卫，告令百官曰江充反。乃斩充以徇，炙胡巫上林中。遂部宾客为将率，与

• 为己之学 •

2019 江心岛国学高端公益讲演录

> 丞相刘屈氂等战。长安中扰乱，言太子反，以故众不附。太子
> 兵败，亡，不得。

巫蛊之祸就是江充借穷治巫蛊的机会迫害太子。太子反制江
充，引发了一场太子和丞相之间的一场混战。太子希望仁安发兵助
战。赵翼说，任安"受节不发兵，坐罪将死"。这个时候，太子和
丞相两派在京城里边打得不可开交。注意，汉朝军队中最精锐的中
央军并没有出动，这是怎么回事呢？按汉朝的军制，掌握最高军事
指挥权的大概有三个人：一个是中尉，负责皇宫宿卫；一个是卫
尉，负责京城宿卫，相当于现在北京军区卫戍司令；但最重要的也
是掌兵最多的是北军使者。北军是汉朝的中央军主力，驻扎在长安
城外北边，中尉和卫尉所率少量军队驻扎在城里。这个时候的护北
军使者就是任安。护北军使者一定是汉武帝最亲信的人，因为他掌
握着汉朝几乎全部中央军的精锐。太子和宰相在京城里边打得不可
开交的时候，谁获得了北军的支持，谁就能够取胜。而太子这个时
候就派人到北军去给北军使者任安授节（代表王命），如果任安受
了节就意味着接受了太子的诏命，就应该派兵去帮助太子跟丞相刘
屈氂作战。但任安这个家伙很狡猾，他接受了那个节，却没有出
兵，让手下把营门关起来，不准人进出，也就是说他不参与太子跟
刘屈氂的战争。最后的结果是太子战败逃走，京城就逐渐平息下
来，汉武帝也回来了。这时汉武帝身边有两伙人，即江充这伙人和
刘屈氂带领去跟太子作战的这伙人。汉武帝把所有与太子作战有功
人员都进行了嘉奖，而在这场战乱中站在太子一边的人则被清算，
但没过多久汉武帝又后悔了。而且这个事情渐渐平息下来以后，大

• 326 •

家都觉得之前江充群治巫蛊的时候，很多因为巫蛊而下狱或者是被处斩的人都是冤枉的。皇帝也渐渐醒悟太子可能也不见得就是造反，而是被江充给逼急了。这个时候有些官员比如车千秋就开始上书给太子平反，车千秋因此被晋升为宰相。汉武帝醒悟过来之后，觉得江充原来是坏蛋，就把江充满门抄斩了，江充的副手苏文也在横桥之上烧死。最初跟着刘屈氂去打太子而受到嘉奖的这些人，又一一被汉武帝惩处了。实际上冲突双方都先后被清算了，也就是给太子平了反。汉武帝觉得太子无辜，专门给他建了一个思子宫，思子宫里边又建了一个归来望思之台，大家都感到非常伤心，这是事情的始末。

现在我们就来看任安写信给司马迁是什么意思？任安这个时候坐罪当死，但不是在汉武帝的两轮清算里边获罪的。汉武帝第一轮清算的是跟随太子攻打江充和刘屈氂的这些人，第二轮清算的是跟随刘屈氂镇压太子的这批人，而任安既没有帮太子，也没有帮刘屈氂，看起来要躲过这一劫了。可是没高兴多久，任安手下有个管钱粮的小吏因为贪污被任安打了一顿鞭子，怀恨在心，就跑去汉武帝那里告发任安受节不发兵之事，汉武帝听后非常震怒。须知汉武帝这时正在后悔冤枉了太子，就把太子战败被杀的罪责归结到任安身上，把任安下狱问罪。这个时候任安给司马迁写信，我们可以想象，在这个时候，他根本不可能是让司马迁给皇帝"推贤进士"，也就是说"推贤进士"实际上是个隐语，是个含蓄的说法。司马迁受了宫刑之后，担任了内廷中书令，就相当于皇帝的秘书长，大权在握，而且天天跟皇帝在一起，非常受皇帝宠幸。这个时候任安给司马迁写信，显然是希望司马迁能够替他说情的。但每一封从监狱里边发出的信肯定是要受到审查的，他如果在信里边明确说希望司马迁能够在皇帝面前美言几句，免了他的死罪，那么这封信是送不出去的，所以才用了一个含蓄的说法"推贤进士"，实际上就是让司马迁向皇帝推荐自己（替自己说好话）。透过这个背景，我们就可以理解"推贤进士"这个问题非常关键，只有把这个问题理解了，才能够理解后面的问题。司马迁回信说自己不能够推贤进士，意思就是不能够替他说情。为什么呢？司马迁就讲了自己替李陵说情的故事。

> 夫仆与李陵俱居门下，素非能相善也。趣舍异路，未尝衔杯酒，接殷勤之余欢。然仆观其为人，自守奇士，事亲孝，与士信，临财廉，取予义，分别有让，恭俭下人，常思奋不顾身，以徇国家之急。其素所蓄积也，仆以为有国士之风。……
>
> 且李陵提步卒不满五千，深践戎马之地，足历王庭，垂饵虎口，横挑强胡，仰亿万之师，与单于连战十有余日，所杀过当。虏救死扶伤不给，旃裘之君长咸震怖，乃悉征其左、右贤王，举引弓之民，一国共攻而围之。转斗千里，矢尽道穷，救兵不至，士卒死伤如积。……
>
> ……以为李陵素与士大夫绝甘分少，能得人之死力，虽古之名将，不能过也。……适会召问，即以此指，推言陵之功，欲以广主上之意，塞睚眦之辞。

司马迁讲这些的意图何在？我们看一看有很多巧合。第一个巧合，李陵字少卿，任安也字少卿，司马迁和李陵不算是朋友，却替李陵说话；司马迁和任安是好朋友，却拒绝替他说话。李陵和任安都面临生死的抉择，李陵选择了投降，而任安选择给司马迁写信。司马迁在面对李陵被俘和面对任安来信的时候，都要考虑是不是替他们说情，并做出了不同的选择。当然司马迁自己也面临着生死抉择，即受了腐刑后要活着还是要死掉。这是《报任安书》呈现给我们的一个问题。这篇文章涉及三个人的生死，三个人其实都选择了生。李陵选择生（暂降匈奴隐忍苟活）是为了将来有所作为，司马迁选择生是为了写作《史记》。任安不是一次面对生死，而是两次面对生死。第一次面对生死是他受太子之节的时候，因为没有发兵躲过了一劫，活了下来。第二次就是他被捕下狱，给司马迁写信，仍然想在生和死之间选择生，而不是选择死。三个人都是选择生，可是三个人对生的选择，性质是不一样的，那么这三个人的生死就构成了这篇文章最核心的结构。

先秦儒、道两家的生死观

如果仅仅是单纯做一个历史的或者文学的分析，我们看不出来这篇文章的意义，要把它放回到思想史的脉络里边。

我们看先秦儒道两家的生死观。谈到生死，也主要是儒道两家了，其他流派都意义不大。先看儒家，主要看孔子、孟子和荀子。孔子谈到死的内容很少，大家印象比较深刻的就是季路问鬼神，孔子说："未能事人，焉能事鬼。"人们首先应该考虑的是怎么样跟人相处，而不是怎么样跟鬼神相处。又问生死，孔子说："未知生焉知死。"人们首先应该关注的是生活，而不是死亡。这是儒家的一个思想底色。我们说儒家是人文主义的，首先意味着关注人的生活，人世的、此世的生活如何去安顿？此世生活的意义里边包含了对死亡的看法，而不是从死亡来看此世的生活，所以孔子说，"朝闻道，夕死可矣"。只有穷尽了此世的生活意义，死亡对你来讲就没有什么了。但儒家对于死亡的这个看法，多多少少还是有点简单，无法抹去死亡给活着的人带来的伤害、恐惧和遗憾等。所以你看孔子的弟子颜渊死的时候，孔子说"天丧予"，表达出非常强烈的悲痛。面对死亡的时候，儒家仍然还是多少有些不知所措，尽管可能是正常的死亡。当然孔子还是希望人们能够超越死亡，因为总有比生命更重要的东西。孔子讲："志士仁人，无求生以害仁，有杀身以成仁。"仁德是比生命更重要的东西，如果仁德和生命不能两全的时候，我们宁可选择仁德，而不是选择苟活下去。儒家多少有些对死亡要去克服和超越的意识。

孟子发展了孔子"有杀身以成仁"的思想，孟子说："鱼我所欲也，熊掌亦我所欲也，二者不可得兼，舍鱼而取熊掌者也。生亦我所欲也，义亦我所欲也。二者不可得兼，舍生而取义者也。"孟子又说："莫非命也，顺受其正；是故知命者不立乎岩墙之下。"不要去找死，死亡能够回避当然还是可以回避的。但"尽其道而死者，正命也"，大概跟孔子说的"朝闻道，夕死可矣"的意思相近。意思是说，如果能够穷尽此生此世的意义，死亡对我们来讲就变得不那么可怕消极了，只是一个正常的结果而已。儒家当然会反对那些人为引致的各种各样凶险和不测造成的死亡，所以"桎梏死者，非正命也"。

荀子谈到死亡的地方比较少，他说"畏患而不避义死"，跟孔孟讲的"舍生取义，杀身成仁"都差不多，这个就不多说了。总体上来讲，儒家的一个特点是关注此世，强调实现现世的人生意义。在现世的人生意义实现之后，死亡就变得不那么可怕了，就变得不那么重要了。实现现世的人生意义没有问题，可是死亡终究还得人去直接面对，每个人都逃脱不了。

道家对死亡的思考就要比儒家多些，但角度不一样。老子考虑的不是个体生命的感受和意义，更多的是一种生和死之间的辩证关系。"民不畏死，奈何以死惧之?"其实不是说老百姓不怕死，而是说你把老百姓逼到没活路了，这个时候你还用死亡去威胁他，那是没有任何意义的，同时意味着社会秩序的根基会彻底动摇。

换言之，你想获得一个稳定的社会根基就不能把人们逼上死路，而要给人们开拓生路。如果从另外一个角度或者侧面讲，这句话讲的可能反倒跟儒家非常接近。老子又说："民之饥，以其上食税之多，是以饥。民之难治，以其上有为，是以难治。人之轻死，以其（上）生生之厚，是以轻死。夫唯无以生为者，是贤于贵生。"这都是批评统治者的，统治者把自己的生命太当回事，把别人的生命不当回事，所以老百姓才轻视死亡，跟前面表达的是同一个意思。"人之生也柔弱，其死坚强。万物草木生之柔脆，其死枯槁。故坚强者死之徒，柔弱者生之徒。"活着的时候，你的身体是柔弱的，死了就僵硬了，其实任何事物都是这样。由此可以得出一个结论，柔弱是生命的属性，而坚强是死亡的属性。换句话说，越是柔弱的东西反而越有生命力，越是坚强的东西往往容易破碎。舌头和牙齿哪一个先坏呢? 当然是牙齿先坏，因为牙齿坚强，舌头柔弱。小草可以把一个石头推翻，虽然石头是坚强的，小草是柔弱的。

这是老子谈到生死问题的地方，但还不是特别能代表道家特色，道家对生死问题的看法最集中的表达是庄子，特别是庄子的《齐物论》和《逍遥游》。《齐物论》说："予恶乎知说生之非惑邪？予恶乎知恶死之非弱丧而不知归者邪！丽之姬，艾封人之子也。晋国之始得之也，涕泣沾襟；及其至于王所，与王同筐床，食刍豢，而后悔其泣也。予恶乎知夫死者不悔其始之蕲生乎！"我怎么知道贪生不是迷惑，我怎么知道怕死并不像一个人自小便流离失所不知回家？有个叫丽姬的女孩子，是艾地边疆小吏的女儿，没见过世面，晋国国君娶她，她还不愿意，哭得死去活来。可是到了晋国国君那里，吃的住的是她以前根本没法想象的，她就开始后悔说我出嫁的时候为什么要哭呢？庄子就说我们怎么知道厌恶死亡不是像这个女孩子出嫁的时候对于嫁到晋国的恐惧呢？我们根本不知道死后那个世界是什么样子，所以厌恶死亡只是人生的迷惑而已。《至乐》篇里讲到一个故事：

> 庄子妻死，惠子吊之，庄子则方箕踞鼓盆而歌。
>
> 惠子曰："与人居，长子老身，死不哭亦足矣，又鼓盆而歌，不亦甚乎！"
>
> 庄子曰："不然。是其始死也，我独何能无慨然！察其始而本无生，非徒无生也而本无形，非徒无形也而本无气。杂乎芒芴之间，变而有气，气变而有形，形变而有生，今又变而之死。是相与为春秋冬夏四时行也。人且偃然寝于巨室，而我噭噭然随而哭之，自以为不通乎命，故止也。"

　　庄子的妻子死了，他并不怎么伤心，很随意地坐在那里敲着盆子唱歌。惠施见了就感到不可思议地说，"她跟你住在一起，养育了你的孩子，陪你渐渐老去，如今她死了，你不哭也就罢了，还鼓盆而歌，这不是太过分了吗？"但是庄子回答说，"不是，她刚死的时候，我怎么能够不跟别人一样一点伤心都没有呢？但是我仔细想了想，最开始的时候就没有她这个生命，也没有构成那个生命的形体，连构成这个形体的质料都没有。最初的时候只是一片混沌，逐渐有了质料，组成了形体，又有了生命，现在她又死掉了，回到了她最初的那个状态。这就像春夏秋冬，四时往复。天地万物不都是这样运转的吗？人怎么能够例外呢？她虽然死了，但就像非常安然地躺在一个巨大的屋子（宇宙）里边睡着了，我哭什么呀？如果我跟着去哭，这叫作不通乎命，所以我最终还是没有哭。"

　　再看一看庄子自己要死的时候，他是怎么讲的？他要死的时候，他的弟子本来想把他厚葬。我觉得这个也是挺有意思的，因为道家是不讲厚葬的。有人说庄子也是儒家，现在讨论还是很热烈的，庄子究竟是不是从儒家分出去的。墨子是从儒家分出去的，墨子就是很讨厌儒家的那一套葬礼，所以从儒家反出去自立门户就成了墨家了。庄子据说也是跟儒家有关系的，所以庄子的弟子想把他厚葬。看来庄子也不喜欢儒家那一套葬礼，庄子曰："吾以天地为棺椁，以日月为连璧，星辰为珠玑，万物为赍送。吾葬具岂不备邪？""我死的时候，你根本就不用厚葬。天地就是我的棺椁，日月星辰万物都是我的陪葬品，还有比这更丰厚的葬礼吗？所以我死了之后，你把我直接扔到外面去就行了。"弟子说，"如果把老先生您的尸体扔到外面，那不是给乌鸦之类的鸟做了食物吗？"庄子就说，

"你把我扔在地面上，我的身体会被鸟吃了；可是如果你把我埋到地下，我的身体会被蚯蚓之类的虫子吃了。所以你现在兴师动众把我埋到了地下，也无非是把原来该给乌鸦吃的东西给了蚯蚓吃，有什么意思呢?"也就是说，庄子对自己的死跟对妻子的死是差不多的，死也无非就是换个地方。

生和死有没有绝对的界限呢? 是没有的。此岸和彼岸（中国不讲彼岸），这个世界和那个世界、活的世界和死的世界没有什么绝对的界限。我们去了也许还会来，来了也许还要去。如果想想庄周梦蝶的故事，其实梦和醒也没有什么绝对的区别。庄子的这个思想才更好地阐发了道家对于死亡的看法——死亡也无非是回归自然。

司马迁的生死观

现在我们再来看司马迁在《报任安书》里边表达的生死观，对先秦儒道两家的生死观有什么样的改造?

首先，司马迁不是就生死论生死，而是从价值和尊严的角度来衡量生死。孔子也许更看重生命的价值，所以他回避谈论死亡；庄子试图通过等同看待生死，超越人类对于死亡的恐惧。司马迁则是直面死亡，在死亡的映照下审视生命的意义。司马迁说，"死之日，是非乃定"。一个人只有到死的时候，他是对是错是好是坏是善是恶是贵是贱，所有这一切才能够看得出来。比如说任安，年纪轻轻就得到汉武帝的宠幸，成为全国最重要的军队的领导者，可能是汉廷最中枢的几个人之一，如果不让他面临两次生死的考验，你就不知道他是什么样的人的。司马迁获罪该死，但是他自请宫刑，隐忍苟活，承受了比死亡还要沉重的屈辱。这种屈辱又使他生不如死。"肠一日而九回，居则忽忽若有所亡，出则不知其所往。每念斯耻，汗未尝不发背沾衣也！……故且从俗浮沉，与时俯仰，以通其狂惑。"如果从普通人的眼光来看，失去了正常生命所具有价值和尊严，司马迁虽生犹死。

如果去看《太史公自序》，会发现用了相当大的篇幅拿司马迁跟司马谈对比。司马谈是一个黄老道家的信奉者，代表了过去的即窦太后所代表的那个政治集团的意识形态。而汉武帝是要按照儒家的理想来复古更化的，司马迁正代表了汉武帝这个政治集团的意识形态。也就是说，他用对比的手法写司马谈的黯然失意和司马迁的春风得意。但到了《报任安书》里边，那个意气风发、仗义执言的司马迁实际上已经死了；而隐忍苟活，"向死而生"，思考生命价值、人性尊严的司马迁才真正诞生。也就是说那个旧的司马迁死去，才有写《史记》的这个司马迁诞生，《史记》就是一部在生与死的边缘上写成的巨著。《史记》的很多篇章，都充满了对死亡的关注和思考。司马迁无论是写帝王将相，还是写儒生侠客，都不仅仅关注他们的生，而且还关注他们的死。不仅关注他们如何死，而且关注他们为何而死，关注他们在生死存亡之际的选择和决断。

存在主义代表人物加缪有一本书叫《西西弗的神话》，开篇第一句话就是："真正严肃的哲学问题只有一个，那就是自杀。"那个自杀也说的是死亡，我们不展开了。司马迁并不是抽象地肯定或否定生命（或死亡），而是关注生死之际的选择和决断。他关注的是一个具体的人，面对其具体的生命和生活的处境，在艰难复杂的政治环境中间如何做选择和决断。具体来讲又分几个层次。儒家的所有道理都是对普通人讲的，是对所有人讲的，不仅对帝王将相讲，也对贩夫走卒讲，但司马迁不是对所有人讲。对普通人来讲，生命固然重要，但普通人有普通人的弱点和缺陷，"夫人情莫不贪生恶死，念父母，顾妻子。"父母妻子说的就是人伦，人伦是儒家的基础。这是第一类人，也就是普通人。对于普通人而言，生存是第一选择。但并不是对于所有人而言，生存都是第一选择。"至激于义理者不然，乃有所不得已也。"普通人要生活下去，因为你有父母有妻子，对你的亲人和周围的人要承担责任，可是有一些人为了一个更高的理想和目的可能会牺牲生命。这种牺牲不仅仅是牺牲你个体的生命，也让你的父母和妻子付出代价，这是不得已的。这是第二类人，所谓的义士。还有第三类人，如果我们只是勇于赴死，这还算不上真正的勇敢。"勇者不必死节，怯夫慕义，何处不勉焉!"真正勇敢的人不一定要死节，也可能会选择活下去，有时候选择活下去比选择死亡需要更大的勇气和智慧。一个怯懦的人羡慕那些义士，到处都是可以让他牺牲自我的机会。也就是说，普通人要成为一个烈士，其实是很容易的，但学习英雄牺牲自己也许仍然是一个怯懦的人，不是司马迁心中勇敢的人。不是勇于赴死，就具有勇敢的美德。在生死之间做出审慎的抉择，才更加艰难，也更能体现人的高贵和尊严。"臧获婢妾，犹能引决，况仆之不得已乎?"最低贱的奴隶婢妾在遭遇侮辱和损害的时候都会自杀来显示自己的气节，我当然也可以做得到。那么为什么没有做? 就在于选择生有时候需要更高的智慧，更大的勇气。

我们说《报任安书》讲了三个人的生死。李陵兵败投降选择了生，司马迁说他"身虽陷败，彼观其意，且欲得其当而报于汉。事已无可奈何，其所摧败，功亦足以暴于天下矣"。他活下去是有一个报汉的更高目标，虽然投降了，但他的功业仍然能够光耀天下。所以他的选择是正确的，所以我要替他说情，会为他正名。但你任安给我写信，希望我像当年给李陵说情一样，再为你说情，这却办不到。因为你受节而不发兵，这是失信于太子，即失节又失信，缺乏在艰难复杂的政治处境中做出决断的勇气和智慧；被判死刑后，写信向司马迁求救，显示出他在死亡面前的恐惧和惶惑。他不仅不是一个有智的人，也不是一个有勇的人。孟子说"是非之心，智之端也"，也就是说任安既不智，也不信，更不义。在这种情况下，司马迁是不会帮他的。司马迁获罪，隐忍苟活，他认为自己没有错，"夫臧获婢妾，犹能引决，况仆之不得已乎？所以隐忍苟活，幽于粪土之中而不辞者，恨私心有所不尽，鄙没世而文采不表于后也"。这个文采不是一般所讲的文学才华，而是他所面对的文明传统，以及这个文明传统所闪现出来的光彩，他要把它接续下来，表现出来，这是他的"私心"所在。他认为这是他活下去的理由，也是他写作《史记》的一个初衷。

这样，我们从《报任安书》就可以看到怎样去读《史记》。读《史记》就应该注意《史记》里边的人物，看他们面对各自怎样的政治处境，各自都有着什么样的困难，他们在生死之际如何决断和选择。我们读《史记》就是要看不同的人身上所体现的人性的不同层面，要看人性的高贵伟大和人性的卑琐低贱如何在这种选择和决断中间呈现。这是《报任安书》提示给我们的一个重要的问题。

身心护养

用传统文化来培育你的心理弹性

李　桦

疾病跟情绪似乎有非常高的相关性。怎样的情绪是健康的？

情绪从生理的唤醒到离开我们，只有 0.7—30 秒的时间。所有的情绪本来都是变动不居的，只有当我们全心全意跟自己的情绪在一起时，这种情绪就是容易转换的，就会是流动的，也只有在流动的状态时，它才会是健康的。

情绪本身都是喜怒哀乐俱足的，没有好坏，只有当它不流动时才是真的坏情绪。所以，当你真难过的时候，我希望你全心全意地哭，那样反倒是健康的。

那么什么是情绪？怎样的情绪是健康的？如何分辨自己的情绪？怎样训练你放松的警觉？有压力怎么转化？或许可以来一次三分钟和谐训练。

我们究竟怎样去看待一个人的情绪和情感，可以从非常抽象、哲学的层面，也可以从具体的实践层面。我们情绪上很多的压力都来源于我们对保持一致的期待比较高。人世间没有两片相同的叶子，没有两个相同的人，当这个道理落在实际生活中的时候，其实我们未必知道得那么清楚。我们要能够发现差异，理解差异，接受差异，这对我们所有的关系处理是很重要的，特别是亲密关系。我们经常说在我们的整个生命里有两项是不能选择的，一个是我们有什么样的父母，一个是我们有什么样的孩子，这两者给我们带来的情绪上的问题可能是最多的最直接的。在这个实际的问题里面可能真正重要的就是我们要接受差异，需要双方去了解、去接近，用一个生命去抵达另一个生命。

2015 年和 2017 年的诺贝尔经济学奖都颁给了心理学家，其中的一位获奖者丹尼尔·卡尼曼有本书叫《思维的快与慢》，谈我们的思维方式，谈我们所有的重大抉择是怎么做出的，告诉你情绪在里面起多大的作用。我们刚刚学骑自行车的时候很专心，只看前面的路，老从车上掉下来，这时候熟练的人就会告诉你眼睛看远一点，放松一点，这样才会骑。我们要讲的情绪和压力的管理，就是要训练自己一种放松的警觉，就是你很放松但可以有控制地完成事情。我们往往认为所有的工作似乎都要在一个巨大的压力或者是说一个非常努力的状态下才可以完成，其实不是的。有时候很有效地完成一件事情，并不需要消耗那么多能量，不是越费劲就完成得越好。反过来，你可以有一种放松的警觉。比如说有些禅师、法师在修行打坐的时候好像很安静，可是这个时候如果有刀光剑影过来，他瞬间就可以去抵挡，这就是一种放松的警觉。在放松的时候，其实你所有的讯息都是可以捕捉到的。我们透过今天下午的一个分享，想让大家达到的就是这样的一种境界。

理解情绪：情绪只要是流动的就会是健康的

在这个图上，你觉得哪个人的情绪不好？戴着马脸面具的，穿蓝色衣服的，还是眼神充满惊恐的？至少有三个不一样的答案。你选择哪个人，其实是你所有生活经验的一个投射。比如说马脸心情不好的人，是觉得人心情不好的时候就要戴个面具。我想要跟大家说的是，每一种都有可能，因为你每天都有可能心情不好和心情好。也就是说，我们其实是跟大自然关联的，天气有阴晴，气温有高低，情绪也会有起伏，这很正常，情绪只要会流动就是没问题的。所以他们几个都有可能心情不好，也都有可能心情变好，我们也一样。我今天讲的所有东西，可能你都是非常懂的。道理我都懂，可就是解不开；我的心态很好，结果我的情绪还是不好。要注意区分两个东西，你的心态不一定是你的情绪。到底情绪是什么呢？从中国文化来说，我们讲的情绪基本上是要体知和体到的，需要透过你的生命和身体的参与，才可能真正变得知道、懂得，这和认知上的"懂"是有差异的。所以我们看到非常多的心理调适的东西，看的时候有道理，看完以后可能不一定有用，就是我们可能没有用自己的生命参与进去。

大家来看词源。这个"情"字，从金文演化过来，左侧是

"心"，右侧是"青"。"心"是意愿。"青"是声旁也是形旁，其实是"倩"的一个省略，表示美意。从造字来说，"情"就是痴心和美意。我们再把偏旁换一下，丽水为"清"丽日为"晴"，美言为"请"，美意为"情"。

我们中国人有"四端七情"的说法。"恻隐之心，仁之端也；羞恶之心，义之端也；辞让之心，礼之端也；是非之心，智之端也"，这是四端。仁、义、礼、智的起源，其实跟我们的心有密切的相关。喜、怒、哀、乐、悲、恐、惊，这是七情，一些基本的情绪。其实每一种情绪都是可以分为不同等级的，我们也许并不完整地处在某种单一的情绪里。

在心理学上讲，能够看得见的所有行为可能只是冰山上面的一小部分。冰山上面的行为是由冰山下面的东西建构出来的。一个行为的发生，首先跟你的感受有关，包括你的喜怒哀乐，而这些感受或情绪有一部分是你选择的，是生理本身就会唤醒的。之所以会做这样的一个决定，关键在于你的观点，包括信念、假设、认知和预设立场等。你的这些观点又源于你的期待，包括对自己、对他人以及来自他人的期待。期待背后都是人类共有的渴望，渴望自己是有价值的、被认可的、有意义的、自由的，或者是被接纳、被爱的。渴望最核心的部分在你认为你自己是一个什么样的人，人都要建构一个对自己的认知，建构自己与整个人类社会乃至宇宙天地之间的连接。当我们对"我是什么"这个问题做了一个清晰回答之后，我们的行为该往哪里去可能就很明晰了。

我们讲的是"感受"和"感受的感受"，所有的压力其实在于我们怎样去选择。当一个婴儿在哭的时候，他是全心全意在哭，他跟他的哭在一起，而不会有其他想法。这时候如果你给他的小嘴放一颗糖，然后给他一个温暖的拥抱，给他一个喜爱的玩具，他就笑起来了。为什么婴儿如此容易被安慰？因为他的心的底色是笑的，是充满欢乐的。当从婴儿长到成人的时候，有一部分人往往脸上是笑的，但心底是难过的，所以很难被安慰。从这个婴儿身上可以得到一个启示，当我们全心全意跟自己的情绪在一起时，这种情绪就是容易转换的，就是会流动的。我们为什么会记得那么多东西？是因为在不断重复中，就强化了，就记得了。所有的情绪本来都是变动不居的，而只要它是流动的就会是健康的。情绪本身都是喜怒哀乐俱足的，所以不存在我只要好的不要坏的，没有好坏，只有不流动才是真的坏。真难过的时候，我希望你全心全意地哭，那样反倒是健康的。

神经科学研究表明，我们唯一能够改变我们感觉的方式，是通过了解我们的内在体验，并学习如何以恰当的方式与自己内心正在发生的事情相处。所以你想要改变你的感觉，前提是你要有觉知，你要首先能够觉察到发生了什么。如果我们不晓得内在发生了什么，可能桌子都已经掀掉了才知道刚才自己生气了。我们想要调整情绪的时候，要增加内在的觉察。我们学的东西越来越多的时候，有可能拉离我们自己的身体越来越远，而所有的情绪和压力的管理是要你把自己拉到跟你的身体在一起，而不是改变你的大脑，这样你才可能调整情绪。记住，不是你的心态很好，你的情绪就一定会很好。

这就涉及一个本心和觉情的问题。借用孟子的说法，我们每个人都有一种天性和天良，这就是本心。觉情是在觉、觉他和自觉，是有意识地觉察、活在当下。比如在不同的季节，我们会看到不同的花，这就是我们的觉情。

用认知心理学、行为主义的方法来定义情绪，情绪是一种心理加工过程，由一系列片段组成，其具有相对短暂性，是在应对自然和社会的具体挑战中产生，并具有生物基础的知觉、体验、生理、行动和沟通特点。情绪的主要成分包括主观体验、表达行为、认知评价、生理唤醒和行为准备倾向。这些成分有时候是协同的，有时候是分离的，即也许我们有某种情绪但不一定有这种行为。

在做治疗的时候，我们会把情绪分为初级情绪（初级适应性情绪、初级适应不良性情绪）、次级情绪和工具性情绪。初级情绪讲的就是我们的喜、怒、哀、乐这样一些基本情绪。什么是初级适应性情绪？比如我们难过的时候，很想休息很想哭，后来太阳出来了，休息好了，喝了一杯咖啡，看了几行书，闻到了一阵花香，或者一个朋友给我打了个电话，或者我的孩子过来抱我一下，我就好了，这就是我有弹性。如果你没有这种情绪，你会一直往前冲，你会一点都不累，就会出现很多身体状况，因为你需要休息。这就是初级适应性情绪。同时会有一些适应不良的情绪，比如我在应该很恐惧的时候，可能产生的反应不是恐惧，而是转变成了愤怒或者别的情绪，就会导致适应不了。什么是次级情绪？当我恐惧的时候，我觉得太羞愧了，羞愧就是次级情绪。我们在做咨询的时候，处理的常常是次级情绪，那些情绪会使得你影响到你的自我建构和自我评价，而不是喜怒哀乐本身。

什么是工具性情绪？举个例子，小朋友第一次在商店里面看到一个很好玩的玩具，他就很想要，爸妈不想买给他，他难过得大哭。于是这个时候如果父母觉得孩子非常难过，想要买玩具给他，这是一种。另一种，父母可能觉得哭得好难看，大庭广众之下这个样子太丢脸了，赶紧买给他。第二种会有什么结果？这个孩子可能下次再看到一个他想要的东西就开始哭。这说明他其实并不难过，他意识到他的情绪是一个有用的工具。我们每个人在常识上都是心理学家，都非常会用这些东西。假如这种情绪成为一种工具，这个情绪跟自己就是剥离的。比如说有些人一直在笑，但那是一种职业性的微笑，职业性的微笑多了，他都不晓得开心是什么了。因为我们开心的时候才笑，可是当有非常多的需要让我们一直笑的时候，你笑的时候内心的体验没跟上，慢慢地就不晓得那种内心体验是什么了。工具性的情绪使你产生了与情绪的剥离，所以会出现一系列的情绪问题。

在处理情绪的时候，我们发现情绪的粒度是很重要的。情绪的粒度是指一个人区分并且识别自己感受的能力。一个高情绪粒度的人，会对情绪的体验更加丰富，更细致入微，能更好感受到自己的情绪。高情绪粒度的人，在拥有某种感受的时候，无论是新的还是在记忆里面的，都能够用准确的词汇和良好的表达技巧来形容这个情绪。我们说训练情商，训练的就是感受和表达。首先是能不能感知？其次是能不能找到恰当的词汇和行为把它表达出来，这是要学习和练习的。

我们为什么要分辨情绪？当情绪发生时，你需要知道自己经历了什么，才能把握好自己可能出现的生理、行为反应，也才能有的放矢地去应对每一种具体的情绪。高情绪粒度使得人们的大脑在应对生活的种种挑战时，有了更加精密的工具。一系列实验证明，情绪粒度高会对人产生诸多好处。比如，高情绪粒度的人更不容易在压力下崩溃或采取负面的"自我治疗"（self－medicate）策略，比如酗酒、暴食、自伤，也更不容易采取报复或侵犯他人的行为，有更低的抑郁和焦虑水平等等。情绪粒度甚至会对健康有正向的影响，高情绪粒度的人去看医生、用药的频率也更低。

尽管在能够体验到的情绪上似乎有一个高度普遍性，但在每种情绪由什么引起、主观上如何体验情绪，以及在社交中如何共享它们等方面，却有巨大的文化差异。不止是不同的族群、不同的国家、不同的民族如此，即使在一国社会内部，在如何体验、标识、表现和共享情绪上也有巨大的文化—民族差异。

人类能够产生其他动物所不能产生的情绪，以及人类可以生成多种多样的情绪，并且毫不费力地命名这些情绪。我们讲情绪是命名的，可以通过一个例子看出差异。据说小孩子好像在三四岁的时候，特别愿意帮家长做家务活。如果这个小朋友系个围裙去水台那里洗碗，搞得到处都是水，一下子打烂了 6 个碗，他就哭了。我们知道他有一系列的身心反应，血压、心跳，各种各样的神经化学递质的变化。这时候妈妈来了跟他说，你不要害怕，没关系，他觉得他哭就是害怕；这时候妈妈来了跟他说，你不要难过，没有关系，他觉得他哭就是难过，情绪是这样被命名的。这两个小朋友在一起时，当一个跟另一个说我很难过的时候，另一个不懂，反之亦然。因为情绪是被命名的，所以我们想要彼此沟通和在情感上面能够交融是如此困难，这种文化差异很大，同时它跟你的家庭交往方式和你早期情绪的命名是如此相关。有一些孩子在他的情绪概念里面可能就缺乏一些词，从小他就不被允许产生这样的一些词汇，所以他就会没有。他长大了以后，与此相关的情绪生理唤醒的时候，他找不到词去标识它，无法表达，这是我们所看到的所有与情绪相关联的部分。

情绪跟脑神经结构有关，丘脑、海马、杏仁核及边缘系统都跟我们的情绪有关，分别主导和影响了我们情绪不同的方面。同时我们发现其实额叶是做认知和思考的重要部分，也就是当丘脑、海马、杏仁核及边缘系统大量启动的时候，有些人的额叶功能就会降低，会认知狭窄。在这种情况下，额叶还要能够正常工作就得练习。同时我们会有一系列的神经化学递质（乙酰胆碱、多巴胺、去甲肾上腺素，以及各种复合胺谷氨酸等）与情绪相关。当你的情绪好或不好的时候，会有一系列神经化学的改变的。我们是一种跟周围的万事万物一样的，需要阳光雨露也需要白天黑夜的生物体。

情绪理论是指可以检验的一组陈述，包括情绪发生的原因、某种状态分化为可定义的体验的过程、情绪的成分发生的顺序，以及不同的情绪成分怎样交互作用。情绪理论包括现象学理论、认知—评价理论和社会建构理论。以社会建构理论为例，其主张情绪是特定文化的产物，由文化来建构，并且服务于文化，所以强建构主义者看来个体不能体验到任何情绪，除非学会了用与情绪有关的文化所蕴含的标准和道德意义来解释情境，因此我们所发生的情绪其实跟社会文化道德非常有关。建构理论强调文化道德的这种价值，为评价情境提供了非常具体的一些内容。所以你要知道你的情绪是你的家庭建构出来的，你的学校建构出来的，你今天的很多理解建构出来的。你想调整你的情绪，反过来可能也要关注你的认知部分。

在认知行为理论看来，你产生的所有情绪跟环境的刺激有关系，但不是因果关系，中间加了一个你的想法，即你怎样评价这件事。举个例子，你遇到一个发小，但他没有跟你打招呼，这是一个环境刺激，那么你有可能产生什么样的情绪关键在于你怎么样评价。如果你认为他眼睛不好，没看见你，你就没有问题。如果你认为他故意不理你，你就开始思考到底什么时候得罪他了。所以任何一个刺激起什么样的反应，关键在于中间的认知评价部分，在情绪的理论里面，会提醒跟你的认知有关。

心理学家威廉—詹姆斯有一个理论，在解释情绪的时候他说："因为逃跑，所以害怕。"什么意思？我们所发出的每一个行为都会强化后面的情绪，你越跑会越怕。当我们讲到一个人的时候，至少有三个部分：第一是这个人的想法，第二是这个人的情感和情绪，第三个是这个人的行为。你觉得改变哪部分比较容易？不要一上来就去改变某个人的想法，比如很多朋友会跟我说小孩就是不愿意努力读书，怎么办？你不要天天去劝他要努力，而要每天给他增加几分钟读书时间。你需要改变他的行为，一旦行为有所改变，伴随着这个行为，你再激发他的积极情感，他的想法就会变。如果你一开始就想改变他的想法，其实非常难。

前几天我有个朋友讲了一个事情。有一天，他的女儿所在小学的老师把他找去批评了一顿，说他的女儿在学校里面淘气。回家之后，他在饭桌上就一直没讲话。小女孩知道这件事情，就问爸爸今天是不是被老师叫去学校，老师说什么了？他爸爸就说，老师说你现在的作业做得比以前干净了，如果再稍微认真一点，就会做得更好。其实这个爸爸去学校的时候，老师是问他有没有检查女儿的作业？到底怎么检查的？如果这个爸爸很生气，回到家里再把女儿骂一顿，就等于把自己跟老师的关系变成跟女儿的关系，结果破坏了亲子关系。老师跟学生是一个教学关系，学生作业不认真，老师当然要批评他，但老师骂他才是他生气的原因，所以这里面的情绪非常重要。我们一定要去区分什么是我的问题？什么是他的问题？你不需要把他的问题变成你的问题，也不需要把你的问题变成他的问题。这里面有三个人的情绪，如果很直接地把老师的情绪、家长的情绪变成家长对孩子的情绪，那孩子也不会真正地从类比里面变得更好。

我们常常说一个人持续的动力从哪里来？每一个行动，其实会强化后面所有的情绪。我可能是恐惧才跑，可是我在跑的过程中会加深恐惧。因此我们要谨慎，因为每一个行为就会带来这种情绪。如果今天去上班的时候说，我真的好头痛这个工作，下班的时候头会痛起来。如果做出一个很疲劳的姿势，结果我们可能整一天会很疲劳。所以我们的身体会告诉我们情绪在哪里，而不是我们的想法。当我们恐惧的时候，要停下来转过身，把这个情绪拎起来看看我为什么害怕，反而会减少恐惧，否则就是越跑越怕。

情绪表达自己的方式有很多种，我只和大家讲三种。第一种是情绪与心脏，透过呼吸；第二种是情绪与大脑，透过饮食和活动；第三种是情绪与社会认知，透过态度的调试和价值的确立。这里讲一下与情绪有关的呼吸怎么做。请把你的脊柱轻轻地垂直落在凳面上（只坐凳子前面1/3），不要太用力，腰椎往后拉一点，沉肩使肩膀远离耳朵，脚掌抓地，动一动右脚的第二个脚趾头，下额稍微收一下，去找你的锁骨和喉结的部分。感受到你的后颈椎有一点拉伸，注意力在右脚的第二个脚趾头，把手放到你的大腿上。开始呼吸，用力地吐气，让肚脐贴近后腰，停在这里，放松，让空气来到腹部，感觉到肚子鼓起来。慢慢睁开你的眼睛，你会感觉到你的眼睛比刚才清楚，你的大脑会得到一点点休息，我们叫这为三分钟的和谐训练。只需要三分钟的呼吸训练，你就会感觉到不一样，情绪会平静，大脑的血氧含量会增加。这个调整情绪呼吸的关键，首先是腹式呼吸，要把所有的肺气吐出来，然后才可能置换，所以不是要满，而是要空。

在情绪上，大脑有一个即时传输系统，其中的杏仁核储存了人类所有原始的记忆，包含了我们遇到威胁的时候所产生的进攻或者逃跑的反应。除了这个即时传输系统，还有一个大脑皮层，作用是一系列的刺激透过视觉达到中枢，在大脑皮层加工，然后我们才能做出反应。当你遇到任何威胁的时候，不管你的大脑皮层是怎么样加工的，都会唤醒身为原始人类所遗留下来的所有的反应。举个例子，你在森林里面遇到一头熊，你会逃跑，并且一定会跑得比你任何一次百米考试都要快。为什么？当面对生命威胁的时候，我们会分泌大量的肾上腺素以及各种神经化学递质，使得我们奔跑比以前快。这些东西分泌出来，如果没有机会向外攻击，就会向内攻击，所以我们的身体会受到影响。

情绪就是用这种方式，透过神经化学递质，透过心脏、血压，最终影响了你的身体。我们的心脑是相互连接的，保护大脑的时候其实就在保护心脏。心脏有一个叫作心率变异性（HRV）的东西，指的是逐次心跳周期差异的变化情况。当 HRV 是和谐的时候，就会促进大脑皮层的功能。当你心情愉悦的时候，你的思维加工就会快。反过来，当它是混乱的时候，就会抑制大脑皮层的功能。所以有很多家长经常把小孩子打一顿，小孩子很难过地就去学习了，有效果吗？抑制了大脑皮层的功能，根本记不住的，一定要让他玩得很开心了再去学。正是因为心脑之间是密切联系的，我们才可以透过呼吸调节心率变异性，进而可以改变我们大脑里面的情绪。

我们会看到心脏韵律的一致可以改变脑中的情绪，同时我们看到情绪会驱使大脑的活动进入和谐状态或者混乱状态，然后心脑之间有生物物理的交流，同时有生物化学的交流。我们可以透过情绪的训练去改善血压，改变心脏，我们也会看到情绪会影响到你的免疫系统。在关爱5分钟和愤怒5分钟之后，我们发现甲型免疫球蛋白的含量是在基准线以上的，好像差别不大，在6小时以后，愤怒的人的免疫系统就大大降低，所以你让一些负面的情绪留在你的身体里面并不断地咀嚼，其实是会严重影响你的身体。消极情绪会带来1400多种生化的改变，包括荷尔蒙失衡—皮质醇增多、心律紊乱、认知停滞、工作表现欠佳。积极情绪会引发一系列的生化改变，荷尔蒙平衡—抗衰老激素增多、心率和谐、头脑清晰、生产效率提高。情绪跟整个神经系统非常有关。每个人都有一个自主神经系统，自主神经系统有交感神经和副交感神经，而交感神经就是踩油门，副交感神经就是踩刹车。如果车一直在开，会很快报废，停在那里始终不开，也会报废，所以不要觉得一直很放松就身心健康了。

自主神经也叫自律神经系统，其实是很完备的，表现在哪里呢？类似我们小时候睡觉，通常都是前一秒钟还玩得很累，一下子就睡着了，第二天醒来的时候满血复活。睡觉的时候所有的"灯"都关了，一醒来"灯"都亮了。长大后就有点不同了，我们睡的时候脑子里有几盏灯总是亮着，可是醒的时候有几盏灯又没打开，所以你感觉好像现在睡觉跟小时候不同了。当我们训练情绪的时候，就要练回这个开关，这个开关就是油门和刹车，你踩下去是不是很干净？小的时候非常干净，大了就慢慢地有影响了。要睡我就睡了，要醒我就醒了。这其实就是一种训练，无论是通过传统文化的训练，还是透过心理学的训练，我们都在练开关。

情绪除了有这个坐标之外，还有另一个坐标，就是荷尔蒙系统。荷尔蒙系统有两边，一边是皮质醇，是压力激素；另一边是抗衰老激素。压力激素分泌越多，抗衰老激素就越少，因为它是一个平衡的量。其实压力激素是好东西，如果没有那个东西，可能连床都起不来。只是不要让它停太久，情绪要流动，我需要有喜怒哀乐，但每一种情绪不要停太久，于是我就有丰富的人生，我就可以圆融。从情绪来讲的丰盛和圆融，讲的就是这个东西。皮质醇分泌太高会怎么样呢？长期的压力就是皮质醇分泌过多，就会加速衰老，脑细胞的死亡，记忆力和学习能力受限，骨质疏松。你每天好好睡觉，就会瘦；各种代谢有问题，你就变胖了；当面临巨大压力的时候，腰部和臀部的脂肪会累积增加，所以如果你是个很瘦的人，但始终有个肚子，要检讨一下你的压力。

因此，我们就出现一个情感地标。在情感地标的上边是高度激励的状态，下面是完全放松和精力不足的状态，左边是消极情感的压力区域，右边是一个积极情感的无压力区域。不是说放松就好了，有些人很放松，但他可能在消极和负面情感里面。所以就算是放松，也有可能消极或者积极。我们要练的是踩油门和踩刹车都充满积极情感。有些人是一踩油门的时候就很积极，一放松就很难过。有些人是一上班就很消极，一回家就很幸福。所以我们要练无论是踩油门还是踩刹车都很舒服。

我们想想，唤起水平高而愉悦水平低的情绪是什么？你可能认为是愤怒，但心理学家告诉我们的是恐慌和害怕。愤怒是我们非常容易觉察的，但恐惧不容易觉察。我们每个人的内心可能都有非常深层的恐惧，而这种恐惧是真正的非常高能量的负面情感，会非常消耗你。愤怒、挫败这些是我们容易觉察的，也是容易处理的，所以要去找出来的是你到底怕什么。另一个真正具有高能量的、最积极的情感是兴奋和惊讶。心理学家马斯洛说，一个自我实现的人，其实是带着欣喜重复做一件事。什么意思？一个心情非常好的人，跟我们一样有很多琐事要做，而不是因为做很多跟我们不一样的事才心情好，重点是他带着欣喜去做。我们有没有带着欣喜看今天的阳光？虽然每一天都有阳光，如果你带着欣喜你就很容易长出高能量的积极情感。所以真正高能量的积极情感，不是我们的快乐和满意，而是兴奋和惊讶。对于一个孩子来说，你想要让他非常努力地去学习，最重要的不是让他满意和快乐，而是让他充满好奇。这是我们说的兴奋和惊讶，是很高能量的。

提到低能量的消极情感，大家可能很容易想到悲痛，但心理学家告诉我们的是无聊——无聊一样很消耗你，所以不要在无聊里待太久。在所有的放松情绪里面，平静和轻松在不一样的程度上，平静的时候不一定轻松。其实当你轻松的时候，你的身体是要歇下来的，卸掉所有的负担。我想请大家分辨一下什么是疲倦？什么是困倦？困倦就是你身体好累，躺上床就睡着了。疲倦是心有点累，所以当你疲倦的时候，不要马上睡觉，要先处理你的情绪。你可以去运动，晒太阳，读一本好书，听音乐，跟朋友说话，吃个好吃的，泡个热水澡，买衣服，有很多的方式。所以当你疲倦的时候，我们会提醒你，你需要去处理你的情绪。

情绪和身心健康：要去晒太阳去运动并维持正常睡眠

文化变迁和精神疾病有很高的关联。社会在变化，人群的疾病谱也在变化，中国的疾病谱正逐渐向高收入国家靠拢。世界卫生组织、世界银行和哈佛大学以伤残调整寿命年（DALY）为指标对疾病进行分析，其《全球疾病负担》（GBD）研究结果显示：从精神疾病所占的 DALYs 看，在中国 1990 年为 14.2%，1998 年为 15.1%，2020 年将为 15.5%（加上自杀/自伤达 20.2%）。这就是我们希望跟大家分享关于身心健康话题的原因，也包括在文化的向度上做一种心灵成长和心灵滋润工作的原因。

我们说心理健康是一个常态分布，是一个倒 U 型，大部分人所具有的就叫健康的，正常的。心理学常讲统计学意义的概念，所以在心理学上讲常态并不意味着你很优秀，而异常不见得就不好。我想给大家讲两个很重要的心理学的观察。父母在孩子小时候都特别想让孩子正常，正常就容易教，就容易处理，老师也很少说什么。但一高考的时候就想他考北大清华，意味着他不在常态里面，他是高过常态的。大家一定要调正自己的一些想法，当你期待一个非常正常的孩子的时候，你就不要在某些时候希望他异常。

判断有没有心理问题，至少要从这几个向度着眼：第一，有关行为或情绪的所有可能存在的背景原因，有原因就可以理解。第二，这些行为偏离特定情境、时期和或文化规范的程度。第三，这些行为对个人（外在的和内在的）和社会的可能危害。

如果我们身边的一个同事或朋友，以前特别热情，特别温暖，最近这一周却不理人，表情很难看，他就不正常了，但有没有病不知道，我们要进一步判断。如果我们听说他爸爸妈妈出了一些状况，他的这种行为就可以理解，就变正常了。同样是这个同事，同样是他爸爸妈妈出了状况，他没穿衣服就来上班了，那就是有问题了，因为他的行为偏离社会规范太远了。对他的刺激太大了，大到他已经崩坏了，完全不晓得规范在哪里了。社会规范是有弹性的，所有社会情境文化界定的东西是会变的，早年有些不正常的，由于整个社会文化变了，可能就变正常了。所以在这个向度上，我们要向孩子学习。你不要总觉得你的就是对的。孩子在其文化情境里面长出来的，也许是新的社会文化规范。身为家长、成年人，我们是要保持弹性，保持虚心。同样是这个同事，同样是家里发生了重大变故，一个星期都没有吃饭，一个月都在失眠，他有没有病？肯定有。因为他对自己个人的内在产生了伤害。怎样判断有没有心理问题呢？首先看他有没有偏离常态，但不要把所有偏离常态都当成有病。有一些偏离常态是非常优秀的表现，我们无法企及，这个一定要明白。

在这里与大家分享一个习得性无助的实验。生活中有一些人，你跟他说你再争取一下不行吗，他会跟你说没用，你觉得他为什么不去这样做？事实上我们没有办法看到每一片掉在别人身上的雪花，所以不要轻易去判断任何人的处境。同时，对于我们每个人来说很重要的一点是，不要让自己习得性无助，可以反过来习得性的有成就。

来看一下抑郁发作的标准：兴趣丧失，无愉快感；精力减退或疲乏感；精神运动性迟滞或激越；自我评价过低、自责或有内疚感；联想困难或自觉思考能力下降；反复出现想死的念头或有自杀、自伤行为；睡眠障碍；食欲降低或体重明显减轻；性欲减退。有朋友会说好多条我都有，但重点是以心境低落为主。心境就是一种弥散性的情绪，看什么都是悲观的底色，把所有颜色都看成了灰色或者黑色，所以抑郁的人看什么都没有颜色的。弥散性的情绪至少要同时有上述四项，而其中最重要的是自我评价过低。自我评价过低、自责或者有内疚感，就是总觉得都是我的错，没有我别人会活得更好一点。睡眠障碍对有抑郁症的人来说，就是会早醒，醒来后就在想都是我的错，都是我不好，如果没有我这世界会更好。然后食欲会降低，体重会明显减轻。有抑郁症的人不是天天脸上都是哭的，通常都是笑的，因为他不想给别人添麻烦，他不想让人看出他是个负担，需要被帮助，所以他在努力让自己变好。他不是掩饰，就是不想麻烦别人，所以努力把自己撑起来，可是他每撑一次就消耗一次能量，所以他的整个能量只会是低的。

假如抑郁症急性发作，比如对你来说只有两周，那你要去晒太阳，要在太阳底下运动，让自己出汗。然后你可能要想办法恢复睡眠，你要休息，要做让自己身心愉悦的事情。如果超过两周，你一定要去看医生，一定要通过药物来消除你的症状，比如难受，随时随地想哭，早醒，吃不下东西。有朋友跟我说，哪里可能因为吃个药就开心。吃药当然不能让你开心，但吃药让你消除症状，让你有机会变开心，给你时间让你变好。事实上，服药的前两周你有高的自杀危险，因为你会更难过，你的神经化学递质流失得更厉害，所以前两周是要被监护的，后面是会帮助你消除症状，在消除症状之后你会得到时间，找到一些事情让你变得开心。

女性抑郁的概率比较高，但女性自杀率比男性要低。这里要想说的是什么呢？抑郁的女性可能是产后抑郁，也就是她的神经化学递质分泌、荷尔蒙降低很多，也可能是更年期和老年的抑郁，这些都跟她的荷尔蒙有关。当你的生物化学递质流失变多的时候，你就容易抑郁。不要轻易说这个人就是太追求完美才抑郁了，不一定，有很多比他更追求完美的人都没抑郁，这个跟他所有的神经化学递质和生物因素高度相关。你不要认为对一个中度到重度抑郁症的人，不断地鼓励和陪伴就会使他变好。他好的前提是他的睡眠要变好，如果睡眠不变好，什么都不会好，因为神经化学递质在持续流失。你不会劝一个骨质疏松的人去跑步，虽然跑步对人的骨骼健康很重要，但骨质疏松的人一旦跌倒就绝对骨折了。同样你不要跟一个抑郁症的人说想开一点，每天太阳都是新的，你讲这些他就会很心痛，他会觉得你根本不知道他有多难受。对一个有中度到重度抑郁症的人来说，你能够理解他的难过，能够理解他看到每一朵花都在哭，比你告诉他你为什么没看见花在笑要好，真正的共情其实是跟他的痛苦在一起。

在中国文化里面，境由心生和心由境生有什么区别？境由心生是说我们透过心灵建设可以把内在的丰盛放到环境里面，可以改造环境，这是我们心灵的强大。除了内在心灵的成长，心理学家非常强调心由境起。因为环境会影响我们内心的感受，影响我们内心的成长和丰盛。在心理学研究里面，你仅仅是每天在充满阳光的林荫大道上面走 20 分钟，就会有情绪的健康，所以千万不要忽略了环境对你的影响。我们说要让天赋自由，就是你的大脑会根据从外部世界接收到的信息发生改变，而你的自我信念则始终按照相同的方式塑造成型，反复强化是游戏规则。我们的内在结构是一样的，但功能和效能不同，所以我们强调我们的手里握着世界上最快速最高效能的发动机的钥匙。

神经是具有可塑性的，指的是脑部有被外界环境以及人的经历所改变的可能性，其中有功能可塑性以及结构可塑性。功能可塑性通常是指通过学习和训练来使原邻近的脑区来替代或者辅助原脑区的功能，而结构可塑性通常指通过学习来改造神经突触之间的连接，从而获得新的大脑结构以及新的行为能力。感知器官的使用频率不一样，大脑会有种种的不平衡。视觉、听觉、味觉、触觉和气息，很多时候是大脑根据不完整的信息创造的，并不总是现实的反应。你的大脑在不断地感知信息中寻找模式，哪怕信息里面并不真的有模式。当心自上而下的方式和自下而上的方式间存在的间隙，许多填充内容导致不准确的感知。老年痴呆者对年少时候所有的事都记得很清楚，对此时此刻发生的事情都不记得，所以他找不到家里的洗手间在哪里，不知道自己有没有吃过药，不晓得刚吃过饭，所以会吃到撑，等等。其实是他的工作记忆严重受损，我们要从早期开始预防，所以大家要启动不同的感知器官来获得信息，不要过度使用某一个。

期待、期望值从根本上改变我们的知觉体验。我们很少见一个两三岁孩子的妈妈觉得她的小孩笨或者不可爱，但老师如果说他有问题，家长就容易觉得孩子有问题。我们说要区分开什么是老师的情绪，什么是家长的情绪，什么是家长跟孩子的关系，于是我们在讲到情绪的时候就会有正念和觉察。正念就是完完全全地跟你的情绪在一起，不用加以评判，于是它就会如来如去，让它穿过你，但不要让它停下来，这就是正念让它流动。我们说你要关注于心，用心去呼吸，用心去感受。当我们做正念冥想的时候，希望你的大脑里面是有图的。比如一种非常美好、非常愉悦、像恋爱一样感受的图，然后不断地让自己去回想。为什么谈恋爱的时候从来不感冒？那个时候神经化学递质是不一样的。其实你可以一直在这样的一个状态里头。

识别你的压力模式：没有压力，其实是一个最大的压力

当我们把情绪理解了之后，会去处理压力，请你识别一下你的压力模式。压力之下，有的人什么都不想做了，有的人选择暴走。我们常常说最高效率的工作，其实是在你不焦虑的时候。当你很焦虑的时候，你只是很忙，很没效率，所以真正有效率的那个人，他的人是很忙的，但他的动作可能是不急的，因为他的心是闲的。所以在谈到压力的时候，我们会训练一种状态，叫人忙心闲。我们很多人是心很忙，在别人面前显得很努力，其实什么事情都没有做，这就是压力。我们常常说压力就是人类的朋友。人和其他动物不同，人类所有的优秀在于我们是主动寻找压力的动物。所以有各种极限运动，你会给自己没事找很多事。你在单位里面有一个工作，明明给了你 7 天，你却在最后半天着急去做。有人说这叫作拖延症，但反过来看，也有可能是你喜欢那种在高度压力下做出一件事

情然后放松的愉快。所以并不是所有的压力都会变成阻力，随着时间的推移，我们面对的挑战可能会有不一样的表现。

我经常做这样的课：让同学提个水桶，然后往里加水，男孩子往往要求加多一点，直到大半桶水。老师继续上课，他就提着桶站在那里。过了十几分钟，我看他老看我，我也看不见他。过了 20 分钟，他终于问我到底要提多久？我就跟他说，你应该在我加水的时候就要问的。什么是压力？不是你提多少而是你要提多久。永远记住，时间才是压力向度里面最重要的东西。大家去看心理学家的压力量表，结婚和离婚是一个分数值，因为这两件事情都如此一致地改变了你的生活，而且是长久地改变，所以大家关心时间。在完全没有压力的情形下，一个人就没有成绩。很多人进入工作场域后，他的压力就在他没有压力，而有时候没有压力就是巨大的压力。有人说读书为了养活我爸妈或者读书为了要很多东西，有目标就不会感受到完全没有压力的空落。每年新生入学的时候，我经常提醒那些家长，最害怕的就是听到一个中山大学的学生家长跟他的孩子说，你只要快乐开心就好了，爸爸妈妈不要你管。为什么？其实当一个人有所牵挂，他知道他的努力和付出是有人期待有人需要的时候，他的人生会变得有意义。当你跟他说你只要开心就好了，我们不用你管，他真的就没有了这种连接。所以真正重要的是让他做的所有事情变得有意义、被需要。没有压力，其实是一个最大的压力。

压力提升效率会有一个效率最大的时刻，假如随着时间的推移，压力还没有得到调整或者缓解就会疲劳。疲劳有两种情况，第一种是过激反应。别人开车超过你，你就好生气，有人不断问你今晚要吃什么，你就很生气。不是你的态度不好，可能是因为你很疲劳，所以你很容易被激惹。过了这个被激惹的阶段，很容易出现另一个阶段，叫情感枯竭。情感枯竭是一个什么样的阶段？你看着那个人在你面前流泪你却没反应了，不是因为你很冷漠，是因为你很疲劳。你要有对自己的觉察和理解，如果疲劳还得不到调整就会崩溃。崩溃就是你完全失去了弹性，会出现很多身心的状况。所以我们说要按需减压。当没有压力的时候，给你一点压力，就是给你一个具体的目标，而这个目标不要太大，要一点一点的。做一点就要有奖励，往往精神上的比物质上的更持久。对于压力太大的人，要使他的心率变异性保持和谐，就是增加他的承受力。所有人的压力都很大，没办法给他减少，他始终要面对那么多，要增加他的承受力。

其实压力是可以转换的，怎么转换呢？第一，每个人走出泥沼的方式不一样。第二，我们要知道自己的极限。第三，要缩小压力强度和承受力之间的距离。知道自己的极限特别重要，我们每个人都不是上帝，有自己的极限，我们有做不好做不到的，别人也会有。

当讲到所有文化跟人的关联的时候，我们都在向内心一步一步探索。在探索的过程当中，我们就会发现任何一个事件都可以放到参照系里面。因此，当我们出现问题的时候，其实是想要去解释在这个事件里面的位置。举一个例子，谈恋爱分手，常常是不晓得为什么他就不跟我好了，当我知道为什么之后，这件事情就变得可以理解可以接受了。所以反过来我们怎么解释这个事件，这个坐标是怎么建立的，是我们不断内在探索的过程，而重建坐标是文化的建构。学习可以帮助我们重建一个认知世界认识自我的坐标，而这个重建可以带领我们再次出发。

费孝通先生提出"差序格局"的概念，说我们每一个人都像一滴水滴到湖心，每一个中国人跟其他人的关系就是由近及远层层向外推的。今天我们的情绪和压力问题很大部分来源于我们对关系的处理，不要忽略了关系。有人跟我说，看很多西方心理治疗的书都没有办法解决自己的问题，为什么？

首先，大量的西方心理学的东西，建构在心理学家对白人大学生所做的实验的基础上。特别是美国的心理学，这些心理学的背景，包括欧洲的一部分背景，都建立在极端的个人主义和自由主义的基础上。而我们中国是一个社群社会，我们是跟他人发生关联的，所以当某一种心理治疗或者心理建设的东西希望把你引导成为一个很单独的个体，一个很独立的跟周围不发生关联的个体的时候，在中国社会里面对你是没有用的。我们大量的问题可能跟我们的关系有关，因为我们就是活在这样的社群里面，所以我们要想使自己健康的方式是回到这个族群，来处理好这样的一些关系。

其次，我们对时间的理解是不同的。大部分焦虑的产生跟我们的时间概念有关。第一个时间概念是，我过了今天，这一生就没有今天了，可是我们农耕社会的智慧和文明告诉我，昨天北京下雪了，今年有，明年还有。所以我们的时间是轮回的、循环的，因此身为中国人的我们，不仅关心生命的长度，更关心生命的宽度和深度，这就是时间轮回带给我们不一样的思考。在中国文化里面讲努力，讲的都是你不要去控制，大部分的情绪问题都来源于我们太想对结果有所控制，我希望我的孩子考 90 分，他没考到我就很难受，付出了那么多，怎么就考不到？我们变一下，我们是希望我们去努力，至于那个结果是 90 分还是 80 分我不晓得。在社会急速变迁的过程里，量子力学告诉你，我们解释世界的范式发生了变化，也就是不确定性越来越成为生活里面唯一确定的东西。这时你还想拼命去控制一些东西，当然非常焦虑，而这个焦虑是别人没法解决的。

当我们说安心的时候，说你可能是一杯水，这杯水里面有所有的情绪，你的安心在于这些情绪可以沉淀，可以安顿在那里，你的不安就在于这些情绪都在沸腾。所以我们要做的不是让你没有其他情绪，而是说你有一种力量让情绪安定下来。这就是在做情绪处理的时候，我们跟西方的不同。在西方的治疗里面，也许会告诉你不要太难过，你必须开心，难过几天你就不行了。很多朋友会告诉我说，你这样不行，你爸爸已去世了这么久，你一提到你爸爸还是会泪流满面，你需要治疗。我就跟他说，你不懂，身为一个中国人，这样的一种疼痛对我来说非常重要，也非常滋养，并不会在我的生命里面成为一个负面的能量。所以不同的种族、不同的人群在界定什么是健康情绪的时候是不一样的，而我们追求的是安心。

现代社会的时间匮乏与时间效能

现在我们说大家都没时间，都会觉得我们很忙碌，特别是我们的手机从一个通话工具变成了一个智能工具之后，我们会特别的没有时间。我们比我们的爷爷奶奶更没时间，时间去哪了？这个问题是很深刻的问题。今天科技的发达可能相对剥夺了我们一部分的东西，反过来，当我们都没有时间的时候，我们更要强调时间的效能。

什么是时间的效能？有两点想跟大家分享。第一点，心理学家经常讲二八定律，你做 20％ 的事情，就可能发生 80％ 的功能。比如说你手机里面的联络人，经常用的只有 20％，80％ 都在通讯录里沉睡，但你把这 20％ 用好了，80％ 的功能就呈现了。再比如，大部分人都说没时间跟孩子在一起。我常常跟他们说，如果你拿手机不停接着电话处理事情，这样陪孩子一整天，还不如完完全全眼睛看着眼睛跟他在一起 20 分钟有用。所以要去强调时间的效能，而不只是时间本身。心理学家伊丽莎白－泰勒在做临终关怀的过程当中，向所有的老年人询问一个问题：回望你的一生，你会有什么样的遗憾，或者你有什么样的满足？他得出了这样一个表，说人生就是一张大饼，里面有你的工作，有你的自我关怀，有你跟社区的连接，有你跟家庭的关系，有你跟同事和朋友的关系，有你的精神修炼，有你的兴趣爱好，有你对未来的规划。其实你至少要有这八个部分，才是你生命的一个支撑。反过来，我们感到焦虑的状态是什么？工作可能占了我们一半，其他的部分变没有了。于是你就变得枯燥乏味、变得生命没有那么丰盛。解决的方式是什么？你只需要把它变小。比如你今天工作很忙碌，你的兴趣爱好不可能像你退休之后每天都有，那你一年有一次行不行？这是一个最极端的解释。同样我们也会提醒，不管你现在年龄多大，都必须要有对未来的规划。我妈妈 88 岁，我也跟她说要有对未来的规划，要不然怎么努力活到 89 岁？有些人说我要退休之后培养一个兴趣爱好，其实不是，反而应该是你现在就要有，越忙碌的时候你越需要用你的丰富性去抵御你的焦虑。

我们要学会表达情绪，每个好人都是要学习的。心理学家说你这个人太好，你就不一定好，什么意思呢？在一个心理学的研究里面，那些会得肝癌的人有一个共同的特征是很容易生气，但他从来不发脾气，他的肝就容易受损。这是一个相关的研究，不是一个因果关系。我们刚才讲情绪的时候说，一旦有情绪就有生理唤醒，如果不去把分泌物疏导出来，它就会向内攻击人。在好莱坞的一个影片里面，男主角问女主角为什么这么羞辱你都不生气，女主角说我生气，我长了一个包在这里，所以我们要去表达情绪。大家都很害怕说我不能表达，我一表达就破坏关系，那是因为你没学会怎么表达。打个比方，如果你打电话给那个人，那个人把你的电话挂了，你很不爽。要不要告诉他？要。怎么告诉他？发个信息告诉他。我们经常会要练这个东西。首先我不要定义你挂了我的电话，我要讲刚才电话断掉这个事实，我不晓得是你挂掉的，还是你进电梯了，还是干嘛了，我不想判断，我不能判断，因为一旦我判断我就会去评判，我一旦评判我们就会对立就会冲突，所以我只讲个事实。刚才电话断掉的时候，你有可能难过，你有可能焦虑，你有可能担心，你只说这个情绪不会影响你们的关系，但你不说他后面就始终会挂你电话。情绪的表达要去练习，这样才会缓解压力。

我们再讲沟通。大部分的压力都从沟通来，沟通很重要。我们平时练的是我要对自己说的话负责，这不是沟通。沟通是要对对方听到什么负责。比如我在这里不断地讲，我不断地在看你们的表情，因为我要对你们听见我说了什么负责。这个非常重要。你要对他听到什么负责，这才是沟通，我们说它是一个行动的达成。没事别去沟通，否则很容易产生问题。沟通不是解决所有问题的方法，有时候一沟通就有问题了，不沟通还没问题。沟通的目标是什么？是要改变别人的行为，所以沟通是我们在情绪管理里面最高阶的课，有时候要上一个学期，有很多要练的。但我就强调一点，特别是父母要去鼓励孩子学习的时候，你在对他做沟通，你希望改变他的行为，增加他行为里面的一些点，但当你跟他谈完话之后，他觉得你太厉害了，你就是比我好，你就是比我懂得多，你就是比我优秀，他会不会有改变？他坚决不改变。他说反正我不是你，我做不到。所以沟通最要避免的就是让别人产生这样的想法，你去找人谈话的时候，你一定要记住你的目标是在让人家的行动有改变，不是让人家觉得你很棒，请你区分这两点。通常当别人觉得你好厉害，他就不改变了，离你太远了，我没必要变。

有效的倾听，意味着你要奉献你的沉默。当别人在发脾气的时候，你不要跟他一样发脾气。你要安静下来，递给他一杯水，奉献你的沉默，等他把自己的情绪表达完，奉献你的尊重。什么是尊重？"你那样讲是有你的道理的"，这什么意思？我们常常说你没道理，当我说你没道理的时候，我的说法是你那样讲是有你的道理的。为什么？因为表明我尊重你，表明我听到你讲了，而你这样讲在你的脉络里面有你的道理，但现在整个脉络变了。当我以这个方式起头的时候，其实我是向对方表明我听见你了。如果我没听见，就没法沟通。这些是要练的。

你说给他听，然后你要请他重述一遍。你要相信他听见的跟你讲的肯定不一样。所以你要问一下他到底听见什么，接着只有当大家的嘴巴对着嘴巴，耳朵对着耳朵，都用上的时候，这才沟通了。

在中国文化里面，我们会强调一个自我效能和一个自我觉察，以及避免贴标签。为什么？健康和疾病是一个动态的生命过程，没有绝对的健康，也没有绝对的生病，也许我现在就有某种生病的状态，也有某种健康的状态，它是流动的。我们只希望每一天健康会更多一些，用这样的方式来看待疾病。每个人是可以对自己的身心负责的，而这种负责的前提是你要有足够的敏锐。于是我们看到，在中国文化里面会很强调饮食，你吃什么很重要。可能还会有些药物和功法的练习，落实到你的生活方式是很重要的。

如果你有一个好的遗传，很多事情都可以不在意，但大部分的疾病跟你的情绪和生活方式特别有关系，要留意，请大家保持和谐的身心关系和社会关系。一个心理健康的人，一个情绪健康的人，他跟自己的关系好，跟别人的关系好，跟宇宙的关系好，最重要的跟自己的关系好。一个情绪健康的人，是一个最接纳自己的人，接纳自己所有的愤怒、挫败和欢乐。我们只有全心全意地跟自己的愤怒在一起，哭泣在一起，它才会容易转换。中国人其实是在天地宇宙之间的一个人，是在所有的社会脉络当中的一个人，不是孤立的一个人，因此我们会认为练习、学习和觉察是非常重要的。这个学以成人的过程，其实是一个推己及人的过程。要走出你自己的困扰，需要走向整个社会和宇宙，问题才会得到解决。如果总是停在自己的困难面向上，是很难解决的。所以我们在情理之间要自然流动，要秉持中庸之道。我们想要梳理出一个基于中国文化的情本论和事本论的心理治疗观，在这个治疗观里面，我们想要做的是自我与他者、与整个世界平衡和流动。

情绪调节小方法：学会体察自己的情绪

我们再讲几个情绪调节的小方法。一个是你需要停下你的情绪。当你觉得你现在很愤怒的时候，请你先停下你的愤怒，向后退一步去觉察你的愤怒，然后你完完全全的正念跟愤怒在一起。用什么样的方式来停一下？可以改变你的体温，可以剧烈运动，调整呼吸，肌肉放松。怎么改变体温？用冷水扑扑脸。肌肉放松练习，可以把两只手用力握紧再放松，也可以把脸挤成一团再放松。我们在情绪调节的时候，要学会认识自己的情绪，体察自己的情绪，然后正确地对待负面的情绪，增加正面的情绪。如果你想要调整情绪，最重要的就是读几种书，不是心理学的书，是儒家的担当虔敬、道家的自然清静和佛家的空明澄净，这些东西可以在终极的意义上去处理每一个人的情绪和压力，是一种生命的转化和疗救。

要去理解相互依赖。在相互依赖里面，我们要问几个问题，比如有没有一些你能做而没有做的事情可以给你带来幸福？比如每周上江心岛一次。在这些事情上面养成习惯并保持弹性。你现在觉得最重要的事情，最欠缺的事情，最需要的事情，可能过了 5 年就不一样了，所以不要停在这里，觉得我过不去，保持你的弹性。在孟子所谈论的大丈夫精神里面，生命的担当其实是一个在苦难当中控制情绪的能力。

对于我们所不能改变的东西，我们要心平气和地接受。比如我有什么样的父母，有什么样的孩子，这个是不能改变的。对于能够改变的东西，我们要努力去改变。真正的智慧在于区分什么是不能改变的、什么是可以改变的。当我们面临一个事情的时候，首先不要躲起来假装看不见，这会成为你的情绪。所以当你遇到一件事情的时候，先要去面对，然后去处理。

在处理的时候有两个向度。一个是这件事情被改变了，另一个是这个事情改变不了，我们只是在努力，但放弃对结果的控制，最后才会放下。有些所谓的佛系是假装看不见，任何事情都不在意，后来我们发现这种佛系里有很多情绪，因为没有经过处理就放下了，只是假装看不见，经过处理才会真正放下。

再讲三个故事。第一个故事讲承担。骆驼在天快亮的时候站在沙丘上，翘着尾巴，那一层雾气裹在身上，最后变成一滴水，从尾巴那里滴到蜥蜴的嘴里，蜥蜴一天就靠这一滴水，这就是一种承担。当我们就是沙漠上的蜥蜴的时候，没有办法哭喊着说把我运到绿洲去，能做的事情是在天亮的时候站在那里，等待着这滴水，有了这滴水之后，就有一天很丰盛的生命。我们所有的疗愈都是向大自然学习，跟整个人类宇宙相连接，从蜥蜴的身上可以了解到什么叫承担。

第二个故事讲摒弃与成长。当栩栩如生的大卫雕塑出来的时候，整个欧洲非常震撼。很多人问米开朗琪罗，你为什么可以雕出这样一个男士？米开朗琪罗说，大卫本来就在这块石头里面，我所做的事情只是把不是大卫的部分剔除掉了。在物质主义盛行的今天，我们被裹挟着认为自己需要很多东西才可以不焦虑，才可以过得很好，事实上不是。有时候我们需要剔除掉不属于我们的部分，让自我更清晰地呈现出来，这同样是一种成长的方式。

第三个故事讲感恩。有研究表明，人均 GDP 超过 8000 美元的时候，我们所有的主观幸福感会下降，由物质所带来的生活满意度已经没有办法有很大的改变了。心理学家所研究的所有幸福都叫作主观幸福感，也就是你觉得你幸福你就幸福了。实验发现，感恩是一个最重要的变量。什么是感恩？一个人要能够活到足够老，在生命的后期要有足够的情绪、压力调节能力，否则很容易感染各种身心症状。有位老奶奶，她跟孩子和先生曾经种了一棵树，这棵树陪伴了她 20 多年，某一天狂风暴雨就把这棵树给打倒了。邻居们就说，我们去看一看这个奶奶，你看陪伴她的这棵大树到今天都倒了，她一个人多么孤单。当邻居们来到奶奶家，奶奶说，20 多年以来，我第一次看见阳光洒进我的客厅。这 20 多年奶奶享受着树荫，当狂风暴雨把大树打倒之后，奶奶又看到了阳光。

我们要感恩生命里面的每一个事件，每一种给予，我们所有的苦难其实都可以转换成为生命的养料，并不是只有快乐的事才如此。有些孩子跟我说，我爸我妈以前对我不好，我说已经够好了，你今天能坐在中山大学，肯定离不开父母早年对你的种种督促和关爱。无论是好还是不好，都可能成为你生命当中非常重要的滋养，这就是我们对于整个天地宇宙的感恩。

真正放下的人，生活也可以很有情趣

对于禅，大家多多少少都有一些概念，关于禅宗的各种书也相当多，但从目前我们一般能够看到的有关禅的书来讲，大多就是比较一般性的讲述，没有融入一些最新的材料和理解，要不就是比较专业性地研究文献或那些新发现的材料，研究成果我们一般大众也不易看得到，或者一般人也不会有兴趣。

实际上，禅的研究与一般大众对禅的理解之间，还是处在一个分离的状态，我们过去对禅宗的了解可能会有一些片面。今天既然是漫谈，我们也不用特别严肃地做一个禅宗史的回顾，只是把禅宗早期的一些历史介绍一下，希望大家能够从这一简单的历史记忆中，吸取一些对理解我们自己心灵成长有用的经验。

"目击道存"，到生活中去经历，更能理解禅

过去我们流行一种很二元性的看法，认为中国乃至东方的思想

好像都比较重视道，比较重视生命的修炼，而西方的思想比较重视科技、理性、外在的学术。所以有人说学哲学特别是中国哲学是没用的，不能够带来产值。但套用庄子的讲法，有些学问表面上看没有实用的价值，其实它会对我们的生命发生受用，这是大用，这也是我们中国学问的一个特点。

现在对西方的一些最新研究也发现，其实西方古典时期也不是像我们现在一般人所理解的那样，好像他们只是讲概念、讲逻辑、讲分析，他们也有非常深入的心灵哲学的传统。

有位哲学史家说中国的哲学家都有点像西方的苏格拉底，他的传记就是他的哲学，他怎么生活就是他的哲学，即他的哲学跟他的生活是一体的。并不是说一个哲学家可以谈一堆他的哲学的概念，但他的生活完全跟那个没关系，好像哲学家是一个职业一样。其实传统意义上哲学家不是一个职业，而是一种生活方式。

有一位法国现代重要的哲学史家在其《作为生命之道的哲学》中告诉我们一些对于西方古典哲学的新发现，他认为西方人从近代以来对古希腊思想的理解都出现了问题，其实古希腊哲学真正最重要的精神，或者说苏格拉底、柏拉图等人哲学的核心是灵性的修炼（spiritual exercise），而不是哲学史里面谈的什么理念，什么论辩术等。

他说，希腊古典哲学中所谓的那些逻辑、概念的论说等，只是在需要跟人讲修炼道理的时候才需要用到，这些是心灵哲学的工具，而不是哲学本身。他发现后来西方所谓专业的哲学传统都把这套工具性的论述当作"哲学"，而把真正古典哲学的议题——生命之道遗忘了。所以在这个意义上，其实西方跟东方在哲学思想方面是有精神上一致性的，都关乎生命的大事。

禅宗是中国思想中非常重要的内容。我们要理解东方的思想，特别是要理解禅的思想，知识是一个方面，另外一个方面就是你怎么用你的经验去进入禅的知识当中。这点很要紧，如果完全用近代以来西方的知识传统和学术方式来理解禅，是有很大局限性的。

我们一般认为要用理解的方式来掌握一种知识，只要在书本上去理解就可以，但按照中国的学问传统来说，光是从书本上理解是不够的，必须在生活当中去经历，才能够真正领悟，这叫作"目击道存"。禅的理解，某种程度来讲需要生活在其中。

初期中国禅宗的历史：从异端到正统

第一个部分先讲一下禅的历史。

一般认定的禅的历史，当然也是从佛陀开始。禅是从佛陀传下来，第一代继承衣钵者是摩诃迦叶，在印度传了二十八代到菩提达摩。菩提达摩来到中国，成为中国禅宗的始祖，一直传到六祖惠能大师，然后又一花开五叶，产生了禅宗的临济、曹洞、云门、沩仰、法眼几个支派。

基本上我们认为禅宗早期的发展就是这样过来的，原则上这个讲法也没错，但从佛教传到中国以后比较明确的记录来看，禅宗传到中国的历史，特别是早期的历史，从达摩到惠能这一段，学界称作"初期禅史"的阶段其实非常复杂，远不是我们一般想象的那么简单。禅宗最初在中国的传承实际上充满了挫折与艰辛，当然我们不去讲细节，只讲几个重要的点，让大家了解。

　　我们知道 19 世纪末 20 世纪初，在国际学术界有个非常重要的发现，就是敦煌学。在发现的一大批资料中有不少是跟早期禅宗相关的，比如说达摩与五祖大师的一些语录以前是看不到的，敦煌文献里面就有几个不同版本。我们现在读的通行本《坛经》，是比较后期的经过修订的版本，敦煌文献里保留有更早的一些《坛经》版本。这些材料中还保存了不少跟惠能大师同时代的所谓北宗一派的历史记录，这些对于我们了解早期禅宗历史与思想，都是非常重要的资料。

　　重新看这些记录，我们就会发现，其实从达摩大师开始一直到惠能大师那个时代，禅宗的历史发展非常曲折，而且佛门内部关系非常紧张。进入历史去看，你会发现自古以来佛教修行团体内部斗争都非常激烈，并不是像我们想的那样简单和纯洁，好像大家都是专心修法，不是那么回事。

　　其实我们去看印度佛教史，去看律典，也发现佛陀的僧团内部就是非常复杂的，里面什么人都有。并不是我们天真地想象的那样，以为僧团一定都是圣人，都是非常纯洁的修行者。

　　禅宗也是这样。我们看初期禅宗史的那些资料，包括后来在日本发现的比较早期的资料（日本从唐宋时期在中国取回去的材料，在各个寺院里面一直保存不少，特别是在近年以来大量整理出版，很多文献在中国都失传了，有许多记载过去我们都不知道），综合起来看，可以对中国初期禅宗历史和思想有个比较完整的了解。

　　我们一般所熟悉与了解的禅宗历史书写，是到了宋初的时候才定型的，但是定型的同时，也删除了不少早期佛教史与禅宗史的印迹。早期的禅宗历史不是这么简单的。从始祖达摩直到五祖弘忍大师之前，禅宗在中国佛教界都是受到排斥的，甚至被认为是异端，初期禅史资料对此有非常明确的记录。

达摩大师在南朝时来到中国，中国佛教并非不发达，相反非常兴盛，所谓"南朝四百八十寺，多少楼台烟雨中"。那时候中国已经翻译了很多佛教经典，出现很多佛教思想家（经论师）。关于禅法（内观），我们过去叫作小乘禅法，也有较系统的介绍。

可是达摩来中国，却说汉地佛教这么发达，他居然找不到一个懂佛法的人，他在宣传他的禅法宗旨时就引起了波澜。弟子慧琳在为达摩大师的著作写的序中说，达摩大师在中国的时候佛教界对他"多生讥谤"，就是说大家都在骂他，他是被佛教界围攻的。

梁武帝是一个崇信佛教的皇帝，对中国的佛教发展也起了很大的作用，代表了正统的中国佛教，但达摩直接说他完全不了解佛法，了解的只是佛教的一些皮毛，梁武帝很不高兴，所以达摩才往北去了少林寺，在那里传法。

据唐代的《续高僧传》讲，二祖慧可也是被佛教界的僧人跟官府勾结迫害的。据说有个很有名的法师很嫉妒慧可，他觉得慧可的禅法没法接受，指斥为魔语、外道。到了三祖，得法以后就只能躲来躲去，留下的作品也很少。四祖道信禅师到了湖北黄梅才相对稳定一些。从五祖弘忍大师开始，由于当朝皇帝武则天的认可，禅宗才逐渐被官方接受，并合法地在中国传播起来。

五祖弘忍大师在湖北黄梅的东山安定下来后，有不少人开始跟他学禅法，惠能也是那个时候从广东去湖北跟他求法的。但弘忍大师的门下那么多人，情形也是非常复杂甚至混乱的。惠能大师得法之后，弘忍大师叫他赶快走，要躲起来，怕有人害他。由此我们可以看到禅宗跟佛教的发展，从内外环境来看都是非常艰辛的。

还有一个问题就是，我们原以为惠能得了法之后，禅宗就是南宗的天下，其实不是。去宫廷当国师的是神秀，就是惠能的大师兄，一个很有学问、非常谦虚的人。他曾向武则天推荐惠能大师，说自己的道行还不够高，但惠能不想去。实际上那时候北宗的势力是非常大的，影响力远比南宗要高，因为它是官方支持的。

神秀大师还好，到了神秀的弟子普济，就有点喧宾夺主。那个时候北宗为了争夺正统，甚至有人提出六祖不是惠能，而是神秀，普济就说他自己是七祖。后来惠能的弟子看不下去了，其中有一个非常著名的叫神会（关于神会和尚的材料，也是到近代才发现，这是胡适先生的一个贡献。他去英国大英博物馆看敦煌文献，发现了神会的材料，就整理出来），神会举行了一个著名的辩论法会，提出真正的六祖是惠能，而且他说北宗的修法是偏门、是渐修，惠能大师的修法是顿悟，才是正宗。

神会挑战北宗需要很大的勇气，后来经过很周折的努力，他才获得政府的外护支持。安史之乱，神会曾经用招度牒的方式为国家筹措了很多钱，得到国家的重视。可见，禅宗在初期的发展，不仅受到佛教界的排斥，禅门内部的争夺法统也相当的激烈。

实际上，神会也不是惠能大师的嫡传，虽然他是惠能的弟子，六祖的禅法反而是在南方南岳与青原两系中发展开来，等到中晚唐，才逐渐出现了惠能为中心的禅法流行天下的局面，所谓"凡天下言禅者，皆本曹溪"。曹溪就是指惠能禅，因为惠能大师主要是在韶关南华寺弘传禅法，南华寺前面曾有一条溪叫曹溪，所以曹溪就是指惠能大师的法脉。到了那个时候才开始说，天下的禅尽是南宗。

　　禅宗早期的传法，一直是充满艰辛和挑战的，所以我们才能理解《坛经》里面弘忍大师告诉惠能的那句话，历代祖师命如悬丝。佛教的修炼没那么简单，并不是说你要逃避这个世界，去僧团就可以找一个清静之地。佛教内部的斗争比我们想象中要复杂与激烈，这是自古以来宗教史发展的常态。

　　从唐宋开始，禅宗东传到韩国、日本，明清时期趋于衰落。近代之后，禅宗又经由日本人传到西方。这是禅宗发展的大致脉络。

禅宗宗旨是宋代之后禅门学者确立的

　　我们现在都熟悉的禅宗宗旨，其实是到了宋代之后的禅门学者概括出来的，这就是著名的"不立文字，教外别传，以心传心，直指心性，见性成佛"。虽然是后来人的总结，精要还是抓住的。

　　"不立文字，教外别传"，意思比较接近，禅宗认为真正禅的精神或思想不在经典里，因为经典是由文字构成的，而禅的精髓是在经教之外。这个"教"主要就是指经教、经典传统。禅宗认为佛法就是心法，所以真正的禅是在经典经教之外传的。

　　"以心传心，直指心性，见性成佛"，禅的精神强调传承不需要透过经典，也不需要透过仪式，是直指你的本心。

　　"心性"包含两个方面，一是我们的本性即佛性，一是我们的人性。人性与佛性统一于我们每个人的心门，我们众生是一体两面，我们有人的面向，同时也隐藏了佛性的光辉。禅宗主张要从我们众生的心里面去找到佛性的那个面向。简单地说，如果你真的能够洞见到你的本性，禅门说我们的"本来面目""本地风光"等，你就成就了。禅门所开展的所有教法，所有语录讲来讲去，其实都是从这个向内点上去着力，其他的方式都是"方便法门"而已，这就是禅门的宗旨。

禅宗的风格太特殊了，所以从诞生起就跟中国佛教的那些宗派之间相处一直不怎么和谐，反倒是到宋代之后，禅宗的发展缺乏一流的祖师，对本性的依赖没有那么自信，才出现了重视心法、自力法门的禅与其他宗派修法的融合，最出名的如所谓的禅净双修。

我认为，所谓双修已经表示禅对自己的心法信心不够，担心认识不到自己的本性，就通过念经念佛来加个保险，才出现了禅净合。虽然这种方式很流行，但是也受到过禅门大师的质疑，一直到明清时候，还有些禅门大德，如憨山德清大师出来反对这种流行的禅净"兼带"的修法，主张修禅就一门深入，不用夹带其他的法门。

有经典可以理解，有文字依据才能够信任心法，这叫作"教禅不二"，教就是经教。禅门有时候把自己叫作心宗，在这种早期禅的时期，并没有强调通过念经与念佛来强化自心认识的方式，经典与念佛最多是作为方便法门而已，不可能放在与心法平行的地位。宋代才流行禅净合一，禅教不二的方法，可见修禅如果没有真正的大师，要对自心产生坚定的信心是相当不容易的，自信不及的时候，就会开始仰赖经典与念佛来做助缘了。

对佛教的历史包括禅宗的历史了解，我们不能停留在过去教科书式的一般说法上，要有一些禅门经常讲的"出格之见"，才可能洞悉幽微。虽然我们对佛教保持非常纯洁的想法，但历史的研究会告诉我们更多立体的面相，并不是说佛教不纯洁，而是说佛教的纯洁性需要在经历过复杂与不同力量的博弈之后呈现出来的，才比较有深入度。

修佛的唯一目的：要见到自己的本性

下面谈谈禅宗的思想，禅宗的思想非常丰富，今天的漫谈也只能择其一二分享给大家。详细的内容，大家有兴趣的可以去找相关资料研读。

我这里所涉及的一些禅的观念介绍，其中会运用一些新的材料，比如有关达摩禅的一些材料，大家过去没注意看到的，是在日本发现整理的。这部分资料中，有一些我认为比较有意思的，今天拿来与各位分享。

通常一讲禅好像就是要坐禅禅修，但禅宗所讲的禅修对于所谓小乘佛教的那个传统是有批判的。

读达摩语录也好，读《坛经》也好，我们可以看到对打坐的大量批评，说"禅不在坐"。这并不是说禅门反对打坐，而是对打坐有不同的界定，不同的理解。禅宗认为，真正的禅不只是一个形式上的东西。真正的禅是观察自己的本性，所以早期禅门不常用"禅坐"这个词，而更多用"观心"。敦煌文献里面发现的神秀大师的著作，就叫《观心论》。

我们去看中国佛教的翻译史，曾经有一种译法把梵文"禅那"译成"静虑"，我觉得这个翻译更准，就是让你的思虑静下来，剔除你的杂念，不要想东想西，那就叫作禅，而不是说你身体坐在那里一动不动才是坐禅，禅要从心法和意识的高度来阐明。

　　禅宗最重要的观念认为禅就是心法，所以特别有针对性地对于那类重于形式与外像的坐禅展开批评，强调破除外相。达摩大师讲的《破相论》就很有代表性。南北朝时期佛教很流行，民间都要念佛念经搞仪式，达摩大师说这些都是外相，跟佛法无关，要破掉。

　　因为禅的最重要的观念认为，禅法就是心法，就是观心，认识你的心。要了解佛法的意思，不能够到心外去找，包括到庙里去拜，那跟佛法没关系。甚至想通过读经找佛，禅宗认为这也跟佛没有很直接的关系。

　　"尽日寻春不见春，芒鞋踏遍岭头云。归来偶拈梅花嗅，春在枝头已十分。"这首唐代的禅诗所要表达的精神，就是要回到内心。这首诗批评那些修佛的人，成天要到外面去找佛，到处行脚连鞋都穿破好几双，这是表示苦行，但这种苦行的方式是从外面寻求，所以没办法找到真佛。其实就像春天来了，你不用跑很远去找春天，家里种的梅花开了，你闻到香气就知道春天来了。这是禅门的一个讲法，意思是真正的法要从自心当中去找。

　　达摩为什么会被中国佛教界攻击得那么厉害，也可以理解。达摩这个人讲话不饶人，太直接了。中国禅宗史上几位非常了不起的禅师，讲话都非常峻厉，但他们的讲话非常真实。举些例子来说吧。达摩讲：

　　　　若欲觅佛，须是见性，见性即是佛。若不见性，念佛诵经，持斋持戒亦无益处。念佛得因果，诵经得聪明，持戒得生天，布施得福报，觅佛终不得也。若自己不明了，须参善知识了却生死根本。若不见性，即不名善知识。

什么是禅？就是要见到自己的本性，见性成佛。所以达摩讲，你们如果要找佛，只看你认不认识自己的本性。认识自己的本性，你就是内道。没有认识自己的本性，出家也好，拜佛也好，念经也好，都是外道，都不是真正意义上的佛教徒。

他只有这一个标准，就是你有没有认识自己的心，别的都不重要。可见，达摩是把一般佛教生活中所流行的那些法门统统批评了一番，难怪会引起教内那么大的反弹。但是讲真理的通常都是这样直心道场，这也是达摩禅的宗风吧。

他还说，念佛得因果，诵经得聪明。因果虽是佛法，但不是佛教独有的方法，大部分宗教都讲因果法。做好事得善报，不只是佛教讲，基督教也讲，儒家也讲，道教也讲。因果还是轮回法，轮回法还不是佛法，佛法不主张轮回，而是要超脱轮回，所以他说念佛也只是得因果而已。

在佛教里面，"聪明"不是一个美好的词。所以禅师讲你聪明，不是在表扬你，这是在骂你。为什么？聪明跟智慧是两回事，聪明只是说你理解一些道理和知识，能说会道，却不是真正了解或经验到你的本性，所以才会有聪明累。道家也特别批评聪明，说智慧跟聪明是两回事。读经的人可能会讲出很多道理，但这只是聪明而已，没有智慧。

达摩还批评了当时佛教界对持戒、布施等方式的误解。持戒是学佛的基础，但是我们不能够认为光有持戒就可以了脱，得见本性。持戒是需要的，但如果不加修心法，单一的持戒也只能是得升天道，享受乐境，但天界在佛教里面是在第三界，还没解脱，这种乐土不是永恒的境界，会生灭轮回的。真正学佛学禅的人不能够祈求去这种不永恒的境界。同样，布施得福报，但福报跟功德不一样，这在佛教里面是不同的概念。福报是有为法、轮回法，功德才是趋向永恒寂静之境的。

达摩认为，要找佛就是要见到自己的本性，这是修佛唯一的目的。如果靠自己的能力不行，需要找善知识来帮忙。达摩讲的善知识，其实就是指一位觉者，不是懂一点佛法就是善知识，而是一个开悟的人，见到本性的人才能称作善知识。

现在我们修佛的圈里大多盛行的其实还是南北朝时期的那些做法，我奇怪为什么达摩那么早就批评过的东西现在还这样流行？这也算是文明史的一个怪圈。

对于坐禅，禅宗也是有批评的。弘忍大师的语录《修心要论》讲禅就是守一。这个"一"就是你的本心，就是守住你的本心不要变。《华严经》里面讲，"一即一切，一切即一"，"八万四千法门，至理不离方寸"，这个"方寸"就是指心。从禅宗的意思来讲，你只要能够守住自己的心，一直专注于你的本心，你就会了解一切的知识。就像《华严经》中讲的，你了解这个一就会了解一切。

佛教讲的智慧有很多种。佛陀说他有"一切知"，就是他什么都知道，但他并不是每一样都去学，是他了解那个道，了解那个一，才能够获得无所不知的境界。所以禅门大都主张学徒学禅时只要一门深入，专注这个一，不要学太多，不要学杂七杂八的，只专注认识你的心，等修学到一个阶段，自然会开智慧，对繁多的各类知识也能够彻悟，这就是华严的境界，也就是佛讲的一切智。

我们有八万四千种烦恼，每种烦恼都有一种方法去对治，但禅宗讲不用学那么多方法，你只要守住你的心这个根本，其他都会自然了解。所以后来的学者说禅宗具有反智主义的倾向，禅跟老子一样，叫人不要学东西。"多知多事，不如息意；多虑多失，不如守一"，你别学东学西，也不用考虑来考虑去，千般思索。你想越多，失去越多。不如天天专心，守住你的心就够了，别的什么都不用学。

一般我们认为这个人懂得很多，很了不起，但从圣者的角度讲这不是好事，你太聪明就是障道。我们看唐代禅师的语录，经常骂弟子，骂那种聪明人。一直到宋代著名临济宗传人大慧禅师也说得非常分明："聪明利智之士，往往多于脚根下蹉过此事。"他认为聪明利智者，大都是容易理路通，一听闻人讲禅说道，便将心意识领览了。真的到了根着实头处，常常黑漫漫地不知下落，只会将平昔头脑（禅门讲的心意识）学得道理拿来引证，口若悬河，遇事就倒。

禅宗对于禅坐有一个说法叫作"宴定"，宴定就是我们讲的大定，其实这个概念是从《维摩经》里面来的。我们知道佛陀的大弟子都很怕维摩诘居士，维摩诘太厉害了，佛陀的大弟子几乎都被他教训过。有一次维摩诘生病了，佛陀就说要派弟子去看望。每个人都很想去看，因为每个人都很想从他那里得到智慧，但没有一个人敢去，因为每个人都被他修理过。

佛陀有个叫舍利佛的大弟子，经常在森林里面坐禅。有一次正在那里禅修，就被经过的维摩诘教训了一通，说哪有像你这样打坐的？他批评舍利佛的坐禅只是小定、静定，还经不住各种风波的勘验，这不叫宴定。如我们修小定的人，经常守持不住自己的信念，碰到外缘就很容易受影响，所以维摩诘说要做到"不为诸见所动"

才是宴定。

天女散花的故事也是《维摩经》里面的。维摩诘的房子里面有个天女散花，进去的人如果比较不执着二元善恶的人，掉下的花瓣就不会粘在他身上。有趣的是，舍利佛一进去，花瓣就粘在他身上不动，天女还把他奚落了一番，说你天天打坐表明他执着，花才会粘在他身上。

后来禅宗特别喜欢用《维摩经》，就是因为它具有破相论的意义。我们一般都认为这个人修佛打坐这么厉害还得了？禅宗专门批评传统意义上的禅定。

那什么是大定？这也是对静默主义理解的一个评判。禅宗讲的打坐，不一定要闭着眼睛坐在那一动不动，打坐是你在生活当中，在流动当中。就像王阳明讲的，你定力的功夫是你见事的功夫，碰到事情的时候你能不能转得过去，那才是你的功夫，不是你平时说的能够坐得很定，一点小事却心就动了。王阳明其实对禅有很深的理解。

对于天天打坐入定的做法，达摩说此是"缚定"，把自己束缚住，他告诉我们，这种禅定哪怕修出一些境界也是暂时的虚幻之境，不用执持，所谓"乃至四禅定皆是一段静，而复乱，不可贵"。

临济大师最喜欢骂人，他看到打坐的人就指为造作，就是装模作样。其实这都是从达摩那来的，达摩称这是"破坏法"。他说只有了解了自己的本性，本性无静乱，人才能自在，才不会为静乱所扰。喜欢安静的人，一碰到闹境就生气，就起烦恼，这就表明还不是大的禅定。禅门认为静也好，乱也好，只要心不动，就是有精神的人。

关于禅坐，马祖道一禅师有一段很有名的故事。马祖道一禅师初学道时天天打坐，师父怀让就天天在他旁边拿块砖在那里磨，马祖道一问为什么。师父说，"我要把砖磨成镜子。"马祖道一说，"砖怎么能磨成镜子呢?"师父说"你打坐怎么能成佛呢?"这个故事的意思，禅跟坐卧没有关系，睡觉也可以，佛没有固定的样子，并不是说盘腿打坐就是佛，佛也可能睡觉，也可能走路，也可能在那里玩，也可能游戏。真正的禅不能执着于此。

如若坐佛就是杀佛，如果执着于打坐的形式不仅无法成就，简直就是在做相反的事情。"若执坐相，非达其理"，如果很执着于这个坐的相，就不能懂真正的大道。

当然，大定的修炼是需要在事上经历，在事上磨炼，等到"触物无碍"，碰到什么事情都能够很圆融，都能够过得了坎，过得了这个关转得了这个念，"触事不悔"，才算是成就。

真正的禅是一个心法，不是在一个形式里面，真正的禅法跟出不出家无关。这就是达摩讲的"若见自心是佛，不在剃除�‌发"。如果你能够见到自己的本心你就是佛，至于你要不要剃度出家，那个不是重要的。"白衣亦是佛"，白衣就是我们在家人，在家也可以是佛，"若不见性，剃除须发，亦是外道"。

不知道现在一般出家人看了这个会不会很懊恼?达摩说如果不见到自己的本性，出家了也不是佛教徒。不是说你出家了、剃度了、烧了戒疤、穿了僧袍就是佛门子弟，只要没见到本性的都是外道。

所以说自己是不是佛教徒，这是个很高的要求，很高的期许。你出家了都不能讲你是佛教徒，因为你没见到佛，你没见到你的本性都不能讲，还是处在预流状态，所谓预流就是你有可能而已。

盖庙不是要盖道场，而是让心清净
铸佛不是造佛，而是用佛的精神来熔铸身行

下面再谈谈禅宗如何看待经典。

有很多经典，我们一般都认为修佛一定要读佛经。禅宗怎么对待经典？禅宗对待经典的态度其实有一个变化。早期达摩大师也不完全反对读经，说你要认识自己的心，也可以参考一下佛经。比如他早期就推崇《楞伽经》，说这个跟他的禅法比较相应，但他用了一个词叫"藉教悟宗"。就是说，读经典可以，但不能够被经典文字的表相所拘，而应该透过经典去领悟言外之义。

达摩的这种观念一直在禅门中延续下来，后来神秀大师就提出"方便通经"的说法，意思是说，习禅者也可以用经典的思想来会通自己的心法，但是不要本末倒置，经典只是在"方便"，即参考的意义上有帮助。修禅可以用经典来印证，但是主要的还是要修炼自己内心的觉察，不能够被经典文句牵着走。

临济大师就批评很多读经的人"向表显名句上生解"，就只读到经典字面的意思，透不过经典真正的秘义，他说这种读经都会落在因果轮回里，是无法解脱的。禅门重视的是心行，直接从自己的内心去寻求法义，如孔子讲的"行有余力，则以学文"，所以禅门把自己的法门叫行门。

中国佛教史上有位非常了不起的哲学家叫僧肇，禅宗也很喜欢引用他的思想。僧肇大师留下来的《肇论》里面有一篇文章叫《般若无知论》，是中国哲学史上的精品。般若就是智慧，他却说智慧

就是无知，所以你会觉得这是一个矛盾的命题。其实他要告诉我们的是，你要有智慧就不要有太多知识。

禅宗讲应怎么去读经呢？现代性的佛学研究要求，要读懂经典，一定要透过很多语言比较，才能确定到底是什么意思。禅宗说根本不需要这样。禅宗独特的解经方法是什么？你要懂得经，你必须认识自己的心。你不认识字没关系，你认识自己的心就认识经典，你认识那么多字也还是不懂经。我们知道惠能是中国最了不起的一个禅师，但他不识字。不是说经典不好，而是在禅宗看来，读经典大部分都是读死句，禅师经常骂这些读经典的人是"死在句下"。

我很喜欢看禅宗的语录。禅师的语言都非常活泼，打破传统，所以胡适和梁启超都说禅师的语言创造了一种新的文学体。

达摩讲经典时用了一个词叫"奸伪"。他说有的人认为自己懂得一点经，就想出名。真正的智慧不是透过经典来讲的。达摩说如果是真正从你的内心体悟的东西，你跟别人分享，这个人还像个人。如果你成天都是拿着经典要跟别人解释，说这个经是什么意思，这个人连点人身的气息都没有。

"若有精神，不贵解，不求法，不好智"，如果是有禅的精神的人，他不会成天去解读什么经典，不以那个为贵，不好这种知识，更不想好为人师，当大师，他只要让自己能够心静下来，"若不求妙解，不与人为师，亦不师于法，自然独步"。

达摩在他的《破相论》里面，还说到人们对经典的理解很多都错了。比如佛说我们盖庙有功德，很多人就花好多钱去供养或盖庙，他说是错。为什么？他说"寺庙"这个词在梵文里叫"清净地"。盖庙不是说你要去盖一个建筑物，要盖一个道场，而是能够让你的心清净，让你生活的空间变得清静，所以盖庙是不用花钱的。

再比如说铸佛像，我们现在都在比哪个地方的佛像高，是用金铸的还是用铜铸的，花了多少钱，达摩说这也是错误。佛经里面讲的铸佛像是什么？是按照佛的精神来熔铸你自己的身心，你的行为。你觉得要像佛一样，必须慈悲，必须与人为善，必须有勇气，这样去修就是铸佛像。

达摩举了好多的例子，把当时佛教界其实也是现在佛教界的执着外相的做法通通骂了一遍。他说，这些迷执的教徒还认为他们的这些方式是从经典来的，其实这是对经典的误读。真正的经典都是讲心法，而且解读经典也不是从文字去了解，而是要融合到自己的心，先了解自己的本心，才能够正确地了解经典秘义，这样解读经典的方法就叫"观心解"。

禅门特别强调体验、经验，就是从生命、生活的经历当中去体悟。所以同样是经典，其实是有很多不同读法的，禅宗有教导我们如何地读书读经典，这是很特别的读书法。

"平常心是道"与"游戏三昧"

下面再讲讲"平常心是道"，这个也是禅宗里面非常重要的说法。

看禅宗的东西，有的时候非常过瘾。比如我们看到很多修行者装模作样的也很生气，禅师骂起来真的很过瘾。平常心是道，就是针对那些道味佛味很重的人下的药。

我们一般开始修佛修法之后，马上就觉得不平常了，就觉得跟别人不一样了。因为我自己也有很多亲身经历，周围的很多同事包括很多朋友，一变成佛教徒以后就开始怪里怪气，在单位的人缘都不太好。我就很奇怪，本来修佛慈悲心应该人缘很好，为什么让人家看得很厌恶？我后来才领悟，为什么禅宗说要有平常心？就是因为这些人没平常心，一修行就觉得自己跟别人不一样，说话就想教训人。

禅宗也讲三个阶段。佛教讲的修行之前是见山是山，见水是水；开始修行就见山不是山，见水不是水，好像他看的东西就是跟别人不一样；开悟之后就见山还是山，见水还是水，还是回到平常的生活，心还是很平常。

所以临济说一般人开始修道以后就有个问题，"万般邪境竞头生"。人不修行的时候，还不会有很多境界跑出来，一开始修行很多境界就出来了。禅宗讲这些都是邪境，所以临济大师说这个时候就要拔出智慧之剑把这些砍掉，"智剑出来无一物，明头未显暗头明"。你真的拔出智慧之剑来，其实并没有这些东西，所以才说平常心是道。

一个真正的禅师到后来是很平常，见山是山，见水是水，所以是把他的功夫融入日常生活当中，已经没有了禅味。禅师们主张修习禅法，不是要用功用力干什么神奇的事情，而是"着衣吃饭，困来即卧"，像平常人一样过日子，只是你内在的心境与以前不同了，你对什么都很接受很感恩。

什么是禅的境界？临济大师说就是碰到每个情况都不受影响，

随处做主，这个看上去很平常，但难度非常高。碰到各种境界来，都不会被这个境界所影响，哪怕你的因果业力来的时候，你也不受影响，这个就是解脱。

在临济大师看来，我们一般讲的修行都是"造作"，就是做样子给别人看。据记载，临济的师父黄檗有一次拄着拐杖进禅堂，临济正和他的师弟在打坐，一看他师父进来就跑到墙角睡觉去了。他的师弟一看师父进来了，马上就坐得很端正（装样子给师父看）。黄檗进来就拿着拐杖，朝坐得很端正的那个师弟敲了几棍说：哪有像你这样打坐的，打坐要像临济一样。当时临济在那睡觉，就是在打坐。临济讲的造作，就是指修行人当中那种自我优越感，那种很执著外在形式与名义的修道方式。

有一个源律师的故事非常有意思。源律师是唐代非常了不起的禅师。有一次弟子来看他，问师父最近用功吗？源律师说我很用功。弟子问他怎么用功，源律师说我用功很简单，饥来即食，困来即眠。弟子说每个人不都是这样，饿了就吃，困了就睡？源律师说不一样，我吃饭的时候就吃饭，没有百般思索，我睡觉的时候也是睡觉，没有百般思索。你们不同，你们吃饭的时候也在想明天要干什么，昨天干了什么，睡觉的时候也是这样。

所以说禅的精神就是当下，非常的纯粹，睡觉的时候没有其他想法，完全专注在自己的内心就是睡觉，吃饭的时候就完全专注于吃饭。这个就是禅，这个就叫作平常心是道。在日常生活中用功，吃饭的时候你不想别的事情就是禅，睡觉的时候不想别的事情就是禅。我们都很难做纯粹的人，所以很难在修禅中做到平常心。

中国禅门还有一个词叫"游戏三昧"。游戏是一种轻松活泼的身心状态，"三昧"就是入定的意思。我们过去会认为，要进入三昧状态，一定是要坐着一动不动，安静才能入定。禅宗说这个是小定，最高的禅定是在玩中三昧，就是游戏三昧。

我们一般人游戏的时候就很容易散乱，而无法保持心的寂静，而进入一点禅定又无法活动，容易陷入枯寂而毫无生气的禅病。禅宗认为最高的定就是在生活当中，在动中你能够得到这种禅定。

为什么说游戏才会有三昧？很多人往往越想安静的时候越安静不了。那用什么方法？用游戏的方式。你在游戏的当中，反倒可以把你动的心让它停止。就像有时候你本来还在那胡思乱想，听下古琴禅曲反倒静了下来。这是透过艺术入定，所以为什么后来会借音声相貌来做佛事。就是有时候你听一首音乐，特别静心的音乐，或者其他形式的禅的艺术，你反倒心会静下来。虽然艺术是在动，但因为你在欣赏艺术，你的心反倒会静下来。这个就叫"因戏止戏"，借用游戏的方式终止头脑的风暴，获得真正的宁静，这是大乘佛教里面一个很高妙的习禅方式。

禅宗认为一个真正放下的人，他的生活也可以充满着风月，很有情趣，可以弹琴，可以喝茶，可以有一朝风月的生活，但又和一般文人雅士的一朝风月不同。一般文人雅士只有一朝风月，他没有办法达到万古长空，即无法"因戏止戏"。中国的禅宗认为，你开悟的境界也好，如果你不落实在现实生活当中，这个就是禅病。所以我们很多修佛的人就是不接地气，不落实到生活当中，想让人家感觉到跟别人不一样。

《无门关》里面讲要非常高境界的人才能做到游戏三昧，所以有的人说有些禅师疯疯癫癫，其实不是，这个跟所谓的荒诞不经、玩世不恭不是一回事，他只是把那些形式主义的东西拿掉。他是看上去不拘教行，放宽自得，实际上是一种解脱的境界。表示这种人领悟了真理，是一种活跃的精神，是一种绝对肯定的精神。

所以真正修禅的人，从表面看有时候是不一样的，所以我们一般人往往把游戏和严肃对立起来，好像讲到禅修一定是要看起来很严肃的方式，这是一种很大的误解。

最后再提一下"八风吹不动"的故事。我们禅宗里面特别讲，有没有开悟，是要经过勘验的，不是说我今天看到了什么东西，就开悟了，而是要在生活当中经历很多事件的考验。过去习禅的人要确认自己的程度，他要找不同的禅师来帮助勘验，看是不是真的功夫到了，勘验中有个就是"八风吹不动"。

佛家所谓的"八风"，是指利、衰、毁、誉、称、讥、苦、乐，四顺四逆共八件事。利就是好事来了，衰就是运气不好，毁就是人家骂你，誉就是人家赞你……你碰到这八种情况的时候，你的心动不动，这个就是考验。

关于勘验，有一个苏东坡与佛印禅师的故事非常有名。苏东坡有一天打坐看到佛光，就误以为自己开悟了，他用诗表达自己的境界，说自己已经到了"八风吹不动，稳坐紫金莲"的境界，并叫书童坐船送给他的朋友佛印禅师。佛印禅师一看笑了一下，就在上面批了一个字：屁！意思是骂苏东坡放屁，然后叫那个书童带回去给苏东坡。苏东坡一看就真的很生气，坐船过去要找佛印禅师论理。其实佛印禅师知道他还经不住这个勘验，一定会过江来找自己，就写了一副对联在门口等他。对联是这样的："八风吹不动，一屁弹过江。"意思是说，你还说你禅定功夫好，已经到了不在意别人评断的境界，我骂你一个字就经受不住，把你弹过来了。

可见在现实中经历得起勘验真不容易，有时候自认为自己没有问题，但是情况出来后才知道我们功夫的真假，这大概就是王阳明常说的"临事的功夫"。禅的功夫来不得半点虚假，一个人独自修行还觉得自己自在，但对禅门来讲，这还是禅行的一半，真正大自在还需要经过一番历练，在生活中碰到事情，让别人去评断去攻击，再看看你内心是否真能够承受得起，像维摩诘说的那样"于诸见而不动"，那就是真的宴定了。

"以诗喻禅"初探

冯焕珍

　　佛教追求的本质是众生本具的智慧心以及由此心开出的生活，因此佛教要融入其传入地文化应该不会有太多障碍。不过，对于有一定教相系统的教下各派来说，要达到这个目的，首先必然面对其自身与其传入地文化在制度、思想乃至习俗等内容的差异，需要从不同层面和角度做大量融通工作，因此自然会受到种种限制。相对而言，作为"传佛心宗"的禅宗，由于采取"直指人心"的方式接引众生，很少甚至不受教相系统限制，能够随物赋形、当机引化，因此在这个过程中最少拘限、最有成效，这也是禅宗中国化与化中国都非常成功的奥妙所在。

　　禅宗的中国化与化中国体现在很多方面，其中诗歌是十分重要的一个领域。禅宗在这个领域的开展，不但形成了禅诗这一类诗歌，而且为诗人们开创了创作诗歌的新门径，元好问的"诗为禅客添花锦，禅为诗家切玉刀"（《中州集》卷三《答俊书记学诗》）一语，形象地展示了两者相互增上的关系。前一方面可称为"以诗喻禅"，后一方面则是众所周知的"以禅喻诗"。这两者有同有异，若论其异，"以诗喻禅"的落脚点是禅，诗是作为弘扬禅道的方便法门；"以禅喻诗"的着眼点是诗，禅则主要是为诗人写出佳作服务的创作法门。若言其同，当禅境与诗境不二时，则既可以从禅的角度称之为诗禅（借助诗歌显现的禅），也可以从诗的角度称之为禅诗（以禅为意趣的诗歌）。

此前，学术界关注的重点是"以禅喻诗"，虽有不少人研究禅诗，但较少从"以诗喻禅"的角度加以研究，分疏"以禅喻诗"与"以诗喻禅"的异同者则更少。本文试图从"以诗喻禅"入手，对其中涉及的相关问题做出初步探讨，以就教于方家。全文分为五个部分：一、禅、禅宗与禅诗；二、禅境与诗境；三、禅诗的分类；四、显境禅诗；五、参禅禅诗；六、禅诗的影响。至于"以禅喻诗"的内容，暂时无法涉及。

一、禅、禅宗与禅诗

讲禅诗，首先要了解什么叫禅。禅不是一种知识，而是生命的真相，并且是必须通过参证才能显现的真相。

佛教认为万法唯心所现，而这个心有两种品质，一种品质的心叫作智慧心，另一种品质的心叫作分别心。智慧心，又叫无分别心，是与分别心相对而言的心，它没有分别心那种把主体与客体、真善美与假恶丑等概念进行实体化分别的特性，所以《大乘入楞伽经》说："无分别是智。"或许有人会问："如果我们对主体与客体、真善美与假恶丑不加分别，岂不是把一个会思考的人变成一块石头，或者说一段枯木、一个植物人了？"佛教所说的无分别，不是不知道凡夫的世界有主体与客体、真善美与假恶丑等现象，而是不对这些现象生起分别执着之心。无分别心的根本意趣是要告诉人们，每个人本来都是没有种种分别烦恼的，都是快乐自在的。由于此心的根本内容是般若波罗蜜或智慧，又叫智慧心；由于此心是人本来具有的，《六祖坛经》里面又称之为本心；由于与其相对的分别心被称为妄心，此心又叫真心；由于此心首先是佛陀发现的，又被称为佛心。智慧心展现的境界就是智慧、自在与慈悲的境界，这种境界被佛教视为人生的最高境界。什么叫作智慧、自在和慈悲？智慧是洞察世界真相的体知能力，佛教认为只有依此智慧出发才能看到世界缘起性空或真空妙有的真相；自在是完全自由幸福的生活状态，佛教认为只有依此真相生活才能没有任何执着，获得真正的自由和幸福；慈悲是平等地给人快乐、拔人痛苦的利他行为，佛教认为只有依智慧心消除了一切执着，才能超越爱恨交织之心，平等地对待一切众生。

相对来讲，分别心就是分别执着之心。分别心又叫作分别识，其主体内容即心理学、哲学上所说的意识，《大乘入楞伽经》就说："总分别是心，遍分别为意，别分别是识。"佛教说分别心是智慧心被无明遮蔽以后才有的一种心识，并不是众生心的本来面目。分别心的根本性质是分别性，它总是在主客二元对立的基础上认识世界，认识到的是世界有永恒实体这样一个假相；此假相带给人的第一个结果就是执着，对自己喜爱的对象生起贪心，反之则生起嗔心，人由此就生活在贪嗔痴三心之中，无论何时何地都没有真正的自在和幸福；不仅如此，他也不可能平等、慈悲地利他，总是生活在爱恨情仇之中，即生活在"爱之欲其生，恶之欲其死"的状态。

佛教认为，前一种心及其展开的生活方式是智慧的生活方式，后一种心及其展开的生活方式则是烦恼的生活方式，人都应该从后一种生活方式超越到前一种生活方式。如何超越呢？佛教提供的解决之道就是参禅悟道。

禅，梵语 Dhyana，义为静虑、思维修或功德丛林，静虑与思维修指参禅活动，即在前述佛教思想指导下消除分别心的过程；功德丛林指参禅得到的结果，即回归众生本具的智慧心，显现其本有的功德。关于后一义，六祖大悟后说得淋漓尽致："何其自性本来清净！何期自性本不生灭！何期自性本自具足！何期自性本无动摇！何期自性能生万法！""自性"指智慧心的本性，这实际上是智慧心及其展开的生活方式的另一种表达。

关于参禅活动一义，关键是转识成智，即将分别心转成智慧心。转识成智有两种方法：一种是如来禅，一种是祖师禅。如来禅是有完整的教观系统、循序渐进的次第、具体而微的修法的参禅方式。完整的教观系统，教指佛陀说的经教，观是依经教中提持的修行方法进行思维观察，所谓由教入观，依观明心，由心显性。循序渐进的次第，指由浅入深、由此到彼次第渐进，中间不能跳跃。比如，南传佛教修四念处，首先是"观身不净"，通过观察身体的不净，净化对身体的执着；接着是"观受是苦"，通过观察苦受是苦苦、乐受是坏苦、不苦不乐受是行苦，净化对三受的执着；第三是"观心无常"，通过观察心的生灭无常性，远离对实体心的执着；最后是"观法无我"，通过观察诸行没有实体，不仅放下对身体、觉受和心体的执着，而且彻底觉悟诸法空有相即的真相，从而契入禅境。具体而微的修法，指具体、微细的修行方法。比如刚才讲的四念处观，开始从什么地方入手，中间怎样渐进，一路上有些什么障碍或境界，都说得非常精细，偏离一点都可能导致失败。这就是如来禅，也叫作渐修禅。

祖师禅是"直指人心，见性成佛"之禅，又叫顿悟禅，其心要《六祖坛经》开卷十六字已和盘托出："菩提自性，本来清净，但用此心，直了成佛。"为什么可以"但用此心，直了成佛"呢？原因有三：第一，最关键的一点是禅即人人本具的智慧心，所谓"无一众生而不具有如来智慧"（《大方广佛华严经》卷五一），佛陀不过是"觉一切法故，名之为佛"（《大方广佛华严经》卷四二）。既然如此，任何人只要依照佛陀教示的方法修行都能成佛。第二，佛陀发现智慧心的方法虽然是如来禅，但并非没有用祖师禅的方法来教化弟子，《维摩诘所说经》就说"诸佛威仪进止、诸所施为，无非佛事"。第三，佛陀在灵山会上亲自将祖师禅的参禅方法传了下来。据《大梵天王问佛决疑经》说：世尊有次在灵山会上说法前，大梵天王向佛献了一束青莲花，佛陀举着花向大众示意，在场八万四千听众中，唯有大弟子摩诃迦叶尊者破颜微笑。佛知道摩诃迦叶跟他心心相印，便当着大众将法传给了他："我有正法眼藏，涅槃妙心，实相无相，微妙法门，不立文字，教外别传，总持任持，凡夫成佛第一义谛，今方付嘱摩诃迦叶。""涅槃妙心"就是众生本具的智慧心，佛祖拈花、迦叶微笑就是顿悟禅法的妙用。

顿悟禅法从迦叶开始，在西天传了二十八代，到菩提达摩终于传到了中国。不过，这种禅法要形成一个名为禅宗的大乘佛教宗派，却要等到六祖惠能大师出世。佛教宗派的成立需要宗依经典、独特行法、法脉传承、修行团体四个条件，对于禅宗来讲，独特行法和法脉传承在佛陀那里已经具足，修行团体到中土四祖道信禅师已然出现，但宗依经典需要等《六祖坛经》结集成书才能具备。六祖之后，禅宗顿教登上中国文化舞台，并逐渐成为对中国精神与文化影响最为巨大深远的佛教宗派，作为诗歌王国一格的禅诗也因此应运而生。

讲禅诗之前，我们还得先看看什么是诗。《尚书·虞书·舜典》说："诗言志，歌永言，声依永，律和声。"《毛诗序》对其中的"诗"解释道："诗者，志之所之也，在心为志，发言为诗。"孔颖达的《毛诗正义》进一步解释说："诗所以持人之行，使不失坠。"这与刘勰《文心雕龙·明诗篇》所谓"诗者，持也，持人性情"的理解一致，都说诗是保持人的心性情感的一种艺术形式。诗言志，志是什么呢？朱熹在《论语集注》中有一个很好的定义："心之所之谓之志。""心之所之"就是心归向的地方，汉语中的意志、心志、情志等概念就分别指心、意、情归向之地。依此，我们可以说诗是表达心的志趣、保持心的性情的艺术。从体裁看，传统诗歌包括古体诗与近体诗，也包括词、曲，甚至偈、颂、歌、吟、赞、铭等，是内涵比较广泛的一个概念。

从佛教角度讲，心不出分别与智慧两种品质的心，而禅是智慧心的直接显现。相应的，诗既可以是描写、保持分别心志趣与性情的艺术，也可以是描写、保持智慧心志趣与性情的艺术，前一种诗可以称为俗诗，后一种诗可以称为禅诗。俗诗是描写分别心境界的诗歌，具有"诗缘情而绮靡"（陆机《文赋》）的性质，无论写什么题材，都难以让人从种种烦恼中超拔出来；禅诗是描写无分别智慧境界的诗歌，具有"缘心性而淡泊"的性质，无论写什么题材，都能够令人解脱烦恼而开启智慧。因此，永上人所谓"禅，心慧也；诗，心志也。慧之所之，禅之所形；志之所之，诗之所形。谈禅则禅，谈诗则诗"（四川大学古籍所编《宋集珍本丛刊》第78册载〔宋〕释绍嵩《亚愚江浙纪行集句诗序》引）之说，只有在"禅境与诗境不二"时才成立。

由于智慧心本是众生心的一态，因此即使非参禅者，当他灵光一现时，也会朗然显现禅境，也能写出很好的禅诗，这就是为什么古今中外皆有禅诗。虽然如此，但此时的禅诗不过像诗歌星空中的流星，诗歌王国中要诞生独具一格的禅诗，必须等到禅宗出现、参禅悟道者自觉运用这种艺术形式开显禅境、弘扬禅道之后。有人或许会问：主张"道法自然"的道家思想难道不是禅诗兴起的一大因缘吗？道家思想对人们摆落名教和现象的束缚固然多有助力，但由于他们以为道实有其体，每每滞于真俗二谛对立之境，因此从道家思想造境的诗歌，其主体也多为真俗不即的玄言诗与游仙诗，而不是真俗不二的禅诗。

二、禅境与诗境

禅唯在妙悟，如青原惟信禅师说："老僧三十年前未参禅时，见山是山，见水是水；及至后来，亲见知识，有个入处，见山不是山，见水不是水；而今得个休歇处，依前见山只是山，见水只是水。"（释普济纂《五灯会元》卷一七）禅师从见山是山、见水是水到见山不是山、见水不是水，再到见山依旧只是山、见水依旧只是水，看起来好像是同语反复的三句话，实际上表达了不断参究、不断超越、不断圆满的觉悟过程和心法不空、法性空寂、法界圆融三个不同的境界。

"见山是山、见水是水"是心法不空境。身处此境的参禅者未破分别心、未显智慧心、未见自性面目，仍处于受我法二执困扰的俗境。参禅者依此心此境创作之诗属于俗诗而非禅诗，可置而不论。

"见山不是山、见水不是水"是法性空寂境。进入此境的参禅者破除了我法二执现行，超越分别心而见到了智慧心，从此由俗境飞跃到了禅境、从凡夫变成了禅师，依此心此境创作之诗便是禅诗，但主要属于彰显法性空寂境界的禅诗。为了比较直观地展示这种境界，我们不妨举王维的《竹里馆》一诗来说说："独坐幽篁里，弹琴复长啸。深林人不知，明月来相照。"诗中的"明月"象征智慧心，比喻诗人的心像月亮一样明明了了、光芒万丈。在这首诗中，王维通过"独""幽""深"等形容词着力凸显诗境的空、寂、深、远，但这空、寂、深、远之境又不是一片死寂之地，其中有人弹琴和长啸，有明月相照，显得颇有生意；诗中之境虽然空不碍有，而智慧心所志所持重在空寂，因此可说此诗描写的主要是法性空寂境。

"见山依旧只是山、见水依旧只是水"是法界圆融境。身在此境的禅师不仅破除了我法二执现行，而且洗净了我法二执习气，里里外外没有丝毫分别心，纯然唯一智慧心，完全进入了空有不二或万法如其自身展现的境界。这个境界很多人比较陌生，因此有必要举六祖惠能大师和马祖道一禅师的相关阐述说明一下。六祖惠能大师说：

世界虚空，能含万物色象，日月星宿，山河大地，泉源溪涧，草木丛林，恶人善人，恶法善法，天堂地狱，一切大海，须弥诸山，总在空中。世人性空，亦复如是……自性能含万法是大，万法在诸人心中。若见一切人，恶之与善，尽皆不取不舍，亦不染着。心如虚空，名之为大，故曰摩诃。（《六祖坛经》）

马祖道一禅师说：

道不用修，但莫污染。何为污染？但有生死心，造作趋向皆是污染。若欲直会其道，平常心是道。何谓平常心？无造作，无是非，无取舍，无断常，无凡无圣。《经》云："非凡夫行，非圣贤行，是菩萨行。"只如今行住坐卧、应机接物尽是道，道即是法界，乃至河沙妙用不出法界。若不然者，云何言心地法门？云何言无尽灯？一切法皆是心法，一切名皆是心名。万法皆从心生，心为万法之根本。《经》云："识心达本源，故号为沙门。"名等义等，一切诸法皆等，纯一无杂。若于教门中得，随时自在，建立法界，尽是法界；若立真如，尽是真如；若立理，一切法尽是理；若立事，一切法尽是事。举一千从，理事无别，尽是妙用，更无别理，皆由心之回转。譬如月影有若干，真月无若干；诸源水有若干，水性无若干；森罗万象有若干，虚空无若干；说道理有若干，无碍慧无若干。

种种成立，皆由一心也。建立亦得，扫荡亦得，尽是妙用，尽是自家。非离真而有立处，立处即真，尽是自家体。（《马祖道一禅师语录》）

据此说，契入法界圆融境者有三大特点：1. 心包太虚，量周沙界。因为心无挂碍，所以心量广大，无所不包。2. 心如明镜，万相毕现。因为心无挂碍，所以没有颠倒，万相皆真。3. 事事无碍，立破自在。因为心无挂碍，所以凡有所现，皆圆满自在。依此心此境创作之诗，既可以是侧重开显法性空寂境的禅诗，可以是侧重开显法界圆融境的禅诗。我们且举傅大士的一首偈，以见开显法界圆融境的禅诗之一斑："空手把锄头，步行骑水牛。人从桥上过，桥流水不流。""空手把锄头"，空空的两手，却握着锄头；"步行骑水牛"，人在走路，却骑着水牛；"人从桥上过"，这是诗的转句，语义平常；"桥流水不流"，静止的桥在流动，流动的水却没有流动。整首诗通过反常（凡夫境）合道方式展示了法界圆融境界。

话说回来，虽然我们可以将禅境分成法性空寂与法界圆融两种，但这是为说明禅境有高低深浅所作的相对区分，并不意味着两者有等级森严的差别。相应的，尽管禅诗品质确有高低之别，由于证入法界圆融境的禅师既能创作侧重开显法性空寂境的禅诗，也能创作主要开显法界圆融境的禅诗，也不能机械地以这两种禅境判定禅诗品质的高低。

三、禅诗的分类

法眼文益禅师说："宗门歌颂，格式多般，或短或长，或今或古，假声色而显用。或托事以伸机，或顺理以谈真，或逆事而矫俗，虽则趣向有异，其奈发兴有殊，总扬一大事之因缘，共赞诸佛之三昧。"（《宗门十规论》）这是禅宗大德对禅诗的目的与类别的简要概括，禅诗的目的都是"扬一大事之因缘""赞诸佛之三昧"，而其类别则可以从不同角度进行区分。

从禅诗的体制分，有偈、诗、词、赞、颂、歌、吟、铭、颂古等类别，几乎涵盖了诗歌的各种体裁，例如下表。

禅诗类别简表

类别	诗题	内容	作者
偈	付法偈	吾本来兹土，传法救迷情。 一华开五叶，结果自然成。 （《六祖坛经》）	菩提达摩祖师
诗	题诗	几度西湖独上船，篙师识我不论钱。 一声啼鸟破幽寂，正是山横落照边。 （《钱塘湖隐济颠禅师语录》）	济颠道济禅师
词	渔父词	此事楞严尝露布，梅花雪月交光处。一笑寥寥空万古，风瓯语，迥然银汉横天宇。 蝶梦南华方栩栩，斑斑谁跨丰干虎。而今忘却来时路，江山暮，天涯目送鸿飞去。 （《五灯会元》卷一八）	报恩法常禅师

续表

类别	诗题	内容	作者
赞	自赞	以相取相，都成幻妄。以真求真，转见不亲。见成公案，无事不办。百年三万六千日，翻覆元来是这汉。 （《法演禅师语录》卷下）	五祖法演禅师
颂	无	滔滔不持戒，兀兀不坐禅。 酽茶三两碗，意在镢头边。 （《袁州仰山慧寂禅师语录》）	仰山慧寂禅师
歌	十二时歌	鸡鸣丑，百福庄严莫自守。开门大施济饥贫，英俊还须师子吼。平旦寅，颙颙端坐自安神。四句百非都不着，四明照出道中人。日出卯，不用思量作计校。人来远近少知音，不肯休心任烦恼。食时辰，钟鼓分明唤主人。随方应供福人天，万德庄严是正因。禺中巳，更莫求余乐余事。三乘五性梦中尘，灵光直出如来智。日南午，直性分明异今古。回光普照勿亲疏，不信依前受辛苦。日昳未，平等舒光照天地。江海高山总不妨，这个分明智中智。晡时申，万别千差识取真。一正百邪俱不起，十力圆通号世尊。日没西，诸行无常不长久。经行坐卧不生心，便是余家真道友。黄昏戌，寂静安禅功已毕。了了通身六道光，错解还同漆中漆。人定亥，一念不生无障碍。道合天机性宛然，妙旨玄通观自在。夜半子，大智圆通无彼此。迷悟还如镜上尘，尘镜俱亡更何事。 （《汾阳无德禅师语录》卷下）	汾阳善昭禅师

续表

类别	诗题	内容	作者
吟	玩珠吟	识得衣中宝，无明醉自惺。百骸俱溃散，一物镇长灵。知境浑非体，寻珠不见形。悟即三身佛，迷疑万卷经。在心心岂测，居耳耳难听。罔像先天地，渊玄出杳冥。本刚非锻炼，元净莫澄停。盘泊逾朝日，玲珑映晓星。瑞光流不灭，真澄浊还清。鉴照崆峒寂，劳笼法界明。锉凡功不灭，超圣果非盈。龙女心亲献，蛇王口自倾。护鹅人却活，黄雀义犹轻。解语非关舌，能言不是声。绝边弥瀚漫，三际等空平。演教非为教，闻名不认名。二边俱不立，中道不须行。见月休看指，归家罢问程。识心岂测佛，何佛更堪成？（《景德传灯录》卷三〇）	丹霞天然禅师
铭	默照铭	默默忘言，昭昭现前。鉴时廓尔，体处灵然。灵然独照，照中还妙。露月星河，雪松云峤。晦而弥明，隐而愈显。鹤梦烟寒，水含秋远。浩劫空空，相与雷同。妙存默处，功忘照中。妙存何存，惺惺破昏。默照之道，离微之根。彻见离微，金梭玉机。正偏宛转，明暗因依。依无能所，底时回互。饮善见药，檛涂毒鼓。回互底时，杀活在我。门里出身，枝头结果。默唯至言，照唯普应。应不堕功，言不涉听。万象森罗，放光说法。彼彼证明，各各问答。问答证明，恰恰相应。照中失默，便见侵凌。证明问答，相应恰恰。默中失照，浑成剩法。默照理圆，莲开梦觉。百川赴海，千峯向岳。如鹅择乳，如蜂采花。默照至得，输我宗家。宗家默照，透顶透底。舜若多身，母陀罗臂。始终一揆，变态万差。和氏献璞，相如指瑕。当机有准，大用不勤。寰中天子，塞外将军。吾家底事，中规中矩。传去诸方，不要赚举。（《宏智禅师广录》卷八）	宏智正觉禅师

类别	诗题	内容	作者
颂古	雪窦 颂古	对一说，太孤绝，无孔铁锤重下楔。 阎浮树下笑呵呵，昨夜骊龙拗角折。 别别，韶阳老人得一橛。 （钟东、江晖整理《雪窦重显禅师集》）	雪窦重 显禅师

从禅诗的功能入手，则可依大用与别用相对分类，依大用可分为显境禅诗与参禅禅诗，显境禅诗指重在开显禅境的禅诗，参禅禅诗则指重在参悟禅道的禅诗；依别用则有开悟、呈心、投机、示众、付法、辞世、山居、酬对等类别。以下仅从大用角度略加论述。

四、显境禅诗

显境禅诗可进一步分为禅理型禅诗与禅趣型禅诗。禅师开显禅境时，都是直指人人本自具足的智慧心说禅；同时，禅师为了破参禅者的理障，又常常以"不犯正位"（不说破）的方式说禅。当禅师借助诗歌以"直指人心"的方式直显禅境时，就体现为禅理型禅诗；当他以"不犯正位"的方式曲示禅境时，就体现为禅趣型禅诗。

禅门中最著名的禅理型禅诗，便是六祖惠能的呈心偈或得法偈："菩提本无树，明镜亦非台。本来无一物，何处惹尘埃！"这首偈侧重彰显的是法性空寂境。我们怎么看得出来呢？因为这首偈是针对神秀的呈心偈而来的。神秀的呈心偈说："身是菩提树，心如明镜台，时时勤拂拭，莫使惹尘埃！"（《六祖坛经》）此偈中，"菩提树"梵文为 bodhi－druma，本为毕钵罗树，因佛陀在此树下证得无上菩提，遂得名菩提树、觉树、道树、道场树、思维树或佛树，此偈中指代众生身；"明镜"喻"见一切了如明镜"（《佛本行经》）的智慧，"明镜台"喻众生心即智慧心；"尘埃"又叫埃尘、客尘、尘垢、垢尘，譬喻烦恼，如"法雨甚润泽，洒我心埃尘，埃尘既不起，得见真实法"（《大庄严论经》）；"拂拭"喻指清除烦恼的修行实践。神秀将身（菩提树）、心（明镜台）、烦恼（尘埃）等法一一执为实有，未能见到空性，六祖为了对治其问题，遂特显身、心、烦恼皆空的法性空寂境。

著名的寒山诗也多显法性空寂境。寒山，姓氏不详，天台山僧，行迹迥异常流，史称他"大历中隐居天台翠屏山。其山深邃，当暑有雪，亦名寒岩，因自号寒山子。好为诗，每得一篇一句，辄题于树间石上，有好事者随而录之，凡三百余首。多述山林幽隐之兴，或讥讽时态，能警励流俗"（《太平广记》卷五五）。具体说，寒山诗主要是从佛教立场劝喻世人深信诸行无常、诸法无我，放下执着、归宗空境。例如《粤自居寒山》："粤自居寒山，曾经几万载。任运遁林泉，栖迟观自在。寒岩人不到，白云常靉靆。细草作卧褥，青天为被盖。快活枕石头，天地任变改。"（项楚《寒山诗注》）诗中的"寒山"又叫寒岩，事上是天台山中的一座山，理上则指凡夫不能到的万法空寂境（"曾经几万载"），全诗刻画了契入空寂境者看破无常（"天地任变改"）、枕流漱石（"快活枕石头"）、任运自在（"栖迟观自在"）的解脱状态。

石头希迁禅师的草庵歌则开显了法界圆融境：

　　吾结草庵无宝贝，饭了从容图睡快。成时初见茅草新，破后还将茅草盖。住庵人，镇常在，不属中间与内外。世人住处我不住，世人爱处我不爱。庵虽小，含法界，方丈老人相体解。上乘菩萨信无疑，中下闻之必生怪。问此庵，坏不坏，坏与不坏主元在。不居南北与东西，基址坚牢以为最。青松下，明窗内，玉殿朱楼未为对。衲被幪头万事休，此时山僧都不会。住此庵，休作解，谁夸铺席图人买？回光返照便归来，廓达灵根非向背。遇祖师，亲训诲，结草为庵莫生退。百年抛却任纵横，摆手便行且无罪。千种言，万般解，只要教君长不昧。欲识庵中不死人，岂离而今这皮袋？（《景德传灯录》卷三〇）

　　石头希迁禅师是岭南高要人，先为六祖惠能弟子，后遵六祖嘱咐拜其师兄青原行思禅师为师，大悟本怀，成为青原禅系祖师，留下了《参同契》《草庵歌》等著述。这首《草庵歌》由比起唱，以"草庵"喻禅境、"吾"比智慧心，展现了"庵虽小，含法界，方丈老人相体解"的法界如如禅境和"千种言，万般解，只要教君长不昧"的大慈大悲精神。

　　善于以诗开显法界圆融境者还有济颠道济禅师。道济禅师是一个神僧，据介绍，他"出浙东天台李氏贵族，名道济……济性狂简，出入僧堂，每大言忤众。众以济犯规，白远。远曰：'禅门广大，岂不容一颠僧耶？'自后常出冷泉亭，与少年扑跤。或狂歌酒肆，或去呼猿洞，引猿同翻筋斗，或携荤酒污看经处。主事复白远，远唯以颠僧保护之，是以呼为'济颠'云。"（《南宋元明禅林僧宝传》卷四）道济禅师为宋代禅僧，传为浙东李氏子。他言语异常，行为怪诞，僧俗多看不惯，只有灵隐寺方丈瞎堂慧远禅师知其本相，以"颠僧"为名加以保护，僧众因此称之为"济颠"。道济禅师号"济颠"，实非颠狂，而是以异常道度化（济）颠狂（颠）。他留下《语录》一卷，学术界有人认为非其所作，从《语录》的文字风格与诗文境界看，恐怕非如道济禅师者不能作。如他为某提点即兴题笺四首（前表中所引即其中一首），造境清新、下语有响、禅意盎然，绝非话本小说家所可到。

道济禅师展示法界圆融境界的禅诗，以其辞世偈最为著名："六十年来狼藉，东壁打到西壁。如今收拾归来，依旧水连天碧。"诗中"东壁""西壁"是禅门常用语，指的都是空。如："问：'如何是祖师西来意?'师曰：'东壁打西壁。'"（《景德传灯录》卷一一）"问：'如何是灵泉活计?'师曰：'东壁打倒西壁。'"（《五灯会元》卷一三）"僧问：'古殿无灯时如何?'师曰：'东壁打西壁。'"这些公案中的"东壁""西壁"指的都是空。寒山诗《寒山有一宅》有"房房虚索索，东壁打西壁"句，其中的"东壁"与"西壁"也是这个意思（参项楚《寒山诗注》）。道济禅师的诗说，我一辈子做了很多事，但都如梦幻泡影，毫无所得，所以很不堪；如今舍皮囊而归法界，实际上舍无所舍、不归而归，法界依旧不增不减、性相如如。整首诗十分善巧地表现了真空妙有相即不二的法界圆融之境。

通过意象性语言委婉、含蓄地显示禅境的禅趣型禅诗，是传统文人特别标举的禅诗，这类禅诗有些达到了"羚羊挂角，无迹可寻"的高度，即便从诗歌的艺术性上看也是不可多得的佳篇。下面我们也举出几首略加赏析。

首先看看"诗佛"王维的禅诗。王维一生茹斋奉佛，少欲知足，性好参禅，得餐禅味，精通音律，诗画皆妙，画开南宗一脉，诗臻佛禅妙境。王维最善于通过山水展现禅境。王维之前，也有很多诗人写山水，但包括受老庄、玄学影响的诗人写山水，都是"模山范水"，即描摹肉眼所见山水的形象、状态与作用；王维描写的山水则不是这种山水，完全是慧眼映照到的山水。如《鹿柴》："空山不见人，但闻人语响。返景入深林，复照青苔上。"（陈铁民《王维集校注》）此诗起句就告诉人们，他要展现的是一个空寂之境。这座山叫空山，并不是因为山中万籁俱寂或空空如也，而是因为山中人心无执着，他以无执着之心看山，所以看到的是空山。山中虽然一片空寂，但并非死气沉沉，还有人说话，这显示空不离有、有不碍空。这个人是谁呢？当然不必像考据派那样坐实，他可以是王维，可以是你，可以是我，也可以是任何进入这种境界者。山中虽然时时听见人说话，但这话语犹如空中之音，令人毫无尘虑。"返景入深林，复照青苔上"两句，以落日余晖照到林中的青苔上作结，强调黄昏时分山间的明亮、寂静与清幽，衬托出境中之人超尘脱俗的襟抱。此诗抓住黄昏时深山中的一个小景，用独特的色（"空山""落晖""深林""青苔"）与声（"人语"）构成的游山图，巧妙地传达了诗人感悟到的空寂禅境。

《鸟鸣涧》："人闲桂花落，夜静春山空。月出惊山鸟，时鸣深涧中。"（陈铁民《王维集校注》）这首诗也是王维的代表作之一，一二句对起，造成闲人与空境相互烘托的效果：能听到桂花落地的声音，能感到入夜春山的寂寥，表明境中人心无杂念（闲）；人心无杂念，反过来更凸显入夜春山的寂寥、桂花落地的声音。第三句借形色变化描写声音，创出"月出惊山鸟"的千古奇句，将人境俱空的境界推进一层；结句以鸟鸣反显此境，从而达到"蝉噪林逾静，鸟鸣山更幽"（王绩《入若耶溪》句）的效果。全诗由"人""桂花""夜""春山""月""鸟""深涧"等意象组成，借助"闲""落""空""静""出""惊""鸣"等有质感、触感和动感的形容词或动词的奇妙组合，活画出一幅春涧鸟鸣图。胡应麟说："太白五言绝，自是天仙口语，右丞却入禅宗。"（《诗薮》内编卷六）此言真实不虚。

《酬张少府》："晚年唯好静，万事不关心。自顾无长策，空知返旧林。松风吹解带，山月照弹琴。君问穷通理，渔歌入浦深。"（陈铁民《王维集校注》）这也是一首迥绝常伦的禅诗，但常常受到人们误解。有人解此诗说，王维这个人其实有官瘾，但一生都不得志，到晚年完全灰心，干脆躲到终南别业吟风弄月去了。如此解读，如同佛头着粪，王维再世，不知作何感想？"万事不关心"是心灰意冷、万事不管吗？不是。此处"不关心"即《心经》所说的"心无挂碍"，指一切人、事、物都不挂怀于心，而不是什么事情都不管。这一义，要从"晚年唯好静"的"静"处寻找答案。静就是禅，"唯好静"即只属意禅。其实，王维此时并非仅仅爱好禅，实际上已是见到自己本来面目的禅师，一个禅师的心还有挂碍吗？当然没有。"自顾无长策，空知返旧林"的意思是，反观自己没有一技之长，只好回到自己曾经住过的别业吗？不能说不对，但这只是字面意思，深一层看，"自顾无长策"应该是说自己不执着于任何一技之长。孔子说"君子不器"，君子不要把自己变成一个器具，而要成为一个修道者和闻道者。一个君子都应该修身养性成道，难道作为禅师的王维反而会以拥有一技之长为足吗？显然不会。"空知返旧林"也不能作"只知回到终南别业"解，"空知"比喻空性的知见，"旧林"比喻自性或本来面目，其深义是以一颗空性心返回本来面目之中。前面四句开显真空境界，后面四句则显现妙有境界。这妙又是怎么显现出来的？只有在空性心中，才能敏锐地感觉、体味到解腰带时松风拂来、弹古琴时山月相照的情景与真味。"渔歌入浦深"一句用了屈原《渔父》篇的一个典故。屈原被逐汨罗江，在江畔遇到一个渔父，就对他抱怨说："举世皆浊我独清，众人皆醉我独醒，是以见放。"渔父告诉他："沧浪之水清兮，可以濯吾缨；沧浪之水浊兮，可以濯吾足。"（《楚辞补注》）渔父是高人，希望屈原打破清浊对立、走向"和光同尘"，可惜屈原没有被点醒。王维借用这个典故意在点出：此时我已不在对待的烦恼法中，你问我仕途穷通之类，我没什么好说，只能像渔父那样无言离去。最后这两句言近旨远，不落两边，神乎其神，纯然中道。王士禛曾说，读王维诗"如参曹洞禅，不犯正位，须参活句，然钝根人学渠不得"（《带经堂诗话》），确实如此。

苏东坡曾经如此评价王维的诗歌："味摩诘之诗，诗中有画；观摩诘之画，画中有诗。"（《书摩诘蓝田烟雨图》）这是从王维诗歌的意向与布局方面做出的评价，按宋胡仔的话说，这评价还嫌偏低，王维诗歌"造意之妙，至与造化相表里，岂直'诗中有画'哉！观其诗，知其蝉蜕尘埃之中，浮游万物之表者也"（《苕溪渔隐丛话》前集卷一五）。

出家人也有许多禅趣型禅诗。例如船子德诚的"千尺丝纶直下垂，一波才动万波随。夜静水寒鱼不食，满船空载月明归"（《五灯会元》卷五），梅花尼的"终日寻春不见春，芒鞋踏遍陇头云。归来笑拈梅华嗅，春在枝头已十分"（《鹤林玉露》卷六）等，都是这类禅诗中大家耳熟能详的佳作。

禅师创作的禅趣型禅诗中有一种叫作山居诗，是禅师山居禅悦心境的写照，最能体现这类禅诗的神韵。我们下面介绍一下贯休的几首山居诗。贯休是晚唐五代时人，俗姓姜，字德隐，婺州兰溪人，擅长诗画，所画十八罗汉为传世神品，诗名也遐迩闻名。贯休或许是禅门最早创作山居组诗的禅师，其诗为七律，共有二十四韵，全面展示了他山居的日常生活。第一首："休话喧哗事事难，山翁只合住深山。数声清磬是非外，一个闲人天地间。绿圃空阶云冉冉，异禽灵草水潺潺。无人与向群儒说，岩桂枝高亦好攀。"（胡大浚《贯休歌诗系年笺注》卷二三）此诗首联宣明远离尘器、长住深山的志趣；颔联承第二句状写山居是非不到、悠闲自在的心境；颈联转向外境，写白云冉冉、流水潺潺、绿草茵茵、异禽依依的环境；尾联映照首联，再次宣示不求闻达、乐于修道的决心。第二首："难是言休即便休，清吟孤坐碧溪头。三间茅屋无人到，十里松阴独自游。明月清风宗炳社，夕阳秋色庾公楼。修心未到无心地，万种千般逐水流。"（同上）此诗首联起句破口头禅，显示无论世间法（吟诗）出世间法（参禅）都必须踏实践履；中间两联写禅人所造高远，虽人迹罕至而别有风光；尾联警醒禅者不要半途而废，而应破妄显真。第八首："心心心不住希夷，石屋巉岩鬓发垂。养竹不除当路笋，爱松留得碍人枝。焚香开卷霞生砌，卷箔冥心月在池。多少故人头尽白，不知今日又何之。"（同上）此诗首联托出不住空寂（不住希夷）、不惧无常（鬓发垂）的境界，中间两联写由此境界展开的人境如如、悠然自在的禅悦生活，尾联流露出慈悲济世之心。其余各诗所用意向互有差异，所显禅境大同小异，就不再一一解读了。

如果说前述禅趣型禅诗属于"清境"禅诗，这类禅诗中还有一种可以叫作"艳情"禅诗，即通过种种香艳意象象征禅境的禅诗。这种禅诗往往被人误解，因此也有必要说一说。南宋圆悟克勤是临济宗著名的禅师，师从五祖法演禅师，门下有虎丘绍隆与大慧宗杲两大弟子，有《圆悟佛果禅师语录》《碧岩录》等著作，堪称临济宗的中兴祖师。他的悟道偈就是一首人们非常熟悉的"艳情"禅诗："金鸭香销锦绣帏，笙歌丛里醉扶归。少年一段风流事，只许佳人独自知。"（《续传灯录》卷二五）此诗用的是洞房花烛意向，描写的是男欢女爱情境，呈现的其实是他悟道所见本地风光，只有消归禅道才能得到正解。"金鸭香销锦绣帏"指参禅者烦恼烟消云散的情景，"笙歌丛里醉扶归"指参禅者明心见性后法喜充满的状态，"少年一段风流事，只许佳人独自知"指明心见性只能是"如人饮水，冷暖自知"的事情。这就是为什么五祖法演禅师一听到他吟出这首偈，便当即印可他，并"遍谓山中耆旧曰：'我侍者参得禅也。'"（同上）相反，如果我们将此诗视为纯粹的香艳诗，就不免以文害意，甚至南辕北辙了。

不过，这种郢书燕说的事并不是现代才有，历史上也时有发生。宋代文字禅代表人物觉范惠洪禅师崇宁五年有一首诗叫《上元宿百丈》（或作《上元宿岳麓寺》）："上元独宿寒岩寺，卧看篝灯映薄纱。夜久雪猿蹄岳顶，梦回清月在梅花。十分春瘦缘何事，一掬归（或作'乡'）心未到家。却忆少年行乐处，软红香雾喷京（或作'东')华。"(周裕锴《石门文字禅校注》卷一〇)据说,蔡元度夫人王氏(王安石女儿)"读至'十分春瘦缘何事,一掬乡心未到家'"两句,就颇为不屑地说:"浪子和尚耳。"(《能改斋漫录》卷一一)从此,惠洪禅师就背上了"浪子和尚"的污名。到纪晓岚眼中,他更成了"既役志于繁华,又溺情于绮语,于释门戒律实未精严,在彼教中未必遽为法器"(《四库全书总目》卷一四五《释家类·林间录》提要)的佛门败类。其实,诗中的"寒岩寺""梅花""家""京华(或东华)"都象征禅境,"篝灯""清月"象征本心,"猿"指烦恼,"春瘦"喻指矢志于禅的参禅者,"归心(或乡心)"特指皈依禅道之心,"少年行乐处"特指过去的红尘生活,"软红""香雾"指尘世生活中的软玉温香等景象(其《赠沩山湘书记》中"东华软红纵好,无因飞到窗间"的"软红"也属这种用例),全诗表达的是一个久参者(不必是惠洪本人)将悟未悟的状态:首联出句先肯定自己本在禅境之中,对句显示已隐约见到本心所放光明;颔联烦恼与菩提对举,一方面知道烦恼未歇,另一方面也深知本心不失;颈联自我反省,自己所以瘦骨嶙峋,是因为未能明心见性,没有得到法水滋润;尾联宕开一笔,写从前的尘世生活就像在佛头着粪,从反面衬托自己誓愿打破烦恼窟宅、彻见本来面目的心志。此诗确实没有丝毫浪子之态,"纯只是修道未能明心见性的恨憾而已"(肖丽华《"文字禅"诗学的发展轨迹》),惠洪禅师因王氏、纪晓岚等人误读其诗而背上"浪子和尚"的污名,实在非常冤枉。

五、参禅禅诗

禅师不仅喜欢吟哦显境禅诗，还喜欢将参禅心要化为禅诗，以供好此道者参悟禅道，我们称这类禅诗叫参禅禅诗。

参禅禅诗在禅师开示中所在多有。有的是临时吟诵的诗句，比如临济义玄禅师介绍自己有"四料简"，也就是四种判断、接引人的方法：我执重法执轻的人来，侧重破其我执，这叫"夺人不夺境"；法执重我执轻的人来，侧重破其法执，这叫"夺境不夺人"；我法二执都很重的人来，既破其我执也破其法执，这叫"人境两俱夺"；人法二执皆无的人来，则无事可做，这叫"人境俱不夺"。"时有僧问：'如何是夺人不夺境？'师云：'煦日发生铺地锦，婴孩垂发白如丝。'僧云：'如何是夺境不夺人？'师云：'王令已行天下遍，将军塞外绝烟尘。'僧云：'如何是人境两俱夺？'师云：'并汾绝信，独处一方。'僧云：'如何是人境俱不夺？'师云：'王登宝殿，野老讴歌。'"（《镇州临济慧照禅师语录》）

有的是完整的诗作。这类参禅禅诗以颂古为主。所谓颂古，"古"指佛祖或古德的机缘或公案，"颂古"即用诗歌的形式颂出其意趣和参究要点以供后人参悟，其特点如圆悟克勤所说，"大凡颂古，只是绕路说禅、拈古大纲、据款结案而已"（《佛果圆悟禅师碧岩录》）。这种禅诗由汾阳善昭禅师始创，至雪窦重显禅师大成。此外，天童正觉、丹霞子淳、无门慧开、虚堂智愚等禅师也是其中的代表人物。由于不少颂古本身过分委婉含蓄，许多人还是不得其门而入，从圆悟克勤禅师开始陆续又有评唱颂古的著作出现，如《碧岩录》(圆悟克勤禅师)《虚堂集》《从容庵录》(万松行秀禅师)等，还集成了《禅宗颂古连珠通集》《宗鉴法林》等颂古汇集。例如，有僧人问宝应念和尚什么是祖师西来意，宝应念禅师说："风吹日炙。"又如，刘铁磨行脚到沩山，沩山灵祐禅师对他说："老母牛，你来了。"刘铁磨说："过几天五台山有大会斋，和尚还去吗?"沩山灵祐禅师倒身睡下，刘铁磨便走了出去。这些公案都是不涉理路的"无意味语"，用意是让参禅者自己参究，打破从前的障碍而悟入禅境。但面对这类铜墙铁壁一样的公案，即使禅门中的老参也很难窥破。禅师们为帮助参禅者用功，便用颂古委婉地道出其中奥妙。如汾阳善昭禅师颂前一公案道："日炙风吹不计年，行人尘路辨应难。拟心已早深三尺，更教谁问个中玄?"(《汾阳无德禅师语录》卷中)雪窦重显禅师颂后一个公案道："曾骑铁马入重城，敕下传闻六国清。犹握金鞭问归客，夜深谁共御街行?"参禅者是否因这些颂古减轻了参禅难度，我们很难揣测，但禅门因此多了一种接引弟子的方便，却是不争的事实。

禅师们不但随时以诗句引导弟子参禅，更专门开出了系统地依诗参禅的法门。例如，佛国惟白禅师依《华严经·入法界品》所作五十四首《文殊指南图赞》，就被张商英誉为"撮大经之要枢，举法界之纲目，标知识之仪相，述善财之悟门，人境交参，事理俱显"的参禅组诗。参禅组诗中，最著名、影响最大者非《十牛图颂》莫属。

以牧牛譬喻佛教徒修行的内容，早在佛经中已出现。如《中阿含经·因品》与《杂阿含经》第一〇〇九经与第一一六九经，以及鸠摩罗什译《佛垂般涅槃略说教诫经》等经，都有以牧牛譬喻修行的经文，甚至有一部经就叫《佛说放牛经》。禅门中，首先将牧牛喻引入修行生活者当是中唐的马祖道一禅师，最先以十首禅诗表现牧牛喻者则是晚唐湘山宗慧禅师的《牧牛歌》。此后直到现代，不断有人仿作，而以宋代廓庵师远禅师之作最有影响。下面，我们就依《大藏新纂卐续藏经》第六十四册收录的廓庵师远禅师《十牛图颂》及其著语，对其禅学思想与意趣做简要解读。

廓庵师远禅师《十牛图颂》

序号	标题	图	诗
一	寻牛		忙忙拨草去追寻， 水阔山遥路更深。 力尽神疲无处觅， 但闻枫树晚蝉吟。
二	见迹		水边林下迹偏多， 芳草离披见也么？ 纵是深山更深处， 辽天鼻孔怎藏他。
三	见牛		黄鹂枝上一声声， 日暖风和岸柳青。 只此更无回避处， 森森头角画难成。
四	得牛		竭尽神通获得渠， 心强力壮卒难除。 有时才到高原上， 又入烟云深处居。

续表

序号	标题	图	诗
五	牧牛		鞭索时时不离身， 恐伊纵步入埃尘。 相将牧得纯和也， 羁锁无抑自逐人。
六	骑牛归家		骑牛迤逦欲还家， 羌笛声声送晚霞。 一拍一歌无限意， 知音何必鼓唇牙。
七	忘牛存人		骑牛已得到家山， 牛也空兮人也闲。 红日三竿犹作梦， 鞭绳空顿草堂间。
八	人牛俱忘		鞭索人牛尽属空， 碧天寥廓信难通。 红炉焰上争容雪， 到此方能合祖宗。
九	返本还源		返本还源已费功， 争如直下若盲聋。 庵中不见庵前物， 水自茫茫花自红。

序号	标题	图	诗
十	入鄽垂手		露胸跣足入鄽来， 抹土涂灰笑满腮。 不用神仙真秘诀， 直教枯木放花开。

诗中的"牛"既指烦恼心，也指智慧心，这两个心本是一心，牧牛人（参禅者）不知其真相，它就是烦恼心，证知这个真相，它就是智慧心。这十首诗从"寻牛"到"入鄽垂手"，将参禅者从苦苦求道到慈悲济世的过程形象而含蓄地传达了出来，称得上"不着一字，尽得风流"的典范作品。

一开始，参禅者心中充满烦恼，渴望寻求解决之道，但根本不知烦恼的根源是一念妄心，只知向心外求法。既然不知烦恼正因，即使踏遍万水千山，弄得筋疲力尽，也只能四顾茫然、不知着落。但其实，智慧心从来都在，只是参禅者背觉合尘、睁眼不见而已，如禅师著语说："从来不失，何用追寻？由背觉以成疏，在向尘而遂失。家山渐远，歧路依差；得失炽然，是非蜂起。"这类似教下建立信心的阶位。

经过亲近善友、听闻佛法的功夫，参禅者发现从前心外求法、错用功夫，现在知道万法唯心，必须回光返照。虽然如此，但这只是从经本、禅籍或师长那里学来的知识，无力辨别邪正、深浅与偏圆，如禅师著语说："依经解义，阅教知踪，明众器为一金，体万物为自己。正邪不辩，真伪奚分？未入斯门，权为见迹。"这相当于教下从确立信心到大开圆解的阶位。

参禅者经过苦苦参究，终于打破初关，亲见本心，证知万法唯心、心外无法，如禅师著语说："从声得入，见处逢原，六根门着着无差，动用中头头显露。水中盐味，色里胶青，眨上眉毛，非是他物。"这是禅宗发明本心的境界，相当于教下菩萨见道（初地）的阶位，洞山良价禅师的开悟偈（"切忌从他觅，迢迢与我疏。我今独自往，处处得逢渠。渠今正是我，我今不是渠。应须恁么会，方得契如如"）与天台德韶国师的示众偈（"通玄峰顶，不是人间。心外无法，满目青山"），开显的主要就是这个境界。

参禅者虽证得了智慧心，但历劫以来的烦恼习气力量太大，经常不听使唤，心中有时清清净净，有时又烦恼重生，必须痛加对治。接着，参禅者依智慧心不断对治烦恼习气，只要一起妄念就能立刻对治；对治到一定程度，智慧力量愈来愈大，烦恼势力越来越小，智慧心便能任运现前。从此以后，参禅者无须刻意消除妄念而妄念自消，不期真心现前而真心任运现前，随时随地发挥其妙用，如禅师著语所谓"横身牛上，目视云霄，呼唤不回，牢笼不住"。第四到第七首诗所写都是参禅者随智慧心修行的境界，相当于教下菩萨初地到七地的阶位。对此，长庆大安禅师曾借牧牛喻做过清晰的描述："安在沩山三十来年，吃沩山饭，屙沩山屎，不学沩山禅，祇看一头水牯牛。若落路入草，便把鼻孔拽转来；才犯人苗稼，即鞭挞。调伏既久，可怜生受人言语；如今变作个露地白牛，常在面前，终日露迥迥地，趁亦不去。"（《五灯会元》卷四）

如果说参禅者此前还存有智慧心的相，到此时连此心相也空掉了，整个心都是智慧心的自然流露，所谓"如金出矿，似月离云，

一道寒光，威音劫外"。接下来，参禅者进一步空掉对待习气，达
到了"凡情脱落，圣意皆空，有佛处不用遨游，无佛处急须走过"
的境界。最后，参禅者完全消除了二元对待习气，彻见万法本来清
净，烦恼尽是菩提，生死不异涅槃，只因妄想执着，劳烦长久修
治。这几首所写是清净微细烦恼习气的境界，相当于教下菩萨八地
到十地的阶位。对此境界的描述，典型如赵州禅师如下公案："僧
辞赵州和尚。赵州谓曰：'有佛处不得住，无佛处急走过。三千里
外，逢人莫举。'"（《景德传灯录》卷二七）又如长沙景岑禅师如下
偈颂："百丈竿头不动人，虽然得入未为真。百丈竿头须进步，十
方世界是全身。"（《景德传灯录》卷一〇）

　　前面九首诗侧重展示参禅者自觉的过程，第十首则着重彰显参
禅者成佛后的化他功德。佛教说，修行大乘佛法成就的佛菩萨是众
生不请友，"随众生心，为其演说，悉令开悟"（《大方广佛华严经》
卷五四），禅宗作为大乘佛教宗派，其最后归趣当然也是普度众生。
佛菩萨在度化众生的过程中并不显奇示异，而是"抹土涂灰笑满
腮""柴门独掩，千圣不知"，根本"不用神仙真秘诀"，一切显得
普通平常；虽然不借助怪力乱神，却能"直教枯木放花开"，不知
不觉地将众生度化成佛。禅宗展示这种功德的公案不少，此处随举
两例以窥一斑："师将顺世，第一座问：'和尚百年后向甚么处去？'
师曰：'山下作一头水牯牛去。'座曰：'某甲随和尚去还得也无？'
师曰：'汝若随我，即须衔取一茎草来。'"（《五灯会元》卷三）"僧
问：'久响赵州石桥，到来只见掠彴子。'师云：'你只见掠彴子，
不见赵州石桥。'云：'如何是石桥？'师云：'度驴度马。'"（《赵州
和尚语录》卷中）

这样的禅诗，对于雅好诗道与禅道者，无疑是参禅的上好门径。

六、禅诗的影响

佛教要化中国，首先必须中国化。佛教的中国化不是异化，而是创造性转化。佛教的创造性转化，就是在保存其根本思想与归趣基础上，其教化形象与方式的随缘转化。佛教的根本思想是缘起性空或真空妙有，其归趣是现证此思想、开启智慧，从而过一种自在、智慧与慈悲的生活。如果佛教在中国化的过程中不能保住这种思想与归趣，佛教就不成其为佛教，所谓"中国化"也就不是"创造性转化"意义上的"中国化"，而是丢弃了佛教本位的异化。另一方面，从接受佛教的中国一方看，当然不断会有人基于中国文化本位选择和吸收佛教思想，因为他们也同样担心中国文化出现异化。立场与认知的差异，使得两种文化的交融在制度与思想层面必然表现出此消彼长的特点，隋唐佛教与宋明理学的兴替就是典型的例子。

禅宗自身不立教相、不拘形式，能以中国人喜爱的任何思想、文学、艺术乃至平常日用为教化的教相与形式，可以说做到了彻底的中国化；同时，中国人借助自己习以为常的思想、文化、艺术乃至日用就能契入佛教追求的终极境界，禅宗无疑也实现了全面化中国的目的。依此观察，如果可以说禅宗是佛教中国化与化中国最成功的大乘佛教宗派，也可以说禅诗是禅宗中国化与化中国开出的绚丽花朵。这当然不是说禅诗在禅宗的教化中具有特别重要的地位，而是因为诗歌在中国本是一种具有悠久传统、深受中国人喜爱的艺术，禅师们能不失时机地"以诗喻禅"，形成别具一格、广受推崇的禅诗，不但为开显禅境找到了一种艺术载体，而且为诗国之士参禅悟道开辟了一条神妙通道。这对我们思考当今佛教的中国化问题，无疑是具有非常重要的借鉴意义。

此外，禅诗作为我国诗歌世界中的一笔文化遗产，从古到今可谓汗牛充栋。单是禅诗总集，就有南宋李龏编辑《唐僧弘秀集》十卷，南宋陈起编辑《宋高僧诗选》前集、后集、续集、补遗（收六十一位僧人共三三八首诗），明毛晋辑《明僧弘秀集》十三卷，明释正勉、释性通辑《古今禅藻集》二十八卷（收历代僧诗三千多篇），清释含澈辑《方外诗选》八卷（清诗三卷，诗僧一一七人）。加上前述总集未收的僧人之诗，以及王维、孟浩然、苏轼、耶律楚材等历代参禅有得者与近现代八指头陀、太虚、虚云等大德的作品，可谓云蒸霞蔚。这些禅诗无论作为艺术，还是作为禅法，都会继续呈现其独特的价值。

习琴操缦为成君子之德

罗筠筠

古琴尽管延续发展几千年，但它更多的是作为一种文人修身的艺术，而非公众性的娱乐表演艺术，其根本目的也在于悦己之心而非悦人耳目。

对于个人来说，习琴操缦的主要目的是成君子之德，而不是学会一门艺术技巧。习琴只是手段和过程，修身养性才是目的。

修身这个问题现在不怎么提，但我觉得那是家庭稳定、社会稳定的一个最根本的要素，修身非常重要。修身有多个方面，这里谈的主要跟古琴相关。

孔子说"兴于诗，立于礼，成于乐"，从诗开始，到乐成就，实现人格完善，这也是我的总体想法。

韩婴《韩诗外传》有一段记载：

> 孔子学鼓琴于师襄子而不进，师襄子曰："夫子可以进矣。"孔子曰："丘已得其曲矣，未得其数也。"有间，曰："夫

子可以进矣。"曰:"丘已得其数矣,未得其意也。"有间,复曰:"夫子可以进矣。"曰:"丘已得其意矣,未得其人也。"有间,复曰:"夫子可以进矣。"曰:"丘已得其人矣,未得其类也。"有间,曰:"邈然远望,洋洋乎,翼翼乎,必作此乐也。黯然而黑,几然而长,以王天下,以朝诸侯者,其惟文王乎。"师襄子避席再拜曰:"善!师以为文王之操也。"故孔子持文王之声,知文王之为人。师襄子曰:"敢问何以知其文王之操也?"孔子曰:"然。夫仁者好韦,智者好弹,有殷勤之意者好丽。丘是以知文王之操也。"传曰:闻其末而达其本者,圣也。

韩婴是汉代传承《诗经》的四家之一,这段话讲的是孔子跟琴师师襄学琴的过程。学琴,不是掌握一点技巧,能弹一首曲子,就算是学会了,学琴其实是一个修身的过程。孔子认为掌握了技巧和曲意都不算学会了琴,而要能够把这个曲子和整个人生联系起来才行。后来师襄都觉得不如孔子了,就让他自己去弹,孔子就弹了一个曲子《文王操》。

我的这个题目主要是分两个部分,一部分讲与华夏精神并存的琴道,为什么能够通过鼓琴可以修身,因为它是和整个中华文化并行发展出来的;另一部分讲文人通过鼓琴修身的过程。

与华夏精神并存的琴道

这部分又分三个方面:琴道与天道,琴德与人德,琴境与意境。

说到古琴，包括大多数中国人在内的人对它基本没有多少认识，略有音乐知识的人也时而会将它与古筝相混淆。这也难怪，这一世界上最古老的艺术，尽管延续发展几千年，但它更多的是作为一种文人修身的艺术，而非公众性的娱乐表演艺术而存在，其根本目的也在于悦己之心而非悦人耳目。

有人说现在古琴太普及了，已经是第一大俗，茶艺是第二大俗，沉香是第三大俗，但是我觉得还是没有真的普及到能够雅俗共赏的地步。古琴艺术之所以始终是一种阳春白雪、曲高和寡的艺术，最主要是因为它是一种"歌者苦""知音稀"的艺术形式。古诗十九首中有一首《西北有高楼》，其中有一联是"不惜歌者苦，但伤知音稀"。歌者有多苦都没关系，但真正能够听懂的知音是很少的。一说知音就会想到《流水》这个曲子，想到俞伯牙和钟子期的故事。这是刘勰《文心雕龙知音篇》提到过的，说是千古知音。自古文人相轻，为什么伯牙和子期能够成为知音呢？就是因为钟子期不是文人，而是樵夫，所以他们没有什么世俗关系，可以真正去用音乐和心灵沟通，知音难得就在这里。

为什么琴在中国历史上这么重要呢？从一开始它就不是只被当作一种音乐，而是起着文以载道的作用。历代的琴家和琴学家都赋予其非常重要的地位，唐代琴学家薛易简《琴诀》中说：

> 琴之为乐，可以观风教，可以摄心魂，可以辨喜怒，可以悦情思，可以静神虑，可以壮胆勇，可以绝尘俗，可以格免神，此琴之善者也。夫正直勇毅者听之则壮气益增，孝行节操者听之则情感伤，贫乏孤苦者听之则流涕纵横，便佞浮嚣者听

之则敛容庄谨。是以动人心，感神胆者，无以加于琴。闻其声正而不乱，足以禁邪止淫也。今人多以杂音悦乐为贵，而琴见轻矣。夫琴士不易得，而知音亦难也。

这段话一方面将琴乐的"善"用概括出来，既包括它的社会作用，也包括其艺术作用：观风教、摄心魂、辨喜怒、悦情思、静神虑、壮胆勇、绝尘俗、格免神，琴的这八大作用，可以说是古人对艺术重要作用的集中论述。另一方面，也对琴艺的特殊性加以解说，琴曲、琴乐乃是志士仁人用心禁邪止淫、修身养性的，故"杂音悦乐"是其所摒弃的。也正是从这个角度，薛易简阐明了为什么琴士难寻、知音难得。

其实，西汉经学家刘向在其《琴说》中已经对古琴艺术的重要性和难得之处给予了简明扼要的强调，他说："凡鼓琴，有七例。一曰：明道德，二曰：感鬼神，三曰：美风俗，四曰：妙心察，五曰：制声调，六曰：流文雅，七曰：善传授。"

琴谱流传至今，有很多的变化，有很多的曲子。比如完整形成的第一个琴谱就是《神奇秘谱》，朱元璋的第17个儿子朱权编的。他在选琴谱的时候，有很多很优美动听的曲子没有被列入进去，因为他作为皇家子弟主要是明道德，就跟孔子编《诗经》是一样的，要用儒家的道德标准来选取曲子，所以琴的特殊性就在这里。琴者，禁也，大多数琴谱上来都要先强调这一点。

早在唐代，由于物质与精神生活的日益丰富，各种新艺术形式的层出不穷，各类艺术风格的不断变化，人们的欣赏品味的逐渐世俗化，延续古典精神的古琴艺术之创作与欣赏范围已经比上古时代大大缩小，真正的琴士已然稀有，真正的知音更是难得。

我们今天所处的是一个瞬息万变、纷纭复杂的世界，在这样的现实中要缓解压力、释放心胸、寻求内心的宁静，古琴艺术可以说是一个很好的途径。《左传·昭公元年》说："君子之近琴瑟，以仪节也，非以慆心也。"说明了古人重视琴瑟修养的根本原因除了有修艺和调心的作用外，还可通过琴瑟之友来遵仪尚礼，具有社会作用和道德功能。所以说，古琴艺术通过其修习的过程和对琴道的体悟，不仅能够起到"修身"的作用，对于"齐家""治国"也是益处良多。

古琴琴器，简洁却具有丰富的表现力；古琴琴制，包含着中国文化"天人合一"的思想精髓；古琴琴道，与中国古老高深的"天道"相互契合；古琴琴德，蕴含着士大夫对人生哲理持之以恒的追求精神；古琴琴曲，生动丰富的故事内涵与艺术表现力，是体认中国古典美学艺术意境的最佳方式；古琴琴歌，古朴悠扬，记载传颂着中国历史上美丽动人的典故；古琴琴谱，精炼而传神，是世界上流传至今最古老的音乐曲谱；古琴琴学，源远流长，博大精深；古琴琴境，回味无穷，臻于妙境。

琴道与天道：习琴操缦是本心通"道"的途径

宋代朱长文《琴史》（共六卷，第六卷讲琴的美学，分 11 个部分）通过师文习琴的过程，给予古琴艺术道与器、道与技之关系一个很好的概括：

　　夫心者道也，琴者器也。本乎道则可以用于器，通乎心故可以应于琴。……故君子之学于琴者，宜工心以审法，审法以察音。及其妙也，则音法可忘，而道器具感，其殆庶几矣。

　　他说在弹琴的时候，或者你去理解琴的时候，就是通过琴的声音把你内心对道的理解表达出来。可见在中国古人那里，习琴操缦从根本上讲，是心得以通"道"的一个途径，如果"道"不通，纵然如师文先前"非弦之不能钩，非章之不能成"，也仍然不能领会其真谛，达到其至高境界，正如师文自己所言："文所存者不在弦，所志者不在声，内不得于心，外不应于器，故不敢发手而动弦。"此处之"道"，并非仅仅指琴道，对于君子而言，同时也是其终身所力求体认的"天道"。

　　古琴虽然只是一种乐器，但从历史上看，自它的诞生到整个发展过程中，始终凝聚着先贤圣哲的人文精神。按《琴史》的说法，尧、舜、禹、汤、西周诸王均精通琴道，以其为"法之一"，"当大章之作"，而且他们均有琴曲传世，尧之《神人畅》，舜之《思亲操》，禹之《襄陵操》，汤之《训畋操》，太王之《岐山操》，文王之《拘幽操》，武王之《克商操》，成王之《神凤操》，周公之《越裳操》等，其中一些一直流传至今。

　　最有意思的是尧帝，他把皇位传给了舜，把两个女儿娥皇和女英也嫁给了舜，陪嫁就是琴。这些曲子都是有故事的，而且流传下来的这些琴谱，其实构成了中国历史文化的一个脉络。中国历史上最重要的历史事件、典故，好像都有琴曲记载下来，并通过相应的故事流传下来。琴原来只有五弦，所谓"手挥五弦，目送归鸿"，后来有七根弦，就是因为文王和武王说各加了一根弦。

孔子等先哲更是终日不离琴瑟，喜怒哀乐、成败荣辱均可寄情于琴歌琴曲之中。琴既是先贤圣哲宣道治世的方式，更是他们抒怀传情的器具。缘何如此？原来在琴道中，无论上古时代的天人合一，还是后世所崇尚的"和"之精神都有最好的体现。中国最早的诗歌集《诗经》说明了这点，《小雅·常棣》中有云："兄弟既具，和乐且孺。妻子好合，如鼓瑟琴。"《小雅·鹿鸣》也称："我有嘉宾，鼓瑟鼓琴。鼓瑟鼓琴，和乐且湛。"可见，和谐美妙的琴瑟之声，也有助于亲人友人之间的"和"。

我写过一篇文章，指出跟孔子有相关的琴曲大概有六首。他的弟子都是会弹琴的，包括像子路这种好像不太有文化的也会弹琴，而且孔子对不同的弟子会教不同的曲子，在不同的时候让他们去弹。孔子被围困的时候，就让子路去弹琴，以用其勇猛的风格去吓唬那些围困他的人。

琴道最根本的东西是什么？明末清初时的琴家徐青山在《溪山琴况》（《大还阁琴谱》的核心部分）二十四"琴况"中，将"和"列为首位，其意也在于强调琴之道与德所在。其中说："稽古至圣，心通造化，德协神人，理一身之性情，以理天下人之性情，于是制之为琴。其所首重者，和也。和之始，先以正调品弦，循徽叶声。辨之在指，审之在听，此所谓以和感，以和应也。和也者，其众音之窾会，而优柔平中之橐籥乎？"

古琴从琴制，到调弦、指法、音声，都是以"和"为关键，而"和"正是中国古典精神的最好体现。清人王善《治心斋琴学练要》说："《易》曰'保合太和'，《诗》曰'神听和平'，琴之所首重者，和也，然必弦与指合，指与音合，音与意合，而和乃得也。和也者，天下之达道也，其要只在慎独。"可见，通过琴达到"和"的境界也并不容易。

进一步讲，在中国古人看来，古琴的琴道（包括琴德、琴境）可以达到"通万物协四气"、"穷变化通神明"的形而上的层次。这可以从两个方面说明：制琴器以尚象，观念源于《左传》。"立象尽意"与"观物取象"是中国古代哲学与美学中最重要的命题，它又与另一个重要命题"言不尽意"紧密相关。"观物"是指对自然、社会事物的悉心观察把握，"取象"则是在观物之后对"物"之"象"的精心选取，或摹其形态，或取其意味。"琴"作为承载圣贤之意的最早的乐"器"，先人十分重视将"器"与"道"联系起来，琴制便充分体现了这一点。

首先，从古琴的琴制看。古琴看似简单，只有七弦十三徽，却蕴含着变化无穷的声调与音韵（合散、按、泛三音，共计有 245 个不同的发音位置，左、右手指法不下百种），概因为其本身乃先贤"观物取象"而造，内含许多哲理性的认识。各类琴书的"上古琴论"中对此多有论说。桓谭《新论》曰："昔神农氏继宓羲而王天下，上观法于天，下取法于地，近取诸身，远取诸物，于是始削桐为琴，练丝为弦，以通神明之德，合天地之和焉。"

琴之为器，其制详，其义深。蔡邕《琴操》有更详细的解释："昔伏羲氏作琴，所以御邪僻，防心淫，以修身理性，反其天真也。琴长三尺六寸六分，象三百六十日也；广六寸，象六合也。文上曰池，下曰岩。池，水也，言其平。下曰滨，滨，宾也，言其服也。前广后狭，象尊卑也。上圆下方，法天地也。五弦宫也，象五行也。大弦者，君也，宽和而温。小弦者，臣也，清廉而不乱。文王武王加二弦，合君臣恩也。宫为君，商为臣，角为民，徵为事，羽为物。"

这一思想与中国古典美学关于艺术"观物取象""立象尽意"主张是一致的，它也一直被历代琴家奉为圭臬。比如刘籍的《琴议篇》中说："夫琴之五音者，宫、商、角、徵、羽也。宫象君，其声同。当与众同心，故曰同也。商象臣，其声行。君令臣行，故曰行也。角象民，其声从。君令臣行民从，故曰从也。徵象事，其声当。民从则事当，故曰当也。羽象物，其声繁。民从事当则物有繁植，故曰繁也。是以舜作五弦之琴，鼓《南风》而天下大治，此之谓也。"

唐代道士司马承祯的《素琴传》中继承了这种观点："夫琴之制度，上隆象天，下平法地，中虚含无，外响应晖，晖有十三，其十二法六律六吕。其一处中者，元气之统，则一阴一阳之谓也。"这些思想都说明，在中国古人那里，古琴绝不只是一般的乐器，而是具有承载人生理想与信念、寄托心绪与情思，磨炼心性与意志，陶冶情操与品味等重要作用的"圣器"。

其次，从琴道的社会功用看。除了与天地变化之"道"相通，与天地万物之"象"相类之外，琴道（包括以琴为代表性的乐道）之所以受到古人的重视，还在于它具有与政通、致民和、维纲常的功能。

汉代刘向在《说苑·修文》中有明确说明："声音之道，与政通矣。宫为君，商为臣，角为民，徵为事，羽为物；五音乱则无法，无法之音：宫乱则荒，其君骄；商乱则陂，其官坏；角乱则忧，其民怨；徵乱则哀，其事勤；羽乱则危，其财匮；五者皆乱，代相凌谓之慢，如此则国之灭亡无日矣。"

乐声之正淫、有法与否关系到国家兴亡，故而要"兴雅乐，放郑声"，这是儒家传统乐论的重要观点。古琴音正声朴，五音清晰，变调严谨，适合体现这种"乐以载道"的主张。由于琴道之由来与天地万物相通，与人间政事人事相合，所以圣人君子借它来纳正禁邪、宣情理性、养气怡心、防心得意，从而使古琴由普通的乐器变成君子一日不可离的修身之器，使操琴不再是通常的艺术演奏，而成为君子养性悦心、修身悟道的过程。

历代学者与琴家对这一点多有论说。南宋刘籍《琴议篇》说："琴者，禁也。禁邪归正，以和人心。始乎伏羲，成于文武，形象天地，气包阴阳，神思幽深，声韵清越，雅而能畅，乐而不淫，扶正国风，翼赞王化。"后世的琴学或琴谱著述往往开宗明义，首先都要强调琴道的这个方面，以此来规范习琴者之心灵，保持琴德琴艺之高尚。例如朱长文《琴史》："夫琴者，闲邪复性乐道忘忧之器也。"明代徐祺《五知斋琴谱》则言："自古帝明王，所以正心、修身、齐家、治国、平天下者，咸赖琴之正音是资焉。然则琴之妙道岂小技也哉？而以艺视琴道者，则非矣！"清代程允基《诚一堂琴谈·传琴约》言："琴为圣乐，君子涵养中和之气，藉以修身理性，当以道言，非以艺言也。"

琴德与天德：琴之为器，德在其中

桓谭《新论·琴道》曰："八音广播，琴德最优。"何谓琴德？

顾名思义即古琴之品德，我认为可理解为人在习琴、操缦过程中及籍由这个过程而提升的人品"德性"。嵇康《琴赋》有："愔愔琴德，不可测兮，体清心远，邈难极兮。"他在赞颂古琴琴德之高深难及的时候，何尝不是在说做人要达到至高的德之境界之艰难。

司马承祯在《素琴传》中举古代圣贤孔子、原宪、许由、荣启期之例，说明琴德与君子之德、隐士之德相契合："孔子穷于陈蔡之间，七日不火食，而弦歌不辍。原宪居环堵之室，蓬户瓮牖褐塞匡坐而弦歌，此君子以琴德而安命也。许由高尚让王，弹琴箕山；荣启期鹿裘带索，携琴而歌，此隐士以琴德而兴逸也。……是知琴之为器也，德在其中矣。"

我们可以从两方面看待这个问题，一方面，习琴操缦有助于人之德性的滋养提升；另一方面，倘若是无德之人，即使其有较高的操琴技巧，也难以达到至上的琴境，因为他有违琴德。也就是说，琴虽然为养德之器，但本身也凝聚了德性之士的涵养。琴德一方面通过操缦姿态、琴曲格调、琴声清雅等诸多表现出来，另一方面则与琴人的处世态度与人生境界融为一体。如刘籍《琴议篇》所言："夫声意雅正，用指分明，运动闲和，取舍无迹，气格高峻，才思丰逸，美而不艳，哀而不伤，质而能文，辨而不诈，温润调畅，清迥幽奇，参韵曲折，立声孤秀，此琴之德也。"

清人徐祺在《五知斋琴谱·上古琴论》中把这个问题说得更为明确：

其声正，其气和，其形小，其义大。如得其旨趣，则能感物，志躁者，感之以静；志静者，感之以和。和平其心，忧乐不能入。任之以天真，明其真而返照。动寂则死生不能累，万法岂能拘。古之明王君子，皆精通焉。未有闻正音而不感者也。……琴能制柔而调元气，惟尧得之，故尧有《神人畅》。其次，能全其道。则柔懦立志，舜有《思亲操》、禹有《襄陵操》、汤有《训畋操》者，是也。自古圣帝明王，所以正心，修身，齐家，治国，平天下者，咸赖琴之正音，是资焉。然则，琴之妙道，岂小技也哉。而以艺视琴道者，则非矣。

琴德高尚，仁人志士以琴比德，借以抒怀咏志，历代琴诗、琴曲中这样的作品很多，阮籍的咏怀诗，嵇康的广陵绝唱，白居易、苏东坡等人的赞琴诗，均把琴当作君子之德的一个物化符号来看待。

琴境与天境：使心灵净化与深化

何谓琴境？白居易有《清夜琴兴》诗言："月出鸟栖尽，寂然坐空林。是时心境闲，可以弹素琴。清泠由木性，恬澹随人心。心积和平气，木应正始音。响余群动息，曲罢秋夜深。正声感元化，天地清沉沉。"这是对于琴境的一个最好的描写。以我的理解，所谓琴境，就是古琴艺术所形成的意象和意境。

中国传统艺术与美学以追求审美意境为理想。所谓意境，用宗白华先生的话说就是："意境是造化与心源底合一。就粗浅方面说，就是客观的自然景象和主观的生命情调底交融渗化。……艺术的境界，既使心灵和宇宙净化，又使心灵和宇宙深化，使人在超脱的胸襟里体味到宇宙的深境。"（《中国艺术意境之诞生》）古琴艺术的琴境，正是在使心灵和宇宙净化与深化这一点上，与中国艺术的最高理想"意境"相互契合。也正因为如此，宗先生也举了唐代诗人常建的《江上琴兴》来说明艺术（琴声）这种净化和深化的作用："江上调玉琴，一弦清一心。泠泠七弦遍，万木澄幽阴。能使江月白，又令江水深。始知梧桐枝，可以徽黄金。"类似的诗歌还有：

> 夜中不能寐，起坐弹鸣琴。薄帷鉴明月，清风吹我襟。孤鸿号外野，翔鸟鸣北林。徘徊将何见，忧思独伤心。（阮籍《咏怀诗其一》）
>
> 至乐本太一，幽琴和乾坤。郑声久乱雅，此道稀能尊。吾见尹仙翁，伯牙今复存。众人乘其流，夫子达其源。在山峻峰峙，在水洪涛奔。都忘途城阙，但觉清心魂。代乏识微者，幽音谁与论。（吴筠《听尹炼师弹琴》）
>
> 扣舷不有寐，皓露清衣襟。弥伤孤舟夜，远结万里心。幽兴惜瑶草，素怀寄鸣琴。三奏月实上，寂寥寒江深。（杨衡《旅次江亭》）

从这些琴诗中，均可见出那种经由琴声对心灵的洗涤与净化而实现的对人生透彻领悟与对暂时性的时空的超越，从而把握永恒的宇宙之道。我们知道，审美对象所引发的审美感兴有不同的层次，并非都能够达到使心灵和宇宙净化与深化的意境的高度。这一方面取决于欣赏者的心境（他的修养、学识、境遇、年纪、情绪等方面都会有影响），另一方面也在于艺术作品的感染力（能否引起欣赏者的情感活动与心灵互动）。

古琴无论是在历史上还是在今天，都应该说是阳春白雪、曲高和寡的艺术，它不仅对于演奏者，同时对于欣赏者，包括演奏的时机、环境，都有很高的要求。从某种意义而言，古琴是带有一定哲理性的深沉艺术，唯其如此，它也更能够把人引入形而上的审美意境层次。这可以从内容与形式两个方面来理解。

首先，从内容上说，古琴琴境的形成既与其深厚的文化内涵有关，同时也与其本身的艺术创作与审美欣赏特点有关。琴曲、琴歌的形成正如唐人王昌龄所总结的"三境"（物境、情境、意境）那样，大多是："遇物发声，想象成曲，江出隐映，衔落月于弦中，松风嗖飀，贯清风于指下，此则境之深矣。又若贤人烈士，失意伤时，结恨沉忧，写于声韵，始激切以畅鬼神，终练德而合雅颂，使千载之后，同声见知，此乃琴道深矣。"

琴曲、琴歌基本上可以分为三种，即：描写自然景物和人们触景生情的（物境），诸如《高山流水》《平沙落雁》《潇湘水云》《碧涧流泉》《梅花三弄》等；描写现实生活中人们的各种悲欢离合境遇的（情境），诸如《阳关三叠》《龙翔操》《关山月》《渔樵问答》《大胡笳》《屈子问渡》等；描写人们喜怒哀乐之心理情结的（意境），诸如《墨子悲丝》《忆故人》等。

元代琴家严澂《琴川谱汇序》写出了琴曲意象的多姿多彩："奏《洞天》而俨霓旌绛节之观；调《溪山》而生寂历幽人之想；抚《长清》而发风疏木劲之思；放《涂山》而觏玉帛冠裳之会；弄《潇湘》则天光云影，容与徘徊；游《梦蝶》则神化希微，出无入有。至若《高山》意到，郁崒冈崇；《流水》情深，弥漫波逝，以斯言乐，奚让古人？"无论其内容如何，共同的特点是通过琴声来表现出古人心灵与宇宙自然相通的意象与意境。这其中既包括对于自然景物的再现与描绘，给人回归山水天地的自在逍遥；也包括对于人生悲欢离合种种经历的刻画与表现，给人对人生与社会的回味反思。最终实现对暂时性、表面性的现实生活的超越，获得一种大彻大悟后物我两忘的宁静心态。

其次，从形式上说，古琴的桐木丝弦及完全用手指操缦的特点，给予琴声一种回归自然的平实味道。一般人对此并不理解，反而认为其音色较为单调乏味，甚至一曲都不能听到曲终，自然很难体味到其中变化无穷、余音绕梁的美妙韵味。清代祝凤喈在《与古斋琴谱补义·按谱鼓曲奥义》中写道："琴曲音节疏、淡、平、静，不类凡乐丝声易于说耳，非熟聆日久，心领神会者，何能知其旨趣。……初觉索然，渐若平庸，久乃心得，趣味无穷。……迨乎精通奥妙，从欲适宜，匪独心手相应，境至弦指相忘，声晖相化，缥缥渺渺，不啻登仙然也。"从操缦与聆听的角度说明古琴艺术的审美特点，尽管其音色似乎不像其他乐器那样优美悦耳，然而其疏、淡、平、雅的特色正是使人心返朴归真的途径，如果只是图一时的感官快乐，不能耐心持久，那只会感觉索然平庸，很难心领神会，得其妙趣无穷；而一旦静下心来，把握了操缦的奥妙，达到心手相应、弦指相忘、声晖相化的境界，就会真正体验到那种超然物外、恍若登仙的美妙境界。

由此可以看出，第一，古琴琴境的形成不是轻而易举的，如果不能理解琴道，没有修好琴德，很难达到高深美妙的琴境，所以说，琴道、琴德、琴境三者是相辅相成的。元代陈敏子在《琴律发微·制曲通论》中表达了这个看法："姑以琴之为曲，举其气象之大概，善之至者，莫如中和。体用弗违乎天，则未易言也。其次若冲澹、浑厚、正大、良易、豪毅、清越、明丽、缜栗、简洁、朴古、愤激、哀怨、峭直、奇拔，各具一体，能不逾于正乃善。若夫为艳媚、纤巧、噍烦、趋逼、琐杂、疏脱、惰慢、失伦者，徒堕其心志，君子所不愿闻也。"

第二，正如陈敏子所说，古琴的琴境除了这种至高的形而上的意境外，同时也还有各种不同的具体表现。徐止瀛《溪山琴况》的二十四琴况中，既有和、远、古、逸、淡、雅这样较为抽象玄妙的琴境，也有丽、亮、洁、润、健、圆、坚、宏、细、轻、重、迟、速这类较为具体可感之境，这些不仅是操琴要求，同时也因之而达到一种审美的体验。

所以，古琴琴境的达到既非轻而易举，也非高不可攀，关键在于能否体会琴道，能否保持琴德。此外，所谓琴境或者说是古琴艺术的审美意境，最重要的是内在之情与在外景物的真切结合，故是离不了"情"的，其感人，其净化，其深化，都缘"情"而生。乐史与琴史中"雍门周为孟尝君鼓琴"的经典故事，足以说明古琴艺术的感染力。大多数琴诗也是操琴或听琴之士因琴生情、感怀兴寄而写下的。如欧阳修《赠无为军李道士》所表现的听琴意境："无为道士三尺琴，中有万古无穷音，音如石上泻流水，泻之不竭由源深。弹虽在指声在意，听不以耳而以心。心意既得形骸忘，不觉天地白日愁云阴。"

第三，常建与白居易可谓唐代最擅长写琴诗的，他们的琴诗往往是从听琴入境，在琴声中体味高深玄远的意味，达到物我两忘的意境。比如常建的《张山人弹琴》："君去芳草绿，西峰弹玉琴。岂推丘中赏，兼得清烦襟。朝从山口还，出岭闻清音。了然云霞气，照见天地心。玄鹤下澄空，翩翩舞松林。改弦扣商声，又听飞龙吟。稍觉此身妄，渐知仙事深。其将炼金鼎，永矣投吾管。"白居易的《对琴待月》："竹院新晴夜，松窗未卧时。共琴为老伴，与月有秋期。玉轸临风久，金波出雾迟。幽音待清景，唯是我心知。"

鼓琴：文人修身的过程

古琴之所以倍受古代文人士大夫喜好，除了其琴道、琴德、琴境为其所重外，更在于习琴操缦有助于修身养性，成君子之德，也就是说，鼓琴是被当作一种修身的过程看待的，刘向《说苑・修文》言："乐之可密者，琴最宜焉，君子以其可修德，故近之。"鼓琴之所以有助于修身，可以从下面几个方面来分析。

第一，丰富的文化内涵。

古琴不仅在琴制上凝聚了中国古人哲理性的思想，而且古琴的琴歌、琴曲创造也大多具有深刻的文化内涵，每一首琴歌、每一段琴曲均有其动人心弦、教化心灵的故事由来。如果说人类历史上有什么音乐流传最久，至今仍然能够体会其上古生命力之意蕴的话，当非古琴莫属。按各种不同琴谱记载流传至今的各个历史时期的琴曲有三千余首，其内容丰富，意象广阔，凡象事、绘景、抒怀、寄情、写境，触物而心动者，皆可入缦成曲。

元代陈敏子《琴律发微・制曲通论》中有这样的说法："汉晋以来，固有为乐府辞韵于弦者，然意在声为多，或写其境，或见其情，或象其事，所取非一，而皆寄之声。……且声在天地间，霄汉之籁，生嵒谷之响，雷霆之迅烈，涛浪之舂撞，万窍之阴号，三春之和应，与夫物之飞潜动植，人之喜怒哀乐，凡所以发而为声者，洪纤高下，变化无尽，琴皆有之。"

进一步讲，就琴曲之创制讲，桓谭《新论》曰："琴有《伯夷》之操。夫遭遇异时，穷则独善其身，故谓之'操'。《伯夷》操以鸿雁之音。……《尧畅》，达则兼善天下，无不通畅，故谓之'畅'。"朱长文《琴史》中也记载上古琴曲的由来，尤其说明了为何琴曲多以"操""畅"来命题："古之琴曲和乐而作者，命之曰'畅'，达则兼济天下之谓也；忧愁而作者命之曰'操'，穷则独善其身之谓也。"可见琴曲是君子在不同境遇下的心情写照。从流传琴曲中"操"多于"畅"这点看，大多数琴曲均为古人身处逆境之作，故更易引发人们感慨，也更具有励志教化的作用。

从先古帝王的《舜操》《禹操》《文王操》《微子操》《箕子操》《伯夷操》，到大诗人韩愈填辞的《拘幽操》《越裳操》《别鹤操》《残形操》《龟山操》《将归操》《履霜操》《岐山操》《猗兰操》《雉朝飞操》，到历代流传的《水仙操》《陬操》《获麟操》《古风操》《龙朔操》《龙翔操》《仙翁操》《遁世操》《醉翁操》《升仙操》《列女操》等，每一首琴曲都有一段感人肺腑的故事。正如唐代薛易简《琴诀》所言："故古之君子，皆因事而制，或怡情以自适，或讽谏以写心，或幽愤以传志，故能专精注神，感动神鬼。"

除了琴曲外，琴歌也大多具有教化道德作用，据《史记》载，孔子为了备王道，成六艺之教，曾将"诗三百"都创为琴歌："三百五篇，孔子皆弦歌之，以求合《韶》《武》《雅》《颂》之音。礼乐自此可得而述，以备王道，成六艺。"

中国传统文艺与美学思想历来倡导"文以载道""寓教于乐"，古琴琴曲、琴歌的丰富内容及其所承载深厚的文化内涵，使其成为古人陶冶性情、自我升华的最好的投向，也是其以情感人、教化他人最好的老师。

嵇康在《赠秀才入军诗其五》中吟颂道："琴诗自乐，远游可珍。含道独往，弃智遗身。寂乎无累，何求于人？长寄灵岳，怡志养神。"唐代方干的《听段处士弹琴》也赞道："几年调弄七条丝，元化分功十指知。泉迸幽音离石底，松含细韵在霜枝。窗中顾兔初圆夜，竹上寒蝉尽散时。唯有此时心更静，声声可作后人师。"

正由于古琴琴曲、琴歌有如此丰富的内容和丰厚的内涵，故君子习琴之目的绝不单单是掌握琴曲的指法，熟记琴曲的曲谱，能够娴熟地操缦，更重要的是对琴曲内容的理解，对其中所包含的先贤精神的体认，进一步由每首琴曲所营造出的高深意境，达到自我品位的提升与德行的锤炼。

第二，含蓄的艺术特点。

桓谭《新论》云："八音之中，惟丝最密，而琴为之首。琴之言禁也，君子守以自禁也。大声不震哗而流漫，细声不湮灭而不闻。"这说出了古琴音质音色的特点。这种含蓄的艺术特点，与中国古人所崇尚的中庸和谐精神相符，故也是古琴艺术受到士大夫钟爱的原因之一。

1. 琴声含蓄而具音乐感召。古琴琴声不大，具有非张扬、含蓄内敛的特点，因而适合于自赏，不适合表演，因而自古以来古琴演奏往往被看作是知音之间心与心的交流，伯牙、钟子期的故事成为千古美谈。唐人王昌龄的《咏琴诗》赞颂了古琴音色的魅力："孤桐秘虚鸣，朴素传幽真。仿佛弦指外，遂见初古人。意远风雪苦，时来江山春。高宴未终曲，谁能辨经纶。"

古琴琴声的含蓄得益于其音质特点，所谓音质，指的是乐器所发出音响的物理效果，根据乐器的构造与演奏方式不同，音质也不相同。在民乐弦乐器中，诸如琵琶、扬琴、古筝等发音铿锵响亮却延时较为短促，二胡等发音虽绵长婉转却不够清亮。相比之下，只有古琴的音质可以说是刚柔相济，清浊兼备，变化丰富，意趣盎然，虽含蓄却充满了表现力与感染力。古代文人士大夫钟爱古琴也正是看重它的声音古朴悠扬，音质绵长悠扬，意蕴余味无穷，其极具感召力的特点。

王充《论衡·感虚篇》中说："传书言：'瓠芭鼓瑟，渊鱼出听；师旷鼓琴，六马仰秣。'或言：'师旷鼓《清角》，一奏之，有玄鹤二八，自南方来，集于廊门之危；再奏之而列；三奏之，延颈而鸣，舒翼而舞，音中宫商之声，声吁于天。平公大悦，坐者皆喜。'"这些都是说明古琴强大的感染力，于自然可以令六马仰秣，玄鹤延颈，于人事可以观古人圣心，体先哲圣德，养今人之志。陈敏子《琴律发微》中也说："夫琴，其法度旨趣尤邃密，圣人所嘉尚也。琴曲后世得与知者，肇于歌《南风》，千古之远，稍诵其诗，即有虞氏之心，一天地化育之心可见矣，矧当时日涵泳其德音者乎？"

所以，正如朱长文《琴史》所言："古之君子，不彻琴瑟者，非主于为己，而亦可以为人也。盖雅琴之音，以导养神气，调和情志，掳发幽愤，感动善心，而人之听之者亦怡然也。"

古琴古朴的声音（当时所用为丝弦，其所发出的声音不像今天的钢丝弦这样刚亮），绵长的韵味，既有象物拟声的描绘（如流水），更有抒情写意的表现（如用吟、猱、绰、注等指法写意表情），更重要的是它贴近自然的声音，可以同时将操缦与聆听之人引入一种化境。

2. 韵味变化含天地人籁。明人高濂《遵生八笺·燕闲鉴赏笺》中谈道：

> 琴用五音，变法甚少，且罕联用他调，故音虽雅正，不宜于俗。然弹琴为三声，散声、按声、泛声是也。泛声应徽取音，不假按抑，得自然之声，法天之音，音之清者也。散声以律吕应于地，弦以律调次第，是法地之音，音之浊音也。按声抑扬于人，人声清浊兼有，故按声为人之音，清浊兼备者也。

这段话表明了古琴琴音的艺术特点，一方面琴曲曲谱最基本的调只有宫、商、角、徵、羽五音，雅正不俗，但似乎缺少变化。另一方面，通过指法的变化，却可以演化出与天地之音相通，与人声相类的各种音色，生发出变化多端的音韵。

古琴有散音 7 个、泛音 91 个、按音 147 个。散音沉着浑厚，明净透彻；按音纯正实在，富于变化；泛音的轻灵清越，玲珑剔透。散、按、泛三种音色的变化不仅在琴曲表现中担当着不同的情绪表达作用，引发出不同的审美效果。

从其创制看，也同样暗含着与天、地、人相同哲理，《太古遗音·琴制尚象论》中说："上为天统，下为地统，中为人统。抑扬之际，上取泛声则轻清而属天，下取按声则重浊而为地，不加抑按则丝木之声均和而属人。"

　　天、地、人三声可以说是包蕴了宇宙自然的各种声音，早在先秦庄子那里就已经有这种区分："南郭子綦隐机而坐，仰天而嘘，苔焉似丧其耦。颜成子游立侍乎前，曰：'何居乎？形固可使如槁木，而心固可使如死灰乎？今之隐机者，非昔之隐机者也？'子綦曰：'偃，不亦善乎而问之也！今者吾丧我，汝知之乎？女闻人籁而未闻地籁，女闻地籁而未闻天籁夫！'子游曰：'敢问其方。'子綦曰：'夫大块噫气，其名为风。是唯无作，作则万窍怒呺。而独不闻之翏翏乎？山林之畏佳，大木百围之窍穴，似鼻，似口，似耳，似枅，似圈，似臼，似洼者，似污者。激者、謞者、叱者、吸者、叫者、譹者、宎者、咬者，前者唱于，而随者唱喁。泠风则小和，飘风则大和，厉风济则众窍为虚。而独不见之调调之刁刁乎？'子游曰：'地籁则众窍是已，人籁则比竹是已，敢问天籁。'子綦曰：'夫天籁者，吹万不同，而使其自己也。咸其自取，怒者其谁邪？'"（《庄子·齐物论》）

　　琴之散、按、泛三音，正如天、地、人三籁，可以描绘自然界变化无穷的诸多音响，而且还可以引发人的形而上的冥想，从而身心俱化。这也是先哲以此为修身养性之方式的原因之一。嵇康《琴赋》总结了士大夫之所以如此爱琴的原因，也是从这个角度说的．"余少好音声，长而玩之，以为物有盛衰，而此无变，滋味有厌，而此不倦。可以导养神气，宣和情志，处穷独而不闷者，莫近于音声也。是故复之而不足，则吟咏以肆志；吟咏之不足，则寄言以广意。"

鼓琴：虚静的修习过程

首先，修琴需先修心、修德，没有心之悟，道之得，难以达到更高的境界。也就是说，在古代先哲那里，习琴操缦的主要目的是成君子之德，而不是学会一门艺术技巧。习琴只是手段和过程，修身养性才是目的。琴史上许多著名的典故，都说明了这个道理，姑且举最为人们熟悉的孔子习琴的故事来看。孔子习琴由得其数、到得其意，进而得其人、得其类的过程，就是古代贤哲修身悟道的过程。

其次，古琴易学而难精，非长年累月修炼，难以达到高的境界，也难以达成修身养性的目的；修炼过程较枯燥，不能急于求成，正是磨炼心性的好方法。《列子·汤问第五》中记载的师文向师襄习琴的故事很能说明问题。

> 匏巴鼓琴而鸟舞鱼跃，郑师文闻之，弃家从师襄游。柱指钧弦，三年不成章。师襄曰："子可以归矣。"师文舍其琴，叹曰："文非弦之不能钧，非章之不能成。文所存者不在弦，所志者不在声。内不得于心，外不应于器，故不敢发手而动弦。且小假之，以观其所。"无几何，复见师襄。师襄曰："子之琴何如？"师文曰："得之矣。请尝试之。"于是当春而叩商弦以召南吕，凉风忽至，草木成实。及秋而叩角弦，以激夹钟，温风徐回，草木发荣。当夏而叩羽弦以召黄钟，霜雪交下，川池暴沍。及冬而叩徵弦以激蕤宾，阳光炽烈，坚冰立散。将终，

命宫而总四弦，则景风翔，庆云浮，甘露降，澧泉涌。师襄乃抚心高蹈曰："微矣，子之弹也！虽师旷之清角，邹衍之吹律，亡以加之。被将挟琴执管而从子之后耳。"

可见师文为了达到那种春夏秋冬皆能令草木生辉、万象蓬勃、充满生机、出神入化的境界，经历了三年不成章的痛苦，更经历了掌握了技术之后磨炼心性的过程，因为其志所在乃内得于心，外应于器。还有一点应该强调，由于古人所言古琴艺术具有"难学易忘不中听"的特点，所以习琴一定要有日积月累，持之以恒的精神，不能只凭一时兴趣，而这一点正是其磨炼人的耐心与恒心的地方，否则不仅琴学不出来，人生中也难成大器。

第三，习琴操缦过程中需凝神静气，疏瀹五脏。为了成就高尚的琴德，体味至上的琴境，从而把握深奥的琴道，达成完善的人格，也为了使习琴与操缦的过程更臻于审美的境界，在这个过程中还必须遵从艺术与审美的规律。其中首先应该注意的是保持一个"涤除玄览"的审美心胸，也就是要扫除心中的凡尘琐事，凝神静气，情志专一，如此才能进入琴境。这一点也很受历代琴学家的重视。

明代汪芝《西麓堂琴统》曰："鼓琴时，无问有人无人，常如对长者，掌琴在前，身须端直，安定神气，精心绝虑，情意专注，指不虚下，弦不错鸣。"明代《太古遗音》中也有："神欲思闲，意欲思定，完欲思恭，心欲思静。"

强调习琴操缦时的虚静心态，有几个方面的原因：

其一，与艺术创作、审美规律相一致，这一点从老庄开始一直是中国古代美学非常强调的，这里不多赘言。

其二，因为古琴演奏技巧相对比较复杂，既要注意指法的准确，左右手的配合，又要注意演奏的力度、节奏，更重要的是要根据琴曲的主题结合自身的体会准确地表达情感。如果心存杂念，思虑重重，不能集中精神，往往连基本的指法也会出错，更何谈进入精妙的琴境，体悟高深的琴道。如薛易简《琴诀》曰："鼓琴之士志静气正，则听者易分；心乱神浊，则听者难辩矣。"

其三，因为操琴的目的在于体味审美意境与修身养性，心绪烦乱，功名利禄恰恰是最大的妨碍，所以习琴操缦之人首先就要有意识地克服这一点。成玉磵《琴论》中讲道："至于造微入玄，则心手俱忘，岂容计较。夫弹人不可苦意思，苦意思则缠缚，唯自在无碍，则有妙趣。设者有苦意思，得者终不及自然冲融（容）尔。庄子云：'机心存于胸中，则纯白不备。'故弹琴者至于忘机，乃能通神明也。"能够做到忘心机，就能够通神明。

令人惊艳的《黄帝内经》形神合一论

邓　烨

最厉害的医生没有秘方，没有诀窍，他们的秘方都在《黄帝内经》《伤寒论》。

《黄帝内经》形神一体论令人感到惊艳的地方，在于它将人的身体、心理、意识、道德等皆纳入了症候范畴；因此，不论是药物、食物还是语言和行为，只要能起到纠正人体偏性作用的，都可以被用作为药。

我在哲学系属于西哲，西哲跟中哲的一些阐述方法是不一样的。为什么题目说"令人惊艳"呢？之前我给病人看好了病，他们用"惊艳"这个词夸我，虽然我觉得他们用词不当，但当我看到《黄帝内经》形神合一论并深入领会的时候，我也有了相同的感觉：惊艳！这个理论太完美了，用康德的话说就是，"精神上自由的享受，即：无利害而愉快"。

也就是说，我们看到一个美的事物，一定是处于一个放松、安全和愉悦的状态。而我看到《黄帝内经》形神合一理论，并且真正读懂它的时候，我的心情也是自由而愉快的。因为我发现我们中医的理论终于完整了，不再有缺陷和遗漏了；而且，不再有束缚了。另外，通过形神合一理论，我们可以看到每个人的方方面面：他不再是一个遮蔽的人，不再是一个隐藏的人；在这样一个背景支持下，我们每个人都会变得非常熟悉和亲切，因为我可以与你感同身受，有助于给你开方治病——这也让我理解了为什么厉害的医家可以做到望而知之，可以一天看五六百个病人、瞬间开出方子。

形神共养 调神为先

形神合一理论其实在《黄帝内经》的课程中不算一个非常新鲜的理论，因为所有中医基础课老师都会讲到。《素问·上古天真论》说："上古之人，其知道者，法于阴阳，和于术数，食饮有节，起居有常，不妄作劳，故能形与神俱，而尽终其天年，度百岁乃去。"说起来，我们都是"形与神俱"地活着，但我们能不能"终其天年"呢？这个问题需要思考，可能不一定。不知道大家对自己的寿命期望是多少？好像现在不论中医和西医，基本上都是 120 岁。其实我们本来都能活到 100 多岁的，只是我们没努力（后面再谈我们该怎么努力）。

关于形神重要的论述，《黄帝内经》里面还有很多，比如说"形体不敝，精神不散，亦可以百数（活到 100 岁）""得神者昌，失神者亡""神去则机息"等，说明形神都很重要。明代医家张介宾在《类经》（这是一本专门解读《内经》的书）中也说，"形神具备，乃为全体"。翻译成大白话就是，生理与心理、物质与精神、本质与现象要成为一体；对立统一这个概念是应该被强调的。因为西方哲学从笛卡尔开始主张身心二元论，身和心分开了。现代哲学研究的也更多是意识方面的，因为物质方面已经被科学研究透了，甚至心理学都被分出来变成科学的一部分，还剩下只能是精神、现象被哲学来研究。因此，在传统西方哲学看来，生理与心理、物质与精神都是分离的，但二者在中医里是统一的。

怎么统一在一起的呢？关于形体，即肌肉、血脉、筋骨、脏腑等，《内经》里面有很多论述。《素问·经水》说："五脏六腑之高下、大小、受谷之多少亦不等……若夫八尺之士，皮肉在此，外可度量切循而得之，其死可解剖而视之。其藏之坚脆，腑之大小，谷之多少，脉之长短，血之清浊，气之多少，十二经之多血少气……皆有大数。"可以看出，古代的中医并不是大家想象中的完全不做解剖，他们不仅做了，而且做得还挺详细的。只不过做到一定程度，他们没有继续下去，没有深抓下去。之后大家会理解，为什么他们没有继续像西医那样细分下去。

神志，包括情志、意识、思维、心理等。为什么当谈起神的时候，就觉得这是中医学里比较难学的一个知识点呢？因为《内经》有句话说："阴阳不测谓之神。"阴阳理论是中医理论的基础。《内经》说阴阳是"天地之道也，万物之纲纪"。中医的任何理论，不论是五行还是脏腑等，都可以用阴阳学说来解释或者表达。比如说我们的身体，前为阴后为阳，脏腑也可以五脏为阴六腑为阳。唯独当我们谈神的时候，就用不着阴阳理论了，"阴阳不测谓之神，神用无方，谓之圣"。能把神的这个理论用好的人，就是圣人。邱鸿钟教授在他的一篇论文里说，"中医之神正是指一种在主体觉醒状况下，先于感知、变化不居、言语难以表达、主动发出的一种意向性活动。"神是一种意识活动，但又不是我们通常说的主动意识，而且包涵主动意识前面的意识。神在中医理论里面非常重要，它是心理活动和生理活动的主宰。中医认为，心主神明，"心者，五脏六腑之大主也，精神之所舍也"。在中医理论里面，心是一个功能性的器官，如果它的功能是正常的，我们的五脏六腑的运行都是正常的。"夫心藏神，肺藏气，肝藏血，脾藏肉，肾藏志，而此成形。志意通，内连骨髓而成身形五脏。五脏之道，皆出于经隧，以行血气。血气不和，百病乃变化而生，是故守经隧焉。"也就是说，我们全身的各个脏腑是自成一体的，但神是贯通的，特别是"志意通"所对应的肾和脾两个部位的神通透了，就可以内连骨髓而成身形五脏。为什么说肾和脾呢？因为肾是我们中医说的先天之本（志），脾是我们中医讲的后天之本（意），也就是先天之本跟后天之本都沟通好了，这个人就活起来了。

神的第二个功能是沟通机体内外环境的平衡协调。《素问》里面说："天地之大纪，人神之通应也。"比如说我一站到这里，我作为一个讲课的老师，就不由得站得直一点，不应该驼背。这些信息是谁来沟通的呢？我的大脑并没有去做任何指示，我的四肢、五官、语言自然就调整过来了。这就是，"神"沟通了机体内外的平衡协调。

神的第三个功能是，神动则气行，主导肌体卫外抗邪的作用。《灵枢·本脏》说："志意者，所以御精神，收魂魄，适寒温，和喜怒者也。志意和则精神专直，魂魄不散，悔怒不起，五脏不受邪矣。寒温和则六腑化谷，风痹不作，经脉通利，肢节得安矣。"比如说我们这一群人都去外面淋雨，应该好多人可能会感冒；但假如在座的都是战士，需要出去冒雨作战，等回来后，却没人感冒。为什么呢？因为作为战士，我们提前做好了心理准备，当我们有这个意识的时候，就调动了自己的抵抗力或免疫力到了表面，可以防止寒邪、风邪侵犯我们。也就是说，"神动则气行"。我有一个朋友是大公司老总，每天都在应酬喝酒，但好像没见喝醉过，我私下问他，是不是酒量很大？他说不是，他是在用意志力撑着，撑到回家，回到家该怎样再怎样。中医常说，"气为血之帅，血为气之母"，他通过意识，调整自己的血液循环加速代谢，在酒场上保持清醒，不出任何问题，这就是神卫外抗邪作用的两个例子。

神的最后一个功能是，心神主宰了人的精神活动。《黄帝内经·素问》里说："凡此十二官者，不得相失也。故主明则下安……主不明则十二官危，使道闭塞而不通，形乃大伤。"《灵枢·邪客》说："心者，五脏六腑之大主也，精神之所舍也，其脏坚固，邪弗能容也。容之则心伤，心伤则神去，神去则死矣。"大家不必争议心主神明还是脑主神明。有人置换了心脏但性格没变，因为我们说，"心藏神"是一个整体观，并不是说具体的部位，这就是中医跟西医完全不一样的地方。

我们讲了神，现在讲形。形是神的物质基础，"形具"而"神生"。《荀子·天论》讲："天职既立，天功既成，形具而神生。"形就是我们的形体，骨骼、脏腑、经络、血脉等，这些都是天给的。人都是从最原始的状态来的，即来源于宇宙中的颗粒、物质。中医人当时没有这么细的观察，而称为天。形具而神生，首先有这个人，才有神的使用功能，这就是为什么形是神的物质基础。肝藏血，血舍魂，脾藏营，营舍意，心藏脉，脉舍神，肺藏气，气舍魄。为什么人的一个整体包含了五脏？五脏在人类任何一个部分都有显现。如果你去沐足，就会被告知五脏六腑在足部的反射区是哪些点，甚至有人说手掌也有。也就是说，虽然心、肝、脾、肺、肾是具体的五脏，但营、血、神、气等都是灌流全身的，所以形为神的物质基础，形具而神生。大家千万不要认为只有大脑在起思维作用，人身上的任何一个部位都可能有自己独特的思维过程、意识行为，只不过要么是我们没发现，要么是被我们忽略。

但当我们谈到形神共养的时候，一定是说调神为先。这是与现代医学截然相反的一个思路。现代医学肯定是器官坏了就换，有病毒就杀死，器官为先。中医不是这样。因为"神明则形安"，调神为第一要义，也就是说你的魂魄意志神如果没有好的话，你的形体疾病即使换了器官之后还会再发。如同冠心病、心肌梗死、脑梗死，发作了一次，后面还有机会复发。我们中医的最高理想是彻底地治好，第一要领就是要调神。《灵枢·本藏》中说："所以御精神，收魂魄，适寒温，和喜怒者也。是故血和则经脉流行，营复阴阳，筋骨劲强，关节清利矣；卫气和则分肉解利，皮肤调柔，腠理致密矣；志意和则精神专直，魂魄不散，悔怒不起，五脏不受邪矣……"养神具体有很多种方法，清净养神、四气调神、气功练神、积精养神、修性宜神。比如节欲养神，无论是上古之人还是当前的人，身体不好的一个原因就是没有能够节欲。《黄帝内经》教导大家"嗜欲不能劳其目，淫邪不能惑其心"，不要被声色犬马吸引。而修性怡神呢，就是要有一个兴趣爱好，让这个神有一个相对安全、和谐、养生的去处。当然，"形盛则神旺，形衰则神殆"。我们的形体有问题，肯定你也不会那么舒服的，"故养神者，必知形之肥瘦，荣卫血气之盛衰。血气者，人之神，不可不谨养"。大家都很关心养生，而我认为，养生的第一要则是去治病，因为这个疾病如果不治，会拖成更大的疾病，更难治。中医的一个基础理论叫作"上工治未病"，这不仅仅是尚未得病时就要去预防得病，也包含得了小病时预防发展成大病。大家千万不要把小病拖成大病，当你真正达到没有病的状态的时候再来找中医，我们很乐意告诉你怎么样来养生，怎么样能够活一百岁。

中医讲整体观

以上讲的都是中医基础理论，《黄帝内经》的基础理论，接下来我们讲稍微深入一点的内容。中医里的神是一个宽泛的概念，只要跟形体没关系的都可以归到神的这边去，因此"神"的概念是可以再细分的。当我们在谈论形神合一的时候，我们其实在谈论四个层面的东西。第一层，"形"的层面：即身体、器官、组织的层面。第二层，"神"的层面：即意识的层面。第三层，"志"的层面：即情绪的层面。第四层，"心"的层面：即我们运用理性、知识、道德的层面。我们要讲的重点是意识的层面。意识的层面是被忽略的，中医西医皆如此。忽略了好不好呢？也好，大家就不用那么纠结了——本来已经够多问题了，结果你说我的意识层面还有问题，那我就崩溃了。对于医学来说也是这样的，因为加一个变量进来就更复杂了，不方便研究。但《黄帝内经》形神合一的惊艳之处就在于，将一个人的不同层面有机地结合成一体，每一个层面的每一个位置都和其他层面、位置相关。可以牵一发而动全身，在这里没有办法，可以在那里找办法。

我们先来看看作为《内经》基础的五行五脏理论。人体所有有形的甚至无形的（看不到但能被感知到的）物质和状态，都被中医的脏腑形神合一理论囊括进来了。寻常的医生或者教科书教我们的，比如说这个人出汗多是不是心火，是不是心气虚或心气旺呢？比如这个人流口水，是不是脾虚？好多人都知道，枸杞菊花茶明目。又比如口腔溃疡是心火旺，是不是有什么事最近比较着急。大家就会发现百姓日用而不知，甚至百姓知道的比你还多，讲起来一套一套的。然而被忽略的地方在哪呢？一个是"在志"（情绪），这已经发展出来一门学问叫中医心理学，即怒、喜、思、悲、恐与五脏的关系。被忽略更多的就是"藏神""魂魄意志神"，没有人去关注。

比如，"肝者，将军之官，谋虑出焉"。《黄帝内经》讲得很细："东方生风，风生木，木生酸，酸生肝，肝生筋，筋生心，肝主目。其在天为玄，在人为道，在地为化。化生五味，道生智，玄生神，神在天为风，在地为木，在体为筋，在脏为肝。在色为苍，在音为角，在声为呼，在变动为握，在窍为目，在味为酸，在志为怒。怒伤肝，悲胜怒，风伤筋，燥胜风，酸伤筋，辛胜酸。"肝对应的味道是酸。喜欢吃酸的，第一个反应是不是肝有问题，可以给我们诊疗提供一个很直观的思路。

再如，"心者，君主之官，神明出焉"。"南方生热，热生火，火生苦，苦生心，心生血，血生脾，心主舌。其在天为热，在地为火，在体为脉，在脏为心，在色为赤，在音为征，在声为笑，在变动为忧，在窍为舌，在味为苦，在志为喜。喜伤心，恐胜喜，热伤气，寒胜热，苦伤气，咸胜苦。"看病的时候注意细节，看这个病人有没有口苦，有没有口甜，有没有口淡，其实都有辩证的意义，都能够对应上。

后面还有脾、肺、肾，我不细讲了，总之我们可以看到心、肝、脾、肺、肾囊括的信息太多了。中医本来就是通过这些信息来判断你的病机是什么，你提供给医生的信息越多，他辨证的准确率会更高。而且这些信息之间还有相生相克的关系，木生火，火生土，木是肝，火是心，土是脾，等等。这么复杂，那怎么治呢？

我们举几个例子。一个是华佗"无为而治"治好郡守怪病。《三国志·华佗传》记载："又有一郡守病，佗以为其人盛怒则差，乃多受其货而不加治，无何弃去，留书骂之。郡守果大怒，令人迫捉杀佗。郡守子知之，属使勿逐。守瞋恚既甚，吐黑血数升而愈。"你看华佗，无为而治，让他发怒就能好了。怒是肝，肝是木，木克土，肝木可以克脾土，这个怒气可能克服了郡守因思虑过度导致血瘀证。肝气是生发的，人发怒的时候，血气就往上走，吐出来了，病治好了。

第二个是范进中举。范进只因太开心、欢喜狠了，痰涌上来，迷了心窍，老丈人屠夫扇了他一巴掌，他把痰吐了出来，就明白了清醒了。以前我们关注的都是范进由疯变清醒的这个过程，但我想大家关注另一个细节：文中讲胡屠户站在一边，不觉那只手隐隐地疼将起来；自己看时，把个巴掌仰着，再也弯不过来。自己心里懊恼道："果然天上'文曲星'是打不得的，而今菩萨计较起来了。"想一想，更疼的狠了，连忙问郎中讨了个膏药贴着。大家可以想象一下，那个人让胡屠户去打的时候，他犹豫了一下，但想想还是去打，也就是他经过了一个准备，而且是怀着担心的心态。他平时如果去打人一巴掌，手会疼吗？不会。为什么他在这样的一个状态下打了一巴掌，他的手弯了而且疼了呢？这个是被忽略的。肾是主骨的，肺是主皮的。我自己猜想就是因为有这两个情志的影响，他有点害怕，所以动作不自然了。这个我们待会再继续详细讲，后面的理论会解释这个。即范进中举的时候，有两个需要我们关注的细节，情志跟意识，还有形体发生的异常。

第三个是朱丹溪运用五脏情志生克理论治病。据《古今医案按》讲："一女新嫁后，其夫经商，两年不归，因此不食，困卧如痴，无他病，多向里床坐。朱丹溪诊之曰：此思男子，气结于脾，药独难治，得喜可解。不然令其怒，思属脾志，怒能克思。其父因此掌其面，呵责之，妇号泣大怒，至三时许，令慰解之，与药一服，即索粥食矣。朱曰：思气所解，必得喜，庶不再结，乃诈以夫有书，且夕且归。妇喜，后夫果归，病痊愈。"看完这个故事以后我想，我们现在医生的治疗手段太单一了，明明可以不用具体的化学药的。如果像古人这么厉害，我们就可以省下很多药费，还有就是医生可以骗人。这在西方伦理里面是一个争议话题，我们是要结果最优还是过程正义？但没有最终解决。我们中医不在乎，看好病就行。

中医是否科学？从这三个例子以及前面讲的，每个人都可以做出一些思考。现在有人不相信中医是有原因的，就是认为这个学科特别奇怪。但我们也可以反过来思考，科学的根基是否牢靠呢？物理、化学、数学、科学、现代医学的根基牢靠吗？现象学的祖师德国哲学家胡塞尔说，"有预设你就错了"。现象学是指，抛弃所有的既往的规律、想法和影响，在一个没有任何预设的状态下去观察、解释现象。这个现象并不是说屏幕是黑的，桌子是蓝的，而是我怎么看到它是黑的或蓝的？它怎么样在我的脑海里形成一个桌子的概念。这个学派的哲学是研究这个的，也就是说我们看到的或感知到的并不是最直接的一个信息。你只要想象一下，一只蚂蚁，一只蝙蝠，同样看到一个东西，它们的感知是不一样的。也就是说我们的人脑或者意识经过了处理，而这个处理过程也是可以一步步来演绎出来的。但如果提前就给出一个预设，肯定会错，因为这个根基不牢靠。比如说牛顿经典力学在量子力学或者说相对论里面就不牢靠了，因为有了一个更微观的预设或者到了一个更微观的环境。霍金有一个鱼缸之问。鱼缸里面的鱼从出生到死亡都在这个鱼缸里，假如它们像人类一样发展出自己的价值观和科学体系，会认为这个世界就是一个弧形的，看到的东西都是放大的。哪个时候天亮、哪个时候有食物进来，它们会发展出自己的一套理论。我们作为鱼缸外的人觉得很可笑，这明明是我们开灯了，投食给你吃的，但它在里面不知道。霍金就说我们人类都没出过太阳系，是不是也在一个鱼缸里呢？大家看了刘慈欣的《三体》就可以想象到，假如有更高维度的生物降维打击你的时候，你根本连知觉都没有，不知道怎么回事。我们很有可能也是处在这个悖论之中。

我认为他们是对的。很遗憾地告诉大家，我虽然是中医学七年制专业的，但我40％的课程都在教西医，而且我考执业医师证也要考将近一半的西医内容。我们研究生阶段做的科学实验，养小白鼠养细胞，基本上就是西医研究的操作。在做这些实验和科研的时候，你会发现它是不靠谱的。因为我们必然要找一个变量，同时要找几个不变的量，才能研究这个变量的变化。比如说这个人用了中药，这个人用了西药，对照组的人啥药都不用。我们要研究糖尿病的血糖，一定要设定老鼠非常健康，没有别的疾病，设置很多规范条例。而这个规范条例是谁设置的呢？我们设置的。所以胡塞尔认为现代科学的根基根本就不牢靠。你设置一个规范条例，又去研究，那不是自说自话吗？真正的客观是怎样的？他的一个论文就是《欧洲科学的危机与先验现象学》，因为他是 1900 年左右的人物，当时工业革命已经有了，飞机已经上天了，他在反思科学的不牢靠性。

这个在我们医学上非常常见。我们用阿司匹林预防冠心病，过了几十年以后又说它有局限，吃久了会加重某些疾病。也就是说当我们针对某个病用药的时候，我们没有考虑别的因素，过了多少年以后，发现这些药的副作用越来越明显，才发现它不能这么用。因此，当我们设置并执行某个规范时，始终是自己在自己的一个圈子里打转。

我们常说科学的有几个特点：一是反映世界本质和规律的理论，客观本质和客观规律；二是一般经过观察、假设、验证三个步骤；三是可证伪，可以错。

那么现代医学"科学"吗？很遗憾，还不完善。这表现在三个方面。第一，作为物质（形）层面的未穷尽性。我们没有把人的物质方面研究透。你到医院就会发现，我们父母辈的人得的疾病，大部分都是没得根治，就一直吃药好了。因为我们根本没有把这个机理研究透，很多病都是病因不明，虽然在给你治疗，其实到底为什么得这个病也没研究出来，根本就没有穷尽。科学还没有发展到那么高端，那么精细。

第二，作为精神（神）层面的空白性。你去任何一个综合医院，会发现精神科很边缘，而且精神科的医生跟别的科的医生不怎么沟通，不怎么联系。病人也会忌讳看精神科，这即是组织架构问题，也是一个社会观念问题。

第三，思维方式的单纯性。就是胡塞尔批判的自然态度，我们承认它自然而然的存在，而不承认对它施加了影响。

第四，"精准医学"尚处在概念之中。十个人高血压，去心内科看，开的药都差不多，其他病更加如此。

也就是说，现代医学尚处在一个不成熟的状态，大家不用过分迷信。当然也不能说不好，很多疾病如果在这个层面能治，当然很好。而我作为一个中医人，我肯定是说中医好，那中医是不是很先进呢？

首先，中医讲整体观。我们今天所讲的形神合一，再加上另一个天人相应理论，就构成了中医的整体观。中医的整体观是说，人的身体自然是一个整体，人和自然是一个整体，人和社会也是一个整体。当我们研究你这个人的时候，不仅看你，还看你的家庭和工作环境等，也就是更高维度地看待人。

其次，辨证论治。其实我们中医从两千年前张仲景用经方开始，就辨证论治了。经方告诉你什么样的人在什么状态下吃这个方，但若有一个症状不一样的时候就不要用它了。每个人都有这样的经历，你去找十个中医开了十个方子，都不一样，或者十个人都咳嗽，找同一个中医，方子也是不一样的。《黄帝内经》早就讲了，

"五脏皆令人咳，非独肺也"，需要根据个人的体质来定。比如说有些人紧张着急的时候咳嗽，有些人睡眠不好的时候咳嗽，有些人会时不时地干咳，有些人早晨起来就要咳两声，情况不一样，方子也不一样，所以它其实是"精准医学"的实践版。

再次，思维方式的复杂性，绝对没有一条公理。有一次我讲课，在座的一个老师指出我讲的那个定义不对，因为跟书本上不一样。其实，我们中医哪个理论是完全确定的呀？我们的理论都是相对的理论，阴阳互根。阴盛则阳，阳盛则阴。我们说这个人阳虚，另一个老中医说不是，阳虚已经到极致了，成为阴虚为主了。症状是相对的，根据每个医生的观念变化，也就是我们看同样一个病人，之所以有那么多不同门派的医家，因为他们自己都有一套系统。同样给人看病，有的人用了六经辨证，有的人用了卫气营血辨证，有的人用了八纲辨证、脏腑经络辨证。虽然有这样的系统，但中医的理论过于粗糙，过于提纲挈领。我们说形神合一好，但没有具体的理论，也就是说它有它的先进性，也有它的不足性。

我们在谈论中医不科学的时候，不是在贬低它，因为它先天的不足并不是说中医结构性的落后。我们的古人是很聪明的，而且中医学不只发展了两千年，在《黄帝内经》之前已经基本上形成了，只不过《黄帝内经》是在汉朝整理出来的。当把人作为研究对象时，"变量"没法控制。我们说中医是人的意识，不是看人的病，而是看病的人。中医理论从一开始就是如此，不管这个药有什么成分。姜吃了觉得热，那它就是热性的。石膏吃了觉得寒凉，那它就是凉性的。药物的性味归经已经是相对于某个人的作用，假如这个人不存在了，这个药也就无所谓。而对某个人而言，这个变量就没法控制了。这是其一。

人不可能同时跨进两条河流，因为河流在一直流，人也是一直在变化。西医经常说，你们这个方子治咳嗽、治感冒可以，假如没效怎么办呢？我说只能换个方子，不能说让时光倒流，重新怎样怎样。因为时间永远在流逝，没法重复试验或反复实验。而且当前的科研环境是非常重视伦理的，只要涉及人的实验，不管是我让你干个啥、吃个什么东西，都要经过伦理学的监督。我们在医院都很难做人的实验，仅仅简单服个药都很难。所以我们更多在拿小老鼠做实验，但对小老鼠有效和对人有效是完全两回事。屠呦呦教授在实验室证明了青蒿素有效，但是在人身上没效。李国桥教授通过自己的方法，往自己身上打疟疾病毒试这个药，证明了在人身上是很有效的。实验室的东西，跟实际的人是不一样的，因为人是在变化，而且人是一个复杂的系统。这是其二。

整个"世界"对我的意义都是在变化的。时代在变化，人们关注的东西也在变化。这是其三。

说中医不科学还有最后一点，就是语言偏生活化，未符号化；理论偏类比，非专业化。中医之门人人皆可入，我们的日常用语，很多都是跟中医理论相关的，但不够有专业性，不像西医一看就觉得很专业。所以中医不科学最根本的原因，在于人这门学科是没法科学化的。

理想的中医并不是包治百病

理想中的中医是不是包治百病呢？以我自己来说，水平肯定不如古代同年龄段的那些名医，我们的疗效越来越下降。当然这也是一个很复杂的问题，比如说药物的作用，还有就是给中医的机会越来越少。病人来看中医，往往都是经西医治过一轮了。现在中医治的病也越来越少了，用北京中医药大学陈明教授的一句话说，我们现在连一个新鲜的感冒病人都找不到。什么叫新鲜的感冒病人呢？假如你得了感冒，是不是先去药店自己买来熟悉的药吃？如果没好就要去社区医院吃抗生素。还不好就去西医院打吊瓶，再不好才想起去看看中医。作为一个有理想、有节操、有追求的中医人，我们是不是可以思考一个问题，能否突破瓶颈创造中医治疗的高峰？那些古代医家，比如华佗、扁鹊、朱丹溪那么厉害，我们能不能比他们更厉害一点？理论上所有的医学所有的科学都是越往后的越强，但为什么到了我们身上，反而不如两千年前呢？我自己也在反问自己，结果就是最后又回到了《黄帝内经》"五神"的结构，这个结构是最难的也是最有趣的部分。

我们又回到这个问题：在谈论人的时候，我们在谈什么？现在就专注于神（意识）的层面。《灵枢·本神》讲：

> 黄帝问于歧伯曰：凡刺之法，必先本于神。血脉、营气、精神，此五脏之所藏也。至于其淫泆离脏则精失、魂魄飞扬、志气恍乱、智虑去身者，何因而然乎？天之罪，与人之过乎。何谓德气生精神、魂魄、心意志思智虑？请问其故。……歧伯答曰：天之在我者德也，地之在我者气也。德流气薄而生者也。故生之来谓之精；两精相搏谓之神；随神往来者谓之魂；并精而出入者谓之魄；所以任物者谓之心；心有所忆谓之意；

意之所存谓之志；因志而存变谓之思；因思而远慕谓之虑；因
虑而处物谓之智。

这是我们上《内经》的必备内容之一。这段话蕴含了很深刻的
道理，其实是在阐述我们意识的基本结构。我个人的总结是这样：
首先是这一个发生结构（时间/空间结构）。为什么是一个发生结构
呢？我们想想，假设你得了一场重病，终于醒过来了，你一睁开眼
会看到什么？是一堆杂乱的色彩。再定睛一看，你会发现桌子是桌
子，人是人。怎么回事呢？就是我们意识的空间结构在给你做整
理。盲人有没有空间感？有的。他们通过触摸也能够整合出方形、
圆形，也是因为我们意识本身有空间的整合结构。还有时间结构。
大家为什么能够听到一首歌的旋律？每个人都能听到里面的音节，
哆来咪发嗦拉西，但它不是声响的堆砌，而是一段优美的旋律。这
就是意识中的时间结构在给你做整理。我们的意识之所以能理解当
下的信息，是因为刚刚过去瞬间的信息 A 滞留在当下，以及对未来
即将出现的信息 C 提前摄入到当下，跟真正当下的信息 B，ABC 三
者同时显现，你才能够理解当下的这个 B 的意思。哆来咪，当我说
到"来"的时候，"哆"的那个音没有走，"咪"的音虽然还没有
来，但你已经提前摄入，提前想象到它，所以你在听"来"的时
候，"哆来咪"三个音是同时响起，你才会理解这是一段旋律，而
不是杂多的音质。这个时候就很有意思了。我们有时候会把杂多的
音仅仅当成杂多的音，但有时候会把杂多的音听成说话、唱歌或吵
架之类。比如说假如外面有装修声，没有认真听我讲，你会听到那
个声音，你认真听我讲了十分钟以后，就忘了那个声音了。过了好

久，你突然听到外面一直在装修。这就是因为你把那个杂多的音仅仅理解为杂多音，没有进入你的自我的意识中，意识的时间结构帮我们整合了语言时间的流逝。

其次是意识的意向性（原初的主动思维）。意向性是什么呢？胡塞尔说凡意识就有意向性。我对着台下的听众说话，你感觉到某个物体对你的压迫，都有一个意向性。再次是意识的被动给予，也就是被动思维作为背景视域。为什么说厉害的医家瞬间就能给人看病呢？同样一个病人走进来，跟医生说我咳嗽了。一个停留在书本知识水平的医生，就会问"你咳嗽几天了？有痰吗"等等一大堆问题。高明的医生在这个时候不问，方子已经开出来了，为什么呢？他通过病人走进来的时间、神态，是一开口就说话还是先清下嗓子再说话，额头有无流汗，说话时有无气喘……他获取的信息远远比我们多得多，而这些信息又足够他开一个中医的方子。他的被动思维背景太丰富了，所以我们会说这个中医经验丰富。当然，"经验丰富"在中医界是一个泛泛而谈的话语，而我们通过西方哲学的推理是可以阐述出来的。

最后就是意识的主动反思，进一步的主动思维。意识的每一瞬间，其实都包含这四个层面。《黄帝内经》又是怎么说的呢？意识的发生结构："两精相搏谓之神，随神往来者谓之魂，并精而出入者谓之魄。"意识的意向性："所以任物者谓之心。"意识的被动给予："心有所忆谓之意；意之所存谓之志。"意识的主动反思："因志而存变谓之思，因思而远慕谓之虑，因虑而处物谓之智。"下面具体地来阐述一下。

"两精相搏谓之神。"神，原初意识、原初自我。"精"这里可以理解为狭义的先天之精，即父母双方交媾时的精卵主体。"两精相搏"，即同房后精卵结合。我们知道，卵子数量是唯一的，但精子的数量却众多。在选择与被选择的过程中、在精子刺激卵母细胞透明带时、在受精过程到卵原核和精原核的染色体融合在一起时——这一完整的受精过程，可谓是"两精相搏"。"两精相搏"的前提是"神之使也"。

"随神往来谓之魂。"魂，内时间意识。精子遇到卵子后，它能从一个步骤，进入到下一个步骤，必然是以内时间的产生为前提。我们刚才讲过，意识对当下的理解，是在过去的"滞留"和未来"前摄"，和"当下"三者同时显现，才能实现的。"随神往来"，即是刚刚过去的"往"，和即将出现的"来"，和当下之神，同时显现，进而对当下出现的信息进行正确的理解，在此基础上，才可以进行下一步的步骤。因此，代表"内时间意识"的肝魂，在两精相搏后出现了。

"并精而出入者谓之魄。"魄，动感/空间意识。如果说单一精子在受精前的运动，是随机和盲目的，那么它在精卵结合的过程开始后，则明显地具有了具体的"动感意识"——不会再随机运动了，而是步入一个有目的、有规律、相对固定的程序。这一运动伴随着"两精相搏"而"出入"的：即肺魄的功能。

"任物者谓之心。"心神，意向性。胡塞尔认为，一切意向性构造的功能起源于先验自我，这是心神在广义上作为一切意识起点的体现。"自我本身显现给它自身"，自我不仅是意识体验的内容以及体验过程本身，自我还包括对这种体验的体验——即是作为"任物者"的"心神"所统领的。而在一个具体的意识活动中，意识体验从自我极发出，具有意向性。"意识是关于某物的意识"，因意向性的作用，我们所能到的是一个具有意义的整体对象而不是一些分离琐碎的知觉综合体。但这一完整过程的实现，需要"脾意"和"肾志"功能的辅助。

"心有所忆谓之意。"意，立义。在胡塞尔对意向性的现象学分析中，完整的客体化行为都有三个组成部分：质性、质料和体现性内容。"体现性内容"亦指"充盈"，在其复杂且偶尔重复的概念中，"立义"同意指、意义给予表达的同一个意义。神、魂、魄三者参与的意识行为，是直观性、奠基性的。而意、志参与的意识行为，则奠基于其上。不论是作为直观性、符号性，还是混杂性的表象，都需要知性的范畴统握予以立义。这里的"忆"同心理学上的记忆，确实有所相似，因为我们对所观所触所闻等现象的"感"，需要和我们意识中的既有的所"知"相配合，才能组成完整的感知。这里可以类比胡塞尔曾举过的一个例子：在柏林蜡像馆中，将一个蜡像错误地感知为一个女士。"蜡像"是一个有意向性的视觉意识中的"感"，而将其"立义"为一个女士，则是脾意在对既往人的轮廓、形象的再现，对意识中的感觉素材赋予意义。立义也是瞬间的意识行为。

"意之所存谓之志。"志，意识特征的存留。肾志，在众多学者的阐述中，都将其与稳定、坚定、固定不移的志向相联系。在本人看来，"意之所存谓之志"，说的是持久的具有知性、意义的意识，经过自我的确认而留存下来。它的保存是一种本质的获取，我们对任何一个物体或概念，有着最终本质的获取。这部分所存的本质，在意识的被动性中最为体现。以"碰到熟人"为例，在我既往同朋友的接触中，在心神的意向性前提下：内时间意识"魂"、空间、动感意识"魄"、赋予意义的意识"意"发挥了综合作用，将形象、神态、语言等可以代表他/她的"本质"，被存留下来。而且，一次又一次的接触，会反复地令这一本质形象愈发坚固。

所以我们每一瞬间的意识，都有心、肝、肺、脾、肾五脏来参与，魂、魄、意、志、神五神来参与，而意识的主动反思，进行前瞻的反思，又是这五神共同参与的。以夜深人静时候的感知为例。我们身体的很多毛病是在什么时候发现的呢？是在终于结束一天的劳作躺在床上准备睡觉的时候，也就是夜深人静的时候。你的意识没有被别的东西占用了，一有感知你的意向性就到了身上，所以就很明确地感知到它的存在。也就是说，神气开始收敛的时候，出现了平时忽视的感知。再以头发搔痒皮肤为例。假如拿一根毛发来轻轻地刮你的皮肤，会有什么感觉？痒。假如一直挠，还会有热的感觉，可能还会有痛的感觉，但挠到最后，我们发现自己没感觉了。为什么呢？你的身体把这个感觉屏蔽了。法国现象学家梅洛—庞蒂把这个原因归为身体场，认为身体也是有意识的。其实这个理论在我们中医来看不新鲜，我们的理论早就说过了，心、肝、脾、肺、肾各种各样的意识结构，肺主皮毛，皮肤的感觉就是关于肺的问题。这个例子要说的是，人的意识有一个整理的过程，每一个瞬间都是魂、魄、意、志、神同时在起作用。这个理论对于我们医学工作者会多少启迪呢？我们会发现病人的有些症状是过分夸大的，看上去很痛的样子，你要思考他是真的痛还是他的意识刻意升华出来的。又或者这个病人没有痛觉，我们要思考他是真的没有这个痛还是他的意识把这个痛屏蔽了。我们可以创造另外一个环境，比如说夜深人静，让他没那么紧张，他的痛感可能就会浮现出来。所以，如果把意识研究用到临床，会让我们获取更多的信息。

厉害的医生都是辨证论治

我讲三个临床实例。第一个，以"反复咳嗽"为主诉的轻度自闭症患者。患儿 3 岁，咳嗽数月反复来就诊。眼神游离、斜视、容易发呆，或手舞足蹈，问答不应。家人担心长此以往，智力发育迟缓，不合群。反复咳嗽为肺气虚，不用说了。意识没有意向性，没法聚焦在一个点上，这说明心气虚。同时因为肺气久虚，虚阳浮越，动感意识比较紊乱，所以他手舞足蹈。我们先治咳嗽，因为咳嗽是一个有外邪的疾病，先驱邪再扶正。咳嗽治愈之后，大补心气，敛肺气。这样一个病人有很多症状，如果用既往的中医理论，不知道该往哪辩证，但引入了五神（魂、魄、意、志、神）的概念后就有办法了。这个孩子现已可与人作答交流，顺利上了幼儿园。

第二个，以"痤疮"为主诉的轻度抑郁症患者。患者 24 岁，痤疮数年，月经后期就诊。终日疲劳，精神困乏，记忆力下降，难以集中精神，欲考研而不能。家人担心长此以往，找不到对象。怎么分析呢？仔细问了一下，她所学的专业，所进行的工作，其实跟她本意都不一样，都是父母帮她填的。父母在前期控制了她的学习和事业，她很难过，但又没法反抗，越想越火，就抑郁了。虚火上炎，心肾不交，难以集中精神，记忆力下降，为肾志不足。治法也很简单，先治痤疮，然后补肾气，补阳气。现已可睡醒而精神，可认真复习一小时以上。

第三个，以"不孕不育"为主诉的青中年情侣。患者夫妇 30

岁左右，无甚不适，备孕一年余未孕。共同特点：容易担虑、难以持久信任医生。年龄偏大，略担心不孕不育。家人担心长此以往，不能生育。跟他们聊天，就发现他们一个问题，东看看西看看，难以持久信任医生，一直在换。怎么办？很简单，两个人一起吃加味逍遥丸，吃了一个月，第二个月就怀上了，小孩已经生了。为什么这么考虑呢？因为我们说内时间意识（肝）是对当下的一个理解，而立义（脾）是既往记忆对当下的影响。这对夫妇的问题就是肝郁脾虚，肝木克脾土，当下的意识很容易影响既往的意识，表现在朝三暮四，朝令夕改。吃了一个月逍遥丸就好了，就这么神奇。

这就是我学了《黄帝内经》以后对形神一体的概念感到惊艳的地方。惊艳在哪儿呢？就是发现人的身体、心理、意识、道德等皆被纳入了症候范畴，同时被纳入治疗范畴。我们中医讲辨证论治是在讲什么呢？就是根据症状分析背后的机理。运用中医理论来给人治病的，就是一个纯中医；不论是药物还是食物甚至语言行为，只要能纠正人体偏性的，都可以作为药。

日本大阪大学把临床哲学引入到了临床，以求改变患者的认知。心理咨询引入治疗已经不新鲜了，因为即使西医也发现70％的疾病都是身心疾病。但我们应该掌握更多的方式，尤其是面对不同层次的病人时。那些常常用贵药、大方的医生往往是治不好病的，最终还得通过辨证论治。我拜访了六七十位当前中国的名医，国医大师就有七八位。我发现最厉害的医生没有秘方，没有诀窍，他们的理论都是《黄帝内经》《伤寒论》这些最源头最基本的书籍，他们的方法都是辨证论治，没有什么绝妙之处，不会用什么奇怪的药物，但就能把病治了。中医的传统就是"简便廉验"，现在中医难找药又很贵，这不是一个应有的局面。

治病救人，再无理论上的疑惑。我不是中医科路出家，原本对医学持着怀疑态度，其中一个原因就是他们的理论常常不够用，对病人无证可辨，无从下手。尤其是病症或者病症很多的时候，不知道哪个才是重点，哪个才是核心的病疾。但如果掌握的信息更多一点，就能判断从何处着手，因为人体是个相互联系的整体。刘力红教授在《思考中医》中特别强调，病机的机是枢机，就像一个复杂机器的扳动旋钮一样，牵一发动全身，整个身体就又恢复正常运作了，我们要找到这个点。所以在形神合一这样的一个完满的理论前，我们不再有缺陷和束缚，信息全部敞开了，不再有遮蔽和隐瞒，作为一个医生就更加有底了。而对于更多的患者来说，也仿佛每个人都有救了。

我们的疾病能治好吗？如果从一个严格的哲学态度来看的话，是不能的。为什么呢？因为我们有遗传问题，有职业问题，有环境问题，还有社会问题等等。但因为有了形神合一的理论，我们不仅可以用药了，还可以调神了，我们可以通过一些规范的行为来解决这些问题。比如你长久坚持做一件事情，会让你的肾气慢慢充足，会让你的恐惧越来越轻，会让你越来越有自信。从这些角度来讲，有这么丰富的理论，这么丰富的治疗手段，我们又把人看得这么通透，那我们每个人不仅是有救，而且很有可能都会长命百岁。